静水深流

哲学断想与读书札记

杨　耕　_著

杨
耕
文
集

·········

第
9
卷

Still Waters Run Deep

Thoughts and Notes
in Philosophy

华东师范大学出版社

·上海·

图书在版编目（CIP）数据

静水深流：哲学断想与读书札记 / 杨耕著. -- 上海：华东师范大学出版社, 2022（杨耕文集）
ISBN 978-7-5760-3221-5

Ⅰ.①静… Ⅱ.①杨… Ⅲ.①哲学—随笔—文集Ⅳ.① B-53

中国版本图书馆 CIP 数据核字 (2022) 第 177627 号

杨耕文集　第 9 卷

静水深流：哲学断想与读书札记

著　者	杨　耕
策划编辑	王　焰
责任编辑	朱华华
责任校对	陈梦雅　时东明
装帧设计	卢晓红

出版发行	华东师范大学出版社
社　　址	上海市中山北路 3663 号　邮　编 200062
网　　址	www.ecnupress.com.cn
电　　话	021-60821666　行政传真　021-62572105
客服电话	021-62865537　门市（邮购）电话　021-62869887
地　　址	上海市中山北路 3663 号华东师范大学校内先锋路口
网　　店	http://hdsdcbs.tmall.com

印 刷 者	上海中华商务联合印刷有限公司
开　　本	787 毫米 × 1092 毫米 1/16
印　　张	29.5
字　　数	423 千字
版　　次	2022 年 11 月第 1 版
印　　次	2022 年 11 月第 1 次
书　　号	ISBN 978-7-5760-3221-5
定　　价	118.00 元

出 版 人	王　焰

目　录

第二编

第三编

第四编

后　记

第
一
编

哲学的位置在哪里

　　人类思想史表明,任何一门学科在其发展过程中,除了要研究新问题外,往往还要回过头去重新探讨像自己的对象、内容和职能这样一些对学科的发展具有方向性、根本性的问题。哲学不仅如此,而且更为突出。用石里克的话来说,这是"哲学事业的特征",哲学总是被迫在起点上"重新开始""从头做起"。所以,对于哲学家来说,最折磨耐心的问题就是:哲学是什么? 哲学的位置在哪里?

　　就本义而言,哲学是"爱智慧"。实际上,哲学不仅"爱"智慧,更重要的,它本身就是一种智慧,一种特殊的智慧。这种特殊的智慧给予人以生存与发展的智慧和勇气。通俗地说,哲学是一种大智大勇。人们常拿哲学与宗教进行比较,实际上,二者有本质的不同。如果说宗教是关于人的死的观念,是讲生如何痛苦,死后如何升天堂的,那么,哲学就是关于人的生的智慧,是教人如何生活,如何生活得有价值和有意义的。这就是说,哲学是人生观,注重解答"人生之谜"。我们经常说人生观,实际上,人生观就是世界观;反过来说,世界观就是人生观。在我看来,人生观并非仅仅是一个对待人生的态度问题,更重要的,它是一个如何看待和处理人与自然、人与社会的关系,即人与世界关系的问题,而人与世界的关系问题恰恰是世界观的问题。在哲学中,人生观与世界观已经融为一体。换句话说,哲学既是世界观,又是人生观。

在我看来,人生观是世界观问题,而不仅仅是伦理学问题;是哲学问题,而不是科学问题。数学、物理学、化学、医学、生物学、考古学等都不可能解答"人生之谜"。功能再好的望远镜看不到"人生之谜",倍数再高的显微镜看不透"人生之谜",技术再先进的计算机也算不出"人生之谜"……人生活在自然中,必然有一个人与自然的关系;人生活在社会中,必然有一个人与社会的关系。人不仅是自然存在物,而且是社会存在物,人的本质是社会关系的总和。在《雇佣劳动与资本》中,马克思形象而精辟地指出:"黑人就是黑人。只有在一定的关系下,他才成为奴隶。纺纱机是纺棉花的机器。只有在一定的关系下,它才成为资本。"因此,对人生的不同理解必然包含着对人与自然、人与社会关系的不同理解。

饮食男女本是一种自然现象,可"朱门酒肉臭,路有冻死骨"却是一种社会现象。无论是梁山伯与祝英台的爱情传说,还是周文雍与陈铁军的爱情故事,爱情之所以如此激动人心,绝不是因为爱情是两个生物人之间的私情,而是因为爱情的社会性。"闺中少妇不知愁"所表达的和"爱我就别想太多"所蕴含的实际上是不同的社会内涵。托尔斯泰的《复活》之所以能够引起不同时代、不同国度读者的共鸣,就是因为它着力刻画了男主人公聂赫留朵夫身上本能与理性、自然属性与社会属性之间的矛盾冲突,而这种人性内部的矛盾冲突在每个人身上都或多或少地存在着。文天祥的"人生自古谁无死,留取丹心照汗青"这一千古绝句说明,人的生与死本身属于自然规律,而生与死的意义属于历史规律。英雄与小丑,流芳百世与遗臭万年,其分界线就在于,是如何处理人与历史规律关系的。凡顺历史规律而动、推动社会发展者,是英雄,流芳百世;凡是逆历史规律而动、阻碍社会发展者,是小丑,遗臭万年;凡是主观愿望好,但行为不符合甚至违背历史规律、壮志未酬者,是历史中的悲剧性人物。谭嗣同绝命北京菜市口,"有心杀贼,无力回天",壮志未酬,就属于历史中的悲剧性人物。所以,我们应当从人与自然、人与社会双重关系的视角去理解人,解答"人生之谜"。在我看来,这是哲学的崇高任务。

我们应当注意,哲学问题不同于科学问题。飞机为什么会飞,这是科学问题,可飞机"飞"的道理是在飞机之外,还是在制造飞机的过程中,这是哲学问题。人为什么有生有死,这是科学问题,可人如何对待生与死,这是哲学问题。水到 0 摄氏度会变成冰,到了 100 摄氏度就会变成水蒸气,这是科学常识,可从中发现量变能够引起质变,引出量变质变规律,这是哲学智慧。数学有正数与负数、力学有作用与反作用、化学有化合与分解、生物学有遗传与变异,这是科学常识,可从中发现一分为二和合二为一,引出对立统一规律,这是哲学智慧。与科学不同,哲学对对象的认识不是止于对其规律的认识,而是必须进入到对对象的意义和价值的认识:不仅要知道对象本身是什么,而且要知道对象对人类生存与发展的意义和价值是什么,从而确立人生的理想和信念。哲学是理性的激情和激情的理性。哲学的作用就在于,在"润物细无声"的过程中引导人们走向智慧和崇高。所以,我们既要"为学",即学习专业知识,又要"为道",即学习哲学。

哲学需要思辨,但哲学不能成为脱离现实的思辨王国。我始终认为,哲学不能仅仅成为哲学家之间的"对话",更不能成为哲学家个人的"自言自语"。哲学家不应像沙漠里的高僧那样,腹藏机锋,空谈智慧,说着一些对人的活动毫无用处的话;哲学家不应像魔术师那样,煞有其事地念着一些咒语,说着一些谁也听不懂的话。水中的月亮是天上的月亮,眼中的人是眼前的人。哲学应该也必须同现实"对话",这是哲学存在和发展的根基。离开了现实,哲学只能成为无病的呻吟。

在我看来,无论哲学家个人多么清高,多么超凡入圣,他都不能不食人间烟火,不能不生活在现实的社会中,不能不在现实的历史条件下进行认识活动、提出问题并拟订解决问题的方案。"对哲学来说,问题及其解决的方向,都是由生产力的发展、社会的发展、阶级斗争的开展提出来的。"（卢卡奇）不管哲学在形式上多么抽象，实际上都可以从中捕捉到现实问题。存在主义极其抽象，但从本质上看，它是对当代资本主义现实的一种文化反映，在资本主义社会中，人已经无所适从，所以总是"烦"。

由此引出一个无法回避的问题，那就是哲学与政治的关系。

哲学不等于政治，哲学家也不是政治家，有的哲学家甚至想方设法远离政治，但哲学不可能脱离政治。哲学总是具有自己独特的政治背景，总是以自己独特的方式蕴涵着政治，总是具有这样或那样的政治效应。马克思之所以重视否定性的辩证法，是因为"辩证法在对现存事物的肯定的理解中同时包含对现存事物的否定的理解，即对现存事物的必然灭亡的理解"。这就是说，马克思之所以重视辩证法，背后有其现实问题，有其政治内涵，那就是批判、否定资本主义，实现无产阶级和人类解放。如果我们只是看到辩证法的学理性，而没有看到它背后的现实问题和政治内涵，就没有真正理解马克思的辩证法，就没有真正理解马克思为什么强调辩证法在本质上是"批判的和革命的"。

往前讲，法国资产阶级革命爆发之前，法国启蒙哲学登上历史舞台，为法国资产阶级革命摇旗呐喊，德国资产阶级革命产生之前，德国古典哲学登上历史舞台，为德国的资产阶级革命鸣锣开道；往后看，海德格尔哲学"从头到尾都是政治的"，政治参与是"其哲学的逻辑结果"（彼得·盖伊），"哲学家海德格尔和政治激进主义者海德格尔是同一人"（汤姆·洛克莫尔），即使解构主义哲学也不是所谓"纯粹哲学"，与政治无关。用解构主义大师德里达的话来说就是，解构主义是通过解构既定的话语结构来挑战既定的历史传统和现实的政治结构。

同时，政治需要哲学。如果说"哲学家不时地以其哲学名义，投身于政治研究乃至政治进程中"，那么，"政治家或有时利用哲学概念使其政治企图合理化，或有时寻求哲学的忠告"（汉斯·斯鲁格）。的确如此。没有经过哲学论证其合理性的政治缺乏理性和逻辑力量，缺乏理念和精神支柱，很难获得人民大众的拥护。毛泽东之所以重视哲学，提出实事求是，就是为了批判教条主义，从而正确解决中国社会主义革命的道路问题；邓小平之所以重视哲学,重申实事求是,就是为了批判"两个凡是",从而正确解决中国社会主义建设的道路问题。离开了这一政治背景,仅仅从学理的角度去理解实事求是,把实事求是还原为一般唯物论和认识论原理,就索然无味。

当然,哲学命题的理论意义和政治效应并非等值,但哲学具有这种或那种政治效应却是无疑的,而且同一个哲学命题在不同的历史条件下往往会产生不同的政治效应。实践是检验真理的唯一标准,本是马克思主义哲学的常识。可是,它在当代中国的政治生活中转变为一个政治性命题,并发挥了巨大的社会作用。之所以如此,是因为这一"常识"契合着当时的政治问题,而当时的政治问题也需要这一"常识"冲破"两个凡是"的思想藩篱。

但是,哲学又不应成为某种政治的传声筒或辩护词,因为哲学有自己的相对独立性,即科学性、反思性、批判性;哲学也不应远离或脱离政治,因为哲学和时代的统一性首先是通过其政治效应来实现的。哲学与科学的不同地方就在于,科学仅仅是一种知识体系,哲学既是知识体系,又是意识形态;追求的既是真理,又是某种信念。哲学的最大特点就在于,它是以抽象的概念体系来反映特定的社会关系和现实的社会运动,体现特定的阶级或社会集团的利益、愿望和要求。博大精深的马克思主义哲学是这样,明快泼辣的法国启蒙哲学是这样,艰涩隐晦的德国古典哲学是如此,高深莫测的解构主义哲学也不例外。学哲学,就是要培养自己具有自觉的哲学意识,同时具有敏锐的政治眼光,并使二者达到高度统一,从而真正理解现实,把握历史趋势。

研读哲学史可以看出,不同时代、不同阶级、不同派别的哲学家,对哲学有不同的看法,不仅哲学观点不同,而且哲学理念也不同。按照西方传统哲学的观点,哲学"寻求最高原因的基本原理",提供"全部知识的基础"和"一切科学的逻辑",是"最高的智慧"。可是,在西方现代人本主义哲学看来,哲学关注并要解决的问题,是人的"精神的焦虑""信仰的缺失""形上的迷失""意义的失落"和"人生的危机";在西方现代科学主义哲学看来,哲学是确定或发现命题意义的活动,科学使命题得到证实,哲学使命题得到澄清;而在西方马克思主义哲学看来,哲学的历史任务和向度是对流行的东西进行批判,"理智地消除以至推翻既定的事实"(马尔库塞)。

这一特殊而复杂的现象印证了黑格尔的这样一个见解:"哲学有一个显著的特点,与别的科学比较起来,也可说是一个缺点,就是我们对它的本质,对于它应该完成和能够完成的任务,有许多大不相同的看法。"的确如此。作为同原始幻想相对立的最早的理论思维形式,哲学已经走过了两千多年的心路历程,创造过一个又一个思想高峰。然而,对于什么是哲学,又从未形成一致的看法。

实际上,从哲学诞生以来,随着实践和科学的发展,哲学的领域就一直处在变化之中。恩格斯在《反杜林论》中就说过,"一旦对每一门科学都提出要求,要它们弄清它们自己在事物以及关于事物的知识的总联系中的地位,关于总联系的任何特殊科学就是多余的了。于是,在以往的全部哲学中仍然独立存在的,就只有关于思维及其规律的学说——形式逻辑和辩证法。其他一切都归到关于自然和历史的实证科学中去了"。

同时,实践和科学的发展,又会不断地提出新的哲学问题,从而不断地扩大哲学问题的广度、深度和容量。这就是说,哲学的"地盘"在不断地缩小,同时又在不断地扩大。哲学不是"李尔王",绝不会落到一无所有的地步。从根本上说,哲学的位置是由现实的实践活动的需要决定的,正如马克思在《〈黑格尔法哲学批判〉导言》中所说的,"理论在一个国家实现的程度,总是决定于理论满足这个国家的需要的程度";从直接性上看,哲学的位置是由当下的知识结构和认识水平决定的,不同时代的知识结构和认识水平决定了哲学具有不同的位置。古代的知识结构和认识水平决定了古代哲学的"知识总汇"这一位置,近代的知识结构和认识水平决定了近代哲学的"科学的科学"这一位置,现代的知识结构和认识水平决定了哲学分化为科学主义哲学、人本主义哲学和马克思主义哲学三大流派。其中,科学主义哲学着重对科学命题的意义分析;人本主义哲学注重对人类存在形式的探索;马克思主义哲学则关注现实的人及其历史发展,其理论主题就是无产阶级和人类解放,理论特征就是实践唯物主义、辩证唯物主义和历史唯物主义的高度统一、融为一体。

文化的作用是什么

在当下中国，文化问题引人瞩目。无论是学界，还是商界，无论是官员，还是百姓，人人都在谈文化，似乎不谈文化就没有文化。文化产业学、文化社会学、文化哲学，物质文化、制度文化、行为文化，茶文化、酒文化、住宅文化……各种"文化"如雨后春笋般地层出不穷，似乎人所创造的一切都是文化，似乎社会就是各种文化的复合体。实际上，这是一种误解。

文化当然是人创造的，但不能说人所创造的一切都是文化。把人所创造的一切称为文化，等于抹平了文化与经济、政治的区别，把社会与文化看作是同一体了。文化与社会具有同一性，但不是同一体。社会是以经济为基础、政治为中介、文化为导向的有机体，但不是各种文化的复合体。实际上，文化是相对于经济、政治而言的。"一定的文化（当作观念形态的文化）是一定社会的政治和经济的反映，又给予伟大影响和作用于一定社会的政治和经济；而经济是基础，政治则是经济的集中的表现。""一定形态的政治和经济是首先决定那一定形态的

文化的;然后,那一定形态的文化又才给予影响和作用于一定形态的政治和经济。"(毛泽东)

正是通过这种"影响和作用",在经济形态的基础上、政治形态的中介作用下产生的观念形态即文化,又反过来渗透于、熔铸在经济活动、政治制度和被纳入到人的活动范围内的自然物质之中。就其本质而言,文化属于观念形态,包括文学艺术、伦理道德、宗教信仰、哲学思潮、风俗习惯,是人们的理论世界、价值世界、意义世界。文化就是文化,它不是经济本身,不是政治本身,更不是物质本身,但经济活动、政治制度和被纳入到人的活动范围内的自然物质又具有文化的内涵,体现着文化的独特的社会作用。

走马观花般地看看日常生活中的"文化"现象吧!人们常说"茶文化""酒文化""食文化""住宅文化"……实际上,茶本身并不是文化,茶叶就是一种树叶,但饮茶方式有其特定的文化内涵,《红楼梦》中的"妙玉雅饮"与"刘姥姥牛饮",体现了不同阶层的不同文化观念。酒本身不是文化,酒是通过生物化学酿造出来的一种特殊的饮料,但饮酒方式有着特定的文化内涵,梁山泊的英雄们大块吃肉的豪饮与《红楼梦》中的小姐们吟诗行令的雅饮,体现了不同群体的不同文化观念。吃本身不是文化,吃是人的自然需要,但吃什么、如何吃却有其特定的文化内涵。"饥饿总是饥饿,但是用刀叉吃熟肉来解除饥饿不同于用手、指甲和牙齿啃生肉来解除的饥饿。"(马克思)从茹毛饮血到熟食,从熟食到美食,体现了不同时代的文化观念;不同民族饮食中的礼节、规则、习惯,体现了不同民族的不同文化观念。住宅或房屋本身不是文化,但房屋的设计、建筑的风格则体现了特定的文化观念,北京的四合院与福建的土楼、中国的故宫与法国的凡尔赛宫、东方的寺庙与西方的教堂,体现了不同地区、不同民族的不同文化观念。

浮光掠影般地看看被纳入人的活动范围内的自然物质吧!石头本身不是文化,石头属于自然物质,但石雕是文化,龙门石窟也好,敦煌石窟也罢,都是文化,体现了特定的审美观念和艺术构思。树根本身不是文化,但根雕是文化，体现着"木质匠心"，是艺术家利用特殊的自然物加上自然物本来没有的"心"创造出来的，是艺术家活动的对象化、客观化。夕阳和芳草本身都不是文化，"阳"本身是天体，"草"本身是植物，二者本身都是自然物质，但"夕阳无限好，只是近黄昏""枝上柳绵吹又少，天涯何处无芳草"，则是一种以自然物质为对象而形成的审美境界，是文化。

从根本上说，文化是在人类改造自然的活动中产生的精神性产品，自然物质一旦被纳入人的活动范围，并经人的审美把握、艺术塑造、观念升华，就会成为文化，就会从"无情物"转变为"有情物"，并具有了象征性。无论是以莲花代表高洁，还是以牡丹代表富贵，无论是用菊花代表气节，还是以杨柳代表离愁别绪，都是以自然物质为象征的文化符号，既表达了人们的情感，又符合这些自然物质的特性。

这就是说，文化是有物质载体的人化的观念世界。文化不是物质，但文化可以有其物质载体；物质不是文化，但物质可以作为文化的载体而具有文化的内涵。在我看来，文化本质上属于观念形态，是价值和意义，是内涵性的存在，不能目视，但可以通过物质载体对象化、客观化，从而为人们所感知、体悟、理解、接受。文化是人类活动的产物，人类在实践活动中改造了自然，形成了社会，创造了文化。文化又反过来塑造人，引导社会。

文化的本质是观念形态，属于精神领域，但文化的作用并不限于观念形态、精神领域，人们的经济活动、制度设计、行为方式、日常生活都具有特定的文化内涵，体现着文化的作用。文化如同空气一样无所不在，凡是有人的地方，凡属人的活动范围，文化都起着特殊的作用，发挥着独特的功能。"观乎天文，以察时变；观乎人文，以化成天下。"文化的特殊作用和独特功能就是对个人和社会的"教化"，从而塑造个人，引导社会。

其一，文化具有传递文明的作用。文化不同于器物。器物都是用于当时而毁于以后，文化不仅能够用于当时，而且能够延续而泽及后人。无论《阿房宫赋》如何铺陈，留下来的只是著名的"赋"，阿房宫却早已化为废墟，无迹可寻。薪尽火灭者，宫殿楼宇、器物；薪尽火传者，观念形态、文化。文化具有承载和传递文明的功能。文化的这种传递功能，使个人可以在较短的时间内掌握人类在较长的时间中积累的经验、知识和价值观念。这实际上就是一种"教化"。如果没有这种"教化",那么,我们就要一切都"从头开始""重新开始",现在仍然是原始人。

其二,文化具有规范人的行为的作用。人既有社会属性,又有自然属性;既有理性的方面,又有非理性的因素。文化的作用是以社会规范"化"人,以发挥理性对人的行为的主导作用。每一种文化都提供具有约束性、普遍起制约作用的行为规范。每个社会都会通过家庭启蒙、学校教育、社会示范、公众舆论等文化手段,将社会规范加之于个人,以实现文化的规范和约束作用。文化所代表的就是历史积淀下来的,并被特定社会、一定群体所共同认可、遵循的行为规范,它对个体的行为具有先在的给定性和约束性。个人如果明显背离生活于其中的文化环境,其生存就会陷于困境。

其三,文化具有凝聚社会力量的作用。作为价值体系和行为规范,文化提供着关于是与非、善与恶、美与丑、好与坏等的社会标准,并可以通过社会教育而内化为个人的是非感、正义感、羞耻感、审美感、责任感等,从而提高人们的道德情操、认识水平和人生境界,凝聚社会力量。社会的发展离不开社会力量的凝聚,社会力量的凝聚有赖于民族认同,民族认同则主要来自文化认同。文化是民族的血脉,文化的力量深深地熔铸在民族的生命力、创造力和凝聚力之中,因而能够凝聚国家的共同利益和人民的理想追求,能够形成强烈的感召力和向心力,从而使整个社会凝聚起来。作为观念形态,文化以其对全部社会生活的渗透力、凝聚力、引导力在经济生活、政治过程、社会活动中内在地发挥着它的独特作用。这同样是文化的"教化"作用。

我们必须高度重视文化的"教化"作用,注意发挥文化对个人和社会的"教化"功能。同时,我们应当注意,不是文化决定经济、政治和社会,而是社会的经济以及政治决定着文化。人们现在常说文化"软实力"。实际上,文化之所以能够成为"软实力",靠的不是文化本身,而是文化之外的"硬实力"。换言之,文化的"实力"实际上是在文化之外。英语之所以能够成为世界性的语言,靠的不是它自身的语言魅力,而是它身外的实力。如果英国没有当初的"硬实力",大英帝国不可能"日不落",英语不可能成为世界性的语言;如果美国没有二战后的"硬实力",星条旗不可能"永不落",英语很可能已经在世界式微。由此,我们也就不难理解为什么西方文化在世界范围内仍占主导地位、仍属强势话语这一历史现象了。

我们应当明白,文化及其作用不可能单纯地从文化自身得到解释。文化命运的背后是民族命运、国家前途和社会走向的问题,文化争论的背后是经济实力和政治制度的竞争,文化变革的背后是物质生产方式的变革。近代中国的文化争论、五四时期的文化变革,不是单纯的文化争论、文化变革,其实质是政治变革的辐射,是社会变革要求的折光。在我看来,中国传统文化之所以没有也不可能阻止中国沦为半殖民地半封建社会,根本原因是自然经济"玩"不过商品经济,农业文明"斗"不过工业文明,封建主义生产方式挡不住资本主义生产方式。

高度重视文化的"教化"作用,离不开正确对待传统文化。所谓传统文化,是指在历史中形成,在现实生活中仍然起作用的那些思维方式、价值观念、行为规范和风俗习惯。在历史中形成,但在现实生活中已经不起作用的不是文化,而是"文物"。我们应当注意,传统文化并不等于文化典籍。文化典籍中的思想资源转化为传统文化是在一定的社会制度下进行的,这种转化必然受到社会制度的制约。并非所有的文化典籍中的思想资源都能转化为传统文化,文化典籍中的思想资源能在多大程度上转化为思想"现实",转变为传统文化,取决于统治阶级的需要。统治阶级的需要犹如文化典籍的"过滤器",把文化典籍中有利于其统治的思想资源强化、放大,并通过种种途径灌输到百姓心中,从而逐步成为传统文化。中国传统文化,特别是儒家学说,往往因为统治阶级的制度化的"过滤"而磨损了它的积极的、优秀的方面,而其中有利于统治阶级统治的消极的方面,甚至糟粕又被强化、放大了。即使当时属于积极的东西,也可能随着社会的发展而变得陈旧过时了。

这就是说,传统文化本身就具有二重性:既有优秀的方面、精华,又有陈旧的方面、糟粕。传统文化在内容上的二重性决定了它在社会发展中具有双重作用：陈旧的方面、糟粕是社会进步的重负，阻碍社会的发展，所以，社会进步必然表现为对传统文化中陈旧过时方面的突破与革新；优秀的方面、精华凝聚了一个民族世世代代的创造和智慧，成为一个民族得以生存和延续的精神力量，所以，社会进步必然包含着对优秀传统文化的继承与发展。

中国传统文化同样具有这种二重性，同样具有双重作用。负载着中国传统文化，我们造就过雄汉盛唐、文宋武元，创造过令世界叹为观止的伟大文明。不仅如此，中国优秀传统文化还蕴藏着解决当代世界性难题的深邃思想，可以为人们认识世界和改造世界提供有益启迪，为治国理政提供有益启示，为道德建设提供有益启发。在我看来，传统文化与它所维护的经济形态、政治形态的距离越远，它的意识形态的性质就越是减弱，它所蕴含的具有普遍意义的东西就越是凸显。可是，负载着同样的传统文化，我们的历史又出现了"倒转"，中国沦为半殖民地半封建社会，一度到了濒临亡国灭种的危险境地。在我看来，不是传统文化挽救了中国，而是中国革命的胜利使中国传统文化免于同近代中国社会一道走向没落；不是传统文化把一个贫穷落后、满目疮痍的中国推向世界，而是当代中国改革开放和现代化建设的巨大成就把中国传统文化推向世界，使古老的"孔夫子"名扬四海。

每个民族、每个国家在不同的时代都面临着不同的实际，都有自己所要解决的特殊问题。当代中国的最大实际、最重要特点就在于，它把市场化、现代化和社会主义改革这三重重大的社会变迁浓缩在同一个时空中进行了。这一特殊而复杂的社会变迁不可能脱离中国传统文化而进行，但又不能在全盘继承中国传统文化的前提下进行。现代化本质上就是在科技革命、文化变革的激荡下由农业文明向工业文明、自然经济向市场经济转变的社会转型过程，而以儒家学说为核心的中国传统文化恰恰是在农业生产方式、自然经济的基础上形成和发展起来的。因此，我们不能仅仅依靠中国传统文化来解决现代化进程中所面临的人口、资源、环境，以及义与利、个人与集体的关系等问题；我们也不能期望在工业生产方式、市场经济之上嫁接一个田园风味、宁静安详、人际关系淳朴的社会。

我们应当明白，继承和弘扬优秀传统文化，不是"尊孔读经"，不是文化复古，而是以当代中国社会实践为基础，以时代精神为导向的一种创造、创新和发展。历史已经证明，背对社会实践和时代精神的传统文化无一不走向没落，只能成为思想博物馆的标本陈列于世，而不可能兴盛于世。作为世界上最老到圆熟的农业文化，中国传统文化的确具有与现代化相对立的文化惰性，需要对之进行变革；同时，中国传统文化又是中华民族的精神命脉，"中国式的现代化"需要从中国传统文化中获得民族精神。既要变革传统文化，又要凭借传统文化内蕴的精神动力来完成社会变迁，这是当代中国社会发展需要解决的文化难题。为此，我们必须以当代中国的改革开放和现代化建设为基础和标准，判断什么是传统文化中优秀的东西、精华，什么是陈旧的东西、糟粕，以继承优秀传统文化，并结合时代条件赋予其新的含义，从而"以文化人"。

文化、宗教、哲学

从词源上看，西方语言中的"文化"一词起源于拉丁语的 cultura，意指对土地的耕耘、加工和改良。汉语中的"文"原指纹理，"化"则是指变易、生成。"文"与"化"并用是在战国末年："刚柔交错，天文也。文明以止，人文也。观乎天文，以察时变；观乎人文，以化成天下。"这里，"天文"是指天道，也就是我们现在所说的自然规律，"人文"是指人与人之间的人伦关系。观察人文，以文教化，使天下人达到文明状态，这就是汉语中的"文化"一词的最初含义。可见，无论是在古代西方，还是在古代中国，"文化"一词都突出了"人为"或"教化"的性质，都是指人所创造的不同于外部自然运动与自身生物本能的行为规范、价值体系等。这实际上也就说明了文化从一开始就不同于科学。

从日常生活看，人们往往在两种意义上使用文化这一概念：

一是在"人化"的意义上使用文化这一概念，这也就是所谓的广义文化，包括生产工具、观念习俗、社会制度等。马克思认为，在历史的早期阶段，人类主要使用"自然产生的生产工具"，人的生存主要依靠提供生活资料的自然资源；在历史的较高阶段，人类主要使用"由文明创造的生产工具"，人的生存主要依靠提供生产资料的自然资源。"在文化初期，第一类自然富源具有决定性的意义；在较高的发展阶段，第二类自然富源具有决定性的意义。"马克思在这里所说的文化，就是这一意义上的文化。

二是在与经济、政治相对应的意义上使用文化这一概念，这也就是所谓的狭义文化，包括宗教、哲学等。毛泽东把这一意义上的文化称为"观念形态的文化"。在我看来，这是文化本义和本质特征。从根本上说，文化就是人们在适应和改造生存环境，包括自然环境和社会环境的过程中，自觉或自发创造的观念形态。文化是精神生产的产物。

文化当然具有人化的性质，文化不是天然给定的，而是人类超越"身外自然"和"自身自然"而形成的行为规范、价值体系等。纯粹的自然运动只服从自然规律，而人的生存活动不仅受到自然规律的制约，而且要遵循人类所创造的行为规范和价值体系。文化是人类活动的产物，但我们不能把人类所创造的一切都看作文化。否则，我们就无法区分文化与物质、文化与经济、文化与政治，就会把文化等同于整个社会，就会把文化等同于人化。石雕当然是文化，但石头本身不是文化，而是一种物质形态。经济活动、政治活动当然渗透着文化，但经济、政治本身不等于文化。我们应当明白，精神生产不等于物质生产，文化直接形成于人们的精神生产中，而物质生产从根本上制约着精神生产；同时，从事精神生产的人，必然生活在一定的社会关系中，他们不可能脱离特定的社会关系去创造文化。正如恩格斯所说，"每一历史时期的观念和思想也可以极其简单地由这一时期的经济的生活条件以及由这些条件决定的社会关系和政治关系来说明"。

人创造文化，文化又塑造人。从这个意义上说，人是文化存在物。文化所体现的是历史积淀下来的、被一定社会群体所认同和遵循的价值观念、行为规范，这些价值观念、行为规范对于社会个体具有先在的给定性和约束性。"对于个体来说,不仅平常的人,甚至最伟大的天才,他之作为被文化所形成的人远甚于作为文化的形成者。""每个人首先为文化所塑造,只是然后,他或许也会成为一个文化的塑造者。"(舍勒)任何一个人,不管他是什么种族的人,生活在不同的文化环境中,就会自觉或不自觉地接受不同的"教化",就会形成不同的价值观念,就会遵循不同的行为规范,就会具有不同的生活方式。

文化渗透在社会心理中并制约着人们的心理活动。社会心理是人们在日常生活中对社会活动的经验感受,具有明显的自发性,属于自发形态的文化,通常表现为情感、情绪、愿望、性格,蕴含着普遍的社会态度和价值取向。但是,与个体心理不同,社会心理是在一定的民族、阶级中具有的普遍性的心理特征和性格结构,属于一定的民族、阶级在历史演化中、在文化制约下长期积淀的心理特征。

社会心理是经济基础以及政治制度的直接反映,同时,它又构成了意识形态的心理基础,并对文化产生了直接的制约作用。要了解特定社会的文化,不仅要了解该社会的经济关系和政治关系,而且要了解该社会的社会心理。普列汉诺夫指出:"要了解某一国家的科学思想史或艺术史,只知道它的经济是不够的。必须知道如何从经济进而研究社会心理;对于社会心理若没有精细地研究与了解,思想体系的历史的唯物主义解释根本就不可能。"

政治、法律、思想、道德、艺术、宗教、哲学等则属于自觉形态的文化。这就是说,文化与意识形态密切相关,甚至融为一体。"意识形态"一词是法国哲学家德·特拉西在19世纪初首先使用的,其意是解释人们的偏见和倾向根源的"关于观念的科学"。之后,意识形态这一概念在多种含义上被使用。马克思把意识形态作为与经济形态、政治形态相对应的范畴,意指反映经济形态和政治形态以及阶级利益的思想体系。《德意志意识形态》就是马克思的传世之作。

在意识形态中,宗教、哲学与文化具有最为直接和密切的关系。不了解基督教,我们就无法理解西方文化;不了解伊斯兰教,我们就无法理解伊斯兰文化;不了解佛教,我们就无法理解印度文化;不了解儒家哲学,我们就无法理解中国传统文化。梁启超指出:"儒家哲学,范围广博。概括说起来,其用功所在,可以《论语》'修己安人'一语括之。其学问最高目的,可以《庄子》'内圣外王'一语括之。"冯友兰认为,"中国的儒家,并不注重为知识而求知识,主要在求理想的生活。求理想生活,是中国哲学的主流,也是儒家哲学精神所在"。梁启超、冯友兰的观点实际上说明了儒家哲学与中国传统文化的关系。

宗教的本质特征就是对神的信仰。从起源上看,宗教起源于远古时代人们对各种无法控制的自然力、各种无法理解的神秘现象的敬畏,它是不能掌握自己命运的人们面对自然、社会与人生时所产生的"无力感"和"无奈感"。"一切宗教都不过是支配着人们日常生活的外部力量在人们头脑中的幻想的反映,在这种反映中,人间的力量采取了超人间的力量的形式。"(马克思)这是一种"颠倒的世界观"(马克思)。

宗教之所以是一种"颠倒的世界观",是因为它得以产生和存在的社会本身就是一个"颠倒的世界"(马克思)。在这个"颠倒的世界"中,不是人支配物,而是物支配人,人间充满了苦难,"宗教里的苦难既是现实的苦难的表现,又是对这种现实的苦难的抗议。宗教是被压迫生灵的叹息,是无情世界的心境"(马克思);在这个"颠倒的世界"中,人的活动、人的本质都异化了,人们只能在幻想中实现自己的本质,只有从宗教的神圣形象中才能获得自己存在的根据和意义,"宗教是还没有获得自身或已经再度丧失自身的人的自我意识和自我感觉"(马克思)。一句话,"宗教是人民的鸦片"。马克思的这一名言具有极其深刻的内涵。

哲学也是一种世界观。但是,与建立在信仰基础上的宗教不同,哲学是通过理论的逻辑力量而实现的对人与世界关系的总体把握。求索天、地、人的人与自然关系之辨,探讨你、我、他的人与社会关系之辨,反思知、情、意的人与自我关系之辨,追寻真、善、美的人与生活关系之辨,构成了作为人生观、世界观的哲学。哲学总是关注"人生在世"的大问题,总是以抽象的概念运动反映人的现实活动,总是体现人们之间的特定的社会关系,体现特定的民族、阶级的利益、愿望和要求。哲学也因此成为文化的核心。

包括宗教、哲学在内的各种意识形态都是对经济基础、社会生活的反映,但它们反映的形式不同,同经济基础的密切程度不同,对社会生活的作用也不同。各种意识形态在内容上相互补充、相互渗透,在形式上相互交叉、相互作用,在发展过程中相互影响、相互制约,犹如同一主旋律的多重变奏,构成了文化的整体,形成了强大的精神力量,支配着人们的行动。

我们应当高度重视文化的作用,但又不能抽象地谈论文化的作用,而应当注意文化的时代性与民族性。不同的时代有不同的文化,不同的文化有不同的作用。当今的生态危机使古老的"天人合一"学说发出了迷人的微笑,但我们不可能依靠"天人合一"学说来解决当今中国的生态危机问题。不同的民族有不同的文化,民族文化是由这个民族的生存条件、社会关系决定的,文化的确具有种族的差异性。东方社会的问题不可能依靠西方文化来解决,同样,西方社会的危机也不可能依靠东方文化来化解。我不能同意这样一种观点,那就是,东方文化将在 21 世纪拯救处在危机中的西方社会。在我看来,这不是痴人说梦,就是天方夜谭。

我们还应注意文化的阶级性。不同的阶级有不同的文化。在阶级社会中,文化总是由属于一定阶级的人创造的,因而总是直接或间接、公开或隐蔽地体现着某个阶级的利益。"统治阶级的思想在每一时代都是占统治地位的思想。这就是说,一个阶级是社会上占统治地位的物质力量,同时也是社会上占统治地位的精神力量。支配着物质生产资料的阶级,同时也支配着精神生产资料,因此,那些没有精神生产资料的人的思想,一般地是隶属于这个阶级的。"(马克思)马克思的意识形态理论,以及葛兰西的文化霸权理论、马尔库塞的大众文化理论表明,在阶级社会中,占统治地位的文化就是统治阶级的文化。被统治阶级往往违背自己的利益或根本不知道自己的利益,而自觉或不自觉地接受统治阶级的文化,甚至认同统治阶级的文化,这是规律性的现象。

社会科学的特殊性

认识自然，难；认识社会，更难。当一门门自然科学像繁星一样布满科学的"太空"，把人类智慧之光照射到自然界的深处，不断发现自然规律时，人类对社会的认识却仍然停留在表层，历史规律仍然在人们的视野之外，社会"科学"在严格的意义上还不是科学。卢梭为此感叹道："人类的各种知识中最有用而又最不完备的，就是关于'人'的知识。"

与对自然认识的科学历程不同，人类对社会认识的科学历程是从现代才开始的。从历史上看，自然科学脱胎于自然哲学，社会科学则蕴含于道德哲学之中。伴随着现代工业革命，社会科学从道德哲学中分化出来并获得了自身的独立形态。之所以如此，是因为只有在人类社会进入工业社会，进入市场经济，进入资本主义时代之后，"社会的关系"占据了统治地位，社会与个人处于形式上的对立时，社会才真正成为人们研究的对象，社会科学也由此产生。但是，社会科学又不同于自然科学。在研究对象、研究方法、学科功能、学科性质等方面，社会科学都具有自身的特殊性。

在研究对象上,自然科学的研究对象是自然界,这个对象是人之外的客观存在;社会科学的研究对象是社会关系,这个对象就生成于人的活动中,而人是社会的主体,是社会关系的承担者。在这个意义上,社会科学的研究对象是人本身的存在。"客观过程的两个形式:自然界(机械的和化学的)和人的有目的的活动。"(列宁)列宁的这一观点实际上说明,自然运动和社会活动属于两种不同的发展形式:自然运动是以一种自发的、无目的的方式存在着,社会活动的主体是人,人们总是按照自己设定的目标从事社会活动。正是在这个意义上,马克思认为,"历史不过是追求着自己目的的人的活动而已"。

从规律起作用的方式看,自然规律发生作用的条件是在自然界诸因素自发的、盲目的相互作用的过程中形成的,自然规律也是通过这种自发的、盲目的相互作用实现的;历史规律得以存在并发生作用的条件是在人们自觉的、有目的的活动中形成的,并只有通过人们自觉的、有目的的活动才能实现。离开了人们的实践活动以及个体之间的相互作用,历史规律就失去了赖以存在的载体和发挥作用的场所。

自然运动是自然界诸因素自发的、盲目的交互作用,在它的背后没有利益诉求,没有愿景构想,没有目的设定;社会活动则是人们自觉的、有目的的交互作用,在它的背后是人们的利益诉求、愿景构想、目的设定。一次地震可以毁灭一座城市、众多人口,一场战争也可以毁灭一座城市、众多人口。可地震就是地震,在它的背后没有利益诉求。战争不同。战争是政治的继续和延伸,政治又是经济直接而集中的体现,因此,战争的背后是民族、国家、阶级的利益、愿望和要求。社会科学的研究对象显然不同于自然科学。

在研究方法上,自然科学的研究对象是物质实体,看得见、摸得着,而且由于自然事件的可重复性,这种物质实体的运动过程可以在实验室重新模拟,再现出来。所以,自然科学的主要方法就是实验室方法。用马克思的话来说就是,"物理学家是在自然过程表现得最确实、最少受干扰的地方观察自然过程的，或者，如有可能，是在保证过程以其纯粹形态进行的条件下从事实验的"。对于自然科学来说，这实际上具有普遍意义，而不仅仅是"物理学家"的事。

社会科学的研究对象不是物质实体，而是社会关系，看不见、摸不着，倍数再高的显微镜看不透社会关系，再好的望远镜看不到社会关系，再敏感的化学试剂测不出社会关系，再先进的计算机也算不出社会关系……更重要的是，与自然事件不同，历史事件不可重复，历史过程具有不可逆性。无论是英国资产阶级革命，还是法国资产阶级革命，无论是日本的明治维新，还是中国的戊戌变法，无论是美国的独立战争，还是中国的辛亥革命……都是不可重复的，都具有不可逆性。

因此，社会科学不可能运用实验室方法，而只能用科学抽象法分析典型，即分析某种社会关系发展的最为充分、最为成熟的单位。例如，马克思研究资本主义就是通过资本主义经济发展的典型——英国和政治发展的典型——法国进行的。分析典型只能用科学抽象法。"分析经济形式，既不能用显微镜，也不能用化学试剂。二者都必须用抽象力来代替。"（马克思）对于社会科学来说，这实际上具有普遍意义，而不仅仅是"分析经济形式"。

从学科功能看，自然科学所要把握的是自然运动规律，自然规律主要表现为动力学规律；社会科学所要把握的是社会活动规律，即历史规律，历史规律主要表现为统计学规律。一般说来，动力学规律揭示的事物之间的规律性关系是一种一一对应的确定联系，它表明，一种事物的存在必定导致另一种确定事物的发生。同时，在动力学规律作用下，偶然现象可以忽略不计。统计学规律揭示的不是事物之间的一一对应的关系，而是一种必然性和多种随机现象之间的规律性关系。对于统计学规律来说，不仅不能忽视大量的偶然现象、随机现象，相反，正是在大量的偶然现象、随机现象中才能表现出规律性。历史事件的发生大多具有随机性。在社会活动中，事物、现象如果不是"大量"发生，它们之间就表现为一种非确定的联系；如果"大量"发生，它们之间就表现为一种确定的联系。这就像抛掷同一枚质量均匀的硬币,出现正面或反面都是随机的,但在大量抛掷情况下,出现正面或反面的概率都是1/2。

正因为自然规律主要表现为动力学规律,历史规律主要表现为统计学规律,自然科学既能预见又能预报,社会科学只能预见而不能预报。所谓预见,是指以规律为依据的关于发展的必然趋势的判断;预报则是对某一事物在确定的时空范围必然或可能出现的判断。自然科学既能预见自然运动的趋势,又能准确地预报自然事件的发生,如天气预报;社会科学只能预见历史活动的趋势,而不可能准确地预报历史事件的发生。

在学科性质上,自然科学就是纯粹的知识体系,它本身不存在价值观念的问题,用时髦的话来说,就是价值中立。社会科学在总体上却具有二重性:既是一种知识体系,又是一种意识形态。作为知识体系,社会科学体现着人们在认识社会方面所达到的成就;作为意识形态,社会科学又以其独特的范畴体系体现着特定的民族、阶级、阶层的利益诉求和价值观念。黑格尔哲学是这样,凯恩斯主义是这样,自由主义是这样,新自由主义也是这样,马克思主义则是知识体系和意识形态的高度统一。

意识形态与政治密切相关。社会科学不等于政治,但政治需要社会科学。没有经过社会科学论证的政治,缺乏理想信念和精神支柱,缺乏认同感和凝聚力,很难得到人民大众尤其是知识分子的拥护。同时,社会科学也不可能脱离政治,作为社会关系、社会生活的反映,社会科学总是以自己独特的方式蕴含着政治,总是具有这种或那种政治效应。在社会科学中,不存在价值中立的问题。当然,社会科学不能成为某种政治的传声筒或辩护词,因为社会科学有自己的相对独立性。但是,社会科学也不能远离、脱离政治,因为社会科学与时代的统一性首先是通过它的政治效应实现的。政治学就不用说了,经济学、法学、社会学、教育学等都是如此。

在适用范围上,自然科学发现的规律具有普遍性,自然科学也因此具有普适性,不分民族、国家;社会科学把握的规律更多地具有特殊性,或者说,社会科学所把握的规律在不同的民族、国家具有不同的表现形式。即使是同一种市场经济,也有不同的类型,既有以英国和美国为代表的有调节的市场经济,也有以法国和日本为代表的有计划的市场经济,同时,还有一些发展中国家实行的政府主导的市场经济,更何况又有资本主义市场经济与社会主义市场经济之分。认识到西欧的市场经济规律并不等于把握住中国的市场经济规律。第二次世界大战之后,一些殖民地国家赢得了政治独立,同时在社会发展道路上选择了资本主义,力图在"西化"的过程中实现现代化。然而,这些国家在"西化"的过程中并没有实现现代化,或者处于扭曲的"发展"状态,或者连原先的那种不发达状态也未摆脱。究其根本原因,是不同的国家具有不同的历史、不同的社会条件、不同的文化传统,这就使不同的国家具有不同的社会发展规律。

在一定的意义上,自然科学追求的是普遍,社会科学追求的是特殊,需要具有民族特色。当代中国正经历着中国历史上最为广泛而深刻的社会变革,正在进行着人类历史上最为宏大而独特的实践创新,这一变革和实践必然引发一系列新的社会问题,必然为中国社会科学的发展开辟出新的广阔的社会空间。因此,我们应当也必须立足中国实际,建构具有中国特色、中国风格、中国气派的社会科学,从而体现中国智慧,弘扬中国精神,凝聚中国力量,拓展中国道路,为世界贡献解决人类问题的中国方案。

社会科学具有自身的特殊性,但这并不是说社会科学与自然科学如同冰炭不能相容。历史和现实都表明,自然科学本无意向社会科学献媚,可它的方法和成果往往又影响了社会科学的面貌;社会科学内含并集中体现着文化,因而其发展往往又使自然科学的发展获得丰富的文化内涵。所以,美国称社会科学为"有理性的工程人才的保证",法国称社会科学为"防止人才发展不平衡的手段",日本则称社会科学为"传授共同文化和共同公民准则"。1969年,诺贝尔经济学奖的设立,不仅象征性地承认了经济学和物理学、化学一样同等重要,而且也标志着整个社会科学和自然科学一样同等重要。

社会科学方法的西方走向

如同自然科学脱胎于自然哲学一样，社会科学涵孕于道德哲学之中。伴随着近代工业革命，社会科学从道德哲学中分化出来获得了自身的独立形态。社会科学方法作为研究社会的工具，随着对社会本身理解的多样化而日益发展起来。如果把西方社会科学方法的演化与对社会解说的模式联系在一起考察，那么，除马克思主义外，可以把西方社会科学方法划分为五种不同类型。这五种类型的方法系列体现了社会科学方法的西方走向。

第一，对社会的自然科学理解以及由此产生的社会物理学、社会生物学的实证主义方法。

实证主义方法导源于孔德。孔德认为，社会领域"象其他领域的现象一样服从不变的规律"，研究这些不变规律必须采用社会物理学的方法，这种方法必须符合实证方法的五大原则，即现实的而非幻想的，有用的而非无用的，可靠的而非可疑的，确切的而非含糊的，肯定的而非否定的。孔德的社会物理学发展到斯宾塞，形成了社会生物学。这些都属于实证主义方法。

实证主义方法通过社会系统论、社会控制论等走向当代形态,在当代社会具有强大的影响力。社会运动过程当然包含着物理的、生物的领域,从这些方面研究社会确有必要,但仅仅停留于这些实证的领域,并不能真正把握社会运动的本质——社会历史无非是人通过人的劳动而诞生的过程,是自然界对人的生成过程。

第二,对社会的唯名论理解以及由此产生的社会心理主义的方法。

社会唯名论导源于霍布斯、爱尔维修和霍尔巴赫。社会唯名论把社会整体看作一种虚无的存在,主张从个人的存在出发来研究社会,这就形成了社会心理主义方法的理论依据。从方法的发展逻辑来看,社会心理主义方法是对实证主义方法的否定,它要求从对社会的浅层理解进入到深层分析,从宏观分析深入到微观分析,并把人的需要、目的、交往、意识等突出出来了。

社会心理主义方法使社会科学方法摆脱了自然科学方法,把自然选择与人类选择、自然进化与社会进化区别开来了,这无疑是它的历史功绩。但是,仅仅停留在人的心理活动过程,停留在个体之间的关系,难以说明社会发展为什么又是一个客观历史过程。从社会唯名论出发,形成的是主观主义的研究方法。

第三,对社会的唯实论理解以及由此产生的社会整体主义的方法。

社会唯实论起源于斯宾诺莎、孟德斯鸠和黑格尔。社会唯实论把社会看作一个实在的整体,并认为这一整体有其内在的结构、阶段和形式,它高于个人存在。作为一个实在的整体,社会并不是在个人活动中形成的,相反,它规定和制约着个人,形成特定时代的个人活动模式、情感模式等。因此,要研究社会,就要把社会当作一种独立的存在,对社会进行整体认识,从它的历史演变过程来解剖它。从社会唯实论出发,形成了客观主义的研究方法。

如果说从社会唯名论出发的社会心理主义方法的思维坐标是社会主体,那么,从社会唯实论出发的社会整体主义思维坐标则是社会客体;如果说从社会唯名论出发的社会心理主义方法体现了人文主义导向,那么,从社会唯实论出发的社会整体主义方法则形成了科学主义的导向。这两种方法的对立,根源于二者都片面地理解了个人与社会的关系:社会心理主义只关心个人,把社会的一切还原于人的心理活动;社会整体主义的方法只关注社会本身,认为社会是独立存在的,高于个人并规范个人。这两种方法系列各有其合理性,又各有其片面性,各自形成独特的对社会的理解和分析系统,至今没有统一起来。

第四,对社会的文化论理解以及由此产生的社会解释学的方法。

对社会的文化论的理解导源于 20 世纪初的人类学,而后又为马克斯·韦伯的理解社会学加以发挥。从文化的角度来看社会,社会展现为各个民族极其复杂的象征系统、隐喻系统、行为系统、交往系统、心理系统等,它们以特殊的方式建构和再现着一个社会的具体样态。社会文化论的模式导致社会解释学的方法系列的产生。这种方法将历史事实看作"文本",使社会科学家从被动的收集资料、描述事实的方式中解脱出来,转化为从现实生活出发对"文本"进行解释,或发现"文本"的意义和新的秩序。

实际上,这种解释和理解的方法早就为马克思所运用。马克思指出:"人体解剖对于猴体解剖是一把钥匙。反过来说,低等动物身上表露的高等动物的征兆,只有在高等动物本身已被认识之后才能理解。"这就是说,历史事实"意义"的揭示是一种历史运动,"意义"在它产生之初反而是潜在的,它显示并展现于后来的社会运动过程中。这里产生一种"悖论",即完全"忠实"于历史事实却是一种不忠实;跳出这一历史事实,反而能全面、深刻地揭示出这一历史事实的"意义"。从这一方面看,社会解释学的方法引起历史学、政治学、经济学等学科考察问题角度的转换,就不足为怪了。

第五,对社会类型论的理解以及由此产生的理念类型的方法。

对社会类型论的理解出于这样的分析,即不同社会有共同的结构,并有相似的发展道路。从这一角度理解社会,要求从社会的个性进入共性,从多样性上升到统一性,并从社会的形态、结构、阶段上对社会进行区分。

韦伯的"理念类型"就是这种观念的集中体现。在韦伯看来,"理念类型"只是为研究而设定的,它不是一种现实存在,而是一种"乌托邦";同时,"理念类型"建构了一种理想的模式,为研究具体的社会、经济、政治和精神活动提供了一个比较系统,可以使人们确定现实与理想接近或偏离的程度。

"理念类型"的方法近似于自然科学中的"理想实验"的方法。所不同的是,自然科学中的理想实验是一种纯粹条件下的实验,只是在现实中无法把条件纯粹化;而社会科学中的理念类型却永远无法实现,它只是一种比较、研究的手段和方法。实际上,理念类型的方法起到的是导向作用,即用"应是"来矫正"所是"。

西方社会科学方法是随着对社会模式理解的不同而分化的,不同的社会本体论是不同的社会科学方法论的依据,对社会科学方法具有前提和导向作用。实证的、唯名的、唯实的、文化的、类型的这五种模式本质上是对社会的不同角度的透视,体现着社会科学方法的西方走向。当然,这五种模式和方法的演变又标志着人们对社会的认识越来越深化,体现着社会科学方法越来越多样化。

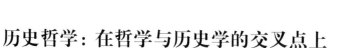

历史哲学：在哲学与历史学的交叉点上

在西方思想史上，历史哲学以维柯的《新科学》为其"独立宣言"，至今已走过了200多年的历史行程。然而，自伏尔泰明确提出"历史哲学"这一概念以来，不同的哲学家、历史学家对此理解不很一致，甚至很不一致。当代西方著名历史哲学家沃尔什在其名著《历史哲学导论》中首次把西方历史哲学划分为两大派别，即"思辨的历史哲学"和"批判的（分析的）历史哲学"。这种划分得到了西方学术界的认同，也为我们综述西方历史哲学提供了可以依据的线索。

黑格尔的历史哲学是思辨历史哲学的典型形式。按照黑格尔的观点，历史哲学是对历史过程的哲学反思，它所"研究的对象——世界历史"，是"世界历史的本身"，其任务就在于发现历史过程的内在规律。黑格尔确立了历史规律的权威性，并表现出力图使历史哲学科学化的企图。对于这一点，应给予积极的评价。但是，由于黑格尔把历史看作"绝对理性"的实现和展开，因而又把历史规律变成了超历史的"绝对计划"，从而又延滞了历史哲学科学化的进程。

18世纪末到19世纪初自然科学的辉煌成就,对于历史学家、哲学家既有诱力,又有压力,总之具有威力,正是科学的威力促使一大批历史学家、哲学家企图把历史学变成像自然科学一样的科学,企图把自然规律的观念直接引入历史领域,或者按照自然规律的特征去理解历史规律。黑格尔肯定了历史规律的存在,但他没有把自然规律的观念原封不动地移入历史领域。在黑格尔看来,与自然规律所具有的重复性不同,历史规律只具有合于逻辑进展的特征。因此,历史哲学的方法只能是逻辑的方法,自然科学方法在这里是不适用的。

思辨的历史哲学研究的重心是历史本身的演变规律,批判历史哲学对此则持否定的态度,认为奢望概括整个历史过程或表达历史意义的历史哲学"不可能得出任何有效的真理,整个儿是一片形而上学的迷雾"(科恩)。在批判的历史哲学看来,要理解历史事实,首先就要分析和理解历史知识的性质,因为人们是通过历史知识去认识"客观"历史的。问题在于,历史知识并不是客观的,而是历史学家一定价值观念的产物,这些观念又来源于历史学家所面临的需要和环境,"历史是由活着的人和为了活着的人而重建的死者的生活"(克罗齐)。

因此,不存在客观历史,至少不能认识客观历史。既然不存在客观历史,那么,探寻客观的历史规律岂不是无意义的"废话"? 实际上,历史哲学是对"历史思维的前提和含义的一种批判性的探讨"(柯林伍德),其任务就是确定历史科学努力的界限和特有价值。历史哲学是有关历史认识论的研究。

在批判的历史哲学看来,历史学提供给我们的是一系列的主观行动,因此,逻辑的抽象方法和自然科学的精确方法都无法把握人的历史。柯林伍德甚至认为,把自然科学的概念和方法引入历史哲学中是一种"瘟疫性的错误"。正是在这个意义上,批判的历史哲学认为,历史不是科学,历史不需要解释而需要理解,这个理解的过程就是使自己融入历史的精神之流,以"体验"的方法对以往的历史学家的意识进行"再一次经历",从而

"捕捉个别",并"在自己的心灵中重演过去"。历史哲学的方法只能是"体验"。批判的历史哲学重视历史认识活动的特殊性,本身无可非议,但它却片面地夸大了这种特殊性,制造了自然科学与历史科学的对立。

思辨的历史哲学与分析的历史哲学的见解,虽然各执一端,但又表达了一种共同的见解,那就是,历史哲学是哲学与历史学的交融,是哲学与历史学这两门学科共同研究同一个对象,同时解决一些共同的问题。从当代知识结构来看,历史哲学实际上是在哲学与历史学的接合部产生的一门交叉学科。

一般来说,交叉学科有三种形态:一是线性交叉学科,即把某个学科的原理成功地运用于另一个学科;二是结构性交叉学科,即两个或两个以上的学科以新的形式相结合所形成的学科;三是约束性交叉学科,即围绕着某个具体问题,多种学科相互配合进行研究。我以为,历史哲学属于结构性交叉学科,是哲学与历史学这两门学科以一种新的形式相结合而形成的相对独立的学科,它集哲学与历史学这两门学科的知识与功能(不是全部)于一身,同时又在这两门学科的交叉点和共振带上做出新的努力,实现新的职能。

在我看来,历史哲学的基本内容包括两个方面:对历史本身演变规律的探讨和对历史认识活动的特点的探讨。不同的历史哲学或者以前者为重心,提供历史本体论,或者以后者为己任,提供历史认识论。如果说从18世纪末到19世纪初是历史本体论的时代,那么,从19世纪末到20世纪70年代则是历史认识论的时代。当今,这两种系统在某种程度上出现了"合流"的趋势——人们在历史本体论"复活"的基础上深化历史认识论的研究。

之所以出现这种合流的趋势,是因为历史本体论与历史认识论之间具有内在的联系,只是由于不同时代人们认识水平的差别和不同的需要,才把研究重心或者放在历史本体论上,或者放在历史认识论上。本体论必然要对认识论起一种导向作用,如果历史认识论不同时具有历史本体论的性质,其理论必然失去现实的前提和依据;同时,本体论的确立又有赖于认识论的支撑,如果历史本体论不同时具有历史认识论的性质,其结论必然是独断的、不可靠的。因此,历史哲学的当代形态应当是历史本体论与历史认识论的统一,同时实现历史本体论与历史认识论的职能,既探讨历史本身的运动规律,又对历史知识或历史认识活动进行批判。

批判历史哲学的基本特征及其启示

1907 年,德国历史学家、哲学家齐美尔提出一个康德式的问题: 历史科学是怎样成为可能的? 对这个问题的探讨构成了批判历史哲学的真正主题。按照批判历史哲学的观点,人们是通过历史知识去认识历史的,因此,要理解历史,首先就要分析和理解历史知识的性质。明确地意识到这一点,是批判历史哲学的基本前提,而一旦有了这种明确的意识,就会唤起一种自觉的批判精神,认识历史的努力在这里就会合乎逻辑地变成历史认识的自我批判。

批判历史哲学之所以与思辨历史哲学不同,并不在于二者使用的方法不同,而是因为二者探讨的问题不同。按照思辨历史哲学的观点,历史哲学"研究的对象——世界历史",是"世界历史的本身"。在批判历史哲学看来,历史哲学是"对历史思维的前提和含义的一种批判性的探讨",其任务就在于"反思历史思维",对历史知识进行哲学的批判,从而确定历史学科的界限和特有价值。这表明,批判历史哲学注意的中心不再是历史本身是什么,而是历史认识是什么。

这样,批判历史哲学就在历史哲学史上实现了一次研究重心的转移,即从历史本体论转移到历史认识论。具体地说,从对历史本身性质的探讨转移到对历史知识性质的分析,转移到对理性认识能力的批判。研究重心的这一转移完全符合人类认识规律:认识外部世界的任何一种努力一旦持续下去,就会在某一时刻不多不少地变成对这种认识活动本身的一种反思和批判。因此,批判历史哲学的产生标志着西方历史哲学的成熟,而绝不意味着它的没落。

对历史认识论的探讨是一项具有科学价值的工作。如果对历史本体的探讨不同对历史认识的分析相结合,那么,其结论必然是独断的、不可靠的。批判历史哲学重视历史认识论的研究不无道理,它促使人们自觉意识到人的认识能力的相对性,并在这种自我批判的基础上更审慎、更清醒地去认识客观历史。对此,我们应给予积极的评价。

但是,我们又必须看到,批判历史哲学是脱离了历史本体来考察历史认识的,历史虚无主义在这里打下了深刻的烙印。按照批判历史哲学的观点,历史研究是由现时的兴趣引起的,人们是按照现时的兴趣来思考和理解历史的。"历史是由活着的人和为了活着的人而重建的死者的生活。所以,它是由能思考的、痛苦的、有活动能力的人找到探索过去的现实利益而产生出来的。"(克罗齐)因此,一切历史都是当代史。

批判历史哲学认定,一切过去历史同当代生活的对流只是以历史学家的主观精神为媒介,不存在客观历史及其规律,历史本质上是史学意识。在历史认识中,人的主观意向是决定性的东西,它决定着历史认识的内容和结果,历史学家认识历史的行为就是建立历史客体的行为。由此,我们看到了历史虚无主义的幽灵:所谓的历史哲学在考察历史认识时,竟把其前提——客观历史一笔勾销了,结果犯了演丹麦王子而没有哈姆雷特的错误。

历史认识论的中心问题在于,客观地认识过去只有靠学者的主观经验才能获得。批判历史哲学的失败就在于它无力解决这个基本矛盾。它企图从纯形式的立场,即脱离历史认识的客观内容来"反思历史思维",结果使自己成为对思辨历史哲学的片面反动,并在这条道路上走到了逻辑终点。

批判历史哲学的长处与短处、成功与失败,共同证明了这样一个道理,即从历史本体论和历史认识论相统一的高度重建历史哲学是现时代的"绝对命令"。如果历史认识论不同时具有历史本体论的性质,它就不能成为指导人们正确认识历史的科学理论;如果历史本体论不同时具有历史认识论的性质,从当代知识结构看,它就不属于哲学学科,而且其结论也是独断的、不可靠的。

历史唯物主义,即马克思主义的历史哲学是"一种关于历史过程的观点"(恩格斯),它着重探讨的的确是历史的本质及其一般规律,因此,历史唯物主义带有凝重的历史本体论色彩。这是问题的一方面。另一方面,历史唯物主义又为科学地解决历史认识论问题奠定了可靠的基础,并以萌芽的形式包含了历史认识论问题。只是由于历史原因,马克思没有对这个问题详加探讨和展开。

我注意到,当代实践、科学和哲学的发展,越来越凸显了历史认识论问题,同时又使探讨历史认识论问题具有普遍的必要性和现实的可能性。因此,我们应结合历史的变化、时代的特点,根据认识的发展水平和当代知识结构,调整自己的理论视角,使以萌芽形式包含在历史唯物主义中的历史认识论问题凸显出来,并以成熟、发达的形式予以研究,从而揭示历史认识的独特结构及其内在规律。历史认识活动与历史本身运动之间内在交织、相互作用,虽不严格同时,但大体同步地走着一条"自己构成自己"的道路。因此,历史唯物主义应扬弃历史本体论与历史认识论之分,同时实现历史本体论与历史认识论的职能。

后现代历史哲学对历史客观性的质疑

客观性问题是历史哲学中的重要问题。历史有没有一个本来的真实面目？人们能否透过历史研究认识历史的真实面目？由于后现代思潮的影响，相对主义和怀疑主义日益活跃，在文学和文化理论中盛行之后，也浸透到了历史学中。和人文社会科学中的其他学科一样，后现代历史哲学的兴起意味着知识的不确定性，表征的则是社会的不确定性。以往建立在神学或科学基础上的确定性认识，20世纪中后期以来受到强烈的质疑。一股失望的潮流席卷全球，许多人失去了确定性的信念，觉得现在转瞬即逝，过去难以琢磨，未来更是无法预料。后现代历史哲学对客观性问题的质疑，是通过三种相互关联的途径展开的。

一是把语言符号和事实等同起来，认为不存在独立于语言符号的纯粹事实，语言本身就是自足的领域，它的意义存在于语言游戏之中，亦即语言的网络之中。在德里达看来，历史事实永远被语言覆盖着，语言的功能又被文化规范的影响掩盖着。人类不可避免地陷于语言的牢笼之中，没有任何理由把历史研究与语言研究视作完全不同的东西，历史写作必须运用语言。

二是重新引入修辞学。随着结构语义学、逻辑学和诗学的发展，西方学术界开始了重建修辞学的努力，修辞学零度、形象化表达的空间、转义度、隐喻度、义位转换法等概念得以提出，"隐喻的真理"几乎成为唯一的真理。隐喻不仅仅是名称的转用，也不仅仅是反常的命名，究其实质，隐喻是对语义的不断更新，换言之，一切语义都只有以隐喻的方式才能得以描述。认为研究历史著作最有效的方法，就是特别注重其文学性的一面。只要历史研究依然以通常的教育言辞和写作作为表述往昔的优先方式，就会继续保持修辞性和文学性，历史学家的工作就依然保留"文学性"，而不可能是严格意义上的科学的话语方式。

三是认为历史叙述可以采取各种各样的方式，如喜剧、悲剧或讽刺剧。历史仅仅是一种叙述或"情节化"，各种叙述方式具有同等的价值。由此，一些历史学家对"种族大屠杀"的处理，就是把它当作一般的文本，抽掉了它独特的悲惨性质，削弱了它的真实性。

一言以蔽之，历史研究中重要的是文学性而非科学性，隐喻、比喻和情节取代了如实性、概念性和解释性规则。没有事实，也就没有真理，世界被看作是真实的还是虚构的，这无关紧要。理解它的方式同样如此。以往历史学家对真理的追求成为"高贵的梦想"，追求真理的行为演变为逻辑上无限可能的解释。这样，怀特等后现代历史哲学家就废除了"真实的"与"虚构的"叙事、"科学的"与"诗学的"历史编纂学的区分，把历史学完全归结为情节编码和文学修辞，历史只能作为话语或文本而存在。巴特指出："历史的话语，不按内容只按结构来看，本质上是意识形态的产物，或更准确些说，是想象的产物。"基于这样的认识，也就不难理解，他把历史符号的意义指认为理解而非真实，彻底摒弃了历史的客观性乃至真实性。

在后现代历史哲学的观照下，重新梳理历史哲学的基本线索，我惊讶地发现，历史上诸多的历史哲学家，像狄尔泰、克罗齐、文德尔班、齐美尔、汤因比、罗素等,都认为优秀的历史学家必定同时也是富有想象力的艺术家,甚至希腊历史女神和史诗女神克里奥的魅力,也因此再度熠熠生辉。事实上,后现代历史哲学的思考业已追溯到神话时代。希罗多德在《历史》中宣称,为了保存希腊民族及其他民族的伟大业绩,他将以这些民族自身的传说故事叙述历史。从此以后,大多数历史学家站在修昔底德一边,把神话视作非科学乃至反科学的,极力予以排斥。

在后现代思想氛围中,历史哲学家们再度讨论这一古老的话题,开始调和史学传统中的神话派和历史派,承认神话在构建个人认同、公共认同方面的关键作用,提出历史学的任务不在于消除这些虚构,而是要利用它们,说明它们是如何进入历史并形成历史事实的。这方面工作做得最为深入的当属马里。马里追溯了神话派自古代世界的起源到现代世界的演变,叙述了李维和马基雅维利如何从变幻无常的神话中重新发现真正的历史,分析了维柯、米什莱如何颠覆这种分析模式,又如何从变幻无常的历史中分析出真正的神话,并借用尼采、维特根斯坦、乔伊斯、艾略特等人的作品,重新定义了现代史学,阐明了后现代史学与古老神话的历史观念之间的历史性关联。

在对历史客观性质疑的背后,隐含了文化的转向这一时代潮流。在后工业社会中,现实世界不再以自身的本来面貌存在,而仅仅以文化的形式登台、表演、展现、想象。在后现代主义的种种范式中,各类文化不断地指向和表征其他文化实践,而非传统的各类经验。使后现代文化实践与众不同的,是文化想象的世界可以被不加区分地攫取,意义常常被颠覆、嘲弄,变得含混不清,以至于成为没有任何深层含义的场景展示,道德的、美学的意义都不复存在。正如费瑟斯通所说:"如果我们来检讨后现代主义的定义,我们就会发现,它强调了艺术与日常生活之间界限的消解、高雅文化与大众通俗文化之间明显分野的消失、总体性的风格混杂及戏谑式的符码混合。"在"新文化史"和"微观史学"的作品中,历史与文化的界限已经相当模糊,后现代史学进而把历史和文学等同起来,认为历史研究只不过是一种写作,和文学写作没有什么特别的不同。

后现代历史哲学否认历史的客观性，却依然保持了批判性，不过这种批判的指向和模式有了巨大的游移。作为现代性的一个侧面，特别是自19世纪职业化以来，历史学一直是与真理的客观性和理性的视野相联系的，这种视野不可避免地带有政治的维度，并服从于自由的价值评判。质言之，历史是以批判为旨趣的。后现代历史哲学的出现，也是针对大一统的现代知识秩序，追寻更多的自由。如果可以说后现代历史哲学是批判的，那么，它的特色在于怀疑，怀疑史料，怀疑语言，怀疑史学家的真诚，怀疑叙述，一言以蔽之，历史思考和写作的整个过程都是值得怀疑的。譬如，福柯就全面揭示了历史知识与权力的勾连。

从这些怀疑出发，后现代历史哲学更多地把历史学定位于建立认同感，而非展示普遍真理，因而，极大地强化了普遍性与认同性之间的张力。坚持普遍性观点的人相信并致力于历史事实，强调认同性的学者呼吁忠于本民族的情感和利益，我看到，出于民族主义或其他意识形态的需要，借古喻今、文过饰非甚至编造谎言的现象已经比比皆是，后现代主义似乎对此起了推波助澜的作用，它对于事实与虚构、客观实在与概念之间区别的抹杀为谎言提供了佐证，从而使得具体历史问题的解决变得更为艰难。

后现代历史哲学家否认语言形式和内容的区别，把历史写作和文学写作完全等同起来，显然是走向极端和误区了。文舒特不无愤慨地批判说，这无异于历史的谋杀。不过，后现代历史哲学否认历史的客观性，却并没有否认历史的意义，甚至可以说，它在相当程度上复活了思辨的历史哲学对历史意义的追寻，当然，这种意义不再是线性的、一以贯之的简单线索。利科指出："历史真理的问题——不是在对已经过去的历史的真正认识的意义上，而是在历史创造者的任务的真正完成的意义上——在文明的历史运动的基本统一性问题中，找到了它的重心。"从书名就可以看出，怀特的《元史学》目标就在于，展示历史思想模式的一般性结构理论，所回答的问题是"历史地思考指什么"。安克斯密特关于历史表现本质的理论旨在，"让我们看清楚，在历史话语与伦理和政治话语的最精细分支的交汇之处，以及它们彼此缠绕之处，到底发生了什么"。

无论是"文明的基本统一性",还是历史思想模式的一般性结构,抑或是伦理和政治话语的"交汇",都表现出这样的努力,即经由史学方法论的深化,培育出一般的历史性认识理论。由此,完全有理由说,后现代历史哲学是对现代历史哲学两大流派、两种理路的综合与发挥,也是对历史哲学的最初梦想以及思辨的历史哲学的高层次复归。

后现代主义对现代思想的挑战,从根本上说,是冲击了启蒙以来的历史理论,包括线性思维、目的论、乐观主义、宏大叙事等,并提供了新的历史思维方式。一切现代思想,包括历史唯物主义都不能不接受后现代思想的挑战,并做出积极有效的回应。围绕在后现代视域中如何理解历史的本质,如何书写历史,历史叙述、历史表征、话语的修辞、想象、形式和内容等,对此我们应当也必须提供深刻的思考,提供新的方法,从而拓展历史思维的视域,建构历史思维的新方式;我们应当也必须对后现代历史哲学做出深入研究,探求其理论渊源和现实背景,把握其基本的概念、思想和特征,体认它为形成一种更富有批判性和更具有分析能力的方法所做出的贡献,以及在历史认识方法、目标和知识基础的讨论方面的推进;我们应当也必须直面后现代主义对现代性宏大叙事的批评,坚持和维护历史唯物主义对科学、进步和客观性的信仰,澄清历史唯物主义对本质、基础和中心的寻求。

"形而上学"的终结与哲学的"生存论转向"

马克思主义哲学的创立是哲学史上的革命性变革。这一变革的实质就在于,它使哲学的发展再次发生"转向",即从"世界何以可能"转向"人类解放何以可能";而要解答"人类解放何以可能",就要探究人的生存状态和存在方式。马克思生活其中的社会,是一个由资本关系所造成的人的生存全面异化的社会,因此,对于作为哲学家和革命家完美结合的马克思来说,"全部问题都在于使现存世界革命化",消除人的生存的异化状态,从而"把人的世界和人的关系还给人自己"(马克思)。为此,马克思聚焦于人的生存状态,聚焦于现实的人及其历史发展,聚焦于无产阶级和人类解放,从而终结了"形而上学",使哲学从知识论形态转向生存论形态,并为我们展示了一个新的思想地平线。

从总体上看,知识论形态的哲学就是"形而上学"。这里所说的形而上学,不是指现行的哲学教科书意义上的形而上学,即与辩证法相对立的、以孤立和静止的观点看待事物和世界的思维方法,而是指其本义,即关于存在之存在的哲学学说。从历史上看,这种哲学形态形成于柏拉图哲学,后在亚里士多德的《形而上学》中达到了系统化的程度,并一直延伸到黑格尔哲学;从内容上看,这种哲学形态研究的是超感觉的、经验以外的对象,追求的是一切实在对象背后的终极存在,并把这种终极存在看作具体事物及其特性的基础、支撑者和"最高原因",即本体。对于形而上学来说,这种终极存在犹如思想的"宪法",可以据此来规范整个世界;犹如哲学的"阿基米德点",可以以此来推论出其他一切,包括人的本性、行为等等。

形而上学在对终极存在的探究中确立了一种严格的逻辑规则,即从公理、定理出发,按照推理规则得出必然结论。这无疑具有积极意义,标志着作为理论形态的哲学的形成。问题在于,形而上学中的"存在"是所谓的事物背后的、作为事物支撑者的存在,实际上是脱离了现实的事物和现实的人的存在,因而是一种抽象的存在,抽象化的本体。这种抽象的存在甚至成为一种君临人与世界之上的神秘的主宰力量,高高地耸立在祭坛上,让人们顶礼膜拜。

在这里,人的存在被遮蔽了,人的主体性被消解在这种抽象的本体之中,无论这种抽象的本体是"抽象思维",还是"抽象物质"。同时,形而上学把探究存在之存在的过程变成一个纯粹的"求知"的过程,把寻求终极存在与人类面临的种种紧迫的生存问题分离开来,认为哲学的根本使命就是澄明知识的前提,从而把哲学思考的全部注意力集中到知识论上去了。通过理性超越感性而认识和把握存在的存在,即"存在本身",获得一种超越时空、超越经验的关于终极存在的知识,这是形而上学的梦想。

近代哲学自觉地认识到,"存在"总是进入到人的意识领域并为人所认识到的存在,因此,认识终极存在是否可能有待于对人的认识活动先行反省。正因为如此,近代哲学开启了哲学的"认识论转向"。康德通过"认识论转向"及其理性批判认识到,人们无法超越经验而获得关于终极存在的知识,终极存在并不是人们的认识对象,而只能是信仰对象。这是一次思想的"移居",即终极存在从认识领域"移居"到信仰领域。这一思想的"移居"实际上表明,形而上学给自己提出了一个不可能完成的任务,是在追求一个不可能实现的梦想。

然而,黑格尔仍然"牵着梦的手",执着于"梦想成真"。为此,黑格尔把存在论、知识论和逻辑学融为一体,把形而上学建立在一种远比亚里士多德的形式逻辑和康德的先验逻辑更有宽容度的辩证逻辑之上,并一统哲学天下几十年。正是在这个意义上,马克思认为,形而上学在黑格尔那里"曾有过胜利的和富有内容的复辟"。但是,黑格尔并没有改变形而上学的知识论性质。实际上,黑格尔哲学本身就是一种知识论形态的哲学,甚至是知识论哲学的集大成者。从根本上说,包括德国古典哲学在内的传统哲学就是形而上学,而知识论构成了传统哲学的唯一存在方式。换言之,知识论原则构成了传统哲学的根基,甚至贯彻到传统哲学思想最遥远的边缘。知识论哲学始终主导着马克思之前的全部西方哲学史。

到了 19 世纪中叶,随着自然科学"给自己划定了单独的活动范围",随着社会发展"把人们的全部注意力集中到自己身上",作为知识论的哲学形态,即形而上学"不仅在理论上威信扫地",而且"在实践上已经威信扫地"(马克思)。由此,形而上学不可避免地面临着"终结"的命运,哲学不可避免地面临着一次新的"转向",即转向人的生存状态。

马克思发现,19 世纪中叶的西欧社会是人的生存全面异化的社会,并认为"人的自我异化的神圣形象被揭穿以后,揭露非神圣形象中的自我异化,就成了为历史服务的哲学的迫切任务"。然而,知识论形态的哲学,即形而上学无法完成这一"迫切任务"。这是因为,形而上学中的存在、本体是脱离了现实的人和现实的社会的抽象存在、抽象本体,从这种抽象的存在和本体出发,人们无法认识和把握现实的人和现实的社会。

就其实质而言,形而上学向人们展示的是抽象的真与善,它似乎在给人们提供某种希望,实际上是在掩饰现实的苦难,抚慰被压迫的生灵,因而无法消除人的生存的异化状态,将现实的人带出生存的困境。作为知识论形态的哲学,形而上学只是以肯定的方式感受并描述现存世界,至多只能"解释世界",而问题在于"改变世界"。正因为如此,马克思"反对一切形而上学",并认为在形而上学终结之后,哲学应当对人的异化了的生存状态给予深刻批判,对人的价值、自由和全面发展给予深切关注,从而建立一种"和人道主义相吻合的唯物主义"(马克思)。

在马克思的哲学视野中,"终极"是对人的生存而言的,具有根本、始源的意义,换言之,对人来说,"终极"之所以成为"终极",不在于它具有"最高"的特殊权威,而在于它具有基础的意义。这样一来,对终极存在的探寻就发生了方向性、根本性的转换,即对人的生存而言,何者是作为始源、基础、根据的存在。正因为如此,"和人道主义相吻合的唯物主义"首先关注的就是"人类生存的前提"。正如马克思所说,"我们首先应当确定一切人类生存的第一个前提也就是一切历史的第一个前提,这个前提就是:人们为了能够'创造历史',必须能够生活。但是为了生活,首先就需要吃喝住穿以及其他一些东西。因此第一个历史活动就是生产满足这些需要的资料,即生产物质生活本身"。

在马克思看来,对人而言的"终极存在",就是这种人维持自己生命存在和创造自己社会生活的实践活动,这种维持自己生命存在和创造自己社会生活的实践活动,贯穿于认识活动和知识体系之中,是构成认识活动和知识体系的基础和根据。"意识在任何时候都只能是被意识到了的存在,而人们的存在就是他们的现实生活过程。"(马克思)这就是说,马克思把人的实践活动看作人类历史的"第一个前提",看作人的"第一个历史活动",看作一切认识和知识的前提,并认为这是"首先应当确立的前提"。这样,马克思主义哲学就从根基上超越了知识论哲学。

按照马克思的观点,人不仅是自然存在物,而且是社会存在物,是自然存在物和社会存在物的统一,而这种统一恰恰是在实践中完成的。人"本身的存在就是社会活动"(马克思),实践因此构成了人的存在方式。具体地说,在实践中,人是以物的方式去活动并同自然发生关系的,得到的却是自然以人的方式而存在,即自在自然转化为人化自然;同时,人们总是在一定的社会关系中并以"社会的人"的形式实现对自然的占有,正如马克思所说,"自然界的人的本质只有对社会的人说来才是存在的","只有在社会中,自然界才是人自己的人的存在的基础"。换言之,在人的实践活动中,自然物质转化为"可感觉而又超感觉的物",即"社会的物"(马克思)。

这就是说,人通过实践创造了包含人化自然在内的"人本身的存在",并在这个过程中赋予自然存在以新的尺度——社会性。与黑格尔不同,与费尔巴哈也不同,马克思认为,"被抽象地孤立的理解的、被固定为与人分离的自然界,对人来说也是无",或者说,是"不存在的自然界"。马克思并不是以一种抽象的、超时空的方式去理解和把握存在问题,而是从人的存在出发去解读存在的意义,并凸显了现实存在的根本特征——社会性。用海德格尔的话来说就是,这一方法"使存在从存在者中显露出来,并对存在本身进行解释"。在马克思看来,现实存在的本质不在其可感觉的实体性,而在其超感觉的社会内涵。这是马克思理解所有哲学问题的出发点。

正因为实践是人的存在方式,人的生存状态不是凝固不变的,而是处在不断的建构和改变之中。在资本主义社会,劳动这种人的生命活动的异化必然造成人的生存状态的异化,人与人的关系体现为物与物的关系,不是人支配物,而是物统治人。正如马克思所说,"实物是为人的存在,是人的实物存在,同时也就是人为他人的定在,是他对他人的人的关系,是人对人的社会关系"。因此,"为历史服务的哲学",即"和人道主义相吻合的唯物主义"聚焦于人的生存状态,从人的存在方式——实践出发,通过对人的生存的异化状态的批判,揭示了被物的自然属性掩蔽着的人的社会属性,以及被物与物的关系掩蔽着的人与人的关系,并力图通过实践"使现存世界革命化","重建个人所有制"(马克思),消除人的生存的异化状态,从而"确立有个性的个人"(马克思)。在马克思的哲学视野中,"有个性的个人",每个人的全面而自由发展,是人的生存的终极价值。这样,马克思主义哲学就实现了对人的现实关怀和终极关怀的统一。在我看来,这是一种双重关怀,是全部哲学史上对人的生存和价值最激动人心的关怀。

马克思把实践活动理解为人的本源性和基础性的生存境域,理解为对人而言的终极存在,从根本上改变了探究终极存在问题的方向,转换了理解这一问题的视阈,提供了解答这一问题的新的方法,从而实现了哲学的"生存论转向"。在我看来,这既是哲学"认识论转向"的延伸,又是"认识论转向"的升华,是比"认识论转向"更为深刻、更为重要的"转向"。这种"生存论转向"终结了知识论形态的哲学,即传统哲学,开启了现代西方哲学的历史进程。从总体上看,现代西方哲学"所力求的目标就在于领悟人的现实境况下的那个实在"。马克思所实现的哲学的"生存论转向"开辟了"从本体论认识现实"的道路。"今天,如果人们试图站在存在的基础现实地对世界进行思维,只有通过马克思主义本体论的复兴之路才有可能完成。"(卢卡奇)

马克思视野中的哲学

哲学不仅是一个"真理的王国",而且是一个问题的王国,在这个问题的王国中,最折磨哲学家耐心的问题就是,哲学是什么?用一位日本哲学家的话来说,那就是,对哲学家来说,最恶毒的问题莫过于问他,哲学是什么?

按照西方传统哲学的观点,哲学"寻求最高原因的基本原理",提供"全部知识的基础"和"一切科学的逻辑",是知识的"最高智慧"和人生的"最高支撑点"。可是,在现代西方人本哲学看来,哲学关注并要解决的问题,是人的"精神的焦虑""信仰的缺失""形上的迷失""意义的失落"和"人生的危机";在现代西方分析哲学看来,"哲学就是那种确定或发现命题意义的活动",科学使命题得到证实,哲学使命题得到澄清;"科学研究的是命题的真理性,哲学研究的是命题的真正意义"(石里克)。

苏联马克思主义认定,哲学是关于自然界、人类社会和思维运动普遍规律的科学,科学的研究对象是世界的某一领域,得到的是某种特殊的规律,哲学的研究对象是整个世界或世界的普遍联系,得到的是普遍规律;西方马克思主义则认为,"哲学的真正社会功能在于它对流行的东西进行批判",其"主要目的在于,防止人类在现存社会组织慢慢灌输给它的成员的观点和行为中迷失方向"(霍克海默)。"理智地消除甚至推翻既定事实,是哲学的历史任务和哲学的向度。"(马尔库克)

这一特殊而复杂的现象印证了黑格尔的见解,那就是,"哲学有一个显著的特点,与别的科学比较起来,也可以说是一个缺点,就是我们对于它的本质,对于它应完成和能够完成的任务,有许多大不相同的看法"。的确如此。不存在被所有哲学家公认的哲学定义。不同时代、不同民族、不同派别的不同哲学家对哲学有不同的看法,不仅哲学观点不同,而且哲学理念也不同。"哲学是什么"因此成为最折磨哲学家耐心的问题,由此导致哲学"总是被迫在起点上重新开始……从头做起"(石里克)。

在我看来,这是科学史、思想史的正常现象。科学史、思想史表明,任何一门科学在其发展过程中,除了要研究新问题,往往还要回过头去重新探讨像自己的对象、性质、内容和职能这样一些对学科的发展具有方向性、根本性的问题。哲学不仅如此,而且更为突出,用石里克的话来说,这是"哲学事业的特征"。实际上,哲学是一个历史范畴,哲学的研究对象、学科性质、理论内容和社会职能都是随着时代的变迁而不断变化的,不存在什么"先验"的规定,也不可能形成超历史的、囊括了所有哲学的统一的哲学定义。不同的哲学之所以能被称为"哲学",就在于它们都具有寻根究底、追本溯源,并进行前提批判的性质。这就是不同哲学的共同性质,是哲学的"本性"。可是,如果进一步追问,何谓根与底、本与源,如何进行前提批判,认识就立刻进入分歧了。

从根本上说,哲学的位置是由实践活动的需要决定的,"理论在一个国家实现的程度,总是决定于理论满足这个国家的需要的程度"(马克思);从直接性上看,哲学的位置是由知识结构和认识水平决定的,不同时代的知识结构、认识水平决定了哲学具有不同的位置。

在马克思看来,"哲学是时代精神的精华"。

哲学要成为时代精神的精华,就要关注自然科学。马克思认为,随着自然科学"给自己划定了单独的活动范围",随着人们把"全部注意力集中到自己身上","形而上学"这种哲学形态就"变得枯燥乏味了",此时就应改变哲学的这种存在形态。恩格斯指出:随着实证科学的发展,"在以往的全部哲学中仍然独立存在的,就只有关于思维及其规律的学说——形式逻辑和辩证法。其他一切都归到关于自然和历史的实证科学中去了"。因此,"随着自然科学领域中每一个划时代的发现,唯物主义也必然要改变自己的形式"。

哲学要成为时代精神的精华,更要关注政治。马克思在评论费尔巴哈哲学时指出:"费尔巴哈的警句只有一点不能使我满意,这就是:他过多地强调自然而过少地强调政治。然而这一联盟是现代哲学能够借以成为真理的唯一联盟。"因此,哲学的批判要"和政治的批判结合起来"。更重要的是,"对现代国家制度的真正哲学的批判,不仅要揭露这种制度中实际存在的矛盾,而且要解释这些矛盾;真正哲学的批判要理解这些矛盾的根源和必然性,从它们的特殊意义上来把握它们"(马克思)。哲学不是政治,但哲学又不可能脱离政治,哲学与时代的统一性首先就是通过哲学的政治效应实现的。

哲学要成为时代精神的精华,还要关注"时代的迫切问题"。"问题"是"支配一切个人的时代之声。问题是时代的格言,是表现时代自己内心状态的最实际的呼声"(马克思)。"时代的迫切问题"反映的实际上是人类在特定时代的生存困境,任何一个有成就的哲学体系都或直接或间接、或多或少地解决了它那个时代的迫切问题,从而成为"真正的哲学"。"最不可取的是仅仅根据威望和真诚的信仰来断定哪一种哲学是真正的哲学。"(马克思)

在马克思看来,哲学是"为历史服务"的批判理论。

哲学具有历史性,同样,哲学要"为历史服务"。然而,"哲学,尤其是德国的哲学,爱好宁静孤寂,追求体系的完满,喜欢冷静的自我审视"。"哲学,从其体系的发展来看,不是通俗易懂的;它在自身内部进行的隐秘活动在普通人看来是一种超常规的、不切实际的行为;就像一个巫师,煞有介事地念着咒语,谁也不懂得他在念叨什么。"因此,必须"否定迄今为止的哲学"。"真理的彼岸世界消逝以后,历史的任务就是确立此岸世界的真理。人的自我异化的神圣形象被揭穿以后,揭露具有非神圣形象的自我异化,就成了为历史服务的哲学的迫切任务。于是,对天国的批判变成对尘世的批判,对宗教的批判变成对法的批判,对神学的批判变成对政治的批判。"(马克思)

这就是说,哲学必须具有批判性。实际上,马克思主义哲学就是在一系列的哲学批判中创立的:1843 年的"黑格尔法哲学批判"、1844 年的"对黑格尔的辩证法和整个哲学的批判"、1845 年的"对批判的批判所作的批判""对法国唯物主义的批判"、1846 年的"对费尔巴哈、布·鲍威尔和施蒂纳所代表的现代德国哲学的批判"……联系到马克思后来进行的政治经济学批判,可以说,马克思的哲学批判理论包括经济(资本)批判、政治批判以及意识形态批判。这种批判就是要"对现存的一切进行无情的批判","在批判旧世界中发现新世界","从现存的现实本身的形式中引出作为它的应有的和最终目的的真正现实",从而"对当代的斗争和愿望作出当代的自我阐明(批判的哲学)"(马克思)。换言之,马克思主义哲学本身就是"批判的哲学",并通过批判"为历史服务"。

在马克思看来,哲学是关于现实的人及其历史发展的学说。

哲学的立脚点"是人类社会或社会的人类",出发点是"现实的人",即从事实践活动的人。"在思辨终止的地方,在现实生活面前,正是描述人们实践活动和实际发展过程的真正的实证科学开始的地方……对现实的描述会使独立的哲学失去生存的环境,能够取而代之的充其量不过是从对人类历史发展的考察中抽象出来的最一般的结果的概括。"(马克思)因此,马克思主义哲学是从"现实的个人"出发,宗旨是"确立有个性的个人",实现以"每个人自由发展"为条件的"一切人的自由发展"。因此,哲学是关于现实的人及其历史发展的学说。

在现代,现实的人的发展的问题首先就是消除人的异化,实现无产阶级和人类解放的问题,这是一个"彻底的革命、全人类的解放"。在这个革命和解放的过程中,"批判并不是理性的激情,而是激情的理性。它不是解剖刀,而是武器"(马克思);而哲学的作用就在于,它是无产阶级的"精神武器",是人类解放的"头脑"。哲学不是黄昏中起飞的"密涅瓦的猫头鹰",仅仅进行事后的"反思";哲学是黎明时分"高卢雄鸡的高鸣",预示着新时代的到来。换言之,哲学是反思、批判和预见的统一。

在马克思看来,哲学是改变世界的学说。

哲学不能仅仅"为了认识而注视外部世界",相反,"哲学不仅从内部即就其内容来说,而且从外部即就其表现形式来说,都要和自己时代的现实世界接触并相互作用"(马克思)。哲学必须关注"自己时代的现实世界",反思"人的实践活动和实际发展过程";哲学批判必须"和实际斗争结合起来",即和实践批判结合起来。这就是说,哲学既要"入世",又要"出世"。用马克思的话来说就是,"哲学家们只是用不同的方式解释世界,问题在于改变世界"。

从哲学史上看,破解存在的秘密,是不同哲学派别的聚焦点;如何破解存在的秘密,则是不同哲学派别的分水岭。在马克思看来,哲学不应关注所谓的世界的终极存在,而应关注人的现实存在,关注"对象、现实、感性"何以成为这样的存在。马克思与他所批评的"哲学家们"的根本分歧就在于:"哲学家们"把存在看作某种超历史的或非历史的存在,以追问"世界何以可能"为宗旨而解释世界;马克思则把存在看作历史的存在或实践中的存在,以求索"人类解放何以可能"为宗旨而改变世界。"对象、现实、感性"都是在人的实践活动中生成的,人本身也是在实践活动中自我塑造、自我改变、自我发展的,环境的改变和人的自我改变的一致,只能被看作并合理地理解为革命的实践。因此,要实现人类解放,就必须改变世界。

马克思在批判青年黑格尔派时指出:"这些哲学家没有一个想到要提出关于德国哲学和德国现实之间的联系问题,关于他们所作的批判和他们自身的物质环境之间的联系问题。"因此,尽管青年黑格尔派满口讲的都是"震撼世界"的词句,实际上是"仅仅反对这个世界的词句",而"绝对不是反对现实的现存世界";实际上是"用另一种方式来解释存在的东西,也就是说,借助于另外的解释来承认它"。马克思的这一批判具有普遍意义,实际上是对整个传统哲学的批判。"人的思维是否具有客观的真理性,这不是一个理论的问题,而是一个实践的问题。人应该在实践中证明自己思维的真理性,即自己思维的现实性和力量,自己思维的此岸性。关于思维——离开实践的思维——的现实性或非现实性的争论,是一个纯粹经院哲学的问题。"(马克思)

这,就是马克思视野中的哲学。

马克思哲学的理论主题：人类解放何以可能

　　马克思主义哲学的创立，无疑是哲学史上的革命性变革。用文学的语言来说，那就是，马克思主义哲学的创立犹如人类思想史上的壮丽日出，它使哲学这片思想的园地沐浴在"新唯物主义"的阳光之中，哲学的理论主题发生了根本转换，这就是从"世界何以可能"转向"人类解放何以可能"。马克思主义哲学不是西方传统哲学，我们不能从传统哲学的视角去理解马克思主义哲学；马克思主义哲学不是"学院哲学"，我们不能以"学院哲学"的构架去评价马克思主义哲学。要真正理解马克思主义哲学，真正理解哲学的主题从"世界何以可能"转向"人类解放何以可能"，首先就要把握马克思生活其中的那个时代的特点。我们应当明白，由哲学家们所创造的哲学体系，不管其形式如何抽象，不管它们具有什么样的特征或"个性"，都和哲学家所处的时代密切相关，从根本上说，都是一定时代的产物。

　　如果用一句话来概括马克思时代的特征，那就是，资本主义制度在西欧已经得到确立和巩固，人类历史从封建主义时代转向资本主义时代。在资本主义时代，资本具有支配一切的权力，而资本的存在及其支配一切的权力，导致人的劳动、人的关系和人的世界都异化了，人的生存状态成为一种异化的状态。这种异化集中体现在无产阶级身上，用马克思的话来说就是，在无产阶级身上，"表明人的完全丧失"。马克思由此认为，这是一个"颠倒的世界"。在这个世界中，资本具有个性，个人却没有个性，个人成为一种"偶然的个人"，国家也不过是"虚幻的共同体"。一言以蔽之，人本身的活动及其产物对人来说成为一种异己的、同他相对立的力量。这就是说，19世纪中叶的西方社会，是一个由资本关系所造成的人的生存状态全面异化的社会。

在这样一个时代，哲学应该做什么？马克思认为，在这样一个时代，哲学的"迫切任务"是揭露并消除这种异化，从而"为历史服务"。可是，西方传统哲学，包括德国古典哲学在内，无法完成这一"迫切任务"。这是因为，从总体上看，西方传统哲学就是"形而上学"，即关于超验存在之本性的理论，这种哲学形态在"寻求最高原因"的过程中把本体同人的活动分离开来，同人类面临的种种紧迫的生存问题分离开来，从而使存在成为一种抽象的存在，物质成为一种"抽象的物质"，本体成为一种同现实的人及其活动无关的抽象的本体。从这样一种抽象的本体出发无法认识现实的人和人的现实。以"形而上学"为存在形态的西方传统哲学，向人们展示的是抽象的真与善，它似乎在给人们提供某种希望，实际上是在掩饰现实的苦难，抚慰被压迫的生灵，因而无法消除人的生存的异化状态，将现实的人带出现实的生存困境。正因为如此，马克思在《神圣家族》中明确提出："反对一切形而上学。"这就是说，反对或拒斥"形而上学"也是马克思主义哲学的基本原则。

在以往的马克思主义哲学研究中，我们都忽略了这样一个史实。什么史实？那就是，在哲学史上，马克思和孔德是同时举起反对或拒斥"形而上学"大旗的。在时代性上，马克思的反对"形而上学"与孔德的拒斥"形而上学"具有一致性，二者都属于现代哲学对传统哲学的批判。实际上，孔德与马克思同属于西方现代哲学的开创者和奠基人。但是，在指向性上，马克思的反对"形而上学"与孔德的拒斥"形而上学"具有本质的不同。孔德认为，拒斥"形而上学"之后，应当用实证科学的精神来改造和超越传统哲学，应当把哲学局限在经验、知识和"可证实"的范围内；马克思则认为，"拒斥形而上学"之后，哲学应当关注"人类世界"，关注现实的人及其发展，对人的生存的异化状态给予深刻的批判，对无产阶级和人类解放、人的全面发展给予深切的关注。

在《神圣家族》中，马克思不仅批判了近代唯心主义哲学，而且批判了近代唯物主义哲学，认为近代唯物主义一开始具有反对"形而上学"的倾向，"包含着全面发展的萌芽，物质带着诗意的感性光辉对人的全身心发出微笑"。然而，"唯物主义在以后的发展中变得片面了"，"变得敌视人了"。那种"抽象的物质""抽象的实体"成了一切变化的主体，成了"万物的本性和存在的致动因"，而近代唯物主义哲学追求的就是把握这个"第一原因和真正原理"，由此演绎出一切事物的本性和原因。这就是说，近代唯物主义从批判"形而上学"开始，最终又回归"形而上学"。

问题在于，到了马克思的那个时代，随着自然科学的独立化并"给自己划定了单独的活动范围"，随着社会实践的发展并凸显了人的异化状态，人们开始把"全部注意力集中到自己身上"。于是，那种脱离实证科学又凌驾于实证科学之上，那种脱离人的活动又凌驾于人的活动之上的"形而上学"，便失去了自身的神圣光环，"变得枯燥乏味了"，不仅"在理论上威信扫地"，而且"在实践上已经威信扫地"。反对或拒斥"形而上学"因此成为一种社会思潮、哲学精神。马克思以其敏锐的观察力注意到这一趋势，不仅明确提出"反对一切形而上学"，而且断言："形而上学将永远屈服于现在为思辨活动所完善化并和人道主义相吻合的唯物主义。"完成这一历史任务的正是马克思本人，换句话说，马克思创建了这种"和人道主义相吻合的唯物主义"。

在创建这种"和人道主义相吻合的唯物主义"过程中，马克思明确吸收了爱尔维修的人道主义哲学、费尔巴哈人本主义哲学的因素。但是，我们一定要注意，马克思接受爱尔维修、费尔巴哈有一个前提，那就是，不是全盘接受,不是从孤立的层面上吸取爱尔维修、费尔巴哈的理论遗产,而是在其中加进了相反的关键性因素和基础性因素。什么因素? 那就是,无产阶级、物质的生产活动、革命的实践活动。以往的哲学家是人在"地上",心在"天上",关注的是宇宙的"终极存在"或"初始物质",即使把目光转向人间,关注的也只是抽象的、一般的人的命运。与此不同,马克思是人在"地上",心在人间。马克思不是虚无主义者,不是唯我主义者,他人在"地上",当然能看到"天上",但他关注的是"地上",用中国古诗词来说,就是"举头望明月,低头思故乡"。思什么? 思考无产阶级和人类解放的问题。

这就是说,马克思关注的是人类世界,关注的是现实的人尤其是无产阶级的利益,关注的是消除人的生存的异化状态,实现无产阶级和人类解放的问题。那么,在无产阶级和人类解放的过程中,哲学应当做什么? 或者说,哲学的职能是什么? 对此,马克思在《〈黑格尔法哲学批判〉导言》中说了两句非常形象的话:一是哲学把无产阶级当作自己的"物质武器",无产阶级把哲学当作自己的"精神武器";二是无产阶级是人类解放的"心脏",哲学是人类解放的"头脑"。既然哲学是"头脑",那么"头脑"必须清醒;"头脑"不清醒,就不可能确立人类解放的真实目标。无产阶级需要自己的哲学,这就是马克思主义哲学。马克思主义哲学熔铸着对人类生存方式的关注,对人类发展境遇的焦虑,对人类现实命运的关切,凝聚着对无产阶级和人类解放的深刻理解和把握。

由此可见,马克思主义哲学所关注的不是所谓的世界的终极存在,而是人的现实存在,是"对象、现实、感性"何以成为这样的存在。马克思与他所批评的"哲学家们"的根本分歧就在于:"哲学家们"把存在看作某种超历史的存在或非历史的存在,以追问"世界何以可能"为宗旨而解释世界;马克思则把存在看作历史的存在或实践的存在,以求索"人类解放何以可能"为宗旨而改变世界。这样,马克思就使哲学的理论主题从"世界何以可能"转变为"人类解放何以可能"。

马克思主义哲学的理论特征：实践、辩证、历史的唯物主义

在中国，马克思的名字可谓家喻户晓，马克思主义哲学似乎无人不知。然而，对于马克思主义哲学的研究者来说，最容易引起争议、最折磨耐心的问题就是，马克思主义哲学是什么？马克思主义哲学的位置在哪里？我注意到这样一个现象，那就是，对马克思主义哲学的争论持久而激烈，深入而广泛，遍及世界主要国家。从历史上看，一个伟大的思想家、哲学家逝世后，对他的学说进行新的探讨并引起争论，不乏先例。无论是亚里士多德，还是黑格尔，无论是孔子，还是张载，都引起了很多争论。但是，像马克思这样，在世界范围内引起如此持久、深入、广泛而激烈的争论，却是罕见的。在这种种争论中，马克思的形象处在不断的变化之中，而且马克思离我们的时代越远，对他认识的分歧也就越大，就像行人远去，越远越难以辨认一样。"熟知并非真知。"准确理解和把握马克思主义哲学的本质特征，仍然是一个需要认真研究、切实解决的重大问题。

马克思主义哲学的理论主题是无产阶级和人类解放。为了解答"人类解放何以可能",马克思主义哲学必须探讨人的生存方式或生存本体,必须探讨现存世界的本体,并使哲学的聚焦点从宇宙本体转向人的生存本体,从解释世界转向改变世界。

按照马克思的观点,作为自然存在物和社会存在物的统一,人是在实践活动中自我塑造、自我改造、自我发展的,实践因此构成了人的存在方式或生存本体。正因为实践构成了人的存在方式或生存本体,人的生存状态不是凝固不变的,而是处在不断的变化之中,即使人的生存的异化状态也是在实践活动中发生的。具体地说,在资本主义的生产方式中,劳动,使人的生命活动异化了,使人与人的关系物化了;不是人支配物,而是物统治人,人本身的活动及其产物对人来说反而成为一种异己的、同他对立的力量。正是通过对资本主义生产方式的批判,马克思揭示出被物的自然属性所掩蔽着的人的社会属性,揭示出被物与物的关系所掩蔽着的人与人的关系,从而发现了人的自我异化的秘密所在,并力图付诸"革命的实践",消除劳动的异化、人的异化,从而"确立有个性的个人"。

"有个性的个人",是马克思在《德意志意识形态》中所说的,它和马克思后来在《共产党宣言》中所说的"每个人的自由发展""一切人的自由发展",在《资本论》中所说的"自由个性""个人的全面发展"是一致的,其内涵就是实现人的全面而自由的发展。如果说无产阶级和人类解放是马克思主义哲学的理论主题,那么,"确立有个性的个人",实现人的全面而自由的发展就是马克思主义哲学的最高命题。

按照马克思的观点,现实世界,也就是现存世界,是人化自然与人类社会相统一的世界,这个世界就生成于人的实践活动中。实践活动是现存世界得以存在的根据和基础,在现存世界的运动中具有导向作用。换句话说,人们是通过自己的实践活动"为天地立心",在物质实践的基础上重建世界的,实践因此构成了现存世界的本体。问题在于,现存世界一经形成又反过来制约、决定现实的人及其活动,现实世界的状况如何,现实的人的状态就如何。要改变资本主义社会中的人,首先就要改变资本主义社会。所以,马克思主义哲学强调的是"改变世界"。在《德意志意识形态》中,马克思指出了他与黑格尔的根本分歧:对于黑格尔来说,"问题完全不在于现实的利益,甚至不在于政治的利益,而在于纯粹的思想";对于马克思来说,"全部问题都在于使现存世界革命化,实际地反对并改变现存的事物"。

实际上,马克思主义哲学就是为改变世界的实践活动而创立的,它本身就是对人类实践活动中矛盾关系的理论反思。以此为前提,我们才能真正理解和把握马克思主义哲学的本质特征。

马克思主义哲学是实践唯物主义。在我看来,承认自然物质的"优先性",这只是马克思的新唯物主义与旧唯物主义的共性,它并未构成新唯物主义本身的特征。确认人以自身的实践活动所引起的人与自然之间的物质变换构成了现存世界的根据、基础和本体,这才是马克思新唯物主义的"新"之所在,或者说是新唯物主义"唯物"之所在。

从马克思主义哲学的逻辑看,实践不仅是人的生存的本体,而且是现存世界的本体,因而成为马克思主义哲学的基石,成为马克思主义哲学的建构原则;从马克思主义哲学的历史看,马克思主义哲学所实现的哲学变革,就是在实践本体论的层面上发动并展开的。唯心主义哲学和旧唯物主义哲学共同的主要缺点,就是不理解现实的实践活动及其本体论意义。由此可以判定马克思主义哲学首先是实践唯物主义,或者说,实践唯物主义是马克思主义哲学的本质特征。在我看来,辩证唯物主义、历史唯物主义这两个特征,都是实践唯物主义这一本质特征展开的理论表现。

马克思主义哲学是辩证唯物主义。按照马克思的观点,人类要维持自身的存在,肯定自身,就要对自然界进行否定性的活动,改变自然界的原生态,使之成为"人化自然""为我之物",使人与自然的关系成为"为我而存在的关系"。"为我而存在的关系"是马克思在《德意志意识形态》中所说的,具有深刻的辩证法内涵。实际上,人的实践活动本身就是辩证法的集中体现。作为人的存在方式,实践包含着人与自然、人与社会、人与自我、目的与手段、思维与存在、主体与客体、限定与超越、必然与自由等矛盾关系,包含着对现存世界的批判与人的自我批判、对现存世界的否定与人的自我肯定、现存世界的发展与人的自我发展等矛盾关系。

可以说,人与自然之间这种"为我而存在"的否定性关系是最深刻、最复杂的矛盾关系。这种矛盾关系构成了马克思之前众多哲学大师的"滑铁卢",致使唯物主义对人的主体性"望洋兴叹",唯物主义与辩证法遥遥相对。马克思高出一筹的地方就在于,通过对现实的实践活动及其意义深入而全面的剖析,使唯物主义和人的主体性统一起来了,唯物主义和辩证法因此也结合起来了。这就是说,辩证唯物主义构成了马克思主义哲学的一个基本理论特征。

马克思主义哲学是历史唯物主义。按照马克思的观点,实践是社会关系的发源地和社会生活的本质,从根本上说,社会就是在人与自然之间的物质变换中形成和发展起来的。所以,以往的哲学家,包括旧唯物主义者把人对自然的实践关系从历史中排除出去后,只能走向唯心主义历史观;而马克思从人对自然的实践关系出发去解释历史过程,则创立了唯物主义历史观,从而消除了"物质的自然"和"精神的历史"对立的神话,实现了唯物主义的自然观和历史观的统一。

社会活动不同于自然运动,具有自己的特殊性。这种特殊性就在于,社会的主体是人,社会中的一切活动、一切事件都是人做的,而人是在利益驱使下、在思想指导下进行社会活动的。社会生活的这种特殊性犹如横跨在自然与社会之间的"活动翻板"。在马克思之前,即使是坚定的唯物主义者,当他们的视线由自然转向社会,开始探讨社会历史时,几乎都被这块"活动翻板"翻向了唯心主义的深渊。从认识论的角度看,造成这种状况的根本原因,仍在于以往的哲学家不理解现实的实践活动及其意义,不理解社会生活在本质上是实践的。马克思的高明之处就在于,他从现实的实践出发去理解社会以及社会与自然的关系,从而创立了历史唯物主义。历史唯物主义因此构成了马克思主义哲学的又一个基本理论特征。

概而言之,马克思主义哲学是实践、辩证、历史的唯物主义。在哲学史上,马克思第一次把实践提升为哲学的根本原则,转化为哲学思维方式,从而创立一种实践、辩证、历史的唯物主义。实践唯物主义、辩证唯物主义、历史唯物主义不是三个主义,而是同一个主义,也就是马克思新唯物主义的三个基本理论特征。其中,实践唯物主义是本质特征或根本特征,辩证唯物主义、历史唯物主义这两个基本特征都是从实践唯物主义这一本质特征引申出来的,是这一本质特征必然展开的内在逻辑和理论表现。

应当注意的是,在马克思主义哲学中,不存在一个独立的、作为理论基础的实践唯物主义,也不存在两个独立的、作为分支的辩证唯物主义、历史唯物主义;不存在一个独立的、作为理论基础的辩证唯物主义,也不存在一个独立的、仅仅具有应用性质的历史唯物主义。辩证唯物主义和历史唯物主义不是马克思主义哲学的两个部分,而是马克思主义哲学在对同一个领域,也就是人与世界总体关系的研究中呈现出来的两个基本的理论特征。

实践唯物主义、辩证唯物主义、历史唯物主义又是对马克思新唯物主义的三种不同表述,是对马克思主义哲学的三个不同称谓。用“实践唯物主义”称呼马克思主义哲学,是为了凸显马克思主义哲学所内含的实践维度及其首要性和基本性,因为对马克思主义哲学来说,全部问题“在于改变世界”,“在于使现存世界革命化,实际地反对并改变现存的事物”(马克思);用“辩证唯物主义”称呼马克思主义哲学,是为了凸显马克思主义哲学所内含的辩证法维度及其批判性和革命性,因为“辩证法在对现存事物的肯定的理解中同时包含对现存事物的否定的理解”,按其本质来说,辩证法“是批判的和革命的”(马克思);用“历史唯物主义”称呼马克思主义哲学,是为了凸显马克思主义哲学所内含的历史维度及其彻底性和完备性,因为唯物主义的彻底性、完备性集中体现在历史唯物主义中,“而自从历史也得到唯物主义的解释以后,一条新的发展道路也在这里开辟出来了”(恩格斯)。

我们不能因为马克思一生只使用过一次“实践唯物主义”而认为这一

概念不成熟,我们不能因为西方马克思主义、东欧新马克思主义倡导"实践唯物主义"而忌讳这一概念,我们也不能因为苏联的"辩证唯物主义和历史唯物主义"教科书有许多局限性而"废"辩证唯物主义、历史唯物主义之"名"。

马克思主义哲学的批判性及其特征

马克思极为关注哲学的批判性。1843 年,在致卢格的信中,马克思就明确提出:要"对现存的一切进行无情的批判","在批判旧世界中发现新世界",从而"对当代的斗争和愿望作出当代的自我阐明",并把自己的哲学称为"批判的哲学"。1846 年,在《德意志意识形态》中,马克思又把自己的哲学称为"批判的世界观"。列宁甚至把马克思的唯物主义称为"批判的唯物主义"。因此,正确理解、准确把握马克思主义哲学的批判性及其特征,同样是一个涉及如何理解和把握马克思主义哲学本质特征的重大问题。

在 1843 年致卢格的信中,马克思指出:"费尔巴哈的警句只有一点不能使我满意,这就是:他过多地强调自然而过少地强调政治,而这一联盟是现代哲学能够借以成为真理的唯一联盟。"因此,哲学的批判要"和政治的批判结合起来",从而"对当代的斗争和愿望作出当代的自我阐明(批判的哲学)"。马克思写的第一部哲学著作就是《黑格尔法哲学批判》,其内容是哲学批判与政治批判的统一。

在 1843 年的《〈黑格尔法哲学批判〉导言》中，马克思指出："真理的彼岸世界消逝以后，历史的任务就是确立此岸世界的真理。人的自我异化的神圣形象被揭穿以后，揭露具有非神圣形象的自我异化，就成了为历史服务的哲学的迫切任务。于是，对天国的批判变成对尘世的批判，对宗教的批判变成对法的批判，对神学的批判变成对政治的批判。"这就是说，哲学必须具有批判性，而且这种批判要同对现实的批判、政治的批判结合起来。

在《资本论》中，马克思指出："辩证法，在其合理形态上，引起资产阶级及其夸夸其谈的代言人的恼怒和恐怖，因为辩证法在对现存事物的肯定的理解中同时包含对现存事物的否定的理解，即对现存事物的必然灭亡的理解；辩证法对每一种既成的形式都是从不断的运动中，因而也是从它的暂时性方面去理解；辩证法不崇拜任何东西，按其本质来说，它是批判的和革命的。"这就是说，辩证法的批判性和革命性具有内在的一致性，这就是，否定现存事物，否定资本主义制度。由此，我们也就不难理解唯物辩证法与实践唯物主义内在的同一性了，因为"对实践的唯物主义者即共产主义者来说，全部问题都在于使现存世界革命化，实际地反对并改变现存的事物"（马克思）。

联系到马克思的政治经济学批判，可以说，马克思的批判理论包括政治批判、哲学批判、意识形态批判和政治经济学批判（即资本批判）。这种批判的锋芒所指，就是现存世界，就是资本主义制度，其目标是改变世界，实现无产阶级和人类解放。正如马克思在《资本论》中所说，"就这种批判代表一个阶级而论，它能代表的只是这样一个阶级，这个阶级的历史使命是推翻资本主义生产方式和最后消灭阶级。这个阶级就是无产阶级"。

由此，我们也就不难理解，马克思为什么把自己的哲学称为"批判的哲学"，称为"批判的世界观"；也就不难理解，马克思为什么把辩证法的批判性和革命性联系在一起；同时，也就不难理解，西方马克思主义为什么把马克思的辩证法称为"实践的辩证法""革命的辩证法"了。

马克思对时代课题的解答始终贯穿着哲学批判：1843 年的"黑格尔法哲学批判"，1844 年的"对黑格尔的辩证法和整个哲学的批判"，1845年的"对批判的批判所作的批判"以及"对法国唯物主义的批判"，1846 年的"对费尔巴哈，布·鲍威尔和施蒂纳所代表的现代德国哲学的批判"……这一系列的哲学批判集中体现为形而上学批判。马克思明确提出："反对形而上学。"

应当注意的是，马克思对形而上学的批判并没有停留在"纯粹哲学"的层面上，而是将形而上学批判同意识形态批判结合起来了。在资本主义社会，形而上学就是资产阶级的意识形态，或者说，是以意识形态的方式发挥其政治功能，从而为资产阶级政治统治辩护和服务的。形而上学之所以成为资产阶级意识形态，用马克思的话来说，就是因为形而上学中的抽象存在与资本主义社会中的"抽象统治"具有同一性；用阿多诺的话来说，就是因为形而上学的同一性原则与资本主义社会中的同一性原则不仅对应，而且同源，正是在商品交换中，同一性原则获得了它的社会形式，离开了同一性原则，这种社会形式便不能存在，所以，形而上学就是资产阶级意识形态。

阿尔都塞在《哲学的改造》中提出这样一种见解，即哲学只有通过作用于现存的意识形态，并通过意识形态作用于全部社会实践，作用于阶级斗争的背景之上，才能获得自我满足。阿尔都塞的这一见解是正确的。哲学既是知识体系，又是意识形态。马克思自觉地意识到这一点。所以，在马克思那里，形而上学批判进行到一定程度必然展开意识形态批判。在这种双重批判中建立起来的马克思主义哲学，不仅是客观认知某种规律的知识体系，而且是批判资本主义的意识形态。我们不能从西方传统哲学、"学院哲学"的视角去理解马克思主义哲学，而应当从形而上学批判与意识形态批判双重批判的视野，从无产阶级和人类解放这一新的实践出发去理解马克思主义哲学。

马克思的哲学批判不仅与意识形态批判密切相关、融为一体，而且同资本批判密切相关、融为一体。在马克思看来，无论是形而上学批判，还是意识形态批判,都应延伸到对现实生活过程的批判。这是因为,"意识在任何时候都只能是被意识到了的存在,而人们的存在就是他们的现实生活过程。如果在全部意识形态中,人们和他们的关系就像在照相机中一样是倒立呈像的,那么这种现象也是从人们生活的历史过程中产生的,正如物体在视网膜上的倒影是直接从人们生活的生理过程中产生一样"。

在马克思的时代,对现实生活过程的批判首先就是对资本主义生产方式的批判,也就是资本批判。我们应当高度重视马克思在《资本论》中提出的一个观点,那就是"资本不是物,而是一定的、社会的、属于一定社会形态的生产关系,它体现在一个物上,并赋予这个物以特有的社会性质";更重要的是,资本使人与人的关系采取了一种物的形式,以致人与人的关系表现为物与物的关系,表现为物对人的支配关系。

按照马克思的观点,资本不仅改变了人与自然的关系,而且改变了人与人的关系;资本不仅改变了与人相关的自然界的存在属性,而且改变了人类社会的存在形态;资本本身就是一种有机体制,这种有机体制向总体发展的过程就在于,使社会的一切要素从属于自己,或者把自己还缺乏的"器官"从社会中创造出来。这就是说,正是资本使资本主义社会总体化了。在《共产党宣言》中,马克思明确指出:"资产阶级生存和统治的根本条件是财富在私人手里的积累,是资本的形成和增殖。"在《1857—1858年经济学手稿》中,马克思明确指出:"资本是资产阶级社会的支配一切的经济权力。"这就是说,资本是资本主义社会得以存在的根基,在资本主义社会,资本具有支配一切的权力,是资本主义社会的根本规定、存在形式和建构原则,并构成了资本主义社会的基本建制。一言以蔽之,资本本身就是一种独特的社会存在,是资本主义社会最基本和最高的社会存在物,是推动资本主义世界体系得以建立的真正的主体和灵魂。

在我看来,马克思以商品为起点范畴,以资本为核心范畴展开的对资本主义社会的批判,本质上是一种存在论或本体论意义上的批判。换言之,马克思的哲学批判、意识形态批判是通过资本批判实现的,是通过商品拜物教批判、货币拜物教批判和资本拜物教批判实现的。正是在这种批判过程中，马克思扬弃了抽象的存在，发现了现实的社会存在，发现了人与人的关系以物化方式而存在的秘密，并透视出人的自我异化的秘密所在，从而把本体论和人间的苦难与幸福结合起来了，使无产阶级和人类解放得到了本体论证明。卢卡奇对此做出高度评价，认为马克思开辟了"从本体论认识现实的道路"。

在我看来，马克思的资本批判不仅造成了经济学的革命，而且巩固了哲学革命。我们应当从一个新视角深刻理解《资本论》的副标题——"政治经济学批判"的内涵和意义。什么内涵和意义？那就是，马克思的资本批判不仅具有重大的经济学内涵和意义，而且具有重大的哲学内涵和意义，是经济学和哲学的高度统一。我们既不能从西方传统哲学、"学院哲学"的视角去认识马克思的资本批判，也不能从西方传统经济学、"学院经济学"的视角去认识马克思的资本批判。实际上，马克思的资本批判已经超出了经济学的边界，越过了政治学的领土，而到达了哲学的"首府"——存在论或本体论。

阿尔都塞在《读〈资本论〉》中表述过这样一种见解，即马克思的资本批判不仅存在着哲学的维度，而且意味着政治经济学理论的严格表述所不可缺少的哲学概念的产生。阿尔都塞的这一见解是正确而深刻的。马克思的资本批判理论只有在马克思主义哲学这一更大的概念背景下才能得到真正理解；反之，马克思主义哲学的意义只有在同马克思的资本批判理论的关联中才能显示出来。而无论是哲学批判，还是资本批判，都只有在无产阶级和人类解放这一更大的意识形态背景下才能得到真正理解。我以为，哲学批判、意识形态批判和资本批判高度关联、融为一体，这是马克思独特的思维方式，是马克思主义哲学独特的存在方式，也是马克思主义哲学具有内在的当代价值和意义的秘密所在。

由此，我不由自主地想到这样一种观点。这种观点认为，马克思主义哲学产生于"维多利亚时代"，距今已经有一个半世纪的历史，因而过时了。这是一种傲慢与偏见。我们不能依据某种学说创立的时间来判断它是不是过时、是不是真理。新的未必就是真的，老的未必就是假的，时髦的未必就是真实的,走马灯一样更换本身就说明有问题。我们都知道阿基米德定理创立的时间很久远了,但今天的造船业无论多么发达,都不能违背这条定理。如果违背了阿基米德定理,造出的船无论技术多么先进,无论形式多么豪华,无论多么"人性化",都不可能航行,如航行必沉无疑。实际上,理论与现实是双向关系:一方面,现实催生理论,理论要适应现实;另一方面,理论能够超越现实,并引导现实运动。而一种理论要超越现实,并正确引导现实运动,就必须把握研究对象的本质和规律。

正是由于马克思主义哲学深刻地把握了资本主义社会的运动规律,深刻地把握了人类社会发展的一般规律,正是由于马克思主义哲学所提出的消除人的异化、实现人类解放的问题契合着当代世界的重大问题,产生于19世纪中叶的马克思主义哲学又超越了19世纪这个特定的时代,并以强劲的姿态介入20世纪的历史运动,深刻地影响、引导着现实运动。20世纪的历史运动,资本主义的变化与社会主义的改革,苏联社会主义的解体与中国特色社会主义的崛起,使不同国度的学者们不由自主地把目光再次转向马克思。从一定意义上说,在伦敦海格特公墓中安息的马克思,比生前在伦敦大英博物馆埋头著述的马克思更加吸引人们的目光。"有的人活着,他已经死了;有的人死了,他还活着。"(臧克家)马克思仍然活着,并与我们同行,马克思主义哲学仍然是我们这个时代的真理与良心。

唯物主义历史观的创立:"双桨船"
不断前进的历史

　　唯物主义历史观的创立,是以马克思和恩格斯为双翼的"双桨船"不断前进的历史。就马克思、恩格斯创立唯物史观的各自的思想线索作一比较,将会深化我们对马克思主义哲学史的理解。

　　马克思和恩格斯曾经都把理性看作历史发展的决定力量。那么,推动马克思、恩格斯从唯心主义历史观转向唯物主义历史观的直接动力是什么?考察应该从这里开始。

　　《莱茵报》期间的政治活动使马克思产生了"苦恼的疑问"。这个苦恼疑问的实质就是,是经济利益还是历史理性决定历史发展?马克思由此开始怀疑黑格尔哲学,并于1843年写下了《黑格尔法哲学批判》。从《莱茵报》时期的政治活动到《黑格尔法哲学批判》,推动这一过程前进的动力,用马克思自己的话来说就是,"为了解决使我苦恼的疑问"。这简洁地表达了马克思寻求新的历史观的真正原因。

差不多与马克思同时,恩格斯在英国通过考察围绕"谷物法"而展开的斗争,看到物质利益是阶级冲突、政党斗争的基础。然而,与《莱茵报》时期马克思把私人利益对国家的支配作用看作违反"常规"一样,恩格斯此时也认为,物质利益在社会生活中的决定作用违反"原则",是一种特殊情况。实际上,恩格斯在这里也遇到了物质利益与思想原则的矛盾问题。

这就是说,在1842—1843年,马克思和恩格斯碰到了同一问题,即物质利益与思想原则的关系问题。对这个问题的解决,构成了马克思和恩格斯相同的出发点;在解决这个问题时,马克思和恩格斯又处于相同的理论水平上,即已看到物质利益对国家或阶级关系的决定作用,但在整体上仍停留在唯心主义的精神世界。

"巨大的历史感"是黑格尔思维方式的显著特点。黑格尔在研究法哲学时,既能搜集大量丰富的历史材料,又能从"理性"出发去整理这些材料,二者融为一体。黑格尔法哲学这一特点,必然促使马克思进行历史研究,考察国家和法的历史变迁,同时进行哲学批判,即把费尔巴哈的人本唯物主义原则贯彻到历史观中,运用"颠倒法"分析社会结构,认识到市民社会是国家的前提、基础和动力,明确指出不是国家决定市民社会,而是市民社会决定国家;运用"颠倒法"批判黑格尔法哲学,认识到现实的主体不是理性而是人,明确指出人是"一切社会组织的本质"。

在马克思进行历史研究和哲学批判之际,恩格斯从事着经济学研究和哲学批判,认识到历史不是"神"的启示,而"是人的启示",人类的生活、斗争和创造构成历史的真实内容。问题在于,无论是经济学研究,还是哲学批判,恩格斯此时的理论出发点都是费尔巴哈的人本唯物主义。按照恩格斯的观点,私有制社会是一种人为的、无理性的社会,为了克服这种现象,过渡到自然的、合乎理性的社会,关键就在于唤起人们的自觉,并以人为尺度,"真正依照人的方式,根据自己本性的需要,来安排世界"(恩格斯)。

马克思对黑格尔法哲学的批判和恩格斯对资产阶级政治经济学的批判,可谓联璧之作,思想不谋而合。马克思的历史研究和哲学批判,恩格斯的经济学研究和哲学批判具有相同的理论水平,马克思发现市民社会决定国家,恩格斯发现私有制决定阶级关系;马克思和恩格斯都放弃了黑格尔思辨唯心主义的理论结构,接受了费尔巴哈人本唯物主义的思想框架,在马克思看来,人是一切社会组织的本质,按照恩格斯的观点,人是一切社会关系的尺度。

在《1844年经济学哲学手稿》中,马克思以异化劳动概念为核心和杠杆探究"历史之谜",深入到了市民社会的深层结构,并把私有财产的起源问题变成异化劳动同人类发展的关系问题。问题的这种提法,就意味着把研究"物"的问题归结到人类活动本身的问题。正是在对这个问题的探讨中,马克思得出了一个重要结论,即人类历史是人通过人的劳动而诞生的过程,是自然界对人的生成过程。

运用异化劳动理论研究历史,使马克思沿着一条独特的思想路线前进着。这条思想路线既不像布尔所说的那样,是"仍然按照黑格尔的方式构想出来的",也不像阿尔都塞所认为的那样,"是彻头彻尾费尔巴哈式的"。当然,马克思此时在理论上是从费尔巴哈出发的,是用"真正的人的类本质"来同现实的人的存在相对立,用"自由自觉"的劳动来同现实的劳动相对立。这样,在马克思的历史理论星空呈现出一种奇怪的现象:太阳的单独运行轨道已经被指明,但关于整个天体运行的解释依旧通行着托勒密的理论。

1844年,当马克思通过经济学研究和哲学批判探讨新的历史观的时候,恩格斯则通过对英国状况的实际观察和研究,对新的历史观进行了独立的探索,并得出重要结论:英国工业革命是现代英国各种关系的基础,是整个社会发展的动力。更重要的是,恩格斯此时自觉地意识到,英国的发展展示了法国和德国的未来,法国人和德国人将逐渐走向社会史的道路。通过这个具有重大意义的对比,恩格斯便把工业发展决定历史发展、经济利益决定社会生活的观点普遍化了,看作一切达到相应发展水平的国家所共有的现象,从而在探索历史规律的道路上迈出了重要的一步。

1844年,马克思主要通过批判资产阶级政治经济学和黑格尔唯心辩证法,来探索新的历史观,恩格斯则主要通过考察英国社会的实际状况,来探索新的历史观;马克思主要从理论上分析并在宏观上展示了资本主义社会的异化劳动,恩格斯则主要在实际上展示了英国工人阶级的悲惨状况,具体地揭露了资本主义条件下的异化劳动现象。二者可谓相映生辉。

之后,在1845年首次合著的《神圣家族》中,马克思和恩格斯深入到市民社会的深层结构,发现物质生产是历史的发源地。在1845—1846年再度合著的《德意志意识形态》中,马克思和恩格斯发现一切历史冲突都根源于生产力与生产关系的矛盾运动,从而走进了历史的深处,科学地解答了"历史之谜"。

就这样,马克思和恩格斯跨出了唯心主义历史观的国界,越过了人本唯物主义的领土,到达了唯物主义历史观的"首府"。

可见马克思、恩格斯都通过独特的、同时在原则上相似的道路,即经过对德国古典哲学、英国古典经济学的批判,各自独立地掌握了唯物主义历史观。这是一个相互影响、相互促进的过程。在经济学领域,恩格斯先行了一步,恩格斯是给予者,而马克思是承受者;在哲学方面,马克思则有着更高的天赋,在唯物史观的关键问题上,对恩格斯起了决定性的影响;马克思对唯物史观的探讨,系统而完整,在整体上高出恩格斯一筹,恩格斯对唯物史观的探讨,具体而生动,在具体观点上比马克思要精确。

我不同意宾克莱的观点,即恩格斯只是提供了具体的资料,为马克思的"历史唯物主义哲学论文作佐证"。但是,我又注意到马克思和恩格斯的差异。与马克思相比,恩格斯的思想具有较多的实证色彩,而马克思每前进一步都通过哲学批判。这个过程也使马克思得到了更严格的理论锻炼,使他对德国古典哲学和英国古典经济学有着更深刻的理解,对现实生活有着更透彻的剖析。马克思吸取了恩格斯的成果又超出了恩格斯,在唯物主义历史观的整体理论和根本观点上比恩格斯高出一筹。这不是"神话",而是事实。

如何学习和把握唯物主义历史观

"唯物史观是吾党哲学的根据。"（毛泽东）正是坚持和发展了唯物主义历史观，我们才取得新民主主义革命的胜利。在改革开放和社会主义现代化建设的今天，我们仍然要认真学习唯物主义历史观，深刻把握、自觉运用唯物主义历史观的基本原理。

学习唯物主义历史观，把握唯物主义历史观基本原理，首先就要研读马克思主义的经典著作。作为观念形态的文化，其精华集中体现在它的经典之中。唯物主义历史观也是如此。唯物主义历史观的基本原理就蕴含在马克思主义的经典著作中，就是在经典著作中重复出现的、具有规律性概括的观点，就是贯穿在经典著作中并作为指导思想指导经典作家研究工作的观点。恩格斯指出：要"研究原著本身"，"根据原著"，而不能根据"简述读物和别的第二手的材料"来研究唯物主义历史观。在谈到如何学习《资本论》时，恩格斯又指出："对于那些希望真正理解它的人来说，最重要的却正好是原著本身。"

之所以如此，是因为"第二手的材料"是唯物主义历史观的一种"再生形态",是对唯物主义历史观的解释形态,它必然受到解释者的文化背景、知识结构和价值观念的制约,难免有其局限性,甚至"附加值",而"原著"即经典著作则是直接阐述唯物主义历史观的"原生形态",是唯物主义历史观基本原理最集中、最生动的体现。形象地说,学习和研读马克思主义经典著作,我们既能见"真佛",又能见"真经"。学习和研读《德意志意识形态》,我们能直接感受到马克思、恩格斯是如何阐述生产力与生产关系矛盾运动原理的;学习和研读《路易·波拿巴的雾月十八日》,我们能直接体会到马克思是如何运用唯物主义历史观的基本原理去分析、评价历史事件和历史人物的……我们应该也必须"读"马克思主义经典著作,"悟"唯物主义历史观基本原理。

学习唯物主义历史观,把握唯物主义历史观基本原理,又不能仅仅从书本到书本,而要立足当代实践,关注实际问题。追根溯源,唯物主义历史观就是在关注、研究资本主义社会实际问题的过程中产生的。在当代,资本主义的发展又产生了一系列新的实际问题,中国特色社会主义的实践也提出一系列新的实际问题,需要我们以实际问题为中心,以实践为基础和根本标准,用唯物主义历史观的基本原理给予深刻分析和科学解答,并在这个过程中发展唯物主义历史观的基本原理。

实践犹如检验器,它能够把经典著作蕴含的、我们必须坚持的基本原理与个别论断区别开来,能够把经典著作蕴含的、我们过去所忽视的基本原理展现出来,能够把经典著作有所论述、尚未充分展开、详尽论证,但又深度契合着当代重大实际问题的观点凸显出来,促使我们深入研究、充分展开、详尽论证这些观点,使之上升为唯物主义历史观的基本原理,从而发展唯物主义历史观基本原理。坚持唯物主义历史观,实际上就是坚持唯物主义历史观的基本原理;发展唯物主义历史观,本质上就是发展唯物主义历史观的基本原理。

学习唯物主义历史观,把握唯物主义历史观基本原理,最重要的,是把基本原理转化为方法,转化为思想方法和工作方法。唯物主义历史观既是历史观,又是方法论,而且它只有同时作为方法论,才能真正发挥它认识社会和改造社会的职能和作用。在我看来,方法犹如一个能聚光到燃点的特殊透镜,可以点燃认识问题和解决问题的思想火炬。没有科学的研究方法,就不可能有唯物主义历史观;反过来,唯物主义历史观本身也是一种方法,"唯物主义方法"。无论是在日常生活中,还是在实际工作中,没有切实可行的方法,就如同在航行中乘坐没有舵的船,只能随波逐流,甚至触礁;有了一个切实可行、正确的方法,就犹如"众里寻他千百度,蓦然回首,那人却在灯火阑珊处"。

实际上,基本原理和基本方法是同一个问题的两个方面,或者说,是同一种理论的两种功能,有什么样的基本原理就有什么样的基本方法;反过来说,任何基本方法的背后都有其基本原理,方法不过是转化为认识程序、规则的原理,不过是客观规律的主观运用。比如,用阶级斗争原理去分析阶级社会的社会现象,就是阶级分析法;用社会基本矛盾的原理去分析社会问题,就转变为社会基本矛盾分析法。

从内容和本质上看,唯物主义历史观方法论的内涵就是其基本原理,就是处在运用中的基本原理。既然是"运用",那么,就必须考虑研究对象的特殊性,结合其特殊性运用基本原理。否则,就会把唯物主义历史观的基本原理变为"公式""套语",并以此"来剪裁各种历史事实"。结合研究对象的特殊性运用唯物主义历史观基本原理是科学方法,脱离了研究对象的特殊性套用唯物主义历史观基本原理是教条主义,从唯物主义历史观经典著作中寻章摘句,企图找到解决现实问题的现成答案,那是实用主义。

马克思是"普罗米修斯",而不是"上帝";唯物主义历史观是科学,而不是启示录,它没有也不可能包含当代一切问题的现成答案。自诩为包含了一切问题答案的学说只能是神学,而不可能是科学。从马克思主义经典著作及其内含的唯物主义历史观基本原理中找不到有关现实问题的现成答案,要责怪的不应是马克思和恩格斯,而是你自己对唯物主义历史观科学"本性"的无知。早在唯物主义历史观创立之初,马克思、恩格斯就以其远见卓识向人们宣布:唯物主义历史观"绝不提供可以适用于各个历史时代的药方或公式",相反,只是在人们研究历史或当代的时候,"困难才开始出现。这些困难的排除受到种种前提的制约,这些前提在这里是根本不可能提供出来的,而只能从对每个时代的个人的现实生活过程和活动的研究中产生"。正因为如此,恩格斯后又强调:"我们的理论是发展着的理论,而不是必须背得烂熟并机械地加以重复的教条。"

这表明,在学习唯物主义历史观,把握唯物主义历史观基本原理时,要高度关注运用基本原理时的"困难"所在。一个真正的马克思主义者不能仅仅熟知唯物主义历史观基本原理,更重要的,是把唯物主义历史观基本原理转化为基本方法,从而运用唯物主义历史观基本原理。只有以科学的态度和精神对待科学,以唯物主义历史观的态度和精神对待唯物主义历史观,我们才能真正理解和把握唯物主义历史观。

西方马克思主义对历史唯物主义的重建

与西方"马克思学"不同，西方马克思主义不是为了否定马克思主义，不是抱着纯学术兴趣来研究马克思主义，而是抱着"实践的旨趣"和"解放的旨趣"来完善和发展马克思主义的。从卢卡奇和柯尔施开始，西方马克思主义重新解释马克思主义的理论观点和恢复马克思主义的革命功能，是同"重建历史唯物主义"紧密地联系在一起的。在卢卡奇、柯尔施那里，"重建历史唯物主义"，意味着重新回到马克思本人的"主体性原则"和"总体性辩证法"，恢复马克思主义的人道主义原则；对于萨特、哈贝马斯来说，"重建历史唯物主义"，是因为历史唯物主义本身有一些"空白"和错误，有待"补充"和"修正"。

西方马克思主义从一开始就把高扬主体性原则作为"重建历史唯物主义"的一面旗帜，强调马克思主义哲学的人道主义性质，强调自我意识在历史发展中的能动性和创造性。卢卡奇深信，"任何社会力量实质上就是精神力量"，把主体性原则塑造成马克思主义哲学的最高原则，并断言："马克思主义和资产阶级科学的决定性差别，不是经济动机在解释历史中占首位的原则,而是总体的观点。"

同卢卡奇一样,柯尔施依据黑格尔的辩证法重新解释马克思主义,并力图用历史辩证法来发展历史唯物主义。在柯尔施看来,按内容来说,历史唯物主义是新观点的产物;按形式来说,历史唯物主义是从唯心主义哲学中得出来的,即从黑格尔的辩证法那里接受过来的。马克思主义和黑格尔主义是同一个东西,二者的区别不是理论自身的性质,而是它们代表了不同的革命运动,即马克思主义代表了无产阶级革命运动,黑格尔主义代表了资产阶级革命运动。历史唯物主义从一开始就不是对现有事物的纯粹认识,而是始终关注人的主观的和批判的实践活动。马克思主义是"包括作为整体的社会生活一切领域的社会革命理论",并用总体性观点克服了物质与精神、存在与意识、自然界与人的二元论,建立了以主体为统率的主体与客体相互作用的历史辩证法。诉诸主观因素的历史辩证法才是历史唯物主义的核心所在。

哈贝马斯认为,在马克思那里,历史的意义和目标不是一个形而上学的问题,而是实践设计的对象。传统历史哲学的弱点就在于,不理解历史发展本质上是实践的,现在和未来都不是沉思或科学预见的产物,而是主体介入的实践理性的结果。正是实践理性构成了历史发展的基础。"重建历史唯物主义"的目的,就是把这种理论拆开,"再以新的形式把它构成,为了更好地达到它所规定的目的"。历史唯物主义就是"在实践方面提出的理论观念"(哈贝马斯)。

萨特明确否定辩证唯物主义,认为马克思主义就是历史唯物主义:"我所说的马克思主义,是指设定一种历史的内在辩证法的历史唯物主义,并不是指辩证唯物主义,如果把辩证唯物主义理解为那种自以为发现了一种自然辩证法的形而上学空想的话。"在萨特看来,"任何一种辩证法都应该建立在个人的实践的基础上"。历史唯物主义把辩证法看作人的实践,既是那种人人可以从自己的实践和异化中取得的经验,又是那种使人们理解人类历史是不断发展的方法。

"历史唯物主义是我们时代唯一不可超越的哲学"(萨特),对历史给予了"最可接受的解释",但历史唯物主义没有解决在客观的历史范围内人的自由如何可能的问题。因此,应当用存在主义来"填补"马克思主义的"人学空场",用"人学辩证法"来完善马克思主义辩证法。对萨特来说,历史的主体问题是历史唯物主义的头等重要问题。不是经济状况本身创造历史,而是人们根据已有的条件创造历史。实践是人们创造对象的活动。在实践中,人们依据一定的社会条件实现个人计划,创造性地参与劳动过程,使自己存在,并创造自己的生活,创造历史。实践决定了历史必然性的特点。与自然必然性不同,历史必然性是通过人们的自觉活动实现的。因此,实践的观点是历史唯物主义的基本观点。

但是,萨特所理解的实践与马克思所理解的实践又有重要区别。在萨特看来,实践首先是惰性因素最少的"个人实践",个人实践指向"匮乏"的消除,它是历史过程的具体基础;其次是最受惰性因素左右的"惰性实践",惰性实践是物质的并在对象中客观化,受制于全部物质领域的客观性和必然性;再次是具有不同程度"惰性因素"的社会实践,这是从共同目的出发而结合在一起的个人的活动。萨特认为,之所以把实践分为三个不同的层次,是因为在现实社会中,人们不仅进行自由的和创造性的实践活动,还进行惰性的、机械执行的、不能称为自由的活动。萨特的"历史人学"就是以这种实践观为前提建构的。正是这一实践范畴构成了萨特的存在主义马克思主义的核心。

阿尔都塞的结构主义与马克思主义也注意到实践观点对历史唯物主义的重要性,自觉意识到"实践的首要性"。按照阿尔都塞的观点,历史唯物主义用生产力、生产关系等新概念代替个体、人的本质等旧概念,提出了新的历史理论,即"实践的"历史科学。历史唯物主义的基础就是,"人类社会既是统一的,但在其各联结点上又是特殊的。用一句话来说,马克思提出了一种关于特殊差异的具体观点,这种观点能够确定每个独特的实践在社会结构的特殊差异中所占的地位;马克思正是用这个观点去代替费尔巴哈关于'实践'的意识形态概念和普遍概念"(阿尔都塞)。

法兰克福学派则把历史唯物主义改造成一种"社会批判理论",把批判精神和否定意识视为历史变革的决定因素,把发达工业社会的症结和出路都归结到人的主观心理和自我意识上,并认为历史唯物主义对历史的理解是建立在"人们自己创造自己的历史"这一事实基础上的。在法兰克福学派看来,历史唯物主义并不是一种以物质本体论为基础的形而上学,而是一种"对人的快乐的彻底关心"的批判哲学,关注的是"人类生存的基本条件",在主体与客体的相互作用过程中看到的是"精神在本体论上的首要性"。

西方马克思主义突出主体性和总体性,把历史唯物主义看作认识和行动的方法,即凸显了"历史主动性"的方法,并以实践为核心范畴"重建历史唯物主义",无疑具有合理性。突出主体性原则本身并不为错,但西方马克思主义的确曲解了马克思的主体性原则,使之离开了唯物主义的基础;突出人的实践对现实的决定作用本身并不为错,但西方马克思主义的确夸大了"自由实践"的批判精神的作用,忽视了生产实践的决定作用,在一定程度上使实践范畴脱离了唯物主义基础,并具有了唯心主义的倾向。就其实质而言,西方马克思主义"重建"的不是历史唯物主义,而是人本唯物主义;不是唯物主义历史观,而是"人类学的历史观"。

阿多诺"否定的辩证法"的特征

黑格尔的辩证法本质上是"否定性的辩证法",马克思的辩证法内蕴着否定性的辩证法,是一种"合理形态"的否定性的辩证法,而阿多诺则直接宣称,他的辩证法就是"否定的辩证法"。但是,三者只是名称的相似,在内容上是实质的不同。

按照阿多诺的观点,在事物的矛盾体中,同一性与非同一性是绝对对立的,否定的辩证法就是要用非同一性代替同一性,因为"矛盾是同一性掩盖下的非同一性","辩证法是始终如一的对非同一性的意识"(阿多诺);否定的辩证法就是要用"绝对的否定"代替否定之否定,因为事物的发展是不带有肯定的否定、否定、再否定,"被否定的东西直到消失之时都是否定的"(阿多诺);否定的辩证法就是"瓦解的逻辑",是批判、破坏,通过解释现实来否定和废除现实,"否定的辩证法:崩溃性的破坏"。在这个意义上,阿多诺的否定的辩证法向我们展示的是"崩溃的逻辑"。

阿多诺力图"辩证地进行思考","在矛盾中进行思考"，他在对同一性的批判中强调"异质性和独特性"，反对"屈从于世界的抽象齐一性"，在一定程度上抓住了西方传统哲学的根本缺陷，以及黑格尔否定性辩证法的不彻底性，这无疑具有合理性。但是，阿多诺没有真正理解矛盾，没有真正理解否定与肯定的辩证关系。"两个矛盾方面的共存、斗争以及融合成一个新范畴，这就是辩证运动。"（马克思）事物的发展过程，"按本性说是对抗的、包含着矛盾的过程，每个极端向它的反面的转化，最后，作为整个过程的核心的否定的否定"（恩格斯）。马克思、恩格斯在这里所说的矛盾的"共存""斗争""矛盾的过程""融合成一个新范畴""整个过程的核心"，就是矛盾运动的否定之否定过程。这里，"把否定和保存即肯定结合起来的扬弃起着一种独特的作用"（马克思），而阿多诺忽视的恰恰就是这种"独特的作用"。正因为如此，阿多诺并没有达到他自己所企望的"否定的深度"。

阿多诺对同一性的批判，不仅是哲学的批判，而且是政治批判、社会批判，是对资本主义制度的批判。在阿多诺看来，"形而上学"中的同一性原则与资本主义社会中的同一性原则不仅对应，而且同源。正是在商品交换中，同一性原则获得它的社会形式，离开了同一性原则，这种社会形式便不复存在。所以，在资本主义社会，"形而上学"就是资产阶级意识形态，或者说，是以意识形态的方式发挥其政治功能，从而为资产阶级政治统治服务的。

在资本主义社会，资本不仅具有支配一切的权力，而且是最基本和最高的社会存在，它"使社会的一切要素从属于自己，或者把自己还缺乏的器官从社会中创造出来"（马克思）。这就是说，正是资本使资本主义社会总体化、同一化了，使资本主义社会的社会结构具有同构性和同源性。阿多诺自觉地意识到这一点，意识到"物化世界"是被资本同一性逻辑整合起来的"被管理的世界"，意识到在这个"奴役一切的同一性原则之下，任何不进入同一性中的东西、任何在手段领域逃避计划的合理性的东西都成了为同一性带给非同一物的灾难而进行的可怕的报复"（阿多诺），所以，阿多诺的"否定的辩证法"把否定与"革命"联系起来，力图否定资本主义现实,具有积极的理想指向。

但是,阿多诺只是小心翼翼地在特定的历史语境中展示否定的辩证法,否认人的自由依存于实践活动,并没有真正理解马克思所说的,在资本主义社会,"资本具有独立性和个性,而活动着的个人却没有独立性和个性"的内涵;没有真正理解马克思所说的,资本具有支配一切的权力,"资本不是一种个人力量,而是一种社会力量",只有通过社会全体成员的共同活动才能运动起来的内涵;没有真正理解马克思所说的"使现存世界革命化","把资本变为公共的、属于社会全体成员的财产",从而"重建个人所有制"和"确立有个性的个人"的内涵,因而他所说的否定不仅意味着"革命",而且意味着"灭亡、恐惧、绝望"。在阿多诺那里,否定的辩证法直接表现为一种美学的浪漫主义和宗教式的救世主义情怀。

南斯拉夫的"实践派"与
"辩证唯物主义派"

　　20 世纪 50—60 年代,南斯拉夫马克思主义哲学界开始急剧分化,形成了两个基本派别,即"实践派"和"辩证唯物主义派"。"实践派"又称"人本主义的人道主义学派""真正的马克思主义者""新马克思主义者";"辩证唯物主义派"又称"辩证法派""正统派""批判的辩证唯物主义者"。这两个派别的对立和斗争,涉及南斯拉夫哲学研究的各个方面,并产生较大的国际影响。在马克思主义的历史上,南斯拉夫的"实践派"和"辩证唯物主义派"独树一帜、引人瞩目,二者的论争可谓一个"事件"。

　　"实践派"之所以被称为实践派,从理论特征看,是因为他们把"实践"看作马克思主义哲学的基本范畴和核心概念;从表现形式看,是因为他们创办的杂志名称就是《实践》,"实践派"指的就是集中在《实践》杂志周围的一批哲学家。

　　在"实践派"看来,哲学"必须面向世界和人类的困难",其主要任务就是对现存的一切进行无情的批判。这种"批判"是至高无上的,为了弄清事物的根本,要采取"无论得到什么结果也无所畏惧的批判姿态"。同时,这种"批判"既要探讨当今世界的一般性问题,又要批判自己国家的特殊问题;不仅要指向资本主义,而且要指向社会主义。只有这样,哲学才能成为"鼓舞革命行动的力量",成为"对真正的人的世界的人道主义展望"。

在"实践派"看来,马克思主义哲学本质上是人道主义。"在马克思主义的哲学中,同其他人道主义哲学一样,中心问题就是:人在宇宙中的地位。一方面是他同自然界的关系是怎样的并且应该是怎样的,另一方面是他同其他人的和作为一个整体的社会关系是怎样的并且应该是怎样的。"(马尔科维奇)人是马克思主义哲学的中心问题,应以"实践的存在物"——人为出发点来建构马克思主义的哲学体系。马克思主义哲学的主旨就是关于人、历史、自由和解放的独创性的观念。只有马克思早期的人道主义思想才是"真正的""创造性的"马克思主义哲学。"回到马克思","回到青年马克思的人道主义",才是"恢复了真正的马克思主义哲学"。

在"实践派"看来,马克思逝世之后是"实证的辩证唯物主义统治的时代"。辩证唯物主义是对马克思主义哲学"教条主义、官僚主义和国家主义的歪曲",是"斯大林主义的实证主义",或者说是"马克思主义哲学的斯大林主义版本"。辩证唯物主义的中心概念是"物质","明确地拒绝关于人的哲学讨论",而马克思哲学的中心概念却是"人"和人的实践,本质上是人道主义,因而二者根本对立,不能同构。马克思的高明之处就在于,对历史和人的领域做出了崭新而独特的解释,即以"实践"为基础把"人的利益的基本领域"和"人本身的历史领域"统一起来了。对辩证法要做"历史"的解释,即从人的实践活动出发来理解辩证法;历史唯物主义本质上是社会实践论,人本因素是历史唯物主义的根本特征。

"辩证唯物主义派"之所以被称为辩证唯物主义派,从理论特征看,是因为他们把马克思主义哲学看作同科学、逻辑学、认识论、方法论密切联系的关于世界普遍规律的科学,并力图确立完整的关于世界以及对世界认识和改造的辩证法；从表现形式看，他们创办的杂志名称就是《辩证法》，"辩证唯物主义派"指的就是集中在《辩证法》杂志周围的一批哲学家和自然科学家。

按照"辩证唯物主义派"的观点，南斯拉夫的"辩证唯物主义"，"既不是苏联式的马克思主义，也不是任何其他类型的马克思主义的摹本"，而是"科学决定论"和"人道主义路线"积极成果的有机结合。哲学的主要任务是解决当代的迫切问题，包括研究作为一个整体的世界的普遍规律性，认识的结构和规律性；人类世界与生活的价值和规范的来源、本质和意义，数学、自然科学和技术科学中观念与方法演变的问题。

按照"辩证唯物主义派"的观点，马克思主义哲学本质上是辩证唯物主义，是关于自然、社会和思维运动的普遍规律的科学，同时又具有人道主义的特性，是一种现实的、具体的和革命的人道主义。当然，马克思主义的人道主义具有自己独有的特征：一是认为人是作为社会的人而占有世界和实现自己；二是产生于工人阶级的人道的历史使命——全面地解放人，并指出了实现人道主义的具体途径。因此，马克思主义哲学的创立意味着人道主义从抽象的人道主义转变到具体的人道主义。

按照"辩证唯物主义派"的观点，马克思主义哲学主张辩证的决定论，同时又特别重视人的能动性。包括自然辩证法在内的客观辩证法，是马克思主义哲学的基础；反映论和实践论是不可分割的，二者都是马克思主义认识论的基础，马克思主义认识论是从能动的、辩证的和发展的角度看待问题的；历史规律不是自发地实现，而是通过人的实践实现的。因此，马克思主义哲学是辩证决定论和强调人的能动性的统一。

"实践派"与"辩证唯物主义派"的论争涉及一系列重大的理论问题，一开始就引起了国际哲学界、学术界、思想界的注意。然而，对二者的评价不很一致，甚至很不一致。苏联东欧哲学界、学术界、思想界对"辩证唯物主义派"持肯定态度，认为它是真正的马克思主义，大加赞许；对"实践派"则全盘否定，认为它是"异端"和修正主义，大加讨伐。与此相反，西方哲学界、学术界、思想界则毫不掩饰他们对"实践派"的同情和赞许，认为

"实践派"是发生在马克思主义内部的"革新运动",并誉之为马克思主义哲学发展中的"文艺复兴时代的到来"。在西方哲学界、学术界、思想界看来,"实践派"比其他学派或学者"更早地发展了马克思主义的人道主义",是真正的马克思主义,而"辩证唯物主义派"则是"正统派""保守派"。

　　"实践派"与"辩证唯物主义派"都认为自己是真正的马克思主义,并把他们之间的争论看作马克思主义内部不同派别之间的争论。我赞成这一见解。"实践派"与"辩证唯物主义派"都对马克思主义哲学进行了独立的探讨,并在此基础上重新研究了许多重大而迫切的理论问题,并对如何阐述马克思主义哲学做出了新的尝试,取得了新的成果,二者各有得失。"实践派"注重研究实际问题,强调实践是马克思主义哲学首要的和基本的观点,具有合理性,但它否定自然辩证法和反映论却是难以接受的,从本质上看,"实践派"的理论是一种社会批判理论。"辩证唯物主义派"确认自然辩证法的存在,并力图使辩证法和人的能动性有机结合起来,主张加强哲学和自然科学的联盟,这是正确的,但它对实践观点在马克思主义哲学中的地位和作用重视不够,研究不力。

马克思主义与人道主义

　　人道主义和异化问题是西方马克思主义极为关注的问题。正是在这个问题上，西方马克思主义从内部"爆裂"了，形成了"人道主义的马克思主义"和"科学主义的马克思主义"的对立。人道主义的马克思主义认为，马克思主义的实质是异化理论，马克思主义不是由阶级斗争的需要产生的，也不是社会发展规律的产物，而是人们"强烈渴望自由、幸福和繁荣"的结果；科学主义的马克思主义则认为，马克思主义是一门历史科学，而不是一种异化理论，历史唯物主义的创立，使马克思彻底抛弃了人道主义的"总问题"，拒绝了哲学人道主义。

　　人道主义马克思主义的形成与"异化"问题密切相关，甚至融为一体。人道主义马克思主义的始作俑者卢卡奇把"物化"等同于"异化"，以此对资本主义的现实进行说明和批判。我注意到，卢卡奇是在没有接触到《1844年经济学哲学手稿》《1857—1858年经济学手稿》，即缺乏对马克思异化理论充分了解的背景下提出他的物化、异化理论的。从理论背景看，卢卡奇是以《资本论》中的商品拜物教理论为依据提出自己的异化理论的。

按照卢卡奇的观点,物化现象正如马克思所描述的,"商品形态所以是神秘的,不过因为这个形态在人们眼中,把他们自己的劳动的社会性质,当作劳动产品自身的物质性质,当作这种物品的社会的自然属性来反映,从而,也把生产者对社会生产的总劳动的社会关系,当作一种不是存在于生产者之间而是存在于客观界各种物品之间的社会关系来反映。就是由于这种转换,所以劳动产品成了商品,成了可以感觉而又超于感觉的东西或社会的东西"。物化把人与人的关系转化为物与物的关系,社会关系获得一种"魔幻的客观性"。

这样,人在生产劳动和社会关系上都不是表现为历史过程的主人,而是作为一个结合在机械系统中的机械部件表现出来的。在物化的世界中,人不再作为主体发挥作用,"他的活动越来越失去主动性,越来越失去其意志力"(卢卡奇)。所以,克服物化的途径就在于恢复人的主动性和意志力,实现主体和客体的统一。历史唯物主义的核心,就在于发挥人的主体能动性,认识异化和消灭异化,实现真正的人道主义社会。

1932 年,《1844 年经济学哲学手稿》第一次以德文原文全文发表,这无疑给西方马克思主义注入一支强心剂和兴奋剂。在西方马克思主义看来,这是重新解释历史唯物主义的新材料,是回到人道主义马克思主义的理论依据。"这部手稿可能把关于历史唯物主义甚至整个'科学社会主义'理论的起源和最初含义的讨论置于新的基础之上。"(马尔库塞)除了阿尔都塞,大多数西方马克思主义者用《1844 年经济学哲学手稿》中的异化理论将"青年马克思"与"老年马克思"统一起来,并把人道主义视为马克思主义的主旋律。

按照马尔库塞的观点,马克思的政治经济学及科学社会主义,都是以人本主义哲学为基础的。在马克思那里,异化劳动、私有财产、人的本质等概念,从一开始就不仅是作为经济学的概念,而且是作为人类历史过程的重要概念被接受过来并加以批判的。"正因为这一点,对从德国哲学的最有生命力的阶段的直接关系中成长起来的马克思来说,全部人类历史实践中的问题始终是人自己的问题,这一事实是不证自明的,以至于无须再加以讨论了(马克思主义的继承者恰好把与此对立的观点看成是不证自明的)。"(马尔库塞)

马尔库塞由此认为,对异化及其扬弃的洞察,构成了马克思革命理论的核心内容。作为"真正的人本主义",马克思主义强调现实社会中有问题的不仅仅是经济事实,更重要的,是整个"人的现实",异化的存在就是无产阶级革命的根本理由。马克思主义绝不是所谓的"经济决定论"或机械决定论,而是以异化理论为核心,并诉诸人的主体能动性的人本主义的总体革命理论。

按照弗洛姆的观点,马克思的哲学"来源于西方人道主义的哲学传统,这个传统从斯宾诺莎开始,通过十八世纪法国和德国的启蒙运动哲学家,一直延续至歌德和黑格尔,这个传统的本质就是对人的关怀,对人的潜在才能得到实现的关怀"。"马克思的哲学在《1844 年经济学哲学手稿》中获得最清楚的表述,它的核心问题就是现实的个人的存在问题,人就是他实际上呈现出的那个样子,人的'本性'展现在历史之中。"如同存在主义哲学一样,"马克思的哲学也代表一种抗议,抗议人的异化,抗议人失去他自身,抗议人变成物"。马克思对资本主义批判的重心,并不在资本主义所造成的财富的分配不公,而在于资本主义使劳动变成"被迫的、异化的、无意义的劳动",从而使人异化为物。

弗洛姆由此认为,要正确把握马克思哲学,就要使马克思哲学回到"人本主义和自然主义综合"的基础之上。"对于马克思来说,劳动和资本决不仅仅是经济学的范畴;它们是人类学的范畴,在这些范畴中包含着植根于马克思的人道主义立场的价值判断。"弗洛姆断言:只有恢复马克思的人本主义,才能接近马克思的历史唯物主义。"马克思的目的不是仅限于工人阶级的解放,而是通过恢复一切人的未异化的、从而是自由的能动性,使人获得解放,并达到那样一个社会,在那里,目的是人而不是产品,人不再是'畸形的',变成了充分发展的人。"社会主义就是人通过克服自己的异化而实现自己的本质的社会。经过弗洛姆这样的解释,历史唯物主义成了一种以异化概念为核心的人本主义历史观,即"人类学的历史观"。

卢卡奇、马尔库塞、弗洛姆的观点有其合理因素,但他们又将这些合理因素溶解于不合理的理解之中。正如马克思主义批判了有神论,但十分珍惜欧洲教堂里以宗教为题材的壁画和雕塑一样,马克思主义批判了人道主义,但并不否认人道主义在政治、道德、艺术领域所取得的重大成就。问题在于,马克思主义与人道主义是两种本质不同的思想体系。人道主义把阶级化为"抽象的人",力图用"爱"来解决社会问题;马克思主义则从"抽象的人"的背后看到阶级,看到无产阶级与资产阶级在根本利益上的对立,因而提出改变世界,"使现存世界革命化"。

当然,我注意到,无论是历史上,还是在当下,都的确有一些真诚的人道主义者,他们对劳动者的确怀有真诚的同情和感情。正因为如此,人道主义往往被看作无情世界的感情。然而,在我看来,这仅仅是也只能是一种抽象的同情和感情。由于人道主义不理解人的本质在其现实性上是社会关系的总和,不理解人的改变与社会环境改变的一致性,不知道改变劳动者这些人间受难者命运的路在何方,因而只能是"真诚的幻想",甚至是自觉的伪善。

用"爱"的词句拼凑起来的缠绵悱恻的甜言蜜语,并不是真正的温暖。马克思对劳动者这些人间受难者怀有真挚的同情,也深深地爱着无产阶级,这当然也是对资本主义制度的一种"抗议"。但是,正像妙手回春的圣医并不是以对病人的同情、关爱为依据而开出药方一样,马克思主义并不是建立在对劳动者、无产阶级的"同情""爱"和"抗议"的基础上,而是以历史规律为依据,建立在社会主义代替资本主义的必然性的基础上,因而真正代表了无产阶级和劳动者的根本利益。马克思主义是关于无产阶级和人类解放的学说,是知识体系与意识形态、真理观与价值观的高度统一。

在20世纪50年代,用人道主义来解释马克思主义哲学的倾向在西方思想界占据主导地位,几乎成为一种"流行病"。正是在这样的背景下,阿尔都塞以反潮流的姿态独树一帜,提出一种"科学主义的马克思主义"。

按照阿尔都塞的观点,异化理论及人本主义思想属于马克思不成熟时期,即意识形态时期的理论观点,青年马克思奉行的就是理性加自由的人道主义。然而,从 1845 年起,马克思同一切把历史和政治归结为人的本质的理论彻底决裂,彻底批判了哲学人道主义,并制定了建立在崭新概念基础上的新的历史理论,即历史唯物主义。马克思之所以要抛弃哲学人道主义,是因为马克思此时确立了"一个新的总问题,一系列向世界提问的新方式,一些新原则和一个新方法",即作为新的哲学、新的历史科学的历史唯物主义。在这门崭新的哲学和历史科学中,"社会主义是个科学概念,而人道主义则仅仅是个意识形态概念。马克思摆脱了本质的唯心主义和主体的经验主义,而不再把人的本质当作理论基础"(阿尔都塞)。从此,异化概念和人道主义不再是马克思的理论出发点,而只是历史唯物主义思考的一个问题。

与卢卡奇把黑格尔哲学和马克思哲学紧密联系在一起,用黑格尔的辩证法重新确立人道主义的马克思主义不同,阿尔都塞则把黑格尔哲学和马克思哲学完全对立起来,并用这种对立去说明马克思主义不是一种思辨的历史哲学,而是一门历史科学,从而建构了一种科学主义的马克思主义。对马克思主义的这种解释,意大利的德拉·沃尔佩和科莱蒂也持大体相同的立场。但是,在西方马克思主义思潮中,这种科学主义的马克思主义虽然也有一些追随者和赞同者,但始终未形成一种理论气候。

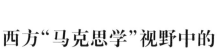

西方"马克思学"视野中的
马克思主义哲学

对马克思主义的研究,西方"马克思学"从一开始关注的就是历史唯物主义。在西方"马克思学"看来,马克思所要解决的理论问题,首先是作为他的政治经济学和革命学说基础的历史唯物主义。更重要的是,历史唯物主义与社会现实的关系最紧密,最容易受到现实发展状况的检验。西方马克思学学者,如法国的吕贝尔、比果,德国的费切尔、朗兹胡特、迈尔,英国的麦克伦南、阿克顿,美国的胡克、海尔布隆纳,奥地利的费舍尔等人,都是围绕与现实相关的重大问题而展开对历史唯物主义研究的,包括历史唯物主义的理论性质、经济发展的决定作用、阶级斗争与异化理论、人道主义与历史规律等问题。

对于西方"马克思学"来说,马克思主义哲学不是辩证唯物主义,而是历史唯物主义,只有历史唯物主义才是真正的马克思主义哲学,只有历史唯物主义才能为马克思的革命学说提供理论基础。把唯物主义和现代自然科学结合在一起,利用黑格尔的辩证法来发展马克思主义

的本体论,构建辩证唯物主义哲学体系的,不是马克思,而是恩格斯。"不是马克思,而是恩格斯是辩证唯物主义之父。"(兰格)

瑞士学者鲍亨斯基在《苏俄的辩证唯物主义》中明确提出,马克思的创造性首先表现在他是历史唯物主义的奠基者,在哲学上论证了社会发展的规律性,强调了阶级斗争和实践对于实现共产主义的重要性;恩格斯则给予马克思主义一种思辨的、形而上学的方向,远远超出历史唯物主义的范围。马克思形式下的历史唯物主义和恩格斯形式下的辩证唯物主义,是不能等量齐观的。前者具有积极因素,后者则代表着"退化和破坏"。费切尔认为,真正的马克思主义哲学只存在于马克思的早期著作中,只存在于作为革命理论的历史唯物主义中,所谓辩证唯物主义的世界观是对马克思哲学思想的"背离"。

由此引发一个难以回避的问题,即如何理解历史唯物主义的理论性质。

对于胡克来说,马克思是在黑格尔哲学的影响下得出他的历史唯物主义观点的,而历史唯物主义本身是对文化的系统结构和发展的关键问题的解答。"马克思懂得了一个时代的文化是同其他的文化彼此相联系的……马克思力图找出了解文化的结构和发展的关键,从而说明为什么——比方说——中世纪的文化不同于 19 世纪的文化,它们是怎样产生、兴盛和消失的。历史唯物主义,正是马克思对这个问题的解答。"(胡克)

同时,胡克又把历史唯物主义看作一种充满道德义愤的批判学说,认为历史唯物主义是被一种道德热情鼓舞着的,如果没有这种热情,马克思对资本主义的愤怒和抗议只能是一时的激动。"马克思主要是作为一个资本主义的批评家,作为一个燃烧着要消除他那时代的社会不平、贫困和不公正现象的热烈理想的人而写作的。""尽管马克思拒绝诉诸伦理原则,但他所写的一切东西中都炽烈地燃烧着一种对于社会不公的切肤之感。"(胡克)

阿克顿把历史唯物主义当作一种经验的社会学或实证的社会学,认为"从马克思主义的历史唯物主义见解最一般的方面来看,这种见解是一种这样的观点:对于人类社会的发展,可以(而且确已)达到一种科学的理解"。在阿克顿看来,历史唯物主义具有反形而上学的实证主义倾向,强调观察、实证的方法是理解世界的唯一方法,并可以有效地运用于社会领域。马克思拒斥思辨的形而上学,要求对人类社会进行实证科学的考察。

比果站在新托马斯主义的立场上,将历史唯物主义解释成一种救世主义的"神话"或"宗教",认为马克思并没有完全放弃神学观点,无产者处在历史的中心地位上,正如基督处在时间的开始和终结之间一样。"在马克思那里,有一部《创世纪》:作为创造活动的劳动是同人在劳动中的异化过程紧紧地联结在一起的,人类的起源就犯了罪。还有一部《启示录》:人应当通过一场灾难而重新找到失去的乐园。"(比果)在比果看来,当马克思"在无产阶级身上看到'人的全部覆没'时,又当他从无产阶级的赎罪里期待着'人的全部恢复'时,他岂不是下意识地把无产阶级当作了'人——上帝',即同时既是牺牲者又是救世主?"其他持类似观点的还有法国的马利坦、卡尔维茨和美国的塔克尔等。

在西方马克思学的视野中,异化理论不仅是马克思青年时期的哲学思考,而且是马克思创立历史唯物主义的出发点,甚至可以概括整个马克思主义。异化是马克思毕生探索的中心课题。

伊波利特认为,马克思主义的根本思想以及来源,是黑格尔和费尔巴哈的异化思想,"从这一思想出发,并且把人的解放确定为人在历史过程中为反对任何个性异化而进行的积极斗争,就可以最充分地揭示全部马克思主义哲学的内容"。

海尔布隆纳提出,除了阶级斗争这一主题,异化是历史唯物主义的又一主题。异化与阶级斗争都是历史发展的动力,而且都会在共产主义社会中消失。这是历史唯物主义为人类指明的双重远景,即结束阶级统治和消除异化。

德曼断言:《1844年经济学哲学手稿》,"比马克思的其他任何著作都更清楚得多地揭示了隐藏在他的社会主义信念背后，隐藏在他一生的全部科学创作的价值判断背后的伦理的、人道主义的动机"。由异化思想和人道主义动机所形成的价值感觉和价值判断构成了马克思整个理论创造的基础，并使马克思后期的历史唯物主义具有了真正的意义。"不管人们怎样考虑这种价值判断和价值感觉表述的思想结构，以及它们在历史唯物主义中的体系性的地位，二者都说明了产生马克思的马克思主义的动机，从而也说明了这种马克思主义的目的和意义。"（德曼）

朗兹胡特和迈尔指出，历史唯物主义的核心就在于，揭示了人的自我异化是正在发生的、现实的、物质过程的结果。马克思总是以自我异化来把握人与世界的关系，把握"到目前为止的历史上人的生活的基本特征"。"《共产党宣言》的第一句话稍加改动可以这样表达：到目前为止的一切历史都是人的自我异化的历史。"

正是由于把异化思想和人道主义视为历史唯物主义的核心或主题，西方马克思学或者把青年马克思当作真正的马克思主义者，把晚年马克思当作经济决定论者，从而制造出"两个马克思对立"的神话；或者把异化思想和人道主义视为马克思哲学的核心和主题，从而制造出马克思与恩格斯对立的神话。在西方马克思学的视野中，历史唯物主义变成一种关于人的自我异化和自我实现的思辨哲学，变成一种抽象的人的学说。这显然是对马克思主义哲学的误读。

中国马克思学：文献学还是文本学

20 世纪 90 年代以来，中国的马克思主义哲学研究发生了一系列的变化。其中，"学术凸现"和"思想淡出"相伴而生。基于这样的背景，一些学者致力于提高马克思主义哲学研究的学术品位，呼吁回到学术层面，把马克思主义哲学作为一种单纯的学术对象来对待。所以，在新世纪伊始，中国马克思学的建构被提上了议事日程。

从总体上看，国外"马克思学"属于文献学和文本学的结合，立足文献考证，从事文本解读。中国"马克思学"无论具有怎样的特殊性，恐怕都离不开文献学和文本学两个方面的工作。

就文献学而言，中国没有严格意义上的马克思数据库，没有严格意义上的马克思主义哲学经典文献的专业研究队伍，也没有严格意义上的马克思主义哲学经典文献的原文辨识专家。相对于中国庞大的马克思主义哲学研究队伍而言，这实在是不相称的。因此，迅速推动马克思文献学的工作，是极其必要的。只是在这条道路上究竟能走多远，还有待时间的检验。

就文本学而言,也就是通常所说的马克思文本的解读,至少在改革开放以来,已经稳健地展开并不断向前推进,而且这种解读一直是以马克思主义哲学经典文本为基础的,对于国外马克思文献学的进展情况也是比较了解的。20世纪80年代以来,中共中央编译局主持的《马列著作编译资料》《马克思主义研究资料》《马克思恩格斯研究》《马克思恩格斯列宁斯大林研究》等刊物发表了大量国外马克思文献学的译文。这些译文对推进中国马克思主义哲学的研究,对马克思主义哲学史学科的建设,都发挥了重要作用。尽管西方马克思学一度被视作歪曲攻击马克思主义的异端邪说,但它还是开阔了中国学者的眼界,或多或少地影响了我们对马克思主义哲学文本的解读,尤其是近年来对MEGA2(《马克思恩格斯全集》历史考证版第2版)和国外马克思学新进展的介绍,将会进一步推动我们对马克思主义哲学文本的解读。

对马克思主义哲学文本的解读不能缺少文献学的基础,对第一手文本原始信息的考证研究是至关重要的,对此,任何一个严肃的学者都不会否认。问题在于,版本考证与文本解读、思想阐发之间并不存在线性的因果关系。版本考证的工作是必要的,但它的严谨并不能保障解读的客观性,并不一定能推进思想研究的深入。版本考证属于实证科学,文本解读就很难说是实证科学了,思想阐发则完全有待于解释学方面的努力。随着国外马克思文献学研究的不断深入,马克思主义哲学文本的信息可能具备"可证伪性",从而愈来愈"逼近"马克思本人原初的文本结构,但这并非等同于马克思文本解读的客观性。

对此,国外马克思学内部一直存在着激烈的学术争论。20世纪60年代以来,马克思与恩格斯"对立论"在西方学者中比较盛行,但自80年代以来"一致论"则异军突起。从"对立论"到"一致论",观点的变化主要不是由于新文献的发现和既有文献的重新编排引起的,而是在思想阐发上发生了分歧。对中国马克思主义哲学研究者来说,动辄就是"依据陶伯特的描述""陶伯特指出",是不足取的。陶伯特就一贯正确、真理在胸、没有失误吗?陶伯特之前的种种版本,不也是西方马克思学家编排的吗?当然,相对于陶伯特,他们算是过时的马克思学家了。

从国外马克思学的历史看,20 世纪 20 年代,梁赞诺夫主持苏联马克思恩格斯研究院工作时期,率先提出了"马克思学"这个概念,强调要用严格的科学态度对待马克思,研究马克思的文献与思想,从而建立一门特殊的严密的科学。这种努力得到了苏联共产党的重视。联共(布)中央在 1929 年 6 月 14 日的决议中指出,苏联马克思恩格斯研究院已经成为"世界上唯一的马克思学的科学研究所",这是"苏联工人阶级的巨大成就"。

尽管 1931 年梁赞诺夫被撤销了苏联马克思恩格斯研究院院长职务,但苏联马克思学的研究工作还是延续了下来。在苏联,马克思哲学文献资料的丰富性无可比拟,许多马克思主义哲学的文献资料都是由苏联率先发表的,如《黑格尔法哲学批判》《德意志意识形态》等。不仅如此,苏联学者在版本与史实考证方面取得了大量的成果,有一批优秀的文献研究专家。然而,在苏联,科学的文献学并没有带来客观的文本解读,而是出现了意识形态化的文本解读和思想分析模式,出现了影响深远的、僵化的苏联马克思主义哲学教科书体系。问题的出现可能有这样那样的原因,但无论如何,文献学和文本学之间有着相当的距离,当是不争的事实。

文本是需要不断去重读的。从思想史上看,"重读"是一种常见的现象。黑格尔重读柏拉图,皮尔士重读康德,康德重读拉斐尔……从一定意义上说,一部哲学史就是后人不断"重读"前人的历史。所以,哲学史、思想史,以至人类历史总是被不断地"重写"或改写。马克思的历史命运也是如此。问题在于,20 世纪 90 年代后期以来,国内一些马克思主义哲学研究者对马克思文本的解读过多地参照了现代西方哲学、西方马克思主义,追踪可谓亦步亦趋,题为马克思主义哲学研究的论文实际上让马克思迷失在现代西方哲学、西方马克思主义的方阵中去了。

毫无疑问,引入国外马克思学及其成果,具有积极的意义,但矫枉不可过正。把国外马克思学和国内马克思主义哲学研究对立起来,褒扬前者,贬抑后者,认为前者属于纯粹的学术研究,后者则望文生义、断章取义,这样的观点未免过于极端。例如,卢卡奇作为西方马克思主义的鼻祖,他的贡献当然是一种主义的发见,但却是建立在文本解读的基础之上的;与卢卡奇截然相反的阿尔都塞,他的基本判断也是从文本解读出发的。那么,卢卡奇和阿尔都塞谁是谁非呢?进而言之,对西方马克思主义趋之若鹜不足为取,唯西方马克思学马首是瞻也是过于殷勤了。

中国马克思学的定位不在于它是哲学还是科学,而在于它是文献学还是文本学。如果中国马克思学的定位是文献学,那么,它将面临重重困难,在今后一段时期内,中国学者尚不具备从事原创性的文献学研究的基本条件;如果定位是文本学,那么,它和既有的研究方式并无太大的差别,只不过是,它特别强调了立足文本进行学术研究的重要性,着眼于资料的收集和出版情况的考证,关注经典文本写作过程的梳理以及文本结构的探析。

在我看来,重视国外马克思文献学的工作进展,对西方马克思学的研究成果进行系统的梳理和介绍,是必要的;对国外马克思文献学亦步亦趋,过于迷信和盲从,则大可不必。我们应当明白,马克思主义哲学在世界产生巨大的影响,首先不在于它是纯粹的学院派哲学,不在于它具有纯粹的学术价值,而在于它是一种具有政治内涵的改造世界的哲学,在于它把哲学的理论主题从"世界何以可能"转向"人类解放何以可能"。因而,把马克思主义哲学作为单纯的学术对象来研究,无法揭示它所发挥的巨大的时代作用。

我也不赞赏"以马解马"的方法。无论是从马克思哲学的文本中找出一句或一些话,然后按照自己的观点进行"重建""重构",还是事先预设马克思主义哲学的基本逻辑,然后用它来引导对马克思文本的解读,在我看来都无济于事,不能从根本上解决坚持和发展马克思主义哲学的问题。从思想史上看,任何一种"重读""重建""重构",在根本上都是由现实的实践活动所激发的。坚持和发展马克思主义哲学,不能仅仅面对马克思哲学的文本,更重要的是,应面对当代实践的"文本"。只有立足这一"文本",我们才能真正读懂马克思和马克思主义哲学。

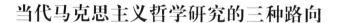

当代马克思主义哲学研究的三种路向

马克思主义哲学产生 150 多年来，追随者有之，赞同者有之，批评者有之，反对者有之。梅林、考茨基、伯恩施坦、拉布里奥拉、普列汉诺夫等人对马克思主义哲学进行过深刻论述，卢卡奇、柯尔施、葛兰西、霍克海默、马尔库塞、阿尔都塞、哈贝马斯等人对马克思主义哲学进行了新的探索，罗素、杜威、萨特、海德格尔、福柯、伽达默尔、德里达等人也直接或间接地研究过马克思主义哲学，其中不乏深刻的见解。无论是马克思所处的时代，还是现时代，都涌现出了一批又一批马克思主义哲学的信奉者、实践者以及愈来愈多的研究者。在一定意义上说，马克思主义哲学的世界性影响，不仅是通过马克思的理论活动和实践活动实现的，而且是通过他的后继者、研究者的实践活动以及研究活动来实现的。在这个过程中，又往往因为对马克思哲学文本的不同解读而形成不同的理论倾向、思想流派。就研究主体和理论传统分属的国度和地区来说，除中国外，可以把当代马克思主义哲学研究分为三种路向：

一是西方马克思主义、西方马克思学，以及一些既不属于西方马克思主义，也不属于西方马克思学的当代西方哲学家。西方马克思主义是20世纪初产生的社会思潮，其基本特征是把现代西方哲学同马克思主义结合起来，在淡化马克思主义哲学实践本性的同时，将其理论努力指向文化批判，主要思潮有弗洛伊德主义的马克思主义、存在主义的马克思主义、结构主义的马克思主义、实证主义的马克思主义、分析主义的马克思主义、现象学的马克思主义以及法兰克福学派等等。西方马克思学则立足文献考证，从事文本解读，强调要用严格的客观态度研究马克思的文献和思想，从而建立一门特殊的严密的科学，主要代表人物有法国的吕贝尔、德国的费切尔、英国的麦克莱伦、美国的胡克等人。

除了西方马克思主义、马克思学，在西方还有一批哲学家，如罗素、海德格尔等人，根据不同的理论需要，从不同的角度对马克思主义哲学进行过深刻阐述，具有启发意义。例如，海德格尔认识到"马克思完成了对形而上学的颠倒"以及这一颠倒的深刻性、超前性和巨大的优越性，并在《关于人道主义的书信》中断言："马克思在体会到异化的时候深入到历史的本质性的一度中去了，所以马克思主义关于历史的观点比其余的历史学优越。但因为胡塞尔没有，据我看来萨特也没有在存在中认识到历史事物的本质性，所以现象学没有、存在主义也没有达到这样的一度中，在此一度中才有可能有资格和马克思主义交谈。"

二是苏联马克思主义、东欧新马克思主义。苏联马克思主义哲学以宣扬整个世界的客观性、可知性的世界观为主要内容，以斯大林《辩证唯物主义和历史唯物主义》为蓝本，主要代表人物有尤金、米丁、康斯坦丁诺夫等。东欧新马克思主义是20世纪50至60年代在东欧非斯大林化过程中涌现出来的一种理论思潮，其基本立场或理论基点是实践哲学和异化理论，实践、生存、异化、人道主义、自由人的联合体在这一理论思潮中占有十分重要的地位。以彼得洛维奇、马尔科维奇等人为代表的南斯拉夫实践派，以赫勒、马尔库什等人为代表的匈牙利布达佩斯学派，以科拉科夫斯基等人为代表的波兰意识形态批评流派，以科西克等人为代表的捷克人本主义流派,在总体上都属于东欧新马克思主义。苏联和东欧国家的马克思主义哲学研究内容上存在着交叉性,但苏联马克思主义哲学主要表现为对斯大林哲学体系的弘扬和对马克思主义哲学的阐发,东欧新马克思主义则表现为对斯大林哲学体系的批判和对马克思主义哲学的重建,二者各有自己的理论内容和理论特征。

三是俄罗斯马克思主义研究,即苏联解体以后俄罗斯学者对马克思主义的反思和再认识。以1991年苏联解体为标志,俄罗斯社会发生了重大转折。重大的社会转折以及由此带来的巨大的思想动荡,使俄罗斯哲学在短暂的"休克"之后表现出未曾有过的活力。苏联马克思主义哲学所注重的世界观,对客观规律和科学认识的追求,逐渐退出了哲学舞台的中心。对苏联历史的反思,对俄罗斯发展道路的探索,对人类未来的关切,成为俄罗斯哲学关注的焦点;对马克思主义哲学和社会主义道路的反思,对西方工业文明的批判,对全球性问题的探讨,提出了一些深刻而富有新意的思想。随着苏联的渐行渐远,俄罗斯学者们已经逐渐改变了对马克思主义哲学激情式的彻底否定态度,重新以客观的、理智的、冷静的心态研究马克思主义哲学。从中既可以看到以谢苗诺夫为代表的"正统"马克思主义哲学,也可以看到斯焦宾等人对马克思主义哲学的分析批评,以及从社会生物学的角度对唯物史观进行的系统阐发。

这些理论思潮、理论模式和研究范式从不同层次、不同角度,对马克思主义哲学做了许多新的探索,为我们提供了一个多维视野中的马克思。其意义不仅表明在马克思主义哲学史上对马克思主义哲学的理解存在着不同的观点和流派,而且表明马克思主义哲学研究已突破单一的模式,呈现出解释的多元化格局;不仅为马克思主义哲学研究提供了更多的可能途径,而且为解读马克思主义哲学文本提供了更多的方法。

例如,卢卡奇和柯尔施的总体性方法启示我们,要把马克思主义经典文本作为整体来把握,而不能简单地把它分割为哲学的、政治经济学的和科学社会主义的;阿尔都塞的症候式解读方法启示我们,阅读马克思主义哲学不能停留在字面上,而要努力追踪它的问题框架,发现表象背后隐秘的、被遮蔽的方面；吕贝尔、费切尔的文本解读方法启示我们，不仅要全面研究马克思哲学各个领域的思想特征，而且要深入研究马克思著作中概念、范畴乃至思想的演变；德里达的解构式阅读方法则启示我们，即使在马克思主义哲学的同一文本中也存在着张力和冲突，要善于思考其间的断裂和缝隙；沙夫的"人的哲学"启示我们，关注人的存在、人的自由和人的困境是马克思主义哲学的重要内容，哲学研究应当探讨不同历史条件下人类所面临的重大现实问题和理论问题，并使现实中的问题上升到哲学中的问题；科普宁的"认识论主义"研究方法启示我们，认识不是盲目地跟随客体，而是创造性地反映客体；如此等等。

对于当代国外马克思主义、马克思学以及马克思主义哲学研究，我们不能采取简单拒斥的态度，而应在批判的同时，对它们提出的重要问题和具有启发性的思想进行反思，以扩大自己的理论视野。无论在哪一个时代，马克思主义如果忽视对同时代理论成果的批判考察和借鉴，把自己同整个时代的文化背景和社会思潮隔离开来，就会由于孤立而走向枯萎。

在充分肯定当代国外马克思主义、马克思学以及马克思主义哲学研究的意义的同时，对它们的局限及其负面影响也应有清醒的认识。无论是西方马克思主义、马克思学，还是苏联马克思主义、东欧新马克思主义，以及当代俄罗斯学者对马克思主义的研究，都没有也不可能达到马克思主义哲学研究的"终极真理"状态。它们的确看到了某些合理的事实，但往往又把这些合理的事实溶解在不合理的理解之中。即使是西方马克思主义对资本主义的批评，在今天也是更多地表现为文化批评、文学批评，乃至符号的、修辞的批评，由此一路狂奔，走向虚无和颓废，并没有为社会发展提供现实的指向。

更重要的是，自法兰克福学派之后，西方马克思主义和社会实践无缘，在相当程度上成为书斋里的批判。正如佩里·安德森在《西方马克思主义探讨》一书中所说，这些学说"以自己密码式的语言说话"，其"首要的最根本的特点就是，它在结构上与政治实践相脱离"。而德里达在东欧剧变后之所以不断"靠近马克思"，实质上是从解构主义立场出发为马克思辩护,同时运用马克思主义方法来旁证解构主义。在这一"联姻"过程中,马克思主义已被德里达在解构性的阅读中重新书写了,马克思主义成为一种解构主义版本的马克思主义……在一定意义上,一个完整的马克思主义哲学在这些不同的学派、学说和思潮中被"肢解"了。在当代,无论是西方马克思主义,还是东欧新马克思主义,抑或是苏联马克思主义,都已经成为思想博物馆的标本陈列于世,而不是兴盛于世了。

当代国外马克思主义、马克思学以及马克思主义哲学研究对我们摆脱对马克思主义哲学教条化的理解,具有一定的启示意义,但过高评价它们,则会妨碍我们进一步的思考;笼统地谈论国外马克思主义、马克思学以及马克思主义哲学研究的高度,无助于我们的研究工作,相反,倒有可能混淆它们内部的张力和冲突。当代国外马克思主义、马克思学以及马克思主义哲学研究不乏深刻之处,同时也有许多对马克思主义哲学的误读、误解,乃至歪曲。质言之,它们为我们重新理解马克思主义哲学开启了广阔的语义空间,提示了种种可能的思路,具有积极的意义,但如果把它们当作马克思主义哲学的"最高境界""最佳视角""终极真理"来仰视,不仅无益于马克思主义哲学的发展,而且会使我们的马克思主义哲学研究走向迷途。历史已经证明,凡是以终极真理自诩的思想体系,如同希图万世一系的封建王朝一样,无一不走向没落。

马克思主义中国化：问题与实质

马克思主义的故乡是德国，但我们无需"乡愁"或"乡恋"，因为马克思主义是在民族历史转变为世界历史的基础上产生的世界性的精神产品，并非仅仅属于德国和西欧。所以，"马克思的世界观远在德国和欧洲境界以外，在世界的一切文明语言中都找到了拥护者"（恩格斯）。可是，我们又要看到，马克思主义产生时主要是反映了西欧的传统文化，马克思主义哲学主要反映了德国古典哲学的传统，马克思主义经济学主要反映了英国古典经济学的传统，而科学社会主义则更多地吸收了法国社会主义的传统。因此，马克思主义要在"世界的一切文明语言"中生根发芽、开花结果，就必然产生一个民族化的问题。

恩格斯清醒地看到这一点，明确指出："美国工人阶级的最终纲领，应该而且一定基本上同整个战斗的欧洲工人阶级现在所采用的纲领一样，同德美社会主义工人党的纲领一样。在这方面，这个党必须在运动中起非常重要的作用。但是要做到这一点，它必须完全脱下它的外国服装,必须成为彻底美国化的党。它不能期待美国人向自己靠拢。它是少数,又是移自外域,因此,应当向绝大多数本地的美国人靠拢。"这就是说,马克思主义民族化是马克思主义的内在要求。马克思主义只有同各个国家的具体实际、各个民族的具体特点相结合,并通过一定的民族形式,转化为其民族文化的一部分,才能真正发挥改造世界的功能。

就中国而言,马克思主义必须同中国革命和建设的具体实践相结合,而要做到这一点,必须使马克思主义这一"移自外域"的理论"取得民族形式","使之在其每一表现中带着必须有的中国的特性"(毛泽东),从而向中国人"靠拢",成为中国人民认识历史、改造现实的思想武器。因此,马克思主义同中国革命和建设相结合必然包含着同中国传统文化相结合的内涵。马克思主义同中国革命和建设具体实践相结合的过程,同时就是马克思主义哲学同中国传统文化相结合的过程。马克思主义必须结合中国传统文化,否则,就难以中国化。所以,毛泽东提出:"从孔夫子到孙中山,我们应当给予总结,承继这一份珍贵的遗产。"

长期以来,我们习惯认为,马克思主义与中国传统文化相结合,就是从中国传统文化中挖掘积极的思想资源,对之加以马克思主义的诠释。在当前的讨论中,这种观点被一些学者归纳为用马克思主义"化"中国传统文化,与之相对,他们又提出,用中国传统文化"化"马克思主义。在我看来,这是一种无原则的糊涂观念。马克思主义中国化绝不是使马克思主义去迎合中国传统文化,用中国传统文化"化"马克思主义的结果只能使马克思主义"空心化",成为所谓的"儒学马克思主义";马克思主义中国化也绝不是范畴的简单转换,把物质变为气、矛盾变为阴阳、规律变为理、共产主义社会变成大同社会……只能是文字游戏。

从根本上说,马克思主义中国化就是使马克思主义与中国面临的实际问题相结合,使现实的问题上升为理论的问题,给予马克思主义的解答,并在这个过程中用中国式的问题及其科学解答丰富和发展马克思主义;同时,在这个过程中用马克思主义来分析、批判中国传统、传统文化,吸取其精粹,并对之进行创造性转换,使之融入马克思主义理论体系之中,使马克思主义"取得民族形式","带着必须有的中国的特性"。马克思主义中国化要落到实处,就离不开人民大众,需要大众化。为此,就要使马克思主义具有为"中国老百姓所喜闻乐见的中国作风与中国气派"(毛泽东)。

在我看来,这是一个涉及中国革命和建设的性质与特点的重大问题。中国革命和建设不是少数文化贵族和社会精英的事情,而是人民大众追求民族解放、寻求自由个性的伟大社会变迁。"没有几万万人民的个性的解放和个性的发展……要想在殖民地半殖民地的废墟上建立起社会主义社会来,那只是完全的空想。"(毛泽东)这就要求马克思主义具有为"中国老百姓所喜闻乐见的中国作风与中国气派"。在马克思主义中国化过程中,"中国的特性"和"中国作风与中国气派",或者说中国化与大众化是密切相关、融为一体的。

马克思主义不通过结合中国传统文化,就难以中国化,而固守传统哲学、传统文化,以之去"化"马克思主义不可能使中国文化现代化。马克思主义中国化的同时就是中国文化的现代化,这是同一个过程的两个方面。马克思主义是现代工业文明的产物,中国传统文化则是古代农业文明的产物,这是两种截然不同的文化形态。鸦片战争以后,中国社会的根本任务是救亡图存、振兴发展,寻求向现代社会的转型。实现现代化,重构中华民族的生存方式和活动方式,构成了鸦片战争以后中国历史进程的悲壮主题,凝聚着几代中国人的思索与奋斗、光荣与梦想。马克思主义传入中国,在中国社会救亡图存、振兴发展的过程中之所以发挥了巨大的时代作用,正是因为它隶属于现代文明。只要清醒地看到马克思主义中国化的过程,同时就是中国文化现代化的过程,那种认为马克思主义中国化是用中国传统文化"化"马克思主义,构建"儒学马克思主义"的观点,就显得荒谬之至了。

中国传统文化的核心,是以儒家学说为主要内容的道德原则和伦理秩序,重在调整人们之间的关系。以儒家学说为核心的中国传统文化无疑有其合理性。而且儒家学说与它维护的封建社会的经济形态、政治形态的距离越远,它的意识形态性质就越弱,它所蕴含的具有普遍意义的观念也就越凸现。观念系统具有可解析性、可重构性,观念要素之间具有可分离性、可相容性。一种文化形态所包含的观念要素,有些是不能脱离原系统而存的,有些则可以经过改造而容纳到别的哲学形态或文化形态中。因此,马克思主义中国化应当也必然包含着对中国传统文化及其核心儒家学说的继承。

但是,儒家学说毕竟是封建社会的官方哲学,在从先秦经两汉再到宋明的演变过程中,它始终是代表封建统治者的主流意识形态,其否定个人利益、否定个人独立性、否定人的个性的观念,是与社会主义市场经济格格不入的。因此,我们必须明白,马克思主义中国化不是用中国传统文化去"化"马克思主义,构建所谓的"儒学马克思主义",更不是尊孔读经复古。马克思主义中国化的实质,是用马克思主义分析和解决中国面临的实际问题,并在这个过程中清理、改造、吸收中国传统文化中具有现代价值的因素,从而使马克思主义具有"中国的特性""中国作风与中国气派"。

每个民族、国家在不同的时代都有自己所要面对的实际,都有自己特殊的社会问题。我们不能期望在以高科技为基础的工业文明之上,嫁接一个田园风味、宁静安详、人际关系淳朴的社会;我们不能依靠中国传统文化来解决当代中国改革开放和现代化建设所面临的人口、资源和环境,以及义与利、个人与集体的关系问题。真正解决这些问题,不能期望依靠"返本开新",重新诠释传统文化来解决。

换言之,我们不可能在经济、政治现代化的进程中,仍然恪守以儒家学说为核心的传统文化,以中国传统文化为"体"、以马克思主义为"用"。马克思主义中国化既是马克思主义的内在要求,又是中国革命和建设的实际需要,而不是一个简单的"体"与"用"的问题。以中国传统文化为"体"、马克思主义为"用",或以马克思主义为"体"、中国传统文化为"用",都是形而上学。把"体"与"用"看成是没有内在联系的、可以任意选择的关系,只能转变为"体""用"任意搭配的游戏。

面对传统文化,每一代人都会遇到继承什么或拒绝什么的问题。继承什么或拒绝什么并不取决于传统文化本身,而是取决于实际,取决于现实实践的需要。马克思主义中国化必须立足当代中国的实际,而不是立足中国传统文化。当代中国的最大实际就是改革开放和现代化建设。这一实践活动的最突出特征和最重要意义就在于,它把现代化、市场化和社会改革这三项重大社会变革浓缩在同一个时空中进行,构成了一场极其特殊、复杂而又波澜壮阔的伟大的社会变迁,必然会引起一系列重大而深刻的理论问题,必然为哲学思考提供一个广阔的社会空间和思维空间。只有立足这一实际,才能真正理解马克思主义的现代性,真正知道中国传统文化的现代价值所在,找到马克思主义的现代性与中国传统文化的现代价值在某种程度上的契合性,从而用马克思主义分析、批判中国传统文化,对之进行创造性转换,同时,用经过分析、批判的中国传统文化创造性地理解、阐释马克思主义,使其具有"民族形式"。这是同一个过程的两个方面。这个过程就是马克思主义中国化的过程。

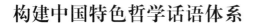

构建中国特色哲学话语体系

"建构具有中国特色的哲学话语体系"是一个具有重大现实意义和理论意义的时代课题。中国特色社会主义已经进入新时代,中国实践的深化,中国道路的拓展,中国问题的解答,必然要求构建中国特色哲学话语体系。体系性是哲学的存在方式。有体系的哲学不一定具有科学性、话语权,但任何一个具有科学性、话语权的哲学一定有自己的体系。

从根本上说,任何一种话语体系的建构都是由实践所激发,并以此为现实基础的。建构中国特色哲学话语体系同样如此。在我看来,建构中国特色哲学话语体系不是对现实的"纯客观"的实证分析,不是仅仅面对文本的解释学意义上的"创新",不是范畴、概念、术语的简单转换,更不是纯概念的逻辑推演,而是以当代中国的实践为现实基础,以现实问题为中心,并使现实问题转化为理论问题,升华为概念运动,从而以概念运动反映现实运动。哲学必须从人间升到"天国",展开概念运动,否则,就不是哲学;哲学又必须从"天国"降到人间,关注现实问题,否则,就是无根的浮萍。

当代中国最基本的现实,就是社会主义市场经济。市场经济不仅是社会的一种资源配置方式,而且是人的一种存在方式;不仅关系到物与物的关系,而且关系到人与物的关系、人与人的关系。在当代中国,市场经济还有一个新的制度性前提,这就是社会主义,而社会主义本身又处在改革的过程中。因此,社会主义市场经济的实践不仅关系到经济运行机制,而且关系到生产关系、交换关系和分配关系,关系到社会主义国家的本质与由资本逻辑所构成的市场经济本性的关系,关系到价值观念的重建。正因为如此,社会主义市场经济的实践不仅是一种经济体制改革,而且蕴含着并必然辐射到整个社会的改革。当代中国实践的最重要特征和最重要的意义就在于,它把市场化、现代化和社会主义改革这三个重大的社会变革浓缩在同一个时空中进行了,因而构成了一场史无前例、波澜壮阔、极其特殊而又复杂的社会变革,它必然向我们提出一系列重大的哲学问题,必然向我们提出建构中国特色哲学话语体系的时代课题。

哲学是把握在思想中的时代,是时代精神的精华。构建中国特色哲学话语体系,从本质上看,就是要以哲学的方式表达当代中国的时代精神。在改革开放的实践中实现现代化,使中华民族在社会主义的基础上实现伟大复兴,同时,使社会主义在中华民族伟大复兴的基础上再造辉煌,凝聚着几代中国人的思索与奋斗、光荣与梦想,构成了与民族精神融为一体的当代中国的时代精神。当代中国的时代精神的思想表达,是建构中国特色哲学话语体系的真实内涵。任何背对中国的改革开放和现代化建设,背对当代中国的时代精神,去建构所谓的中国特色哲学话语体系的做法,只能使中国特色哲学话语体系"空心化",必然犯演丹麦王子而没有哈姆雷特式的错误。

哲学思维具有突出的民族性,不同的民族或国家有不同的哲学话语体系。不同的哲学话语体系,不仅展示的概念、范畴不同,而且体现的思维方式、价值观念也不同,更重要的是,反映的现实问题、利益关系也不同。哲学的最大特点就在于,它是以抽象的概念体系反映现实的社会运动和特定的社会关系,反映特定的民族或阶级的利益、愿望和要求。因此,建构中国特色哲学话语体系,应当避免用西方哲学的话语体系来评判中国实践、阐释中国道路、解答中国问题。我们不能操着一口"纯正"的西方话语来讲中国故事,或者任由西方哲学话语来为我们"代言",这两种言说方式所展示的都不是真实的中国,而是西方视野中的中国,是被西方话语"制造出来"的中国。即使西方的"中国学",也不是一门严格意义上的学科,而是一种话语体系,其词汇、意向、理念乃至学术机制,都具有凝重的西方话语色彩和深厚的西方文化基础以及"潜伏"的西方利益关系。如同"东方学"是西方话语体系的组成部分一样,"中国学"也是西方话语体系的组成部分。

不能用西方哲学话语体系建构中国哲学话语体系,主要是就思维方式、价值观念、意识形态及其背后的利益关系而言的,而不是拒绝借鉴西方哲学中的合理因素,不是一概拒斥西方哲学的范畴、概念、术语。话语体系离不开语言,但又不等于语言。话语体系具有意识形态性质并与权力交织,语言只是话语体系传达信息和意义的载体,它本身并不具有意识形态性质和权力性质。实际上,"自由""平等""公正"……乃至"哲学""话语",原本都是西方哲学的范畴、概念、术语。因此,我们既不能照单全收西方哲学的范畴、概念、术语,也不能一概拒斥西方哲学的范畴、概念、术语,而是同样要对其进行创造性转换和创新性发展,并使之融入中国特色哲学话语体系之中。实际上,自从西方文化、马克思主义传入中国之后,中国的语言和言语结构本身已经发生了质的变化。

毫无疑问,建构中国特色哲学话语体系不能脱离中国传统哲学,不仅要吸取传统哲学中的深沉的智慧、合理的观点,而且要吸收其中能够容纳当代内容的范畴、概念。但是,对中国传统哲学的范畴、概念、术语,我们同样不能照单全收。语言同样具有历史性、时代性,我们既不能操着一口"纯正"的西方话语来表达当代中国的时代精神,也不能说着一口"地道"的古代汉语来表达当代中国的时代精神。建构中国特色哲学话语体系、以哲学的方式表达当代中国的时代精神,关键在于把握中国传统中的"珍贵的遗产",而不是简单地转换范畴、概念、术语。

中国传统哲学关注的是人际关系的伦理道德问题,其核心就是以儒家学说为主要内容的道德原则和伦理秩序。由于人伦关系是人类社会的普遍关系,因而以儒家学说为核心的中国传统哲学的某些规则、某些观点具有普遍有效性的一面,并蕴含着当代的某些问题。更重要的是,以儒家学说为核心的传统哲学离它所维护的封建制度的时间越远,它的意识形态的性质也就越弱,它所蕴含的具有普遍意义的思想也就越凸现。因此,建构中国特色哲学话语体系应当同传统哲学中的重大问题,如知与行、义与利、心与性的关系等问题相衔接,继承其合理因素,并对此进行创造性转换和创新性发展,使之具有新的内涵,予以新的解答。

但是,以儒家学说为核心的中国传统哲学毕竟是自然经济、农业文明时代的哲学,毕竟是封建社会的官方哲学和主流意识形态,始终体现着封建统治阶级的根本利益,其否定个人的正当利益、否定人的独立性和个性、"存天理、灭人欲"等观念,是与社会主义市场经济、社会主义本质要求格格不入的。即使是在当代发出了"迷人微笑"的"天人合一"观念,其本意也不是研究自然规律,而是一种道德境界,而且同古代宗法人伦密切相关,并赋予宗法人伦的"人道"以"天道"的神圣光环。实际上,用小农时代的药方不可能医治大工业时代的疾病。我们不可能依靠形成于古代的传统哲学来解决当代的人口、资源和环境问题,以及义与利、个人与社会的关系问题,不可能通过回归传统哲学的"返本开新"表达当代中国的时代精神。

每个民族在不同的时代都会面临不同的现实问题,每一代人有每一代人需要解决的问题。面对传统哲学,每一代人都会遇到继承什么、拒绝什么的问题,而继承什么、拒绝什么,并不是取决于传统哲学本身,而是取决于如何解答现实问题,取决于实践需要。"理论在一个国家现实的程度,总是决定于理论满足于这个国家的需要的程度。"(马克思)因此,我们应当以当代中国改革开放和现代化建设为基础,把当代中国的发展优势转化为话语优势,加快建构中国特色哲学话语体系,从思想上向世界清晰、准确地表达当代中国的时代精神。我们应当明白，不是传统文化、传统哲学挽救了近代中国，而是中国革命的胜利使传统哲学避免了同近代中国的衰败一道走向没落；不是传统文化、传统哲学把一个贫穷落后的中国推向世界，而是当代中国的改革开放和现代化建设的巨大成就把中国传统文化、传统哲学推向世界，使中国传统文化、传统哲学重振雄风有了可能。

第
二
编

自在世界、人类世界与实践活动

自在世界与人类世界是两个相对应的概念。自在世界包括两重含义：一是指人类世界产生之前的自然界；二是指人类活动尚未达到的自然界。自然界在广度上和深度上都是无限的，永远存在着人类活动尚未达到的部分，即尚未被人化的部分，这一部分自然界仍然属于自在世界。人类世界又称属人世界，是指在人类实践基础上形成的"人化自然"与人类社会的统一体。

自在世界与人类世界都具有客观实在性。人们并不是在自在世界之外创造人类世界，而是在自在世界的基础上表现自己的本质力量，建造人类世界的。人的实践可以改变原生态自然的外部形态、内部结构乃至其规律起作用的条件和方式，但不可能消除原生态自然或自在世界的客观实在性。相反，原生态自然或自在世界的客观实在性通过实践延伸到人化自然、人类世界中，并构成了人类世界客观实在性的自然基础。

人类世界必然以自在世界作为自己存在和发展的前提，但人类世界毕竟不同于自在世界，也不是自在世界自动延伸的产物。从根本上说,人类世界是人的实践活动的对象化,是人的对象世界。人类世界的独特性就在于,它与人的主体性和主体实践活动密不可分。具体地说,人的实践活动虽然不能改变自然物的本性和规律,但却能把人的内在尺度运用到物质对象上去,按人的方式来规范物质转换活动的方向和过程,改变物质的自在存在形式。

在实践过程中,原生态自然这个"自在之物"日益转化为体现了人的目的,并能满足人的需要的"为我之物"。这一过程就是自然"人化"的过程,其结果是从天然自然中分化出人化自然,使自然界在人的实践过程中不断获得属人的性质,不断地被改造为人的生存和发展的条件。所以,马克思认为,"人化自然"是"人的现实的自然界",是"人类学的自然界",在人的实践活动中形成的人与自然的关系,是"为我而存在"的关系。

自然的"人化"过程同时就是社会形成和发展的过程。人们在从事物质生产、改造自然的同时,又形成、改造和创造着自己的社会联系和社会关系。没有人与人之间的社会关系,也就不可能有人与自然的现实关系。"一切生产都是个人在一定社会形式中并借这种社会形式而进行的对自然的占有。"(马克思)这就是说,自然的"人化"是在社会之中而不是在社会之外实现的。正是在这个意义上,马克思认为,"自然界的人的本质只有对社会的人说来才是存在的……只有在社会中,自然界才是人自己的人的存在的基础"。在人的实践活动中生成的人化自然和人类社会及其统一,构成了人类世界。

这就是说,人通过自己的实践活动在自在世界的基础上建造了属人的世界,从而使世界二重化为自在世界与人类世界。人的实践活动不仅改造世界,而且创造世界。

实践创造世界首先体现在,实践创造出一个与自在世界既对立又统一的人类世界。人类世界在内容上包含着自然和社会两个方面。但是,人类世界不是自然和社会的"相加",而是在实践基础上形成的人化自然与人类社会"二位一体"的世界。在人类世界中,自然与社会相互制约、相互渗透,展现在人们面前的是被社会改造的自然和受自然制约的社会,用马克思的话来说,就是"历史的自然"与"自然的历史"。

人类世界中的自然不是与人无关的自然,而是被人们"加工"过的自然;人不仅改造自然存在,而且通过实践使自身的本质力量也进入自然存在之中,并赋予自然存在新的属性——社会(历史)性。在人类世界中,自然不仅保持着天然的物质本性,而且被打上了社会的烙印,具有社会(历史)性。在人类世界中,自然界意味着什么,自然对人的关系如何,人对自然的作用采用了什么样的形式,具有什么内容,达到什么范围等,都受到社会形态的制约。农业社会里的自然有着诗意般的田园风光,而工业社会中的自然则可能是被污染的雾霾"景观"。陶渊明诗中那种"暧暧远人村,依依墟里烟。狗吠深巷中,鸡鸣桑树颠"的世外桃源般的田园生活,在工业社会不可能再现,人们也难以在工业社会"诗意般的栖居"。

人类世界中的社会也不是脱离自然的社会。人类社会是在人与自然的物质变换中形成并发展起来的。在人类世界中,作为客体的自然,其本身的规律不可能被社会所消除;自然不是外在于社会,而是作为人类生存和发展的因素存在于社会中,人与自然之间的物质变换构成了社会存在和发展得以实现的"永恒的自然必然性"。社会发展既不是纯自然的过程,也不是脱离自然的超自然的过程。把自然以及人对自然的关系从社会(历史)中排除出来,就等于把社会(历史)建立在虚无上。

"历史的自然"与"自然的历史"都是人们实践活动的产物。实践是社会与自然相互作用、相互渗透的中介和基础。一句话,实践是人类世界得以存在的根据和基础,在人类世界的运动中具有导向作用。人类世界当然不能归结为人的意识,但同样不能还原为天然自然。人类意识、人类社会,以至整个人类世界对天然自然具有不可还原性。人类世界只能是实践中的存在。正如马克思所说,物质实践"这种活动、这种连续不断的感性劳动和创造、这种生产,正是整个现存的感性世界的基础"。

实践创造世界不仅体现在人类世界的形成上,还体现在人类世界的发展中。人类世界是实践中的存在,而实践本身就处在不断的发展之中,人类世界因此成为一个动态的、不断发展、不断生成、不断形成更大规模和更多层次的开放体系。马克思早就批判过费尔巴哈对世界的直观性："他没有看到,他周围的感性世界决不是某种开天辟地以来就直接存在的、始终如一的东西,而是工业和社会状况的产物,是历史的产物,是世世代代活动的结果,其中每一代都立足于前一代所达到的基础上,继续发展前一代的工业和交往,并随着需要的改变而改变它的社会制度。"在当代,人类活动已经"上天、入地、下海",涉及广袤的宇宙、辽阔的海洋,深入地球深处以及生物的分子结构。正如当代著名科学家赫伯特·A.西蒙所说的,"我们今天生活着的世界,与其说是自然的世界,还不如说是人造的或人为的世界。在我们周围,几乎每样东西都刻有人的技能的痕迹"。

无疑,自在世界对人类世界具有先在性,但人类世界对人的生存和发展具有直接的现实性,所以,马克思又把人类世界称为"感性世界""现存世界""现实世界",并把"感性世界理解为构成这一世界的个人的全部活生生的感性活动"。在这个意义上,世界对人既是本原性的存在,又是对象性的存在。正因为如此,马克思把"对象、现实、感性""当作实践去理解"。人类世界的实践性确证着人类世界的客观性,并使人类世界及其与自在世界的关系呈现出历史性。当代实践活动和当代世界状况更加凸显出了这种实践性、客观性、历史性,并表明马克思新唯物主义世界观的创立的确是哲学世界观的深刻变革。

限定中的超越：主体与客体
相互作用的实质

苏轼的《琴诗》曰："若言琴上有琴声,放在匣中何不鸣? 若言声在指头上,何不于君指上听?"这就是说,只有琴手,只有琴,而没有操琴者的抚琴活动,琴手和琴之间就构不成主体与客体关系。人与自然要形成现实的主体与客体的关系,需要一个将人与自然现实地连接起来的中介,这就是各种形式的工具以及运用、操作这些工具的方法。主体与客体是实践活动的两极。实践活动就是一个以主体、中介(工具)、客体为基本骨架的动态的发展系统。其中,主体是能动性因素,客体是制约性因素,实践的工具则是把主体与客体连接起来,使二者之间的相互作用得以实现的中介。

从实践的主体与客体相互作用的特点和实质看,这种相互作用既不同于一般的物质实体之间的相互作用,也不同于一般的精神与物质之间的相互作用,而是把这两种相互作用包含于自身的一种特殊的相互作用。

主体与客体的相互作用具有物质性的特点,但又不能把这种相互作用的本质归结为一般的物质性。物与物之间的相互作用都是无意识的、盲目的,都不可能以主体与客体相互作用的形式出现。在主体与客体的相互作用中,出现了一般物质实体相互作用所没有的崭新的关系,这就是目的与手段、能动者与受动者、创造者与被创造者之间的关系。"蜜蜂建筑蜂房的本领使人间的许多建筑师感到惭愧。但是,最蹩脚的建筑师从一开始就比最灵巧的蜜蜂高明的地方,是他在用蜂蜡建筑蜂房以前,已经在自己的头脑中把它建成了。劳动过程结束时得到的结果,在这个过程开始时就已经在劳动者的想象中存在着,即已经观念地存在着。他不仅使自然物发生形式变化,同时他还在自然物中实现自己的目的,这个目的是他所知道的,是作为规律决定着他的活动的方式和方法的。"(马克思)

因此,在主体与客体的相互作用中,主体处于主导地位和中心地位。主体一方面受到客体的限定,另一方面又不断地发展自己的能力和需求,以自觉能动的活动不断打破客体的限定,从而超越现实客体。主体与客体之间这种限定和超越或限定中的超越关系,就是实践主体与客体相互作用的实质。

从实践主体与客体相互作用的内容和结果看,这种相互作用是通过主体对象化与客体非对象化的双向运动而实现的。

所谓主体对象化,是指人通过实践使自己的本质力量转化为对象物。马克思指出:"在生产中,人客体化,在消费中,物主体化。"物质生产活动是人们运用自身的力量并运用工具改造天然物的过程。在这一过程中,对象按照主体的需要发生了结构和形式上的变化,形成了自然界原来所没有的种种对象物。这些对象物是人的体力和智力的物化体现,是主体的本质力量通过活动转化为静止的物质的存在形式,即积淀、凝聚和物化在客体中。因此,主体的对象化也就是主体通过对象性活动向客体的渗透和转化,即主体客体化。实际上,不仅生产如此,人类一切实践活动的结果都是主体对象化的结果。

所谓客体非对象化,是指客体从客观对象的存在形式转化为主体生命结构的因素或主体本质力量的因素,客体失去对象化的形式,变成主体的一部分。在主体对象化的同时,还发生着客体非对象化的运动。在物质生产活动中,主体一方面通过物质和能量的输出改变着客体,同时主体也需要把一部分客体作为直接的生活资料加以消费,或者把物质工具作为自己身体器官的延长包括在自身的生命活动中。这些都是客体向主体的渗透和转化,即客体主体化。实际上,人通过改造对象的活动消化精神产品,使之转化为主体意识的一部分,也是客体非对象化,即客体主体化的表现。

主体对象化或者说主体客体化,造成人的活动成果的体外积累,形成了人类积累、交换、传递、继承和发展自己本质力量的特殊方式——社会遗传方式,从而使人类的物质文化与精神文化的成果不会因个体的消亡而消失。同时,人通过客体非对象化或者说客体主体化这种形式占有、吸收对象(包括前人)的活动成果,则不断丰富人的本质力量,从而提高主体能力,使主体能以更高的水平去改造客体。因此,实践主体与客体的相互作用总是不断地在新的基础上进行。

主体对象化与客体非对象化,或者说,主体客体化与客体主体化的双向运动,是人类实践活动两个不可分割的方面,它们互为前提,人们正是通过这种运动形式不断解决现实世界的矛盾。这种运动形式是客体对主体的制约性和主体对客体的超越性的生动表现。限定中的超越,这是主体与客体相互作用的实质,是人类实践活动的本质内容。

认识矛盾及其特殊性：哲学思考的本质

中国已经进入社会矛盾凸显期，如何看待矛盾，如何处理矛盾，成为一个至关重要的问题。从根本上说，人们的认识活动和实践活动就是认识矛盾和解决矛盾的活动。黑格尔断言："认识矛盾并且认识对象的这种矛盾特性就是哲学思考的本质。"列宁认为，"统一物之分为两个部分以及对它的矛盾着的部分的认识……是辩证法的实质"。毛泽东指出，辩证法"主要地就是教导人们要善于去观察和分析各种事物的矛盾的运动，并根据这种分析，指出解决矛盾的方法"。因此，学习辩证法就是要科学地把握矛盾分析方法，并把它运用到日常生活和实际工作中。

要科学地把握矛盾分析法，就要把握矛盾的同一性与斗争性的关系。所谓矛盾，就是事物内部或事物之间对立与统一的关系。"一阴一阳之谓道""一阖一辟谓之变"，说的就是对立面的统一。矛盾的同一性即统一性是指对立面之间相互依存、相互转化。矛盾的斗争性是指对立面之间相互排斥、相互否定。同一是包含着差别和对立的具体的同一，矛盾的同一性不可能脱离斗争性而存在；斗争是统一体内部的斗争，矛盾的斗争性不可能脱离同一性而存在；同一是对立中的同一，对立是同一中的对立。同一性与斗争性是矛盾的两个基本属性。

在矛盾问题上，我们应当注意常识与辩证法的区别。知道树叶有正面有反面，物理学中有阴电有阳电，化学中有化合有分解，生活中有成功有失败，这是常识；可由此知道"凡物莫不有对"，从中引出对立统一规律，提出矛盾概念，创立矛盾学说，并善于运用矛盾分析法，则是辩证法的智慧。辩证思维方法之所以比形而上学思维方法高出一筹，从根本上说，就在于辩证法在对立的东西中发现同一关系，在同一的东西中发现对立关系，善于从矛盾双方的对立中把握它们的同一，同时从矛盾双方的同一中把握它们的对立。

矛盾的同一性与斗争性相互作用，推动着一切事物的运动变化发展。其中，矛盾双方的相互依存是事物得以存在的前提，矛盾双方的相互贯通规定着事物发展的趋势；矛盾双方的相互排斥造成双方力量发展的不平衡性，矛盾双方的相互否定直接推动着事物的转变。当事物内部的矛盾双方沿着各自的方向发展到极限时，只有通过斗争才能突破这个极限，从而使旧的矛盾统一体分解，新的矛盾统一体产生，一事物变成他事物。一切发展都是矛盾运动的"杰作"，都是矛盾的同一性与斗争性相互作用的结果。事物运动变化发展的秘密，就在矛盾同一性与斗争性的相互作用中。

要科学地把握矛盾分析法，就要把握内部矛盾与外部矛盾的关系。矛盾推动事物的发展，但内部矛盾与外部矛盾在事物发展中的作用是不同的。事物发展的根本动力不是外部矛盾，而是内部矛盾；事物发展的根本原因不是外因，而是内因。内部矛盾是事物发展的源泉，规定着事物的本质，决定着事物的发展方向，事物的运动、变化、发展本质上是自我运动、自我变化、自我发展。但是，我们不能由此忽视、否定外部矛盾的作用。如果说内部矛盾即内因是事物运动变化发展的根据，那么，外部矛盾即外因就是事物运动变化发展的条件。外部矛盾影响事物的存在状况，制约事物的发展进程,外因通过加强或削弱内因的某些方面、某些因素、某些关系,改变事物的存在状况,加快或延缓事物的发展进程。利用外部有利条件、吸收外部有利因素能够使内部发展获得一种"爆发力",从而实现"跨越式"发展。

理解了内部矛盾与外部矛盾的辩证关系,就要善于"抓住时机,发展自己"(邓小平)。内因的发展离不开外因,但外因又有时效性,这就是说,外因总是在一定条件下产生,在一定条件下存在,并在一定条件下消逝,具有不可逆性,离开了特定的时间、地点和条件,就没有特定的外因。这就是我们常说的"机不可失,时不再来"。内因要发展自己,就必须主动、及时地抓住外因,即"抓住时机,发展自己"。同时,要"抓住时机,发展自己",内因必须进行自我改革,形成新的合理的社会结构,能够吸收、消化外部因素,并使外部因素与内部因素有机结合、融为一体,从而增强内部发展力。

一位哲人说过,机会永远钟情于有着特殊准备的民族。的确如此,中国要"抓住时机,发展自己",就必须有特殊的内部准备,即形成能够适应外部开放的内部结构。对外开放能否真正推动,或者说在多大程度上推动中国的发展进程,还取决于对内改革以及由此形成的内部结构,取决于这种内部结构能否吸收、消化、融合,或者在多大程度上吸收、消化、融合对外开放所获得的先进的科学技术、经营方式、管理方式和文明成果。由此,我们就更加理解邓小平的名言了:"中国要得到发展,必须坚持对外开放、对内改革。"

实际上,民族、国家是这样,单位、个人也是如此。我们每个人要发展自己,必须处理好内因与外因的关系,完善自身内部,抓住外部时机,改变自己的命运。我们不应相信"命",但要相信"运"。运决定于一个人遇人、遇时带来的机遇,人们常常称之为"走运"。从根本上说,运取决于时,取决于时代提供的条件,运是时运。时代变化、条件变化,人的命运就会变化。但是,处在同一个时代、同一种条件下,并非每个人都能"交好运",因为运要靠每个人自己把握。一个人的运气实际上是对时机的主体把握。

被抓住的时机就是机遇,好的机遇就是好的运气。人的一生会碰到许多时机,可时机不等于机遇,不等于好运,因为时机可以被轻轻放过,也可以被紧紧抓住,被抓住的时机就是机遇。我们要科学地把握内部矛盾与外部矛盾,也就是内因与外因的关系,不断地改善自己的知识结构,转变自己的价值观念,提高自己的判断能力,从而"抓住时机,发展自己"。

要科学地把握矛盾分析法,还要把握矛盾的普遍性与特殊性、共性与个性的关系。矛盾存在于一切事物的发展过程中,处处有矛盾;每一事物的发展过程中存在着自始至终的矛盾运动,时时有矛盾。矛盾是普遍存在的。差异、对立、冲突不过是矛盾在其发展过程中所表现出来的不同形式。建设社会主义和谐社会并不是否认或消除社会矛盾,而是要正确认识和处理社会矛盾。建设社会主义和谐社会是一个不断化解矛盾,实现人与自然和谐共生、人与人和谐相处的过程。我们应当明白,和谐是矛盾运动中的和谐,其实质是"和而不同"。相反,"同则不继",单一的、完全同质化的事物是难以延续和发展的。

问题在于,每一事物及其不同发展阶段的矛盾又各不相同,具有自己的特殊性。"百里不同风,千里不同俗。"每一事物的矛盾特殊性构成一事物区别于他事物的特殊本质。认识矛盾的特殊性是认识事物的基础。不研究事物矛盾的特殊性,就无从确定事物的特殊本质,无从发现事物变化的特殊原因,无从把握事物发展的特殊规律,也就无法正确地认识事物、合理地改造事物。认识事物,最主要的是认识事物的特殊性;研究问题,最主要的是研究问题的特殊性;结合实际,最主要的是结合实际的特殊性。不同的矛盾只有用不同的方法才能解决,矛盾的特殊性决定了矛盾解决方法的特殊性。有的矛盾可采取一方"克服"另一方的形式来解决,有的矛盾可通过对立面的"融合"的形式来解决,有的矛盾可通过双方"同归于尽"的形式来解决,有的矛盾则需要创造某种新的形式,使矛盾能在其中良性运行得以解决。"用不同的方法去解决不同的矛盾,这是马克思列宁主义者必须严格地遵守的一个原则。"(毛泽东)

问题还在于,每一事物中的矛盾及其不同方面的地位也具有特殊性。

事物往往是由多种矛盾构成的矛盾总体。其中,有一种矛盾规定着其他矛盾的存在和发展,这就是主要矛盾,被规定的矛盾就是次要矛盾。不仅如此,在每一对矛盾中,有一方处于支配地位、起着主导作用,这是矛盾的主要方面,处于被支配地位的一方则是矛盾的次要方面。事物的性质是由主要矛盾的主要方面所规定的。主要矛盾对次要矛盾、矛盾的主要方面对次要方面起着支配作用,次要矛盾、矛盾的次要方面又会影响和制约主要矛盾、矛盾的主要方面。主要矛盾与次要矛盾、矛盾的主要方面与次要方面处在相互作用之中,这种相互作用在一定条件下会引起双方地位的相互转化。

把主要矛盾与次要矛盾、矛盾的主要方面与次要方面的辩证法运用到日常生活和实际工作中,就是要坚持"两点论"和"重点论"的统一。"两点论"是指在分析事物的矛盾时,不仅要看到矛盾双方的对立,而且要看到矛盾双方的统一;不仅要看到矛盾体系中存在着主要矛盾、矛盾的主要方面,而且要看到次要矛盾、矛盾的次要方面。"重点论"是指要着重把握主要矛盾、矛盾的主要方面,并以此作为解决问题的出发点。"捉住了这个主要矛盾,一切问题就迎刃而解了。"(毛泽东)"两点论"是有重点的,"重点论"是以承认非重点为前提的。"抓好典型,照顾一般""统筹兼顾,适当安排"等,体现的就是"两点论"和"重点论"的结合。

矛盾的普遍性与特殊性的关系,就是矛盾的共性与个性的关系。矛盾的共性与个性关系的道理是矛盾问题的精髓,是建设中国特色社会主义的哲学基础。中国特色社会主义是社会主义而不是其他什么主义,因而必须具有社会主义的共性;同时,中国特色社会主义又是立足中国实际、适应中国发展的社会主义,因而又具有鲜明的个性,具有鲜明的实践特色、理论特色、民族特色和时代特色。

科学地把握矛盾分析方法,根本的一点是要具体问题具体分析。具体问题具体分析是把矛盾的同一性与斗争性、内部性与外部性、共性与个性的辩证法运用于实际活动中的生动体现,是马克思主义的"活的灵魂"(列宁)。"具体之所以具体,因为它是许多规定的综合,因而是多样性的统一。"（马克思）因此，具体分析就是要看到具体事物是"许多规定的综合"和"多样性的统一"，分析具体事物的许多规定和多样性，并从中认识共性，把握个性。

具体分析既要分析具体事物的共性的一面，更重要的，是要分析具体事物的个性的一面。分析事物的共性，有助于把一事物与他事物相联系，把握同类事物的本质；分析事物的个性，有助于把一事物与他事物相区别，把握每一事物的特质。只分析共性，不分析个性，势必导致教条主义；只分析个性，不分析共性，容易滑向经验主义。把握"许多规定的综合"与"多样性的统一"，分析共性与分析个性的有机结合，使我们能够实现对具体事物的规律性和全局性把握。"不谋万世者，不足以谋一时；不谋全局者，不足以谋一域。"

坚持具体问题具体分析，就要一切以时间、地点、条件为转移。时间、地点、条件构成具体问题的诸方面，具体分析就是要从具体的时间、地点和条件出发去认识事物。世界上不存在完全相同、绝对不变的事物，随着条件的变化，事物总会呈现出新的特点。看似相同的矛盾，出现在不同的条件下，解决的方法也不相同；看似有效的方法，置于不同的环境中，不一定能发挥同等的效用；看似已经解决了的矛盾，在变换了的时空中，有可能"复活"再现。社会领域的矛盾和问题，既可能是新的矛盾和问题，也可能是重复出现的老的矛盾和问题。但是，这种重复往往是形式上的重复，内容上则是新的，因而解决问题的方法是不可重复的。比如，"公平与效率"的矛盾，总是不断地解决又不断地以新的形式"复活"，不断地"复活"就必须不断地采取新的办法来解决。"时间不同了，条件不同了，对象不同了，因此解决问题的方法也不同。"（邓小平）

"橘生于淮南则为橘，生于淮北则为枳。"在日常生活和实际工作中，我们想问题、做决策、办事情，必须一切以时间、地点、条件为转移，坚持"入山问樵、入水问渔"，坚持具体问题具体分析。用抽象的原则代替对事物的具体分析，是日常生活和实际工作中"一个最主要最危险的错误"（列宁）。

"悖论"与思维本身的矛盾性

现代思维的发展表明,任何思维和论断中都存在着矛盾。现代思维本身就是从思维矛盾的辩证本性中生长出来的,它自觉地承认辩证矛盾,并把这一矛盾作为自身活动的原则。譬如,现代科学思维中的不完全定理、测不准原理、相对性原理、人择性原理等从各个方面体现出辩证矛盾。不完全定理体现着整体与非整体的矛盾,测不准原理体现着绝对与相对的矛盾,人择性原理体现着主体与客体的矛盾。而现代科学发展中的一系列"悖论"的出现,一方面说明,人类思维发展中的"受阻"及其行程的曲折性;另一方面表明,实证性思维与辩证性思维的存在正是思维内在矛盾发展的必然产物。

我不能同意这样一种观点,即矛盾概念导源于对"力"的理解,只是对作用力与反作用力的逻辑抽象,而现代系统论已经扬弃了"矛盾"观念。这种观点把近代对矛盾的理解绝对化了,其片面性体现在三个方面:一是矛盾概念的产生并不是对"力"的抽象,在牛顿力学产生之前,矛盾概念已经在直观的、经验的形态上形成了;二是从

"力"的两极化抽象出的矛盾概念,仅仅是近代机械性思维的反映,只是对矛盾的一种特定的历史的理解;三是系统论不可能扬弃矛盾论,它扬弃的只是机械论的矛盾观,相反,现代系统论本身就体现着认识的深层矛盾,没有矛盾,也就没有系统。系统本身就是整体与部分、方面与要素、结构与功能矛盾的产物,而"系统悖论"的提出,本身就表明系统论本身也逃避不了矛盾。系统论并没有否定矛盾,而是深化了矛盾的内涵,展开了矛盾的新层次,体现出现代科学对矛盾的深层理解。

"辩证法本来是人类全部认识所固有的"(列宁),矛盾是人的认识中内在的、固有的因素。只要人在思维着,运用着语言、符号、逻辑,就必然产生矛盾。矛盾是思维的本质,这是由主体与客体、主观与客观、连续与间断、全面与方面的诸多关系决定的。

从主观与客观关系的角度看,思维是主体的活动过程,它必然具有主体的坐标、角度、方位,具有人的内在尺度,因而主观与客观、主体与客体永远不可能达到完全的同一,二者总是历史的、具体的、有矛盾的统一。每一代人的思维所能达到的广度和深度总是有限的,但无限性总是要通过有限性表现出来,绝对存在于无穷的相对中,这本身就是矛盾;无限性与有限性、绝对与相对这些矛盾又转化为思维与存在、主观与客观、主体与客体、既同一又不同一的矛盾。这表明,认识不可能是纯客观的。

从连续与间断关系的角度看,思维要表述事物,就要把连续的东西间断化,把运动的东西静止化,把思维对象从整体中抽象出来,暂时割断它与其他事物的联系。而把连续的东西间断化,这本身就内含着全部形式化、符号化思维的内在矛盾。就最简单的 $1+1=2$ 而言,这在逻辑上是不言自明的,但实际上,$1+1$ 永远不等于 2。这不仅在于世界上永远不可能存在两个完全相等的具体的 1,而且在于,1 本身只是思维的合理的抽象,实际生活中的具体的 1 永远处于运动变化之中。因此,即使在 $1+1=2$ 这一运算中,也已经把运动的东西静止化,连续的东西间断化了,它本身已经是矛盾的过程。以最简单的语词"这"为例。"这"就是此事此刻,它既可以代表具体的"这件事""这个人""这本书",即表示"个别",又可代表

"这件事""这个人""这本书"中的共同的"这"。所以,"这"本身就是矛盾,个别与一般的矛盾贯穿于"这"的使用中。

最简单的关系和语词中已经包含着辩证法的萌芽,高级的推理和创造性思维必然依靠辩证矛盾的运用。正是辩证矛盾才是思维运转的机制,对于辩证矛盾的运用程度,标志着人类思维的水平。实际上,系统论只是把握了某些方面,如结构方面、功能方面、相关性方面、输入—输出方面等。全方位思维的"全方位"只是相对的。"方位"永远不可能绝对"全",要使"方位"绝对"全",就必须使运动停止下来。然而,这是不可能的。只要世界在运动,就永远有新的方位、新的方面产生出来。因此,思维的全面性本身只存在于思维的全面与方面的矛盾中,是在全面与方面的矛盾运动中不断向全面本身逼近的历史过程。"全方位"思维也只是"方位"不断增多的思维运动而已。

现代思维本身就是一种辩证的思维,它摆脱了纯客观主义、绝对主义的思维方式,也扬弃了主观主义、相对主义的思维方式,从而在主体与客体、绝对与相对、可能与选择、整体与部分、完全与不完全、确定与不确定的诸多矛盾中运动。不懂得矛盾,也就不理解现代思维的本质。

现代思维的特点之一,就是从千方百计地排除"悖论"到承认"悖论"的合理存在。"悖论"是一个古老的问题,它的直接含义是指:从一个本来被认为是正确的理论出发却得出两个互相矛盾的结论。从古代到现代,已经产生了无数"悖论",其中,比较典型的有"毕达哥拉斯悖论""芝诺悖论""贝克莱悖论""罗素悖论""语义学悖论"等。"毕达哥拉斯悖论""贝克莱悖论""罗素悖论"引起了西方数学发展史上的三次危机,其结果是数学理论的三次大发展。

从总体上看,"悖论"应该分为两类:一类是由前提错误导致的"悖论";另一类则是前提无错误的"悖论"。

"毕达哥拉斯悖论"属于前提错误的悖论。毕达哥拉斯学派坚持这样一个信念,即一切事物都可以归结为整数与整数之比,但他们发现正方形的对角线与边长的比是 $\sqrt{2}$,它们之间不能表现为整数之比。$\sqrt{2}$ 的正确性否定了他们关于一切事物都可以归之于整数与整数之比的信念，因而引起数学史上的第一次危机。实际上，这场"危机"只是一场虚惊，危机的实质是人对世界认识界限的超越，对假前提的否定。

"贝克莱悖论""罗素悖论"属于前提无错误的"悖论"。"贝克莱悖论"集中于微积分的无穷小分析这一问题，贝克莱证明了无穷小量在实际应用中，既是0，又不是0。这本来是正确的思想，它与形式逻辑发生矛盾，导致了数学史上的第二次危机。"罗素悖论"是著名的"集合悖论"，即任何一个集合都可以通过谓词"不属于自身"构成一个新的集合，这一集合本身由所有不属于自身的集合构成，但任何集合又可看作属于自身的集合。因此，由某集合"属于自身"，可以得到某集合"不属于自身"，由某集合"不属于自身"又可推出某集合"属于自身"。这样，对"某集合是否属于自身"的问题可以得到两个等价的互相对立的结论。

显然，"贝克莱悖论""罗素悖论"已经不同于"毕达哥拉斯悖论"。对于"毕达哥拉斯悖论"，只需说明前提是假的就能解决问题，但我们却不能从前提、逻辑推理等角度去解决"罗素悖论"。这是因为，其前提、逻辑推理不存在错误，所以，这一"悖论"在逻辑上是合理的。换言之，"悖论"的前提、推论、逻辑过程全然没有问题，但结论却是互相对立的、矛盾的，并且等价为真。

"合理的背理""符合逻辑的悖论"也就等于"正确的错误"。所以，"罗素悖论"如同山崩海啸一样，引起了各方面的连续反应，引出了"福蒂悖论""康托尔悖论""理查德悖论""培里悖论""格里林悖论"，出现了"悖论群""悖论网""悖论系列"，从而猛烈地冲击着知性思维的原有框架，引起了数学家们的惶惶不安。大数学家希尔伯特由此认为："必须承认，在这些悖论面前，我们目前所处的情况是不可能长期忍受下去的。人们试想：在数学这个号称可靠性和真理性的模范里，每一个人所学的、教的和应用的那些概念结构和推理方法竟会导致不合理的结果。如果甚至连数学思考也失灵的话，那么应该在哪里去寻找可靠性和真理性呢？"

其实，问题并不复杂。复杂的是希尔伯特这些伟大的数学家们所固守的无矛盾性、纯客观"可靠性""真理性"的观念，而只要坚守无矛盾思维就必然引起更深刻的矛盾，引起思维的苦恼和震惊。实际上，只要放弃"无矛盾性"，承认"矛盾"，"悖论"也就成为认识中的一种正常现象了。"悖论"是对无矛盾思维的"背理"，因为"无矛盾"本身是一个"背理"，只要沿着"无矛盾"前进，无论从哪一条线、哪一个角度，都毫无例外地会出现"悖论"。黑格尔早就提出，有多少概念发生，就可以提出多少"二律背反"。

在我看来，应该震惊的不是"悖论"和"悖论的合理性"，而是对"悖论的合理性"的"震惊"。我们应该接受这样一个事实，即"悖论"是合理的，"矛盾"是无法排除的。在"悖论"面前，科学家们申诉着自己学科的"可靠性"和"真理性"，其实，对这种"可靠性"和"真理性"的理解也只是相应于他们所处的历史条件。每一历史时代总是有局限性的，绝对的"可靠性"和"真理性"，永恒不变的"确定性"，本身是不存在的。

从根本上说，"悖论"的实质是世界的无限性与认识的有限性、事物的多样性与思维方法的直线性矛盾的体现。列宁指出："如果不把不间断的东西割断，不使活生生的东西简单化、粗陋化，不加以划分，不使之僵化，那么我们就不能想象、表达、测量、描述运动。思想对运动的描述，总是粗陋化、僵化。不仅思想是这样，而且感觉也是这样；不仅对运动是这样，而且对任何概念也都是这样。""悖论"的产生正是导源于思维如何想象、表达、测量、描述"实在"，思维总是包含着僵化、简单化、直线化的因素。

实际上，"悖论"产生的原因并不在于思维的不严格性，而在于思维本身要求太严格、太规范化了。"悖论"是人类思维中不可避免的东西。现代科学思维的发展扭转了人类对无矛盾性思维的偏好，扭转了把"悖论"等同于"错误"的历史观念，从而承认了"悖论"存在的合理性。如果说历史上的思维是以排除"悖论"、追求无矛盾性为自己的特点，那么，随着对"悖论"合理性的承认，现代知性思维则自觉地承认矛盾，并把辩证矛盾作为自己思维的起点。

否定之否定与否定性的辩证法

在哲学史上,康德明确地把否定之否定思想引进认识论领域,并认为"每类的范畴都是三个,而且每一类的第三个范畴又都是由第二个范畴与第一个范畴联结而生"。黑格尔高度评价了康德的这一思想,认为"伟大的(辩证法)概念的本能使得康德说:第一个范畴是肯定的,第二个范畴是第一个范畴的否定,第三个范畴是前两者的综合。三一的形式,在这里虽只是公式,在自身内却潜在着绝对形式、概念"。

黑格尔自觉而明确地把思维发展、世界发展的过程描绘为一个否定之否定过程,并认为由于在肯定的"自身中就具有否定性,所以它可以超越自身之外,并引起自己的变化"。同时,"否定的东西也同样是肯定的;或说,自相矛盾的东西并不消解为零,消解为抽象的无,而是基本上消解为它的特殊内容的否定;或说,这样一个否定并非全盘否定,而是自行消解的被规定的事情的否定,因而是规定了的否定"(黑格尔)。所谓"规定了的否定",是指否定本身有着肯定的意义。换言之,否定的结果不是虚无，而是产生新的规定，所以，否定包含肯定，在一定意义上，否定就是肯定。

马克思在评价黑格尔的否定之否定思想时指出："把否定和保存即肯定结合起来的扬弃起着一种独特的作用。"马克思的确看到了这种"独特的作用"，并指出共产主义这一否定之否定"决不是人所创造的对象世界的即人的采取对象形式的本质力量的消逝、抽象和丧失，决不是返回到违反自然的、不发达的简单状态去的贫困"，而是"在资本主义时代成就的基础上""重新建立个人所有制"。否定之否定不是"绝对的否定"，而是辩证的否定，表现为"否定性的辩证法"。"黑格尔的《现象学》及其最后成果——作为推动原则和创造原则的否定性的辩证法——的伟大之处首先在于，黑格尔把人的自我产生看作一个过程，把对象化看作失去对象，看作外化和这种外化的扬弃；因而他抓住了劳动的本质，把对象性的人、现实的因而是真正的人理解为他自己的劳动的结果"（马克思）。

按照黑格尔的观点，劳动是人对自然物进行"赋形"的活动，即对自然物加以改造的活动，它构成了人与自然之间的"否定的中项"。正是借助这个否定的中项，人从自然界中分离出来，并在自然物上打上人的烙印，否定了自然物的原生形态；在这个过程中，人使自身的力量得以外化，并占有、获取自然物。"我做成了某个东西，我就实现了外化；这种否定是积极的，外化也就是获取"（黑格尔）。劳动的否定性使人本身的力量外化，即对象化，这种对象化所形成的客体又反过来同人发生矛盾，产生异化。

正因为如此，否定不仅表现为外化、异化，而且表现为扬弃这种外化、异化的活动，使异化的对象即客体回到人本身，达到主体与客体的统一，主体由此得到自我实现。在黑格尔看来，这就是一个否定之否定的过程，"这个否定性是自身的否定关系的单纯之点，是一切活动——生命的和精神的自身运动——最内在的源泉，是辩证法的灵魂，一切真的东西本身都具有它，并且唯有通过它才是真的"（黑格尔）。

但是，在黑格尔那里，只有抽象的精神活动才具有本源意义上的能动性和创造性，人本质上是自我意识的，人的本质的一切异化都不过是自我意识的异化。因此,"对异化的、对象性的本质的任何重新占有,都表现为把这种本质合并于自我意识:掌握了自己本质的人,仅仅是掌握了对象性本质的自我意识。因此,对象之返回到自我就是对象的重新占有"(马克思)。这表明,黑格尔的否定性辩证法实际上是以一种"抽象的、逻辑的、思辨的"形式表达了人类历史运动的辩证法。"由于黑格尔根据否定的否定所包含的肯定方面把否定的否定看成真正的和唯一的肯定的东西,而根据它所包含的否定方面把它看成一切存在的唯一真正的活动和自我实现的活动,所以他只是为那种历史的运动找到抽象的、逻辑的、思辨的表达。"马克思的这一评价准确而深刻。

马克思批判继承了黑格尔的否定性辩证法。按照马克思的观点,人与自然的关系不同于动物与自然的关系。人并不是像动物那样以自身的本能活动肯定自然的直接存在状态,使自己消极地适应自然,而是以自身的实践活动否定自然的直接存在状态,并赋予它合乎人的需要和目的的形式。在这个过程中,自在自然转化为人化自然,"自在之物"转化为"为我之物",人与自然的关系成为一种"为我而存在"的关系(马克思)。人与自然的这种"为我而存在"的关系,又是同社会关系交织在一起的。

问题的关键在于,私有制以及自然分工的存在使人的活动本身发生了异化,使这种"为我而存在"的关系发生了异化,不是人支配自己的活动产品,而是这种活动产品反过来支配人本身,人的活动的对象化意味着"失去对象",或者说,对象化的同时就是异化。异化的形成标志着人类历史进入到人受异己力量支配的阶段。"只要人们还处在自然形成的社会中,就是说,只要特殊利益和共同利益之间还有分裂,也就是说,只要分工还不是出于自愿,而是自然形成的,那么,人本身的活动对人来说就成为一种异己的、同他对立的力量,这种力量压迫着人,而不是人驾驭着这种力量。"(马克思)

资本主义社会是异化的典型和极端形式。在资本主义社会,不是人支配物,而是物支配并奴役人;而物之所以能支配并奴役人,实际上是少数人凭借物的力量支配并奴役多数人。"关键不在于物化,而在于异化,外化,外在化,在于巨大的物的权力不归工人所有,而归人格化的生产条件即资本所有,这种物的权力把社会劳动本身当作自身的一个要素而置于同自己相对立的地位。"但是,资本主义社会毕竟形成"以物的依赖性为基础的人的独立性","形成普遍的社会物质变换,全面的关系,多方面的需求以及全面的能力体系"(马克思),从而为人的全面发展创造了前提条件。

换言之,资本主义社会在把异化推向极端的同时,又为扬弃异化准备了条件。异化"这种颠倒的过程不过是历史的必然性,不过是从一定的历史出发点或基础出发的生产力发展的必然性,但决不是生产的某种绝对必然性,倒是一种暂时的必然性,而这一过程的结果和目的(内在的)是扬弃这个基础本身以及过程的这种形式"(马克思)。从异化的产生到异化的扬弃是一种具有历史必然性的否定之否定过程。正如马克思所说,"从资本主义生产方式产生的资本主义占有方式,从而资本主义的私有制,是对个人的、以自己劳动为基础的私有制的第一个否定。但资本主义生产由于自然过程的必然性,造成了对自身的否定。这是否定的否定。这种否定不是重新建立私有制,而是在资本主义时代的成就的基础上,也就是说,在协作和对土地及靠劳动本身生产的生产资料的共同占有的基础上,重新建立个人所有制"。无疑,这是"合理形态"的否定性辩证法。

实际上,当马克思把实践理解为人的存在方式,并把物质实践理解为人与自然、人与社会关系的基础时,否定性的辩证法就获得了一个现实的基础,成为一种"合理形态"的辩证法。这种"合理形态"的"辩证法在对现存事物的肯定的理解中同时包含对现存事物的否定的理解,即对现存事物的必然灭亡的理解;辩证法对每一种既成的形式都是从不断的运动中,因而也是从它的暂时性方面去理解;辩证法不崇拜任何东西,按其本质来说,它是批判的和革命的"(马克思)。批判,就是从肯定与否定、生成与灭亡的矛盾关系中理解现存事物;革命,就是"实际地反对并改变现存事物"。正如马克思所说,"对于实践的唯物主义者即共产主义者来说,全部问题都在于使现存世界革命化,实际地反对并改变现存事物"。

由此可见,在马克思的哲学中,否定性的辩证法是以实践观为基础,并同历史观有机结合、融为一体的。马尔库塞由此认为，在马克思的哲学中，"现实的否定变成了一个历史条件，一个不能被作为形而上学关系状态的而具体化的历史条件。换句话说，它变成了一个与社会的特定历史形式相联系的社会条件"。"马克思的辩证法的历史特征包含着普遍的否定性，也包含着自身的否定。特定的关系状态就意味着否定，否定之否定伴随着事物新秩序的建立。"应该说，马尔库塞的这一评价是中肯而合理的。

一般和个别不等于共性和个性

　　一般和个别的关系就是共性和个性的关系，这两对范畴是相同的范畴，这一观点已成为"常识"。然而，犹如雷达有自己的盲区一样，人的思维也有自己的盲区，这个盲区就是常识。我们必须跳出一般和个别的关系就是共性和个性的关系这一常识的罗陀斯岛。

　　尽管一般和共性含义的区别不大，但个别和个性是不能等同的。所谓个别，是指单个的、特殊的、有别于其他事物的个体，即具体事物；个性则是指一事物之所以区别于他事物的特殊性质，是一事物所独有而他事物不具有的特殊属性。

　　从范畴的分类看，个别属于实体范畴，个性属于属性范畴。实体是指实际存在的独立客体；属性则是指事物本身所固有的各种性质。亚里士多德把"个体"，即客观存在的个别事物，如"某一个个别的人或某匹马"称为"第一实体"，而把事物的数量、性质、关系等归为属性范畴，并认为"第一实体"是数量、性质、关系等属性的基础，"如果没有第一性实体存在，就不可能有其他的东西存在"。

斯宾诺莎指出：实体是"在自身内并通过自身而被认识的东西"，属性则"是构成实体的本质的东西"。可见，实体是独立的客观存在，是属性的基础或承担者，而属性则依附于实体，是实体的不同侧面、特征或本质的表现。因此，个别不能等同于个性，个别是个性的基础或承担者，个性则是从属于个别的。

个别是相对于一般来说的，它和一般构成了一对矛盾，个性则是相对于共性而言的，它和共性构成一对矛盾。当然，个别和个性存在交叉情况和共同点。个别内在地包含了个性，同时，作为概念，个别和个性相对于现实中的形形色色的具体事物和千差万别的个性来说，二者都具有一般的特性，都是舍弃了具体事物和各种个性的差异，抽象出共同的、本质的东西之后形成的概念。

但是，个别和个性存在差异则是无疑的。个别是指独立存在的具体事物，是共性与个性的矛盾统一体，个性则是一事物所独自具有的特性。个别相对于一定的范围、过程是个别，相对于另一范围、过程是一般，在普遍联系中则是特殊。同样，个性相对于一定的范围、过程是个性，相对于另一范围、过程是共性，在普遍联系中则是特殊性。个别既是对具体事物的抽象，又是对事物特性的抽象，个性则仅仅是对事物的性质、特性的抽象，这两个范畴逻辑层次是不同的。

马克思认为，一般是具体事物的"共同的东西"，个性则是具体事物的"不同特点"，而个别则是指现实中的具体事物，如一个个苹果、梨、桃等。列宁指出，个别是具体的事物、现象、过程，"从任何一个命题开始，如树叶是绿的，伊万是人，茹卡奇是狗等等。在这里正如黑格尔天才地指出过的就已经有了辩证法：个别就是一般"。这里，"树叶""伊万""哈巴狗"都是具体事物，是个别，"绿""人""狗"是一般。列宁还特别注明："个别（事物、现象、过程）"，不是指事物的特殊属性即个性。

可见，个别包含个性，个性从属于个别，但个别不等于个性。明确了这一点后，一般和个别的关系是否等同于共性和个性的关系便好理解了。

事物都有它的质的规定性。事物的质，是通过事物的属性表现出来的。个性是指区别于其他事物,而为这个事物所特有的那一部分属性;共性则是指与其他事物所共有的那一部分属性。个性不等于共性,共性不等于个性,但二者又是互相依存的:不存在不具有共性而独立存在的事物,同样,也不存在不具有个性的事物,个性是事物相互区别的关键。共性和个性既有区别,又有联系,共存于具体事物,即个别之中。

一般和个别与共性和个性是两对不同的范畴。一般和个别是反映一类事物和单一事物相互关系的一对范畴,共性和个性则是反映单一的、特殊的事物内部各属性之间相互关系的一对范畴。在一般和个别的关系中,一般只能在个别中存在,只能通过个别而存在,个别是一般的基础或承担者,一般和个别是不同层次的范畴;共性和个性谁也不是对方的基础或承担者,二者的基础或承担者都是具体事物即个别,共性与个性是同一层次的范畴。

在一般和个别的关系中,个别是认识的起点,然后上升到一般,共性和个性的关系则是从个别到一般的过渡环节。人们只有在具体事物的联系、比较中,才能区别共性和个性,从而发现一般。认识共性,必须将具体事物的属性加以比较、区别,找出相同属性,这就认识了共性,同时这也就认识了具体事物的个性。

概而言之,个性不等于个别,一般和个别的关系与共性和个性的关系不能等同,不能依据一般和个别的关系简单地推出共性和个性的关系。

历史规律的重复性与历史
事件的不可重复性

　　人们一般都承认自然规律,因为人们在自然界中看到的往往是事物的重复性:日月运行、春去秋来、花开花落、生生死死……然而,对历史规律的理解,却引起了旷日持久的争论,成为各派历史哲学斗争的焦点。这是因为,人们在历史中往往看到的是事物的单一性:历史事件是独一无二的,法国大革命、美国独立战争、中国辛亥革命……历史人物也是独一无二的,罗伯斯庇尔、林肯、孙中山……然而,就在这种不可重复的单一性后面却存在着可重复的历史规律。戊戌变法是"一",但改良、改革作为社会现象在古今中外并不罕见;法国大革命是"一",但资产阶级革命作为社会现象在近现代历史上却重复出现;作为历史人物,罗伯斯庇尔、林肯、孙中山是"一",但作为历史现象,时势造英雄却不断重演……

　　这表明,要把历史事件、历史现象、历史规律三个概念加以区分。历史事件是"一",历史现象是"多",在这"多"的背后隐藏着的,是只要具备一定条件就会重复起作用的历史规律。

真正开始探讨历史规律的,是意大利思想家、"历史哲学之父"维柯。在历史哲学的开山之作《关于民族共同性的新科学原理》中,维柯把人类历史的中心从神移向人本身,并确认了历史必然性的存在,即各民族的发展都必然经历神权、英雄和人权三个阶段。然而,维柯在提出"人类创造历史"的同时,又提出"上帝创造自然"。这就以一种新的形式制造了自然与历史对立的神话,并开启了人文主义与科学主义对立的先河。

黑格尔把维柯之后的历史规律观念系统化了,但同时也神秘化了。在黑格尔看来,历史规律是"绝对理性"在时间中的展开,体现为"自由意识的进展",这是一个从东方到西方,从古希腊到日耳曼的不可逆的过程;历史规律有"自己的绝对的最后目的",因而是在历时性的单线过程中表现其决定作用的,它君临一个民族的机会只有一次,在它的轨迹之外或在已经经历过它的一定阶段的民族那里就没有历史了。因此,历史规律只有历时性、单线性的特征,而不具备重复性、常规性的特征。

黑格尔的确看到了人在历史中的不可取代的作用,并认为"绝对理性"和人的活动"交织成为世界历史的经纬线"。但问题在于,黑格尔从根本上认为,历史规律是先于历史而预成的"绝对计划",人不过是实现这种计划的工具,只不过是一样"活的工具"。这表明,黑格尔只是在形式上肯定了人的能动性,他把人仅仅看作实现历史规律的工具,因而从根本上否定了人的能动性、创造性、主体性,实际上彻底剥夺了历史的属人性质。

马克思首先把历史规律归结于物质实践过程,认为历史规律不仅实现于人的活动之中,而且形成于人的活动之中。按照马克思的观点,实践内在地包含着三种转换,即人与自然之间的物质变换、人与人之间的活动互换,以及物质与观念的转换。"物质变换"是人的活动和自然运动共同具有的,而"活动互换"、物质与观念的转换仅仅为人的实践活动所具有,而且作为规律决定着人的活动的方式和方法。

实践活动包括物质变换,表明人的活动也必须遵循物质运动的共同规律;其特殊的人与人活动的互换以及物质与观念的转换又体现出新的、为其他自然物体所不具有的特殊运动规律,这就是体现主体活动的特点,包括物质运动在内的人的实践活动规律。社会生活在本质上是实践的,历史是人的实践活动在时间中的展开,人的实践活动的规律实际上就是历史规律。所以,恩格斯认为,历史规律就是"人们自己的社会行动的规律"。

历史规律形成并实现于人的活动之中,但我们又不能把人的活动和历史规律等同起来。人的活动可以符合规律,也可能违背规律。历史规律是人们实践活动和社会要素间的本质关系,一旦形成便具有相对独立性,不仅不以任何人的意志为转移,反而反过来制约着人的活动,并决定着历史运行的大概趋势。这里,关键要把历史规律形成和实现机制同规律的载体和内容区分开来。譬如,商品是价值规律的载体,只要存在商品生产就会产生价值规律;商品又是人生产出来的,是人的劳动的对象化,但我们不能说价值规律是人创造出来的,因为同价值规律直接联系的不是人本身,而是客体——商品。

历史规律同样具有重复性、常规性,即只要具备一定的条件,某种历史规律会反复发生作用,成为一种常规现象。但是,我们应当明白,历史规律的重复性不等于历史事件的重复性。历史事件的产生是必然性与偶然性共同作用的结果,正是其中的偶然性使历史事件各具特色,不可重复;规律重复的只是同类历史现象中共同的、本质的、必然自然的东西,不是也不可能是重复其中的偶然因素;偶然性又是必然性的实现方式,历史规律的重复性因此在一个个不可重复的历史事件中体现出来。1566 年的尼德兰革命、1640 年的英国革命、1789 年的法国革命、1911 年的中国辛亥革命……这一个个不可重复的历史事件的出现,体现的不正是资产阶级革命的历史规律吗? 克伦威尔、拿破仑、林肯、孙中山……这一个个不可重复的历史人物的出现,体现的不正是时势造英雄的历史规律吗? 现代西方历史哲学用历史事件的不可重复性来否定历史规律,恰恰说明其不理解可重复的历史规律和不可重复的历史事件之间的内在联系。

实际上,任何事件,包括自然事件都是必然性和偶然性共同作用的结果,因而严格的意义上说,自然事件也是不可重复的。然而,自然规律不也是在一个个不可重复的自然事件中体现出来的吗? 历史规律隐藏在历史事件单一性的后面,自然现象的差异性则深藏在相似性的后面。当年莱布尼茨在德国皇家花园给宫女们讲哲学课,首先讲的就是,没有两片绝对一样的树叶。这讲的不正是自然现象的差异性吗? 在观察自然时,我们应当从相似中看到相异;在研究历史时,应当从相异中看到相同,从单一性中透视出重复性、常规性,从而把握历史的规律性。这样,我们才能走向历史的深处。

历史规律的决定性与人的活动的选择性

　　人是历史的"剧作者"（马克思）。人们自己创造着自己的历史，物质生产是历史的发源地。马克思首先把历史规律归结于人们的物质生产活动，认为历史规律不仅实现于人的活动中，而且形成于人的活动中。在这个意义上，历史规律就是人的活动的规律。人又是历史的"剧中人"（马克思）。人们不能随心所欲地创造历史，既不能自由地选择自己的社会关系，也不能人为地消除历史规律。历史规律的特殊性就在于，它形成于人的活动中，但它一旦形成就不以人的意志为转移，并反过来制约着人的活动，决定着人的活动的大概趋势。"历史的每一阶段都遇到一定的物质结果，一定的生产力总和，人对自然以及个人之间历史地形成的关系，都遇到前一代传给后一代的大量生产力、资金和环境，尽管一方面这些生产力、资金和环境为新的一代所改变，但另一方面，它们也预先规定新的一代本身的生活条件，使它得到一定的发展和具有特殊的性质"（马克思）。

　　历史规律是在人的活动中形成的，但我们又不能把人的活动和在人的活动中形成的历史规律等同起来。人的活动可以符合规律,也可能违背规律。这里,关键要把握历史规律的形成和实现机制。"历史不过是追求着自己目的的人的活动"(马克思),而不同个人、不同阶级、不同民族又有自己不同的活动目的;这些具有不同目的不同活动的相互冲突构成了社会发展的"合力",历史规律正是在这种"合力"作用中形成的。

具体地说,他人活动制约某人活动,他人活动就是制约某人活动的客观条件;前人活动制约后人活动,前人活动就是制约后人活动的客观条件;他人活动在某人活动之外,前人活动在后人活动之前,因而它们都具有非选择性,即不以某人、后人的主观意志为转移。从根本上说,他人活动对某人活动的制约就是生产关系对个人活动的制约,前人活动对后人活动的制约就是作为人们"以往活动产物"的生产力对后人活动的制约。

"人们在自己生活的社会生产中发生一定的、必然的、不以他们的意志为转移的关系,即同他们的物质生产力的一定发展阶段相适合的生产关系。这些生产关系的总和构成社会的经济结构,即有法律的和政治的上层建筑竖立其上并有一定的社会意识形式与之相适应的现实基础。物质生活的生产方式制约着整个社会生活、政治生活和精神生活的过程。不是人们的意识决定人们的存在,相反,是人们的社会存在决定人们的意识。社会的物质生产力发展到一定阶段,便同它们一直在其中运动的现存生产关系或财产关系(这只是生产关系的法律用语)发生矛盾。于是这些关系便由生产力的发展形式变成生产力的桎梏。那时社会革命的时代就到来了。随着经济基础的变更,全部庞大的上层建筑也或慢或快地发生变革。"马克思在《政治经济学批判·序言》所说的这段话对社会发展的基本规律做了极其精练、准确无误、清澈见底的阐述,它表明,随着生产力的发展,人们改变自己的生产关系;随着生产关系的改变,人们就会改变自己的一切社会关系。这就是不以人的意志为转移的社会发展规律,即历史规律。

"顺理而举,易为力;背时而动,难为功。"我们必须不断深化对历史规律的认识,而要深化对历史规律的认识,就必须"把社会关系归结于生产关系,把生产关系归结于生产力的水平"(列宁)。"手推磨产生的是封建主的社会,蒸汽磨产生的是工业资本家的社会。"(马克思)只要我们把社会关系归结于生产关系,把生产关系归结于生产力的发展,就能从总体上和根本上把握历史规律,就能发现社会发展的秘密所在。正因为如此,在改革中,我们应当也必须坚持社会主义的根本任务是解放和发展生产力这一根本原则。没有"生产力的巨大增长和高度发展","那就只会有贫穷、极端贫困的普遍化;而在极端贫困的情况下,必须重新开始争取必需品的斗争,全部陈腐的东西又要死灰复燃"(马克思)。社会主义的实践一再证实了马克思这一观点深刻的真理性和巨大的超前性。

当然,社会发展在任何时候都不是在一种纯粹的经济平面上进行的。在人类历史中,没有一个重大历史事件的起源不能用经济必然性来说明;同时,没有一个重大历史事件不为一定的政治因素和意识形态所引导、所伴同、所追随。思想变革往往是政治变革、社会变革的先导。法国的启蒙运动引导着法国资产阶级革命。中国的五四新文化运动拉开了中国新民主主义革命的序幕……更重要的是,特定的意识形态、政治制度往往使同一种经济活动发生某种程度的"变形"。生产力与生产关系、经济基础与上层建筑之间并不是单线式的简单决定和被决定的逻辑,而是相互作用的关系,正是这种相互作用构成了历史的基本规律。

历史规律决定着社会形态的演变和更替。就人类总体历史而言,原始社会、奴隶社会、封建社会、资本主义社会和社会主义社会这五种社会形态的确是依次更替的,体现了历史规律,呈现出一种自然历史过程。但是,就具体民族历史而言,社会发展并不是严格地按照这五种社会形态的序列演进的。这里,人的活动的选择性表现出重要作用。尤其是当一个民族的历史处在转折点时,其内部矛盾与外部矛盾往往交织在一起,且相互制约、相互作用、相互影响,从而为该民族的发展提供了多种可能途径。在这多种可能性中,哪一种可能性能够实现,则取决于这个民族的选择,取决于这个民族内部的阶级力量的对比。

在特定的历史条件下,选择可以使一个民族跨越一定的社会形态,通过不同的道路迈向更高级的社会形态。比如,日耳曼民族在征服了罗马帝国之后,越过奴隶制,从原始社会直接走向封建社会;北美洲的资本主义制度并不是在封建制度的基础上发展起来的,而是随着欧洲移民的到来在特殊的社会基础上发展起来的。马克思概括了资本主义产生的三条道路:一是从封建制度的"衰亡"中产生;二是从奴隶制或农奴制的"解体"中产生;三是从原始公有制的"崩溃"中产生。在这个意义上,社会发展是历史规律的决定性与人的活动的选择性的统一。

但是,我们应当明白,由人们的选择活动形成的社会发展道路的多样性,并不是对历史规律的决定性的否定,并不是对社会发展总体进程的否定,不能由此认为社会发展如瓶坠地,碎片四溅,没有确定的方向。从人类总体历史看,社会主义制度的建立没有也不可能早于资本主义制度,资本主义社会的产生没有也不可能早于封建社会,封建社会的形成没有也不可能早于奴隶社会,而原始社会是所有民族的"原生的社会形态"。

在我看来,某一民族可以跨越一定的社会形态,但其跨越的方向同人类总体历史进程是一致的,实际存在的生产力状况规定着跨越的限度,较先进的社会形态对跨越具有导向作用。日耳曼民族之所以跨越了奴隶社会,从原始社会末期直接走向封建社会,是日耳曼民族征服了罗马帝国后适应罗马帝国生产力状况的结果,是"由于在被征服国家内遇到的生产力的影响才发展为真正的封建制度的"。"定居下来的征服者所采纳的共同体形式,应当适应于他们面临的生产力发展水平,如果起初情况不是这样,那么共同体形式就应当按照生产力来改变。"(马克思)

中国是在世界历史的背景下,是在西方资本主义生产方式内在矛盾对中国的影响、渗透和冲击下,跨越资本主义阶段,直接走上社会主义道路的,这既是历史的客观规律,又是中国人民的自觉选择。近代以来,为改变国家积贫积弱的状况,中国人民进行了不屈不挠的斗争,各种主义都尝试了,但都失败了;各种道路都探寻了,但都夭折了;各种政党都登台了,但都谢幕了,直到找到了马克思主义、诞生了中国共产党,中国人民选择了社会主义道路,才真正改变了中国的命运。历史已经证明,只有社会主义才能救中国。中国选择了社会主义道路,这是中国人民一次自觉的选择,是一次合规律的科学选择。历史已经并正在证明,只有改革才能发展社会主义,才能发展中国。改革是决定当代中国命运的关键抉择,是中国人民又一次自觉的选择,这同样是一次合规律的科学选择。

社会发展中的自然形态与派生形态

在社会形态更替过程中,存在着自然形态和派生形态两种基本情况。当各个民族或国家处于封闭状态时,每一个民族的发展都要重复"同一的历史必然性",社会发展的模式以自然形态为主;当民族之间的交往步入区域性、世界性之后,社会发展中的派生形态开始出现,并逐渐成为社会发展中的普遍现象或常规现象。

所谓自然形态,是指外部因素、外部关系对该民族或国家的发展影响极小,可以忽略不计,发展主要是由本民族或国家的内部因素、内部关系决定的。按照现代社会发展理论,自然形态属于内源发展。古代文明圈,即中国、印度、希腊、埃及等文明的发展几乎都是内源发展。中国封建社会和西欧资本主义社会的发展也属于内源发展。这些发展基本上是在各个民族或国家彼此隔离、互不干扰的情况下完成的。从总体上看,在资产阶级开创世界历史之前,自然形态是社会发展中的主导类型。

自然形态占主导地位的前提是,环境是孤立封闭的。按照马克思的观点,自然形态是该社会的各种要素和关系"自然发生"的过程,这一发展过程的各个阶段则是该社会"自然的发展阶段"。马克思十分重视对社会要素、社会关系"自然发生"的分析,并认为"人的依赖关系(起初完全是自然发生的),是最初的社会形态",而远古时期的人则是"原始的、通过自然发生的途径产生的"。

即使是自然形态,也有其典型形态,如亚细亚或东方社会的典型,西欧资本主义制度的典型,等等。中国封建社会是东方社会的典型,用马克思的话来说就是,中国是东方社会的"活的化石",体现着"一切东方运动的共同特征"。资本主义的发生有三条道路,即从原始公有制的"崩溃"中产生,从奴隶制的"解体"中产生,从封建制度的"衰亡"中产生,其中,从封建制度的衰亡中产生是资本主义制度自然发生的典型。不仅如此,资本主义的不同方面也有各自的典型。马克思就认为,英国是资本主义经济发展的典型,法国则是资本主义政治发展的典型。

当交往超出了毗邻地区而成为各民族日常生活、行为中不可或缺的因素时,社会发展便产生了"派生形态"。在考察社会发展时,马克思提出一个极其重要的思想,那就是"第二级的和第三级的东西,总之,派生的、转移来的、非原生的生产关系。国际关系在这里的影响"。

按照马克思的观点,那些自然发生的社会关系是原生的关系,即第一级的关系,而派生的、转移来的、非原生的生产关系则是第二级、第三级的关系,由"原生的生产关系"向"非原生的生产关系"的运动,是由民族、国家之间的交往所造成的。在民族之间交往的过程中,由于国际关系的影响,"原生的生产关系"发生向"第二级、第三级的关系"转化。在这个过程中,由于原生形态的不同而使派生形态产生较大的差异。

在我看来,这种转化有三种基本形式:一是处于较高社会发展阶段的征服者带给处于较低发展阶段的被征服者的,如英国征服印度后"带去"了资本主义因素;二是处于较低社会阶段的征服者征服处于较高发展阶段的被征服者之后重新建构的,如日耳曼人征服罗马帝国后建立起封建制度;三是征服者与被征服者处于同一社会形态的不同发展阶段,如诺曼人征服英格兰后将封建关系"导入"英国。

这三种情况对社会发展都有不同的影响。譬如，马克思指出，"导入英国的封建主义，按其形式来说，要比在法兰西自然形成的封建主义较为完备"。这是因为，"这种交往形式在自己的祖国还受到以前时代遗留下来的利益和关系的牵累，而它在这些地方就能够而且应当充分地和不受阻碍地确立起来，尽管这是为了保证征服者有持久的政权（英格兰和那不勒斯在被诺曼人征服之后，获得了最完善的封建组织形式）"。再如，也有大量的"古老文明被蛮族破坏，以及与此相联系重新开始形成一种新的社会结构（罗马和蛮人，封建制度和高卢人，东罗马帝国和土耳其人）"。这些都构成了社会发展中的派生形态，即"导入的和带去的派生形式"。

资本主义生产方式的兴起开辟了世界交往的新时代。在世界交往的时代，各个民族、国家都自觉或不自觉地加入到交往序列之中，形成了交往主体的全面性，形成了"全面的生产""全面的依存关系"和"世界历史性的共同活动形式"。随着交往成为世界交往，历史转变为"世界历史"，社会发展的特点发生了根本性变化，即社会发展中的派生形态成为一种普遍现象或常规现象。

在世界历史形成之前，社会发展也出现过派生形态，如日耳曼民族通过"战争交往"征服罗马帝国之后，越过奴隶社会，从原始社会直接走向封建社会。然而，这在世界历史形成之前毕竟是一种特殊现象。世界历史形成之后，奴隶社会、封建社会以及后来的资本主义社会在不同的时期、不同的地区都被不同的民族所超越，因而派生形态成为普遍存在的历史现象，具有重复性，是社会发展的常规现象。

"黄色文明论"与地理环境决定论

  "文明"的拉丁文原意为公民的、社会的、国家的,通常被用来说明存在于一定时期和一定地区的社会文化共同体。这是一个标志着人类社会开化状态和进步状态的范畴。同时,它又是一个历史的范畴,随着人类社会的不断发展,"文明"的内涵变得越来越复杂,似乎也越来越模糊了。文明研究本身因此成为当今理论界、学术界的一个"热点"问题。不同的人站在不同的立场,根据不同的理论在解释着文明,以至恣意任性地褒贬、抑扬着这种或那种文明。

  我注意到,有的学者以一个"黄"字概括了从古至今整个中华文明的特点,提出了颇有影响并风靡一时的"黄色文明论",即黄色文明属于内陆文明,特定的地理环境使黄色文明形成了一种"隔绝机制",成为一种内向的、闭关自守的、超稳定的文化类型,因而注定衰落;只有在地中海兴盛起来的欧洲海洋文明,即"蓝色文明"才具有开放、进取、不断扩张的内在活力和优势,因而注定要引领并决定现实与未来。在我看来,这是一种典型的地理环境决定论。

所谓地理环境,是指与人类社会所处的地理位置相联系的自然条件总和,它是人类社会得以存在与发展的自然前提和必要条件。任何一个民族、国家都有自己特定的地理环境。这种特定的地理环境"形成社会分工的自然基础"(马克思),必然会以各种方式对该民族、国家发生作用。古代中国文明与黄河流域的确存在着某种联系,如同古代埃及文明同尼罗河流域、古代印度文明同印度河与恒河流域、巴比伦文明同幼发拉底河与底格里斯河流域存在着某种联系一样。

但是,不能由此认定,地理环境决定一个民族文明的状态及其历史命运。这是因为,地理环境同文明状态的关系实际上是自然同社会的关系,而社会同自然最直接、最密切的接触点是劳动。社会与自然的相互作用,地理环境对社会影响的性质与作用的大小都发生在物质生产过程之中。换言之,地理环境只有在劳动过程中并通过劳动才能转化为社会的内在因素,从而对社会发挥作用。

更为重要的是,地理环境对社会的作用是个变数,这种作用本身是被社会生产力所决定的,地理环境对处在不同历史阶段的社会,对处在同一历史阶段的不同民族或国家的影响,之所以千差万别,根本原因就在于此时此地的社会生产力状况。在这个意义上可以说,地理环境对社会作用的性质、大小不是自然本身的产物,而是社会的产物。譬如,在交通和商业没有一定发展的情况下,海洋同高山一样,都是民族交往的天然屏障和国家之间的天然边界,只是随着造船工业的发展,海洋才能转变为民族之间交往的通道,从而对不同民族的文明发展起着重要作用。

"黄色文明论"依据地理环境的不同,将黄色文明打上"封闭"的烙印,赋予蓝色文明以"开放"的特性,认定特定的地理环境使中华民族在社会机制和政治组织等方面必然走上专制主义道路,判定资本主义的存在和发展与海洋"息息相关"。在我看来,这是一种偏见加误解。内陆国家与海洋国家之分不等于封闭与开放之别,各种文明起初都处于相对封闭的体系中。濒临海洋的欧洲国家,并非自古以来就是开放的,在近代以前,狭小的地中海基本上就是欧洲人活动的"世界帝国",蓝色文明亦走过专制主义的道路;而处于内陆环境的华夏文明并非一开始就具有封闭性,否则,不可能产生汉武帝积极主动的开放精神和博大的文化胸襟,不可能形成唐代高度开放的文化模式。

从根本上说,一个民族或国家开放与否,不是取决于地理环境,而是取决于生产力状况以及社会形态。西方文明和东方文明处于不同的地理环境,却走过相同的专制主义道路,这一事实说明,不是地理环境决定社会状况,而是生产力的发展状况从根本上决定着社会状况。实际上,整个资本主义体系的发生和发展是生产方式一系列变革的产物,资本主义文明并不是来自大海,而是来自生产力的发展。如果说只要濒临大海就能创造工业文明,那么,地中海为什么没有给其南岸、东岸的众多民族带来工业文明,反而使它们成为工业文明国家的殖民地?"资本的祖国不是草木繁茂的热带,而是温带",但"资本关系就是在作为一个长期发展的产物的经济基础之上产生的。作为资本关系的基础和起点的已有的劳动生产率,不是自然的恩惠,而是几十万年历史的恩惠"(马克思)。

"黄色文明论"的错误并不在于它强调了地理环境的作用,而在于它片面地夸大了这种作用。造成这种错误的认识论根源就在于,不理解地理环境对人类社会是如何起作用的,即不理解地理环境对人类社会起作用的方式和机制。具体地说,不理解劳动是社会与自然的物质转换器,地理环境只有在物质生产过程中并通过物质生产,才能转换为社会的内在要素并对社会发挥作用,而且这种作用本身的性质、大小又是由社会生产力的状况决定的。本身被决定的东西在同一问题的范围内当然不可能成为决定性的原因。

以地理环境来解释民族性格、文化类型和社会发展,并非"黄色文明论"首创。从历史上看,孟德斯鸠就曾试图从自然环境中寻求社会问题的答案,认为不同的国家制度、法律形式、民族性格决定于社会所依存的自然环境。"黄色文明论"与孟德斯鸠的地理环境决定论有直接的"血缘关系",其"创造性"仅在于把这种地理环境决定论应用到对中国历史的阐释。

黑格尔的"历史的地理基础"学说也在"黄色文明论"中得到了直接的体现。黑格尔不是地理环境决定论者,而是一个欧洲中心论者,并且不恰当地夸大了海洋对人类历史的影响,认定"大海挟着人类超越了那些思想和行动的有限的圈子",这种超越土地限制的特性是亚洲各国包括中国所不具备的;认定只有西方文化才是"在海洋上奔驰"的海洋文化,所以,西方开放、先进,而中国尽管有滨海,但海洋没有影响中国文化,中国文化是内陆文化,所以,封闭、落后。据此,"黄色文明论"判定"中国人即使来到海上也还是不能超越陆地上那种有限的思想和行动的圈子"。

"黄色文明论"提出的黄色文明普遍衰落、唯有蓝色文明"一枝独秀"的论点,则直接来自汤因比的《历史研究》。正是在这部著作中,汤因比认为,绝大多数文明包括中华文明已经衰落和解体,唯有西方文明"闪烁神圣的光辉","成为最后孕育一个新的文明的种子"。但是,一个值得注意的事实是,汤因比后来在其《展望二十一世纪——汤因比与池田大作对话录》中,对他过去的中国文明观做出了重大的修正,即不再把中国文明视为封闭文明,而是认为,在历史的长河中,中华民族已培育出一种"世界精神";不再把中国文明当作衰败和死亡的文明,而是认为,在未来人类统一的过程中,中国文明将发挥主导作用。

当然,我注意到,地理环境在人类社会早期的作用是比较大的,随着生产力的不断发展,自然日益人化,社会不断向自然扩展和延伸,地理环境对社会的作用越来越由直接转变为间接。但是,不能由此得出结论:生产力与地理环境在社会发展中的作用成反比,即生产力的作用越来越大,地理环境的作用越来越小,最终趋向于零。实际上,生产力的发展只能改变地理环境中不同因素的作用,而不可能否定地理环境的作用;生产力的发展可以弥补、减少社会对某种自然条件的依赖性,但同时又增加了社会对另一些自然条件的依赖性。因此,地理环境作为社会物质生活条件,作为人与自然进行物质交换的领域是永恒起作用的因素,决不会趋于零。全部问题只是在于,要对这种作用给予科学的估计。

传统与现代性的冲突：两种
异质文明的冲突

从发展类型看，现代化可分为"内发"和"外发"两种类型。内发型现代化是指，某一民族或国家的现代化是由其内部因素促成、内部创新所引起的社会变迁；外发型现代化则是指，某一民族或国家的现代化是由外部刺激引发或外部力量直接促成的传导性的社会变迁。从现代化的历史看，外发型现代化获得成功并后来居上的关键就在于，善于把这种外部传导性转化为内部创新性。

无疑，西欧、北美的现代化属于内发型，而中国的现代化属于外发型。具体地说，中国的现代化运动并不是由内部因素促成的自然发生的过程，而是起于对外国资本主义"坚船利炮"刺激和挑战的回应，而且中国的现代工业一开始就是由外国资本主义在华造就的。换言之，中国现代化运动的起始是集外部刺激引发和外部力量直接促成于一身。"师夷之长技以制夷。"中国的现代化运动一开始就具有被动抉择的特征，它是伴随着救亡图存的民族复兴运动起步的。

从发展哲学的视角看,现代社会发展是在传统与现代性的张力作用下实现的。内发型现代化和外发型现代化都是如此。

所谓传统,是指一个社会的文化遗产,它是围绕人类不同活动领域而形成的世代相传的行为方式,是一种对社会行为具有规范作用和感召力的社会力量。从现象上看,传统就是历经延传而一再出现的东西。现代性是在现代化运动中生成和发展起来的,它体现在现代社会的各个向度和各种活动中,举凡表现现代社会特征的属性,如商品性、科学性、民主性、理性、个性等,都包含在现代性的范畴之中。

传统与现代性并非处于绝对的对立之中。从一定意义上说,传统是人类历史创造活动的积淀,任何一个社会都不可能完全破除传统,一切从头开始,相反,只能在传统的基础上对其进行创造性的改造。同时,传统又不可能自动延伸出现代性。作为现代化运动的产物,现代性首先意味着对传统的突破和否定,二者必然处于矛盾和冲突之中。

问题在于,在内发型现代化进程中,传统与现代性的冲突是在同一种文明圈内逐步展开的,对传统的变革是渐进式的、推陈出新的自然发生过程;而外发型现代化则是一种由外到内的传导性的社会变迁,传统与现代性的冲突因此表现为两种异质文明的冲突,而且这种冲突是在较短的时间内以突发的方式展开的,并引起历史传承性的断裂。当代中国的社会发展尤为如此。

传统是从过去延传至今的东西,它构成了社会结构的一个向度。“中国式的现代化”不可能离开传统而进行,但它又不能在保存原有传统的基础上进行。现代化本质上就是在科技革命的激荡下由农业社会向工业社会转型的社会变迁过程,以农业文明为基础的中国传统文化在整体上是排斥、阻碍以工业文明为基础的现代性的。同时,当代中国的社会发展不仅要把发达国家较长的现代化历程压缩在较短的时间内进行,追赶发达国家已经达到的目标,而且要适应发达国家当前发展的趋势,实现后来居上并超越现代化的西方模式。这就使得社会发展的“历时态”在当代中国“共时态”化了。传统与现代性的矛盾因此更加尖锐、复杂,冲突更为激烈。

马克思在批判德国和欧洲大陆其他国家的发展状况时指出："除了现代的灾难而外，压迫着我们的还有许多遗留下来的灾难，这些灾难的产生，是由于古老的、陈旧的生产方式以及伴随着它们的过时的社会关系和政治关系还在苟延残喘。不仅活人使我们受苦，而且死人也使我们受苦。死人抓住活人！""死人抓住活人"，实际上就是传统影响、制约现实。作为社会结构的一个向度，传统总是力图规范现实社会的发展。正因为如此，当代中国的社会发展要注意批判继承传统，即吸取精华，抛弃糟粕。问题在于，在传统中，精华与糟粕并不是截然分开，而是糅合在一起的。实际上，传统是一把"双刃剑"，关键是如何利用它。

传统是一把"双刃剑"，现代性本身也并非完美无缺。现代性的根本特征是理性。在西方现代化的早期阶段，科技理性增强了人类征服自然的力量，带来了经济和财富的巨大增长；人文理性则使人类改变了社会文化环境，由"人的依赖性"过渡到"人的独立性"。然而，随着现代化的进一步发展，科技理性逐渐取得社会发展的主导地位，并把人文理性远远地抛在后面，从而造成了科技理性与人文理性的分裂与对立。现代性因此从内部"爆裂"了。"现代化带来的问题与其提供的机会一样重大。""必须把现代化看作是同时具有创新和破坏作用的过程，它既提供了新的机会，也可能使人类付出混乱和痛苦的极大代价。"（布莱克）后现代主义的崛起实际上是对现代性的片面反动。当然，后现代主义对"现代化的痛楚"的批判，是"诊断出病症，却开错了药方"。

问题还在于，现代化在历史上与"西化"具有重合性，而且至今已经实现现代化的国家基本上是西方资本主义国家。因此，在现代化运动中生成和发展起来的现代性又是同西方民族的民族性以及资本主义的某些特征糅合在一起的。

传统与现代性之间错综复杂的矛盾，构成了当代中国社会发展的深层矛盾。当代中国社会发展的种种矛盾，如西方文化与民族文化、市场经济与社会公平等矛盾，实际上是传统与现代性矛盾的展开和表现，我们应以双重批判的态度对待传统与现代性的矛盾。

在外发型现代化进程中,传统与现代性的矛盾在文化层面表现为两种异质文明或文化的冲突,难题在于,如何对待外来文化与本土文化即本国传统文化的关系。

当代中国的社会发展离不开民族文化的再创造,离不开当代文化形态的建构。但是,作为一种传导性的社会变迁,中国当代文化形态既不可能像西方现代文化那样"推陈出新"地自然形成,也不可能离开本国传统文化"无中生有"。作为世界上最老到圆熟的农业文化,中国传统文化具有强大的抗拒现代工业文明的文化惰性,需要对之进行变革;同时,"中国式的现代化"又需要从本国传统文化中获取民族精神。既要引进西方现代文化,变革本民族的传统文化,又要凭借本民族的传统文化内蕴的精神动力来完成社会变迁,这的确是当代中国社会发展面临的令人困惑的文化难题。

传统文化依靠自身是不能自我再生的,而西方文化除了具有全人类意义的因素,更多的是具有西方民族性以至资本主义性质的东西,它不可能直接成为中国当代文化。出路在于,通过创造性转换,把西方现代文化因素转化为本民族文化更新的内在力量,并通过文化涵化过程把西方现代文化同本民族的传统文化整合成一种新的文化形态。当然,这是一个异常艰难的任务。

传统文化并非一个凝固体,它在世代相传的过程中必然发生种种变异,形成一条"变体链"。但是,这些"变体"之间又保持共同的主题,并同出一源,因而仍有一条共同的链锁连接其间。就中国传统文化而言,从整体上和根本上说,它是一种以农业经济为基础,以"严等差、贵秩序"为前提,以"存天理、灭人欲"为修养目标的封建意识形态。在当代中国,力图用这种农业社会的精神文化来统摄工业社会的物质文明,并实现科学、民主和现代化,只能是天方夜谭。任何一种学说,无论其生命力如何强大,都难免要与产生它的时代一起"终结"。

后工业社会理论创始人贝尔认为,"传统在保障文化的生命力方面是不可缺少的,它使记忆连贯,告诉人们先人们是如何处理同样的生存困境的"。这一观点不无启迪。但问题在于,当代中国社会与我们的先人们面临的并不是"同样的生存困境"。生态危机的出现,使古老的"天人合一"说露出了迷人的微笑。但是,我们必须明白,以"存天理、灭人欲"为内核的"天人合一"说不可能解决当今的生态失衡问题,"重义轻利"的价值观也不是克服拜金主义、享乐主义的灵丹妙药,如此等等。以儒学为源头的传统文化,无论如何也不可能消除"现代化痛楚""发展性危机"。当代中国的社会发展不可能仅仅从传统文化中找到民族精神的支柱和安身立命之本。

人的存在方式与生存本体

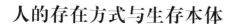

　　"一个种的全部特性、种的类特性就在于生命活动的性质。"马克思的这一论断极为深刻,它表明这样一个道理,即判断一个物种的存在方式就是看其生命活动的形式。具体地说,动物是在消极适应自然的过程中维持自己的生存的,动物的存在方式就是其本能活动,是由其生理结构特别是活动器官的结构决定的。与此不同,人是在利用工具积极改造自然的过程中维持自己的生存的,作为一种对象化的活动,实践构成了人的特殊的生命活动形式,构成了人的存在方式与生存本体。

　　从人类生存的前提看,人类生存的"第一个前提",就是必须能够生活,因此,人类的"第一个历史活动",也是每日每时必须进行的基本活动,就是物质生产活动,"生产物质生活本身"。人们只有首先通过物质生产活动解决吃、喝、住、穿等物质生活问题,然后才能从事政治、科学、艺术等其他活动。因此,改造自然的物质生产活动既是人类最早的实践活动,也是人类根本的、决定其他一切活动的活动。实践不断地创造着人类生存和发展的条件,因此成为人的生命之根和立命之本。正因为如此,"任何历史记载都应当从这些自然基础以及它们在历史进程中由于人们的活动而发生的变更出发"(马克思)。

从本质上看,人的本质在其现实性上是社会关系的总和,而社会关系是在人的实践活动中生成的。无疑,人总是在一定的社会关系中进行实践活动。尽管实践可以表现为单个人的个体活动,但个人总是在一定的社会关系中,并凭借社会力量同自然界进行物质交换。所以,马克思指出:"为了进行生产,人们相互之间便发生一定的联系和关系;只有在这些社会联系和社会关系的范围内,才会有他们对自然界的影响,才会有生产。""甚至当我从事科学之类的活动,即从事一种我只是在很少情况下才能同别人直接交往的活动的时候,我也是社会的……。不仅我的活动所需的材料,甚至思想家用来进行活动的语言本身,都是作为社会的产品给予我的,而且我本身的存在就是社会的活动。"

问题在于,社会关系是在人的实践活动中生成的。"以一定的方式进行生产活动的一定的个人,发生一定的社会关系和政治关系。"(马克思)正是在实践过程中,人们之间形成一定的社会关系,这种社会关系反过来又制约和规定人的本质。换言之,人在实践活动中"创造、生产人的社会联系、社会本质",从而使自己成为"社会存在物"。

从人与动物的区别看,"有意识的生命活动把人同动物的生命活动直接区别开来"(马克思)。问题在于,人的意识是在实践中生成、实现和确证的。"通过实践创造对象世界,即改造无机界,证明了人是有意识的类存在物。"(马克思)正是在实践过程中,在劳动和语言的推动下,人的肉体组织发展出意识和自我意识的能力,从而使人的生命活动成为有意识的生命活动,人成为"有意识的类存在物"。

"社会存在物""有意识的类存在物"使人的活动具有了自觉能动性,使人脱离了动物界,成为"能动的自然存在物"。正因为如此,在实践活动中,人逐步理解和把握"物"的内容,同时又把自身的需要以目的的形式贯注到"物"的内容中,使观念的东西转化为物质的东西,使"物"变成从属于人的需要的存在,从而在人与物之间建立起一种新的更高级的统一关系,即"为我自身而存在"(马克思)的关系。在这一点上,实践活动与自然运动、人和自然之间的相互作用与自然物体之间的相互作用是根本不同的。实践活动的目的性、自主性、创造性表明,实践具有自觉能动性,人因此成为"能动的自然存在物"。

　　人在实践活动中把自己从动物界提升出来,创造出了人之为人的一切特征。"一当人开始生产自己的生活资料的时候……人本身就开始把自己和动物区别开来。"(马克思)"能动的自然存在物""社会存在物""有意识的类存在物",这种种特性都根源于和统一于人的实践。这表明,人是实践存在物,人正是通过实践才使自己成为一种自我创造的主体性存在。人的秘密就在实践活动中。正如马克思所说,"个人怎样表现自己的生活,他们自己就是怎样。因此,他们是什么样的,这同他们的生产是一致的——既和他们生产什么一致,又和他们怎样生产一致"。实践构成了人类的生命活动的特殊性质,因而构成人的存在方式和生存本体。

人的本质与人的本性

　　人的本质不是单个人天生就具有的东西,也不是从所有个人身上抽象出来的共同性。现实的人总是处在特定的社会关系中。社会关系使"有生命的个人"成为"现实的个人",并具有独特的社会品质。"人的本质……在其现实性上,是一切社会关系的总和。"(马克思)

　　现实的人及其特征,都是在后天与他人交往中形成的,是由他生活其中的社会关系决定的。马克思指出:"黑人就是黑人。只有在一定的关系下,他才成为奴隶。纺纱机是纺棉花的机器,只有在一定的关系下,它才成为资本。脱离了这种关系,它也就不是资本了,就像黄金本身并不是货币,砂糖并不是砂糖的价格一样。"这就是说,使黑人成为奴隶的不是所谓的黑人的"本性",而是黑人生活其中的特定的社会关系。真正决定现实的人及其特征的,是他所依存的社会关系的状况。一个人"成为奴隶或成为公民,这是社会的规定,是人和人或 A 和 B 的关系。A 作为人并不是奴隶。他在社会里并通过社会才成为奴隶"(马克思)。要真正认识人的本质,就必须深入到社会关系之中。

　　社会关系是多方面的，有经济关系、政治关系、思想关系，有血缘关系、地缘关系、业缘关系等等。这些关系不是简单地堆积、拼凑在一起，而是相互联系、相互影响形成一个整体，以"总和"的形式存在着并发挥作用。其中，经济关系，即生产关系是决定其他一切社会关系的基本关系，在社会关系的总和中起着支配作用。因此，人们在生产关系中所获得的规定性构成人的根本规定性。在分析资本家和工人的关系时，马克思指出："资本家和雇佣工人，本身不过是资本和雇佣劳动的体现者，人格化，是由社会生产过程加在个人身上的一定的社会性质，是这些一定的社会生产关系的产物。""不管个人在主观上怎样超脱各种关系，他在社会意义上总是这些关系的产物。"

　　人的本质是随着社会关系的变化而变化的。由于人们在不同的历史条件下所依存的社会关系不同，因而便具有不同的本质，具有特殊的性质。从奴隶主到封建主再到资本家，从奴隶到农民再到工人阶级，人的"本性"在不断变化，而造成这种变化的根本原因，就是社会关系处在不断变化中。由"社会关系的总和"所决定的人的本质不是凝固不变的抽象物，而是随着社会关系的变化而变化，具有历史性。

　　人的本质与人的本性是两个既有联系又有区别的概念。人的本质是使人成为人的根据，人的本性是指人生而具有的属性。马之所以是马，是因为它具有马的本性；某一具体的马之所以是良马，是因为马的本性在它身上表现得最集中、最充分。这种使马成为马的特性，是马这个种所具有的类本性。类本性是一种自然性，它不是在个体之外存在的东西，而是个体本身所固有的自然本性。所以，生物中种的关系是个体与类的关系。

　　人也具有这种类似的个体与类的关系。如果一个人不具有人所共有的类特性，当然不是人。人要成为人，从种的角度看，首先要具有人所共有的东西。但是，构成人的本质的东西不是生物学上的类，而是社会关系。人的本质是在社会生活中形成的社会本质，即使是类本性，也会受到社会关系的再铸造而发生变化。人的自然本性取决于人的肉体组织，但它的实现方式受到社会关系的制约。饮食男女是人的自然本性,可"朱门酒肉臭,路有冻死骨"却是一种社会现象,而"梁山伯与祝英台""罗密欧与朱丽叶"式的爱情悲剧体现的就是一种特定的社会关系。

我们说某人或某社会共同体没有人性时,实际上不是指其丧失了人的自然本性,而是指其违反了特定的社会所公认的做人的准则。我们可以说动物的本性在动物自身,但不能说人的本质在人自身。我们不能用人的类来说明人的本质,只有把人放在社会关系中才能理解人的本质。正因为如此,马克思提出了人的"两种特质",即人的肉体特质(私人特质)和社会特质的问题,并认为人的本质不是人的"抽象的肉体的本性,而是人的社会特质","应该按照他们的社会特质,而不应该按照他们的私人特质来考察他们"。

现实的人都表现为个体,离开了个体,人必然是一个不可捉摸的抽象存在。但是,任何现实的个人都处在一定的社会关系中,是属于一定社会形态的个人。在阶级社会中,个人—集团(阶级)—社会是统一的,个人属于一定的集团(阶级),而各个集团(阶级)构成特定的社会。所以,人类社会的关系是个人—集团—社会,而不是个体—亚种—类。

我们应当明白,社会和类是两个不同的概念。"类"强调的是个体的自然同一性,"类的保持是由于自然的理由,类无非就是借交配而繁殖蕃衍的个体的总和"(费尔巴哈);"社会"关注的则是个人之间的全部关系,全部社会关系的总和就是社会。"生产关系总和起来就构成所谓社会关系,构成所谓社会,并且是构成一个处于一定历史发展阶段上的社会,具有独特的特征的社会。"(马克思)从类的观点来考察人,看到的只是抽象的同一性,差异只是性别、肤色、年龄等;从社会的角度来考察人,看到的是人的社会属性、阶级差别,如奴隶主与奴隶、地主与农民、资本家与工人。

马克思关于人的本质有两个基本命题,即人的本质是劳动和人的本质是社会关系。在我看来,这两个命题并非相互否定,相反,二者是相互补充的。

"人的本质是劳动"有待于深化为"人的本质是社会关系"。不同的历史阶段有不同的劳动方式,而劳动方式之所以不同,一个重要原因就是受社会关系尤其是生产关系的制约。劳动是在社会关系中进行的,要具体说明人的本质是劳动,就必须从劳动上升到社会关系。

"人的本质是社会关系"是以"人的本质是劳动"为前提的。人只有通过劳动才能成为现实的人,而在劳动中的人必然结成一定的社会关系。"以一定的方式进行生产活动的一定的个人,发生一定的社会关系和政治关系"(马克思)。这种社会关系反过来决定着人的社会特质。所以,马克思强调,人的本质,"在其现实性上",是一切社会关系的总和。

劳动不是存在于社会关系之外,社会关系也不是形成于劳动之外。劳动和社会关系从不同角度、不同层次展示了人的本质。"人的本质是劳动",强调的是人与动物的区别,"一当人开始生产自己的生活资料的时候……人本身就开始把自己和动物区别开来"(马克思);"人的本质是社会关系的总和",强调的是人与人的区别,"社会人的一定性质,即他所生活的那个社会的一定性质"(马克思)。

人的个性化与社会化

　　心理学通常把个性理解为个人独有的心理特征，包括个人的意识倾向、稳定而独立的心理特征。哲学的个性概念与心理学的个性概念具有相同之处，都是指相对于共性而言的个人的独特性。但是，二者又有差异。哲学视野中的个性，是指个人在内在本质及外部存在方面的独特性、唯一性等内容。

　　个人的独特性表现为个人是特殊的存在物。无论是就存在而言，还是从活动来说，每个人都会显示出独特的个性特征，显示其是特殊的有个性的存在物。作为一定的社会关系的承担者，个人总要受到社会关系的制约，每个人总是要通过社会交往获得各种规定性，获得个人特殊的心理特征、行为特征及社会特征。但是，每个人的社会关系又是独特的、不可重复的，由此形成了具有不同个性的个人。作为反映不同个人之间差别性的个性，折射出个人与社会的关系，更重要的是，显示了个人独特的社会规定性。

　　从总体上看，人的个性的内容体现在三个方面：一是个人倾向特征,包括个人的需要、兴趣、信仰、价值观等,它们规定着个人的活动方向和生活目的,规定着个人行为的社会定向;二是个人心理特征,包括气质、性格和能力等,它们直接影响着个人活动的效率;三是个人的人格特征,包括个人的道德风貌、社会角色等,它们反映了个体的社会认可程度,是个人之间相互区别的重要标志。

人的个性包括自然性与社会性,是二者的统一。

人是自然存在物,受外在自然和内在自然的双重制约。由生物遗传所决定的人的生理结构及其性能在很大程度上决定着个人的特异性。皮亚杰通过对儿童早期心理活动的研究表明,气质较多地受个体生物组织的制约。现代心理学揭示了人的高级神经系统深刻影响着个人性格的形成。

人是社会存在物,人的个性是在社会教化过程中逐步生成和发展的。正是社会化,使文化内化、积淀在个体的心理结构中,使个人的心理结构及其性能呈现较大的可变性。无论是个人生活状况的变化,还是社会环境的变化,以及人生经历的重大变化,都会造成个性的变化。

现实的个人是个性化的存在。所谓人的个性化,是指个人形成个性的过程,是个人逐步形成自己独特品质的心理和行为的过程。但是,人的个性化不可能脱离社会化而单独进行,它总是与社会化联系在一起的。所谓人的社会化,是指个体通过参与社会活动,学习社会知识、行为规范、价值观念,把握社会物质生活、精神生活和政治生活的经验,获得和发展自己社会属性的过程。

个人必须社会化。只有经过社会化,他才能作为现实的个人而存在和发展。同时,每个社会都会按照一定的标准培养、塑造自己的社会成员,使其理解社会的文化遗产,认同社会的主导价值,遵循社会的行为规范,以有助于社会生活正常运转的方式进行活动。按照马克思的观点,一个人的出生只是赋予他生命,使其成为自然的个人;人要由自然的个人转变为社会的个人,就必须社会化,即与其他社会成员进行交往。"一个人的发展取决于和他直接或间接进行交往的其他一切人的发展。"(马克思)

社会化伴随人的一生,或者说,人的一生是一个不断社会化的过程。

人的社会化是现实的个人在社会活动中形成社会特质的过程。在社会活动中,人的个性化与社会化是相互联系、相伴而行的发展过程。

个性化依赖于社会化,个性化只有在社会生活、社会关系中才能进行,即使"爱"这种所谓的人的本性,实际上是在人的社会交往和社会关系中所凝结的感情。社会化是个性化的现实基础。只有在社会中经过后天的塑造和训练,并经过社会活动的直接陶冶,个人才能获得各种社会规定性。否则,个人只能是一个自然的个人,其行为方式也必然是动物式的。作为真实存在的个体,个人不是纯生物学意义上的个体,而是作为社会成员的个体。个人只有在社会中才能获得人的资格,离开了社会的个人就不再是人,而是"两脚动物"。

社会化本身又是个人在对象化活动中获得个性、发展个性的过程。按照马克思的观点,劳动产品既是人的本质力量的物化、对象化,同时又是个人的个性的物化、对象化。"我在劳动中肯定了自己的个人生命,从而也就肯定了我的个性特点";"我在我的生产中物化了我的个性和我的个性的特点,因此……在对产品的直观中由于认识到我的个性是物质的、可以直观地感知的因而是毫无疑问的权力而感受到个人的乐趣"(马克思)。个人只有在推动社会发展的过程中才能求得个人自身的发展。反过来说,社会的发展就是现实的个人不断追求和获得其独特的主体性,实现自我价值的过程。这是同一个过程的两个方面。

人的社会化与个性化处于相互促进的发展过程中。实践是人的存在方式和社会生活的本质。实践一方面使社会力量得以实现和对象化,使个人不断社会化;另一方面又使个人力量在其创造物中得以实现和对象化,创造着日益丰富的个性。共产主义就是要"确立有个性的个人",实现人的自由个性。

人是生命冲动与精神活动的统一体

　　人是同维持生命相关联的自然存在物,在人之中必然存在着"生命欲望或冲动"。这种生命冲动具有二重性:一方面,它是一种向外的原始运动,是人的"内部状态的外部表现";另一方面,它又是一种具有自我限制的有限的冲动。总之,生命欲望"自我运动、自我形成、自我区别",是一种"自在和自为的存在"(舍勒)。现代哲学人类学的开创者舍勒自觉地意识到这一点,他首先从自然领域,然后从精神领域考察了人,从而确立了人的生命和精神双重本质结构,或者说确立了以生命冲动和精神活动为特征的完整的人。

　　按照舍勒的观点,生命冲动本身具有强大的自我活动的能力,当人在生命冲动驱使下活动时,他是一种自我推动、自我实现的活生生的力量。然而,生命冲动处在实在领域,是人与动物共同具有的现象,当人在生命冲动驱使下活动时,他仅仅是"自然的人",而"作为自然的人是一个动物"(舍勒)。

　　人不仅是一种自然存在物,而且是一种精神存在物。

舍勒认为，精神本身既不是无机界的事物，也不是有机界的事物，而是一种"纯粹的活动性"。然而，人通过精神活动能使现实"非现实化"，即使环境对象化，从而为自己创造出一个特殊的世界；同时，人通过精神活动"使自己本身的生理和心理状态以及任何单独的感受也成为自己的对象"，即对象化自身的生理和心理状态。这种双重的对象化活动使人超越自身的自然存在，意识到自己不是作为人"类"，而是作为个人而存在，从而形成"个人的本质"。正是在这个意义上，舍勒认为，精神才是人的基本的、决定性的属性，"人能与其他存在物相区分的只能是精神"。但是精神仅是一种意向性活动和动态性倾向，它"接受对象"，本身却"不构成对象"。纯粹的精神软弱无力，而且一个存在物越是精神化越是无力。

因此，无论是把人归结为生命冲动，还是归结为精神活动，都是一种"未完成的描述"，都不能揭示人的完整本质或完整的人。完整的人必然兼生命冲动和精神活动于一身，人既是生命冲动的体现，又是精神活动的场所，是二者之间的张力和中介。舍勒因此认为，必须从生命和精神之间相互补充、相互转化的过程中去描述人的完整本质。

按照舍勒的观点，生命作为盲目的冲动内在地需要精神的引导，而精神恰恰具有自己的"有序的活动结构"，能够协调人的各种欲望和需要，引导生命摆脱有限的困境，使其丰富的样式成为现实；同时，精神作为一种"纯粹的活动"，需要实在的内容去充实，作为一种动态的趋向性内在地需要从生命冲动中吸取原始的动力，从而实现自身最终的完美和永恒的价值。这是一个"生命精神化"和"精神生命化"的双向运动过程，正是这个双向过程形成人的生命冲动与精神活动双重结构的本质。这种双重结构使人打破了动物与环境之间的封闭性的关系，成为"一个能够向世界无限开放的 X"（舍勒）。

舍勒关于人的本质的学说具有突出的双重品格。

从"生命精神化"和"精神生命化"的双向运动中考察人的本质，具有合理性。现实的人必然同时兼生命冲动和精神活动于一身，是二者的统一体。马克思认为，"全部人类历史的第一个前提无疑是有生命的个人的存在",这个有生命的存在同时又是有意识的存在。从这个意义上说,人的本质的确是生命和精神的双重结构。舍勒从人的自我创造的动态过程中考察人的本质,认为人是"自在和自为的存在",人的本质是一个动态发展的开放体系,说明舍勒坚决反对将人的本质凝固化。在我看来,这种自觉地、有意识地从"人的存在本身",以人的自我创造和自我发展的眼光看待人的本质的观点,正是舍勒的高明之处。

但是,我注意到,舍勒把精神归入"高级的东西",把生命归入"低级的东西",认为精神是耸立在生命之上,同时又不依赖于生命的自我意识领域,表现出一种二元论倾向,存在着双重的缺陷:

一是不理解"高级的东西"与"低级的东西"的辩证关系。在高度组织化的系统中,高级的东西承担协调和控制的功能,然而,高级的东西只能在低级的东西的基础上产生。

二是不理解精神与社会的辩证关系。在舍勒看来,精神的内容因有语言而变成了个人的财富,而"语言来源于上帝,是第一性的现象,这是思维的前提,同时也是整个认识,即潜在历史的主要手段"。语言在精神活动中的确具有重要作用,因为精神是与语言交织在一起的,二者具有同样长久的历史。但是,语言不是第一性的现象,更不是上帝的产物。语言和意识一样,只是由于人与人交往的迫切需要才产生的。"语言是一种实践的、既为别人存在因而也为我自己存在的、现实的意识。"(马克思)因此,人的意识或精神是一种"社会的产物","而且只要人们还存在着,它就仍然是这种产物"(马克思)。正因为精神是社会的产物,它才能作为社会的要素起作用。

从根本上说,舍勒的理论失误并不在于他从生命冲动与精神活动的双向运动中寻求人的本质,而在于他没有找到生命冲动与精神活动相互对流的真正中介,忽视了社会实践对人的本质的决定性作用。因此,舍勒所描绘的人的完整本质缺乏现实的基础。尽管他从完整的人出发,达到的却是片面的人。现代著名哲学家鲍勒诺夫正确地指出:"带有全部丰富性的历史世界一点也没有进入这些哲学人类学所建立的人的形象中。……这里只是在人的本质特征和属性的森林中砍出一条小道。虽然建立了一些特定人的形象，但他们都是片面的，只是一些被扭曲的画面，因而也就没有确定地达到的整体的定义。"

对象意识与自我意识

通常，人们把意识仅仅理解为对对象的意识。实际上，对象意识与自我意识都是意识的最初成分，二者互为前提：没有自我意识到的对象意识是不存在的，人认识对象时，知道自己在认识对象，对象意识总是自我意识到的对象意识，而自我意识又总是对对象意识反思的产物。

自我意识本身是一个多层次的概念，如肉体感受的我、行为操作的我、心理定势的我、意识的我，但其核心是对意识的自我意识。这是因为，无论行为、心理、感受，要形成自我就必须意识到，所以，对意识的自我意识最能代表自我意识的本义。更重要的是，由于自我意识能够对主体本身进行认识，能够对自我的利益、目的、能力进行认识，因而它又构成了实践推动认识发展的一个特殊的中介环节，即实践对认识的决定作用必须被自我意识到才能真正发挥作用。换言之，实践中的问题、矛盾、规律必须被自我意识到，才有其自觉的促进作用。否则，就是盲目的、不自觉的认识。

自我意识构成了意识的最初因素，并且构成了意识发展的内在动力。从人与动物的区别来看,有无自我意识是人与动物的重要区别之一。在《德意志意识形态》中,马克思把最初的人的意识称为"纯粹畜群的意识",但他并没有把人的意识等同于"畜群意识"。这里,马克思实际上是在作双向比较:把人的最初意识同现代意识相比,认为前者只能是"纯粹畜群的意识";反过来,又把人的最初意识同真正的畜群意识进行比较,认为"人和绵羊不同的地方只是在于:他的意识代替了他的本能,或者说他的本能是被意识到了的本能"。

所谓"被意识到了的本能",是一种最低的自我意识,即他知道自己的这些能力。所以,马克思的这一比较有着重要的意义,它实际上说明了人的意识与动物心理的本质区别:就其水平而言,最初产生的人的行为思维与动物意识类似;就其是"被意识到了的本能"而言,最初产生的人的行为思维已经构成了自我意识的萌芽,从而同动物心理区别开来,成为"人的意识"。

"凡是有某种关系存在的地方,这种关系都是为我而存在的;动物不对什么东西发生'关系',而且根本没有'关系';对于动物来说,它对他物的关系不是作为关系存在的。"马克思的这一思想极为深刻。之所以如此,是因为,动物没有"自我意识",所以,动物与环境的关系只能是一种自在的自发的关系,不是对"我"的关系;而人因具有"自我意识",所以,人同环境的关系成为同"我"的关系。正因为如此,马克思指出:"我对我的环境的关系是我的意识。"

现代心理学、动物行为学的研究证实了马克思的这一思想。动物可以认定感觉的自我、心理的自我,但上升不到意识的自我,在自然状态下,动物不会自发地产生"自我意识"。在心理实践中,有的动物甚至学会200多个单词,也会用词表达一些简单的要求,在看到镜子中自己的形象时,能说"这是我"。但是,问题的关键在于,这些动物已经是经过人们训练的、在社会环境中生存着的特殊的高级动物了。从根本上说,自我意识是伴随着劳动、社会以及对象意识一起出现的,它构成了人类意识与动物心理的根本区别。

从人的意识存在和发展来看,自我意识是意识的最初要素之一,"自我"曾是人们认识世界的坐标之一。马克思指出:"意识起初只是对周围的可感知的环境的一种意识,是对处于开始意识到自身的个人之外的其他人和其他物的狭隘联系的一种意识。"这就是说,人最初的意识有两个特征:一是意识到自身的个人;二是意识到身躯的个人与其他人和其他物的狭隘联系,即个人与环境的关系。前者是自我意识,后者是对象意识。思维史、人类学、语言学表明,人最初的意识更多地是从"我向"出发的,是把对自我的认识扩大到他物的过程,"万物有灵""图腾"都离不开自我的"我向思维"。

马克思从来没有离开自我意识来给意识下定义。研读马克思的文本可以看出,马克思对意识有两个经典的定义:一是"意识在任何时候都只能是被意识到了的存在";二是"观念的东西不外是移入人的头脑并在人的头脑中改造过的物质的东西"。这两个定义有着共同的特征,即二者除了强调意识是对于对象的意识外,又强化了意识是"被意识到了的",是"在人的头脑中改造过的"。

所谓"被意识到了的",是指被人的意识所把握的,也就是自我意识到的;所谓"在人的头脑中改造过的",是指被人脑结构、知识结构、历史经验改造过的"物质的东西",是从主体角度来理解的现实,二者具有同样的意思。所以,自我意识是意识的内在要素,只要是"被意识到""有意识",就必然包含自我意识。换言之,思维只要是主体进行的,它就必定是自我意识的。人类认识史表明,人对自我的认识总是加深着人对世界的认识。

从人的本质和活动来看,自我意识是人的类特性的体现,是争取"自由"的首要条件。按照马克思的观点,人的类特性就是自由自觉的活动,而自我意识恰恰是这一自由活动的首要条件。"自由的首要条件是自我认识。""他自己的生活对他是对象。仅仅由于这一点,他的活动才是自由的活动。"(马克思)因此,马克思并不是从一般意义上来认识自我意识的,他实际上是把自我意识看作人的类本质的体现,看作人的自由的首要条件。

道理其实很简单,只有意识到自己的意识,才能对自己的意识做出客观的评价,才能提示出意识的内在矛盾和外部界限。当人的认识超越宏观系统进入微观、宇观系统时,自我意识更为重要,因为微观、宇观系统有着与宏观系统不同的坐标,人们认识微观、宇观系统,必须通过自我的宏观坐标的"投影"。一句话,只有具备自我意识,人才能认识自己、否定自己、超越自己,从而达到自由。

强调自我意识,并不是否定对象意识,如同对象意识离不开自我意识一样,自我意识也离不开对象意识。具体地说,自我意识的形成要以对象意识为前提,"人同自身的关系只有通过他同他人的关系,才成为对他说来是对象性的、现实的关系"(马克思)。因此,自我意识并不是凭空产生的,它的存在要以对象意识为前提。离开了对象意识和对象性活动,也就没有自我意识。

对象意识与自我意识构成了一种特殊的相互反映关系。对象意识之所以存在是因为有自我意识,而自我意识之所以存在是因为有对象意识。如果抛开这一层关系,那么,自我意识只不过是以自我为对象的意识,它也成为对象意识。但这又成为另外的一种关系了,因为对象意识毕竟也是意识,自我意识同样也可以把对象意识、自我意识本身以两者的关系作为对象。所以,这是一种极其特殊的相互反映,而且正是这种相互反映的特殊性使得意识能够评价意识。

自我意识是随着对象意识的发展而发展的。人对对象的意识越充分,对自我了解也就越全面;人对对象的占有越充分,对自我了解也就越深刻。因此,自我通过对象来确证自己,把对象性的存在作为自身的本质力量而"感性地摆在人们面前",从而从根本上规定了自我意识与对象意识的辩证关系。

对象意识与自我意识构成了认识的内在矛盾,它表明人在实践的基础上,不仅反映着世界,而且反映着自我,进而反映着自我与世界的关系。把这种关系和反映作为认识的对象,正是认识能够超越自身的原因。当然,这种超越归根到底仍源于实践。自我的生存和发展只能通过实践的发展来体现,同时,这也是为自我意识所意识到的。实践的发展使自我意识获得了一种批判力,使自我意识把自我以及意识本身作为对象,能够从逻辑上找到原有思维的前提、关系、逻辑结构的内在矛盾,从而不断创造新的逻辑结构。自我意识充分体现了实践的发展,没有自我意识,就不会有意识自觉地向新的领域跨进。马克思"自由的首要条件是自我认识"的思想是深刻的。没有自我意识,就谈不上自由。

建构性思维与反思性思维

所谓建构性思维,是指思维的概念、判断、推理过程,即思维从一定的概念和概念结构出发,依照一定的逻辑关系,形成判断、推理,达到对世界的理性把握。通常所说的思维指的就是这一概念、判断、推理过程。但是,从思维的实际运动来考察,建构性思维只是思维的一个方面。思维的另一方面便是反思性思维。

所谓反思性思维,就是指思维的自我思维,它把思维本身作为思维对象,即对思维的思维。反思性思维的出发点、任务、目的都不同于建构性思维,它以思维既定的逻辑前提和结构为对象,思考、批判现有的思维的前提、关系、结构,并把它纳入到更大的思维系统中,形成新的概念结构。这就是说,反思是思维的自我认识、自我批判、自我否定和自我更新。没有反思性思维,思维就只能在原有的概念结构中运行,无法超越自己。实际上,反思本来就是思维的一个部分,反思源于反映,同时,反思又是反映达到一定程度时人们更深刻认识世界的需要的产物。换言之,反映一定会导致反思。

反思性思维的基础是概念的灵活性。毫无疑问,概念灵活性的客观基础是世界的普遍联系。但是,要达到概念的灵活性,就要经过概念的运动,并通过反思和运用概念的艺术。按照列宁的观点,"辩证法一般地就是'概念中的纯思维运动'(用不带唯心主义神秘色彩的说法,也就是人的概念不是不动的,而是永恒运动的,相互过渡的,往返流动的;否则,它们就不能反映活生生的生活。对概念的分析、研究,'运用概念的艺术'(恩格斯),始终要求研究概念运动、它们的联系、它们的相互过渡)"。

列宁的这一观点极为深刻,具有三层含义:一是应当把辩证法理解为概念的相互转化运动;二是概念之所以能运动起来,是因为有概念的灵活性,而概念的灵活性是"活生生的生活"的反映;三是"活生生的生活"并不能自发地形成概念的灵活性,因为"活生生的生活"自发形成的是经验思维或朴素的辩证法,同时,对概念的灵活性既可以客观地运用,也可以主观地运用。而"主观地运用的这种灵活性=折衷主义与诡辩。客观地运用的灵活性,即反映物质过程的全面性及其统一性的灵活性,就是辩证法,就是世界的永恒发展的正确反映"(列宁)。

因此,要使思维不仅在经验、直观中运动,而且进入到概念中运动;要客观地而不是主观地来展开这种概念的运动,那就要"研究概念的运动、它们的联系、它们的相互转化",即研究"运用概念的艺术"(列宁)。换言之,要达到这一切,就要对思维进行思维,对概念及概念思维本身进行思维。然而,我们以前仅仅把主观辩证法看作客观辩证法的反映,把概念的灵活性看作客观世界普遍联系的反映,忽视了这种反映又是通过"思维在概念中的运动"来完成的,而反思就是对思维本身进行思维。从其内容考察,反思实际上就是"研究概念的运动、它们的联系、它们的相互转化",只不过概念的运动、联系、转化是在纯粹思维领域中进行的,而对这一过程的思考又是在思维中进行的,这仿佛成了思维的二次方。

问题的关键在于,如何客观地达到概念的灵活性。在我看来,概念的灵活性是在矛盾中达到的:一方面是"每一概念都处在和其余一切概念的一定关系中";另一方面是"一切概念的毫无例外的相互依赖、一个概念向另一个概念的过渡、一切概念的毫无例外的过渡"（列宁）。显然，概念在一定条件下只能处于与其他概念的"一定关系、一定联系"之中，这种关系是"一定"的，即限定的。但是，辩证法关注的是一切概念的毫无例外的过渡或转化，即"一定"的概念向另外的概念转化。这种转化方式便不断地否定这种"一定"，形成新的"一定"，然后再否定，形成更高级的"一定"。要达到这一点，就要对概念及其关系进行反思，这就是问题的实质所在。没有反思，就不会有概念的相互转化，就不能达到概念的灵活性。

之所以如此，是因为，反思是思维的内在要素、普遍因素。人的"理解就是用概念形式来表达"，甚至"人一开口说话，他的话中就包含着概念"。黑格尔由此认为，自然科学家以为他们谈论的、争论的只是看到的东西，实际上，"他们是在不自觉地通过概念改变着直接看到的东西"。应该说，黑格尔的这一观点是深刻的，因为直接看到的属于感觉，而说出来的东西已是概念，已经包含了一定程度的抽象性、普遍性。换言之，只要直接感知的东西表达出来，就被概念改变了，理解就是用概念的形式来表达。因此，人只要用语言、概念表达客体，就已经被概念结构所中介，已经包含了信息加工，把自在客体纳入一定的概念结构之中。而要从原有的概念结构进入到新的概念结构，就要进行反思，即对概念结构本身进行思维。否则，概念结构不会自发地变更。

同时，反思又是"运用概念的艺术"。一定的概念结构只是对世界的一定的模式化反映，它反映的只是对象的"一定"层次，由于它定型化、模式化、结构化了，因此，又产生出排他性，不接受与它不同的思维，如欧氏几何不接受非欧几何。反思则完成着批判旧的概念结构和建立新的概念结构的任务，这一纯思维的批判是以实践的发展为坐标重新反思逻辑关系的过程，它确立逻辑的新起点和分叉点，形成新的逻辑关系，并把原有的逻辑纳入新逻辑的从属关系之中。无疑，这是一种特殊的运用概念的艺术。

反思渗透于认识的全过程，从逻辑上看，表现为表象、知性、理性的方面和环节；从历史上看，体现为诸多形式和类型，从否定、怀疑、批判、辩证的否定到马克思"从后思索"法,显示出反思并不是固定的,其形式在不断增加。无论是对思维前提、逻辑关系、逻辑结构的批判,还是新的概念结构的提出或对悖论、破缺、不完全性的解决,都离不开反思。思维之所以能够自己构成自己,反思这一"绝对的积极环节"起到了关键作用。正因为思维既是建构的,又是反思的,才能既思考对象,又思考自己,既肯定,又否定。这样,思维"才能运动,才有冲动和活动",才形成"自己运动和生命力的内部搏动"(黑格尔)。

人类的思维水平既通过建构性思维,也通过反思性思维表现出来。马克思主义认识论抓住了反思的本质——思维中否定和转化的活动,把反思与认识的发展联系起来,从认识发展的角度揭示了反思的发展,从而说明原本作为一种思维活动体现的反思,反过来又成为认识发展及其水平的标尺。

理论思维、哲学思维与辩证思维

"一个民族要想站在科学的最高峰，就一刻也不能没有理论思维"，而辩证法是"最重要的思维形式"。恩格斯的这一观点具有深刻的哲学内涵。

理论思维有两种基本形式，那就是科学思维和哲学思维。恩格斯在这里所说的"理论思维"是指哲学思维，即辩证思维。如果说日常思维是经验性思维，那么，理论思维就是抽象性思维。正如马克思所说，"分析经济形式，既不能用显微镜，也不能用化学试剂。二者都必须用抽象力来代替"。无论是科学思维，还是哲学思维，都是通过抽象思维从经验表象而达到本质，并形成关于事物的规律性的认识，形成具有严谨的逻辑性、普遍的解释性的概念体系。卡西尔认为，科学是一种"强有力的符号体系"，而科学之所以是"强有力的符号体系"，就是因为科学思维"向我们展示了一种清晰而明确的结构法则"，从而"把我们的观察资料归属到一个秩序井然的符号系统中去，以便使它们相互间系统连贯起来并能用科学的概念来解释"。卡西尔对科学的这一评价正确而深刻，而且同样适合于哲学。

但是,哲学思维又不同于科学思维。科学思维是以思维与存在的统一为前提、对存在本身的规律性的思考,正如爱因斯坦所说,"相信独立于我们感知主体的外部世界,是所有自然科学的基础";哲学思维则是对科学思维的前提,即思维与存在"关系"的思考,是对思维如何把握存在的规律性的思考。如果说科学思维是对存在的直接抽象,那么,哲学思维就是间接抽象,是对科学思维抽象的再抽象,是对科学思想的再思想。哲学之所以是哲学,就在于它是对科学中已经存在但习以为常的问题进行反思。正如黑格尔所说,哲学的认识方式就是反思,从而"力求思想自觉其为思想"。在沃尔什看来,"即使哲学家不能以任何方式增加我们对于自然界知识的总量,或者增加我们对自然过程的理解,他还是对于科学思维的特点和前提,对于科学观念的确切分析和科学的某一分支与另一分支的关系,可以说出某种有用的东西,他对逻辑技巧的掌握可想而知是会有助于澄清科学工作中的实际困难的"。

不仅如此,哲学思维对存在的思考不是止于其规律,而是进入到对存在的意义和价值的思考;不仅要知道存在是什么,而且要知道存在对人本身的意义和价值是什么。这就是说,哲学思维又是对人的尺度与物的尺度"关系"的思考。一句话,哲学思维是从思维与存在的"关系"、人的尺度与物的尺度的"关系"双重关系的视角思考和把握人与世界"关系"的。作为一种哲学思维方式,辩证思维既不是对人身外的客观存在的实证分析,也不是对人本身的存在状况的情感表达,而是着力反思思维与存在的"关系"、人的尺度与物的尺度的"关系",从而把握人与世界的"关系"。辩证思维方式凝聚着马克思、恩格斯用以说明人与世界关系的独特的科学精神,熔铸着马克思、恩格斯用以观照人与世界关系的独特的价值观念,内蕴着马克思、恩格斯所确立的把握人的尺度与物的尺度关系的基本原则。

"认识矛盾并且认识对象的这种矛盾特性是哲学思考的本质"(黑格尔)。作为一种哲学思维方式,辩证思维的本质特征就是矛盾思维。从历史上看,科学本无意向哲学献媚,但科学的发展往往又决定了哲学的面貌,决定了哲学的思维方式;同时,哲学思维又往往把科学研究成果、科学思维方式作为自己反思的对象和内容,而现代科学思维的一个重要特征,就是自觉承认"悖论"的合理性和矛盾的客观性。"罗素悖论"实际上表明了"悖论"的合理性,表明从一个真实的前提出发,经过合逻辑的推论而得出的"矛盾"的结论,等价为真。"罗素悖论"以及由此引发的一系列"悖论"如山崩海啸一样,猛烈地冲击着传统的科学思维方式,促使现代科学思维自觉地把"矛盾"作为自身活动的原则。恩格斯早就指出,现代科学的发展必然导致辩证思维的"复归"。

按照恩格斯的观点,辩证思维的"复归"可以通过两条道路:一是通过自然科学的发展本身所具有的力量自然而然地实现,但这是一个旷日持久、步履艰难的过程;二是通过研究辩证哲学及其在历史上的不同形态,大大缩短上述过程。前者属于自发的实现,后者属于自觉的实现。因此,要自觉地确立辩证思维方式,就要学习哲学,把握辩证法。辩证法是"最重要的思维形式"。

正因为如此,马克思、恩格斯始终关注着"辩证方法",关注着主观辩证法与客观辩证法的关系,不仅分析了思维的"客观的真理性",而且阐述了思维的现实性与非现实性的关系;不仅从人的认识本性上分析了认识的有限性与无限性的关系,而且从认识的个体和类的关系上阐述了思维的至上性与非至上性的关系;不仅分析了知性思维与理性思维的关系,而且阐述了形式逻辑与辩证逻辑的关系;不仅分析了"认识的两条道路",而且阐述了"从抽象上升到具体的方法";不仅分析了认识的批判性,而且阐述了自我批判与"客观的理解"的关系;不仅分析了科学抽象法,而且阐述了"典型"分析法与"从后思索"法的关系;不仅分析了"叙述方法与研究方法的不同",而且阐述了"材料的生命"与"先验的结构"的关系;不仅分析了"辩证逻辑和认识论",而且阐述了"辩证思维的主要形式""辩证思维的基本规律";等等。

辩证思维有其科学前提,同时具有实践基础、哲学性质。辩证的思维方式不是科学思维方式的"推广和运用",也不仅仅是科学思维方式的"概括和总结"，而是通过对科学思维方式的反思，从哲学的视角深刻反思人的实践活动和现实生活中的矛盾关系的产物。从历史上看，当哲学与生活直接联系时，哲学往往具有哲学家个人体悟性的特点，可是缺乏科学论证，并因此往往变成道德律令和生活格言；当哲学与科学直接结合时，哲学具有了科学性，可是离人的生活越来越远。西方社会在相当长的时期，远离人世而处于"天堂"的宗教却离人的生活最近，而应离人的生活最近的哲学由于理性被绝对化，反而离人的生活最远。正因为如此，现代西方哲学的发展日趋"回归生活世界"。马克思主义哲学既关注科学，又关注生活，并力图使二者在实践观点中统一起来。

深入研读马克思、恩格斯的著作可以看出，马克思关注的是"自然科学却通过工业日益在实践上进入人的生活，改造人的生活"，"成了真正人的生活的基础"；恩格斯关注的是"人的思维的最本质和最切近的基础"，这就是"人所引起的自然界的变化，而不单独是自然界本身"。实践是人们为了自己的生存和发展而进行的改造世界的对象化活动，正是实践活动生成和发展着人与世界的全部矛盾关系：自然对人的本原性与人对自然的超越性的矛盾、社会对人的规范性与人对社会的引导性的矛盾、存在的客观性与人的思维的能动性的矛盾、客体的规律性与主体的选择性的矛盾、"人的独立性"与"对物的依赖性"的矛盾、人的理想追求与现实的客观存在的矛盾、真理与价值的矛盾、自由与必然的矛盾……以矛盾思维为核心的辩证思维方式不仅是对科学思维方式反思的产物，更重要的，是对人的实践活动和现实生活中的矛盾关系哲学反思的产物。正是由于内含着这种辩证的思维方式，马克思主义认为，共产主义"是人和自然界之间、人和人之间的矛盾的真正解决，是存在和本质、对象化和自我确证、自由和必然、个体和类之间的斗争的真正解决"（马克思）。

在辩证思维方式中，矛盾思维和系统思维是相辅相成、相互补充的。作为一门现代科学，系统论是"对整体和整体性进行科学探索"（贝塔朗菲），向人们展示的"不是'实物的世界'，而是'系统的世界'，并且是发展着的系统的世界"（库兹明）。问题在于，系统论在凸显系统世界、提供系统思维的同时,其本身就体现着整体与部分、系统与要素、系统与环境、结构与功能的矛盾关系。矛盾必然造成相互作用,"相互作用是事物的真正的终极原因。我们不能比对这种相互作用的认识追溯得更远了,因为在这之后没有什么要认识的东西了"。"只有从这个普遍的相互作用出发,我们才能了解现实的因果关系。"(恩格斯)实际上,系统思维就是从事物的相互作用出发,确认在相互作用过程中产生了不属于事物本身、只在相互作用中存在的"关系质",确认相互作用形成了事物的"序"和"整体性"或"总体性"。

"两个相互矛盾方面的共存、斗争以及融合成一个新范畴,就是辩证运动。"(马克思)马克思、恩格斯确认了矛盾论,同时又提出了系统思想。按照马克思的观点,"每一个社会中的生产关系都形成一个统一的整体",社会就是一个"一切关系在其中同时存在而又互相依存"的有机整体(马克思)。"这种有机体制本身作为一个总体有自己的各种前提,而它向总体的发展过程就在于:使社会的一切要素从属于自己,或者把自己还缺乏的器官从社会中创造出来。"(马克思)"以总体性概念为基础,基于整体和部分的辩证法,马克思将社会规定为有机的系统。"(莱文)就这一点而言,莱文的评价是正确而深刻的。也正因为如此,贝塔朗菲在追溯系统思想的起源时,特别强调了"马克思和黑格尔的辩证法"的重要作用,并认为马克思是系统论的先驱。卢卡奇甚至认为,正是"总体的观点,使马克思主义同资产阶级科学有决定性的区别。总体范畴,整体对各个部分的全面的、决定性的统治地位,是马克思取自黑格尔并独创性地改造成为一门全新科学的基础的方法的本质"。

由此可见,系统论并没有否定矛盾论,而是深化和拓展了"矛盾"的内涵。"系统悖论"这一概念表明,矛盾本身就是一种系统存在。如同矛盾思维一样,系统思维也是辩证思维方式的题中应有之义。实际上,矛盾思维和系统思维都属于辩证思维。正因为如此,恩格斯多次强调系统思维的重要性。

辩证思维与否定性思维

　　辩证思维又是一种内含着否定性的理论思维形式。马克思曾把黑格尔的辩证法称为"否定性的辩证法"，并认为"黑格尔的《现象学》及其最后成果——作为推动原则和创造原则的否定性的辩证法——的伟大之处首先在于，黑格尔把人的自我产生看作一个过程，把对象化看作失去对象，看作外化和这种外化的扬弃；因而，他抓住了劳动的本质，把对象性的人、现实的因而是真正的人理解为他自己的劳动的结果"。正是由于对劳动进行了相当深刻的哲学思考，并用劳动来理解否定，"根据否定的否定所包含的肯定方面把否定的否定看成真正的和唯一的肯定的东西，而根据它所包含的否定方面把它看成一切存在的唯一真正的活动和自我实现的活动"，黑格尔创立了"否定性的辩证法"。黑格尔的"否定性的辩证法"实际上是在唯心主义的基础上，以一种"抽象的、逻辑的、思辨的"形式表达了人类的实践活动和历史运动的辩证法。

　　人的实践活动内含着否定性，或者说，否定性是实践活动的本质属性。与动物不同，人总是在不断制造与自然的对立关系中去获得与自然的统一关系的,对自然的现存状态的否定正是对人自身的肯定。反过来说,人要肯定自身,就要对自然界进行否定性的活动,即通过实践使自己的本质力量对象化,使自在自然转变为"人化自然","自在之物"转变为"为我之物",使人与自然的关系成为一种具有社会关系内涵的"为我而存在"的关系(马克思)。问题在于,在现实社会中,这种对象化同时就意味着异化,即"失去对象",不是人支配对象,而是对象支配人,人们在对自然界进行否定性的同时也否定了人自身,人、人的活动和人的对象世界都异化了。正是在这个意义上,黑格尔的"否定性的辩证法"是以"最抽象"的形式表达了人类"最现实"的生存状态。

可以说,在实践活动中生成的人与自然的"为我而存在"的关系,是一种最复杂、最深刻的矛盾关系。正是这种特殊而复杂的矛盾关系成为马克思、恩格斯之前众多哲学大师的"滑铁卢",致使旧唯物主义"只是"从客体的形式去理解"对象、现实、感性",而唯心主义则"抽象"地发展了主体的能动性,唯物主义因此成为"直观的唯物主义",辩证法因此成为"思辨的辩证法""神秘形式"的辩证法。究其根本原因,是旧唯物主义"没有把人的活动本身理解为对象性的活动",而唯心主义"不知道现实的、感性的活动本身"。

与旧唯物主义和唯心主义都不同,马克思、恩格斯把实践理解为人的存在方式和社会生活的本质,把"物质实践"理解为人与世界关系的基础,把"革命的实践"理解为环境的改变和人的自我改变相一致的基础,从而找到了把能动性、自主性、创造性与现实性、客观性、物质性统一起来的基础,"否定性的辩证法"由此获得了现实的基础,转变为"唯物主义辩证法""合理形态"的辩证法,并转化为一种辩证的思维方式。在马克思看来,这种"合理形态"的"辩证法在对现存事物的肯定的理解中同时包含对现存事物的否定的理解,即对现存事物的必然灭亡的理解;辩证法对每一种既成的形式都是从不断的运动中,因而也是从它的暂时性方面去理解;辩证法从不崇拜任何东西,按其本质来说,它是批判的和革命的"。

否定性构成了一切活动的源泉,是辩证法的"灵魂"和"最重要的要素"。辩证的思维方式就是从肯定与否定、生成与灭亡的矛盾关系中去理解和对待现存事物，就是要从根本上改变不符合发展规律的现存事物。正因为如此，"对实践的唯物主义者即共产主义者来说，全部问题都在于使现存世界革命化，实际地反对并改变现存的事物"（马克思）。在马克思主义哲学中，辩证思维方式是与实践的思维方式高度统一、融为一体的，是与唯物主义历史观有机结合、高度统一的。马尔库塞由此认为，在马克思主义哲学中，"现实的否定变成了一个历史条件，一个不能被作为形而上学关系状态的而具体化的历史条件。换句话说，它变成了一个与社会的特定历史形式相联系的社会条件"。"马克思的辩证法的历史特征包含着普遍的否定性，也包含着自身的否定。特定关系状态就意味着否定，否定之否定伴随着事物新秩序的建立。"马尔库塞的这一评价正确而深刻。

辩证思维总是"在对现存事物的肯定的理解中同时包含对现存事物的否定的理解"，总是"从不断的运动中"，从暂时性方面去理解"每一种既成的形式"，所以，辩证思维同时就是历史性思维。实际上，辩证思维本身就具有历史性，或者说，历史性是辩证思维的内在属性。"历史唯物主义"中的"历史"，就是人的实践活动及其内在矛盾在时间中的展开，是人的思维活动及其内在矛盾得以展开的境域。所以，"每一个时代的理论思维，从而我们时代的理论思维，都是一种历史的产物，它在不同的时代具有完全不同的形式，同时具有完全不同的内容。因此，关于思维的科学，也和其他各门科学一样，是一种历史的科学，关于人的思维的历史发展的科学"。正因为如此，"我们只能在我们时代的条件下去认识，而且这些条件达到什么程度，我们才能认识到什么程度"（恩格斯）。可以说，辩证思维是否定性和历史性高度统一的理论思维形式。

正是由于内含着辩证思维，而辩证法本质上是批判的和革命的，马克思主义不仅以批判的精神对待资本主义，而且以批判的精神看待社会主义。"凡是现实的都是合理的"，并不是马克思哲学的思维方式，而是黑格尔哲学的思维方式。马克思主义并不认为社会主义社会存在的一切都属于社会主义，相反，认为社会主义社会在"各方面"都还带着它脱胎出来的那个旧社会的"痕迹";并不认为社会主义社会是一个凝固不变的社会,相反,认为社会主义社会应是一个"经常变化和改革的社会"。当代中国正处于改革的实践过程中,这一实践活动的最重要特征和最重要意义就在于,它把现代化、市场化和社会主义改革这三重重大的社会变革浓缩在同一时空中进行了,构成了一场特殊而又极其复杂的社会转型,它必然生成一系列特殊而又极其复杂的社会问题,需要我们去认识和解决。问题并不是直接存在于对象即认识客体中,而是存在于认识主体的意识中。客观存在的只是对象及其内在矛盾,要真正认识现实的矛盾所在,把现实中的矛盾变成意识中的问题,就需要辩证思维,从而阐幽发微而示之以人所未见,率先垂范而示之以人所未行。

价值评价：主体"愿景"的体现

　　在《1844 年经济学哲学手稿》中，马克思提出了三个著名的论断：一是"贩卖矿物的商人只看到矿物的商业价值，而看不到矿物的美和特性"；二是"忧心忡忡的穷人甚至对最美丽的景色都没有什么感觉"；三是"对于没有音乐感的耳朵来说，最美的音乐也毫无意义，不是对象"。

　　有的学者以此为依据，认为客体依存于主体，没有主体就没有客体。这是误读，也是误解。这是因为，马克思的上述论断涉及的不是事实判断，即"是什么"，而是价值判断，即"应如何"。音乐，对于有没有音乐素养以及不同素养的人来说，领悟、诠释和评价显然是不一样的。对于没有音乐素养的人来说，音乐没有意义；对于有音乐素养的人来说，音乐有意义；对于职业音乐家和爱乐者来说，意义又不一样，而有没有意义、有什么意义，属于价值范畴。这就是说，马克思的上述论断是关于客体对主体的意义和价值的判断。

　　何谓价值？从哲学的视角看，价值是主体与客体之间一种特定的关系，即主体与客体之间的意义关系。在实践活动和日常生活中,主体总是根据自己的需要掌握和占有客体,利用客体的属性满足自己的需要。因此,主体与客体之间存在着一种特定的关系,这就是,主体按照自己的需要对客体及其属性进行选择、利用和改造的关系,或者说,是客体属性对主体需要满足的关系。这种特定的关系就是价值关系,也就是人们通常所说的意义关系。某事、某物能够满足主体的需要,就是有意义、有价值的;不能满足主体的需要,就是没有意义、没有价值的。

我们不能仅仅从客体自身的属性来规定价值,认为价值是事物本身所固有的某种东西,与人无关;也不能仅仅从人自身出发来规定价值,认为价值就是人的兴趣、欲望、情感的表达,与事物无关。价值不是实体,既不能仅仅归结为客体,也不能仅仅归结为主体。价值是一种关系,是主体与客体之间的一种特殊关系,即意义关系。

具体地说,物及其属性是价值关系形成的客体依据,价值离不开客体及其属性,价值总是客体对主体的价值,没有客体,也不可能形成价值关系,具有特定属性的事物因此成为价值客体;人及其需要是价值关系形成的主体依据,只有人才是价值的创造者、实现者和享有者,才是价值的主体。客观事物本身并没有好与坏、善与恶、有用与无用、有利与无利、有益与有害之分,好与坏、善与恶、有用与无用、有利与无利、有益与有害,都是相对于人、相对于主体而言的。所谓环境危机实际上是人的危机,所谓益虫与害虫、水利与水灾,都是相对于人而言的。

价值关系生成于人对自然的改造过程中。没有人与自然之间的实践关系和认识关系,也就没有价值关系。价值关系就存在于人的实践活动和认识活动之中,并与实践关系和认识关系交织在一起。价值观念的形成既离不开实践活动,也离不开认识活动,价值判断是直接建立在对对象认识的基础上的。这就是说,有了人和人的活动,才产生了自然界原本不具有的价值现象,才形成了物与人之间的价值关系。

客体及其属性是在人的活动中被发现、规定和改造的。人在需要的推动下从事实践活动,把自身之外的存在变成自己活动的对象,变成自己的价值客体。事物能否成为价值客体，不仅依赖于事物自身的属性，而且取决于人的实践水平。正如马克思所说，"对象如何对他来说成为他的对象，这取决于对象的性质以及与之相适应的本质力量的性质……因为我的对象只能是我的一种本质力量的确证"。

同时，主体及其需要也是在人的活动中不断被改造，不断变化发展的。人的需要不是纯粹的动物性的需要，而是"从社会生产和交换中产生的需要"（马克思），是随着实践活动的发展而不断变化的。正如马克思所说，"已经得到满足的第一个需要本身、满足需要的活动和已经获得的为满足需要而用的工具又引起新的需要"。"人以其需要的无限性和广泛性区别于其他一切动物。"（马克思）

单纯的生理需要都是有限的，动物是这样，人也是如此。中国有句古语，"日食三餐，夜眠八尺"，但实际上，人的需要是无限的。这是因为，人的需要是在物质生产活动中不断被改造，不断变化发展的。生产越发展，需要也就越丰富；生产不仅满足需要，而且生产需要。所以，人的需要日益多样化、广泛化、无限化。

更重要的是，人与人的需要也不是同一的。在阶级社会，剥削者与被剥削者、统治者与被统治者的需要甚至迥然不同。在《1844 年经济学哲学手稿》中，马克思指出，在资本主义社会，"一方面所发生的需要和满足需要的资料的精致化，在另一方面产生着需要的牲畜般的野蛮化和最彻底的、粗糙的、抽象的简单化"。对于住在地下室的工人来说，光、空气等，"都不再成为人的需要了"，"人不仅失去了人的需要，甚至失去了动物的需要"。

在马克思看来，问题不仅在于两极分化带来了工人需要的异化，而且导致人的需要本身也发生了异化，这就是，人的需要分化为人的需要与非人的需要，即正常需要与非正常需要，后者导致奢侈、畸形消费。在资本主义社会，"每个人都千方百计在别人身上唤起某种新的需要，以便迫使他作出新的牺牲，使他处于一种新的依赖地位，诱使他追求新的享受方式"（马克思）。

这表明,需要的内容和满足,就是利益。从根本上说,为利益而斗争就是为满足需要而斗争。价值关系的核心是利益,价值关系本质上是利益关系。问题在于,尽管人人都有需要,但并不是每个人的需要都能得到满足。需要的内容及其满足方式、满足程度,取决于个人在社会关系,尤其是生产关系中的地位。所以,"每一个社会的经济关系首先是作为利益表现出来"(恩格斯)。作为利益的主体,可以是个体,可以是集体,也可以是社会。实际上,任何一个现实的个人必然同时具有这三层关系:既是个体,又属于某个集体包括阶级,同时还是社会的成员。因此,个人的利益是多层次的,既有个体利益,又有集体利益,还有社会利益,仅仅以个人利益作为价值评价的依据,显然会失之片面。

现存事物既是人们认识的对象,又是人们评价的对象。人们通过认识现存事物而真实地面对现实,通过评价现存事物合目的地改变现实,从而不断创造属人的世界。所谓评价,就是主体在对客体认识的基础上,把自身需要的内在尺度运用于客体,对主体与客体之间的价值关系进行评判。这种评判反映的是主体需要与客体属性之间的关系,表现为人们对客体能否满足主体的需要所作的肯定或否定的判断。正是在这个意义上,价值评价也就是价值判断。

就属于主体对客体的观念把握而言,价值评价仍然是一种认识活动。但是,价值评价又不同于对客体"是什么"的认识,而是一种特殊的认识。特殊在什么地方?特殊就"特殊"在,它是对某种事物能否满足人们需要的一种认识,是对客体"应当是什么"的认识,其着眼点是主体与客体之间的效用关系。所以,价值评价必须考虑主体的需要和利益,必须把主体的需要和利益作为内在尺度运用于评价的客体。如果说事实性认识追求的是对客体"是什么"或"是怎样"的认识,那么,评价性认识追求的则是"应该怎样"和"不应该怎样"的认识,表达的是主体肯定或否定什么的价值要求。

这就是说,价值评价必然包含着主体的意向、愿望和要求。用现在时髦的话来说就是,价值评价体现的是主体的"愿景",而且不同主体有不同的"愿景"。任何一个个体、群体的评价方式都受到他们的需要和利益的制约，都受到反映这种需要、利益的立场和观点的制约，因此，价值评价必然具有多元性、多样化。中国有句古话，"人心有杆秤"。面对同一客体，不同的主体从不同的需要和利益、意向和愿望出发，必然会得出不同的价值评价。

我们应当明白，事实与评价不能等同，历史事实与历史评价也不能等同。事实属于客观进程，评价属于关于事实价值的主体判断；事实属于"彼时彼地"，评价属于"此时此地"。从来不存在一个没有立场和观点的价值评价，价值评价总是依据评价者的立场和观点的不同而不同，包括对历史事件、历史人物及其意义的评价。所有的历史学家都宣称自己是客观的、公正的，尤其是那些所谓的纯粹学者更是如此。除非是御用的历史学家，有意歪曲历史的历史学家是极少的，但这并不能保证对历史事件、历史人物的评价都是客观的、公正的。

在我看来，对同一历史事件、历史人物的价值评价之所以出现多样化，甚至矛盾性，有不同主体的学术水平问题，但更多的是学术水平背后的利益问题。价值评价的主体总是自觉或不自觉地代表着某种利益。"人们奋斗所争取的一切，都同他们的利益有关。""利益是如此强大有力，以至顺利地征服了马拉的笔、恐怖党的断头台、拿破仑的剑，以及教会的十字架和波旁王朝的纯血统。"（马克思）在历史研究以至整个社会科学研究中，现实的利益关系以及政治立场，犹如一只"看不见的手"牵引着研究的方向，从而使不同的主体对同一历史事件、历史人物形成了不同的评价。比如，对秦皇汉武、唐宗宋祖、成吉思汗，毛泽东的评价显然不同于其他人的评价。在毛泽东看来，"惜秦皇汉武，略输文采。唐宗宋祖，稍逊风骚。一代天骄，成吉思汗，只识弯弓射大雕。俱往矣，数风流人物，还看今朝"。这是以词的形式评价历史人物。

实际上，只叙述而不解释的历史学是不存在的，只摆事实而不讲道理的"历史学"不是历史学，而是史料学，可问题在于，纯粹史料的编排也必然渗透着史料编排者的价值观。抛弃价值判断去追求历史的真相，去理解和解释历史事件、历史人物，这是不可能的。历史研究不可能排除价值观，而特定的价值观是传统文化、政治立场、阶级状况、现实利益以一种不声不响的方式长期浸润和濡化的结果。历史学家如何评价历史事件、历史人物，形式上是自主的，实际上是被他的历史观、价值观和政治立场所支配的。有的学者站在特定的政治立场上，仅仅依据曾国藩的道德文章而片面夸大，甚至无限放大他在历史中的实际作用，并做出了不恰当的评价。问题在于，历史人物的实际作用是客观的，而对历史人物实际作用的评价并不是都能同客观历史相吻合，有时甚至是相背离的。这种背离实际上就是价值评价的失衡或混乱。在我看来，曾国藩可能是清王朝的中兴名臣，但他绝不是中华民族救亡的中兴名臣。

对同一个客体，不同的主体会有不同的价值评价，但这并不是说，所有的价值评价都是合理的。要使价值评价具有合理性，一要正确认识主体的实际需要；二要正确认识客体的实际状况；三要正确认识和把握主体实际需要与客体实际状况的关系。合理的、真正具有价值并富有教育意义的价值评价，必须尊重事实，以事实为基础。任何建立在歪曲事实甚至伪造事实基础上的价值评价，实际上是没有价值的价值评价。在这种价值评价中，历史事实变成漂浮不定的泡沫。在我看来，历史研究应该追求事实与价值的统一。事实必须求真，理解必须求理，在此基础上，使价值评价趋向合理，使价值评价真正具有价值。

通过对事实与价值、事实认识与价值评价及其关系的探讨，可以得出这样一个结论，即人类活动以追求真理和创造价值为主题，真理原则与价值原则构成了人类活动的两个基本原则。真理与价值这两个基本原则，根源于人类活动的两个尺度。在《1844 年经济学哲学手稿》中，马克思指出："动物只是按照它所属的那个种的尺度和需要来建造，而人懂得按照任何一个种的尺度来进行生产，并且懂得怎样处处都把内在的尺度运用于对象。"马克思在这里所说的尺度是指规定性、规律性。"任何一个种的尺度"是指所有对象、客体的规定和规律；"内在的尺度"则是指人、主体自身的规定和规律。人之所以高于动物，是因为人既能够认识、把握外在的即对象的尺度，又能够认识、把握自身的内在尺度，并力图在行动中把二者结合起来。

　　真理原则主要表明人的活动中的客观制约性，而价值原则主要表明人的活动中的主观目的性；真理是一元的，真理不会因为主体的不同而不同，而价值是多元的，不同的主体有不同的价值原则。真理原则与价值原则之间的矛盾是人类活动的内在矛盾。同时，真理原则与价值原则的统一又是人类活动的内在要求。真理原则与价值原则在人的活动中相互引导，人们总是不断地从价值走向真理，从真理走向价值，从"应该"到"是"，从"是"到"应该"。在一定意义上说，社会发展史就是真理原则与价值原则矛盾运动的历史。人们一方面以真理为基础去创造价值，另一方面又以价值为动力去寻求真理。正是在真理原则与价值原则的相互作用、相互引导的过程中，人类不断地从必然走向自由。

价值观：价值关系应然状态的
　　展示与期盼

　　在现实生活过程中，人们不断地追求和创造价值，同时也在不断地认识和评价价值，并逐步形成了价值观。何谓价值观？价值观就是人们基于生存和发展的需要，对事物的价值的根本看法，是关于如何区分好与坏、善与恶、符合意愿与违背意愿的总体观念，是关于应该做什么和不应该做什么的基本原则。作为解答人与世界关系的世界观，哲学不仅要回答人与世界的关系是什么的问题，而且要回答人与世界的关系应当怎么样的问题。前者属于真理观，后者属于价值观。在这个意义上，哲学是真理观和价值观的统一。

　　同世界观或人生观一样，价值观具有广泛性，涉及社会生活的各个领域：在人与自然的关系中，有对实践活动和认识活动成果的评价；在人与社会的关系中，有对社会关系和社会制度的评价；在人与自我的关系中，有对自我价值和社会价值的评价，如此等等。各种价值评价都有自己特殊的标准和基本原则。就内容而言，价值观的根本是价值原则。有什么样的价值原则,就会有什么样的价值规范和价值理想,价值原则规定了价值观的性质。基督教的价值观以上帝为价值原则,并将之作为衡量一切价值的标准。个人主义的价值观以个人利益为价值原则,并将之作为评判其他一切价值的根据。马克思主义的价值观以个人与社会的辩证统一为价值原则,以人的全面而自由发展为最高价值。

价值原则总是渗透在价值规范中。我们经常说"规范",规范是什么?规范的本意就是规则、标准或尺度,明确规定人应该怎样,不应该怎样。价值规范包括风俗习惯、伦理道德、政治法律等,任何价值观都要通过价值规范具体化为如何行动的规范,才能引导人们的活动。有什么样的价值原则,就有什么样的价值规范。

确定的价值原则、价值规范必然导致确定的价值理想。价值理想是人们所追求的、具有现实可能性和合乎自己愿望的目标,它以对未来应然状态的规定和把握为内容。价值理想和价值信念、价值信仰属于同一序列的范畴。价值信念是关于价值理想的信念,是人们对价值理想抱有深刻信任感的精神状态;价值信仰则不仅表示人们对价值理想的认同,而且还意味着感情的皈依、真诚的信奉,表现了主体的最高价值追求。价值原则、价值规范、价值理想都属于价值观的内容。

价值观与价值关系既有联系又有区别。价值关系是一种客观的社会关系,是人与物、人与人之间的实际的利益关系。利与害、好与坏、得与失等都不是单纯的主体的自我感受,而是实际的利益关系。比如,一个奴隶可以满足自己的奴隶地位,但并不能因此改变奴隶与奴隶主的价值关系,改变奴隶与奴隶制的价值关系。价值观则是在一定的历史条件和文化背景下,不同的人对价值关系的理解和把握。换句话说,价值观念不同于价值关系,价值关系是客观的社会关系,价值观念则是人们对客观的价值关系的观念把握。

价值关系之所以是客观的,关键在于这种关系依存的对象的客观性。比如,水对人的价值是不言而喻的,没有水,人就不可能生存,水资源的危机实际上是人的危机。为什么? 这当然取决于水具有满足人的需要的物理、化学特性。如果没有水，人就会以死亡为代价表明人与水之间价值关系的客观性。同时，仅有对象的客观属性还不能构成价值关系，人与事物之间要构成价值关系，还必须有人的特定的需要。没有人对水的需要，人与水之间就不可能形成价值关系。没有资本对劳动力的需要，没有工人就业的需要，资本家与工人之间的价值关系同样不能成立。人们的价值观的形成恰恰依赖于对自身需要的把握。

人的需要是价值关系形成的主体依据。人们正是基于意识到的需要对各种价值关系进行判断、反思和整合，才形成了价值观。不同的人有不同的需要和自我意识，从而形成不同的价值观。人的需要的多层次性，决定了价值观的多层次性；人的需要的社会性，决定了价值观的社会性；人的需要的历史性，决定了价值观的历史性。不存在一个抽象的、永恒不变的，适应于任何时代、任何民族、任何阶级的价值观。

价值观是人们在实际需要的驱动下，在自我意识的引导下，在实践活动的基础上形成的。每一个时代的价值观都是当时的物质生活方式、政治法律制度、观念文化传统等因素濡染、熏陶和塑造的结果。任何一个社会都是一方面通过法律、舆论和教育，有目的、有计划地把主导价值观或核心价值观灌输给每个社会成员；另一方面通过文化传统，将主导价值观或核心价值观在潜移默化中传递给每个社会成员，从而促使他们形成共同的价值观。个人接受社会主导价值观或核心价值观的过程，实际上就是通过自己的实践活动和人生经验对之加以选择和内化的过程。没有这种体会、理解、选择、接受、认同和内化，社会所提供的主导价值观或核心价值观就只能成为外在的规范，而不能成为人们自觉的价值意识。

在日常生活中，价值观构成了个人的心理定势。社会总是通过主导价值观、核心价值观告诉人们能做什么，不能做什么，从而为人们的社会活动、日常生活提供规则、标准和模式。通过主导价值观、核心价值观，特定的社会不仅为自身提供了价值理想和奋斗目标，引领社会发展方向，而且影响个人的价值取向，引导个体的价值选择和活动方向。所以，每一个社会都要确立自己独特的主导价值观、核心价值观，它造就一种氛围，形成一种力量,并通过多种渠道使这种价值观转化成为社会成员的个人价值观,形成社会的共同价值观,从而为人们提供共同的价值原则、价值规范、价值理想,形成共同的追求。

现实的价值观主要决定于不同人的社会地位,这种社会地位同时就是人们在价值关系中的地位。所以,任何一个社会都存在着多种价值观,它们反映了人们多样的生存条件、活动方式和利益关系。这种种不同的价值观之间存在着矛盾和冲突。价值观的冲突表现为个人与个人、个人与群体,以及群体与群体之间的价值观冲突,在效率与公平、自由与平等、利益与道义等一系列重要问题上,不同的民族、阶级、阶层以至个人往往有不同的乃至相反的看法;即使同一个民族、阶级、阶层以至个人在不同领域、不同方面的价值取向上也往往呈现出多变性和矛盾性。

但是,社会地位相同,价值观不一定就相同。同样是处于被剥削地位的工人,有起来反抗雇佣劳动制度的工人,有满足自己雇佣劳动地位的工人,也有赞美雇佣劳动的工人,他们的社会地位相同,但价值观念不一定相同。在阶级社会中,被剥削者接受剥削阶级的价值观念是普遍现象,在这种社会制度下利益受损的人反而赞美这种社会制度的现象也不罕见。之所以如此,是因为价值观与价值关系既有联系又有区别。价值观是人们对事物进行价值判断的尺度,属于主观的思想领域;价值关系是人们之间实际的利益关系,属于客观的社会关系。人们的价值观可能正确地反映了价值关系,也可能歪曲地反映了价值关系,二者并不是绝对一致的。实际上,价值观的形成是包括价值关系、经济关系、传统文化和社会教育积淀在内的复杂过程。

价值观的多样性及其冲突,往往带来价值失序的问题。因此,面对不同价值观之间的冲突,社会需要积极地进行核心价值观、主导价值观、共同价值观的建设。任何社会都有自己的核心价值观。一个存在着多种价值观的社会,必须建设一个同经济基础以及政治制度相适应,并能促成广泛社会共识的核心价值观,从而提供共同的思想道德基础,凝聚社会的意志和力量,引领社会发展的方向。一句话,核心价值观集中体现了特定社会的精神气质,构成了特定社会的精神支柱。

任何社会都要提倡共同的价值观,这个共同的价值观实际上就是统治阶级的价值观。处于统治地位的阶级利用自己掌握的教育、舆论、宣传工具,进行日积月累、代代相传的有形和无形的思想灌输,从而使自己的价值观成为社会的主导价值观,并力图使之成为社会的共同价值观。儒家价值观在中国封建社会中长期处于主导地位,就与长期以来封建社会统治者的倡导,与整个封建社会的教育,尤其是与科举制度和官吏任用的标准密不可分。

价值观与日常生活的联系最为密切、最为直接。在日常生活中,人们每时每刻都在选择,都在评价,都在习惯性地按自己的行为标准进行活动;人们对事物这样看,而不是那样看,这样选择,而不是那样选择,实际上都包含着对事物的评价,都体现着这样或那样的价值观,而价值观的背后就是世界观,就是人生观。问题在于,在日常生活中,善与恶、利与害、美与丑这些价值判断往往被简单化为个人的兴趣和爱好,而更深层的世界观、人生观因此就处于重重迷雾之中。在"隐私""兴趣""爱好"等日常生活的合理要求中,世界观、人生观、价值观往往变得面目模糊、难以辨识了。这是培育和践行社会主义核心价值观的一个难题。

任何社会都有自己的核心价值观,同时又存在着多种价值观。社会主义初级阶段存在着多种价值观,它们都有自己存在的根据。我们应当明白,社会主义价值观不是社会主义初级阶段唯一的价值观,但我们又要注意,社会主义核心价值观与其他价值观存在着对立和冲突的可能性。培育和践行社会主义核心价值观,必须既反映时代精神,又反映民族精神;既反映社会主义的本质特征,又反映社会成员的共同利益,从而以社会主义核心价值观引领社会思潮,并为多元价值观之间的关系及其作用规定一个合理的空间。价值观本身就有好与坏、境界高与低的问题,好的、境界高的价值观既是对价值关系实际状态的正确反映,又是对价值关系应然状态的展示和期盼,社会主义核心价值观更是如此。因此,我们应当积极培育和践行社会主义核心价值观。

任何社会的核心价值观反映的都是该社会的本质特征和核心利益。中国封建社会的核心价值观,就是儒家的忠孝仁爱礼义廉耻。资本主义社会的核心价值观,就是私有财产神圣不可侵犯,以及以此为基础的个人本位。维护资本主义私有制既是资本主义国家机器、资本主义法律体系的核心任务,也是资本主义价值观的核心。社会形态的变化同时也就是核心价值、核心价值观的变化。由资本主义转变为社会主义是社会形态的根本变革,这一变革在价值观上的标志,就是核心价值、核心价值观的变化。

因此,在培育和践行社会主义核心价值观时,我们应当明白,社会主义社会的核心价值与以往社会的核心价值不存在继承的问题,因为社会主义对资本主义的变革同时也是对资本主义以及封建主义核心价值的变革;在培育和践行社会主义核心价值观时,我们应当注意,不能简单地移用西方资本主义社会、中国封建社会现成的核心价值观,因为它们不能反映社会主义的本质特征和人民地位的根本变化。离开了社会主义的本质特征和核心利益,是无法培育和践行社会主义核心价值观的。社会主义核心价值观应该也必须反映社会主义的本质特征和核心利益,应该也必须是社会主义社会价值关系应然状态的展示和期盼。

任何社会大变动时期都会发生价值重估的问题,主要表现为对传统价值观念的重估。西方的启蒙运动,是对古希腊罗马时期关于人的思想的一次重估,是被中世纪神学所压抑的古代人文思想的一次重生。中国的五四运动,是对中国传统文化的一次重估,是科学和民主思想在中国的一次重生。当代新儒家关于五四运动的评价则是一次对重估的重估。价值重估的积极作用是纠正人们对传统价值观念的片面认识,消极作用是促使传统价值体系的崩溃,从而使社会在思想观念上处于无序状态。信仰危机的实质是价值观的危机。当代中国正处在一个大变革时期,这一变革的最突出特征和最重要意义就在于,它把现代化、市场化和社会主义改革这三重重大的社会变革浓缩在同一个时空中进行了,构成了一场前无古人、艰难复杂的伟大的社会变迁,它必然引发价值重估的问题,也必然为重建社会主义价值观开辟广阔的思维空间和社会空间。

人文关怀的取向与历史尺度的坚守

马克思研究社会发展时,的确强调历史必然性,确立了历史尺度,但马克思并没有否定伦理原则、价值尺度,而是把伦理原则、价值尺度置于历史尺度的基础之上。为此,马克思提出了两个相关的观点,即"从纯粹人的感情上来说"和"从历史观点来看"。这两种观点实际上就是价值观与历史观、伦理原则与历史尺度的统一。在研究东方社会的过程中,马克思始终是运用价值尺度和历史尺度的统一来评价东方社会及其历史命运的。

马克思深切地关注着东方社会所遭受的特殊的悲惨命运:"从纯粹的人的感情上来说,亲眼看到这无数勤劳的宗法制的和平的社会组织崩溃、瓦解、被投入苦海,亲眼看到它们的成员既丧失自己的古老形式的文明又丧失祖传的谋生手段,是会感到悲伤的。"马克思怀着极大的义愤,从人道主义情怀出发,痛斥西方资产阶级对东方社会海盗式的掠夺行为,揭露西方资产阶级的野蛮本性和极端虚伪性:"当我们把目光从资产阶级文明的故乡转向殖民地的时候,资产阶级文明的极端伪善和它的野蛮本性就赤裸裸地呈现在我们面前,它在故乡还装出一副体面的样子,而在殖民地它就丝毫不加掩饰了。"

在马克思看来,西方资产阶级在"亚洲式的专制"基础上建立起一种"欧洲式的专制",使东方社会的"个人和整个民族遭受流血与污秽、穷苦与屈辱",过着一种"失掉尊严的、停滞的、苟安的生活"。东方社会被强行纳入到资本主义世界体系中,不啻是一场灾难,而且这场灾难同过去所遭受的所有灾难相比,"在本质上属于另一种,在程度上也不知道要深重多少倍",具有一种"特殊的悲惨的色彩"。如同19世纪初的德国那样,东方社会"不仅苦于资本主义生产的发展,而且苦于资本主义生产的不发展";"除了现代的灾难而外",压迫东方社会的还有"许多遗留下来的灾难,这些灾难的产生,是由于古老的、陈旧的生产方式以及伴随着它们的过时的社会关系和政治关系还在苟延残喘"。

马克思在探讨东方社会发展道路时无疑抱持着深切的人文关怀。马克思深知生产力的发展必然导致旧的社会主体的衰落和新的社会主体的崛起。新的社会主体与生产力的发展相一致,其不仅追求自身的利益,而且把其他阶级的利益纳入到自己的利益体系之中并使之从属于自己;人类整体利益的实现,不仅要以同生产力发展相一致的新的阶级利益的实现为中介,而且要以牺牲同生产力发展不一致的、有碍新的阶级利益实现的其他阶级的利益为代价。这种历史必然性不仅体现在民族或国家发展的历史进程中,而且体现在不同民族或国家交往的历史进程中,体现在资产阶级开创世界历史的进程中。这是历史进步过程中的代价,难以避免,但人们可以"缩短和减轻"这种"分娩的痛苦"。

所以,当马克思提出跨越"卡夫丁峡谷"的设想时,其出发点之一就是想使俄国的未来发展避免资本主义制度所造成的"波折""痛苦"和"致命危机",同时"吸取资本主义制度所取得的一切肯定成果"。如果俄国公社"在现在的形式下事先被引导到正常状态,那它就能直接变成现代社会所趋向的那种经济体系的出发点,不必自杀就能获得新的生命"(马克思)。

可是,马克思并没有停留在这种"道德愤怒"和伦理原则上。在马克思东方社会理论中,伦理原则以及人道主义的价值尺度,并不是所谓的人的本质及其自我实现的要求,而是与经济条件、历史尺度密切相关,并具有内在的统一性。所以,在提出"从纯粹的人的感情上来说"的同时,马克思又提出"从历史观点来看"东方社会以及西方资产阶级对东方社会的入侵。

马克思清醒地意识到西方社会在当时属于先进的社会形态,东方社会则是落后的社会形态,并明确指出:"我们不应该忘记:这些田园风味的农村公社不管看起来怎样祥和无害,却始终是东方专制制度的牢固基础,它们使人的头脑局限在极小的范围内,成为迷信的驯服工具,成为传统规则的奴隶,表现不出任何伟大的作为和历史首创精神","它们使人屈服于外界环境,而不是把人提高为环境的主宰;它们把自动发展的社会状态变成了一成不变的自然命运"。因此,"道德义愤"只是马克思"从纯粹的人的感情上来说"的,只是马克思看待西方资产阶级侵略东方社会的一个视角。另一个视角仍然是"历史观点"。

社会进步的物质基础是生产力,生产力是社会发展的最终决定力量,是社会进步的最高尺度。存在于某种生产关系、社会形态中的生产力如果能以其应有的速度向前发展,就表明这种社会形态存在的必要性和价值;反之,则不能继续存在。在此,任何道德的愤怒都无济于事,道德尺度应该也必须服从历史尺度。所以,马克思多次提出"从纯经济观点来看""从历史观点来看"东方社会问题,始终坚守历史尺度,并以此为基础评价东方社会的历史与现实,以及西方资产阶级对东方社会的侵略行为。

按照马克思的观点,西方资产阶级是在"极卑鄙的利益驱使"下入侵东方社会的,在主观上绝不是要使东方社会资本主义化,而是要使东方社会殖民化。但是,在殖民化的过程中,西方资产阶级给东方社会"带来""导入"了新式工业,打破了东方社会的自然经济结构,在客观上造就了有利于东方社会发展资本主义和工业文明的条件,客观上"在亚洲造成了一场最大的,老实说也是亚洲历来仅有的一次社会革命",从而"充当了历史的不自觉的工具"。"问题在于,如果亚洲的社会状态没有一个根本的革命,人类能不能实现自己的命运？如果不能,那么,英国不管干了多少罪行,它造成这个革命毕竟是充当了历史的不自觉的工具。"正是在这个意义上,马克思指出:"无论一个古老世界崩溃的情景对我们个人的感情来说是怎样难过,但是从历史观点来看,我们有权同歌德一起高唱:'我们何必因这痛苦而伤心,既然它带给我们更多欢乐？难道不是有千千万万生灵?'"

正是从历史观点出发,东方社会的"崩溃",没有使马克思感到惋惜;对古老帝国的"死去",马克思的态度极为冷峻。在东方社会与西方社会的冲突中,东方社会"激于道义","维护道德原则",西方社会则"以发财的原则与之对抗",以"获得贱买贵卖的特权",结果是东方社会"崩溃",古老的帝国"在这样一场殊死的决斗中死去"。伦理尺度与历史尺度在这里处于对立和离奇的冲突之中,社会进步伴之以民族灾难为代价,古老的东方社会以其惨痛的代价换取了某种社会进步。"这的确是一种悲剧,甚至诗人的幻想也永远不敢创造出这种离奇的悲剧题材。"(马克思)

这里的悲剧不仅是一个美学范畴,而且是一个历史范畴。马克思用"悲剧"这一范畴显示了东方社会在与西方社会进行"殊死的决斗"的过程中难以避免的失败及其客观原因,从而说明伦理原则、人文关怀必须以历史尺度为基础。在马克思看来,"只有在伟大的社会革命支配了资产阶级时代的成果,支配了世界市场和现代生产力,并且使这一切都服从于最先进的民族的共同监督的时候,人类的进步才会不再像可怕的异教神怪那样,只有用被杀害者的头颅做酒杯才能喝下甜美的酒浆"。马克思的东方社会理论的确具有人文关怀的取向,但它的理论基础是历史尺度,即建立在历史规律的基础之上。这是一种伦理原则和历史尺度相统一的方法,体现了价值观和历史观的统一。

幸福、正义与制度

恩格斯说过,"在每个人的意识或感觉中都存在着这样的原理,它是颠扑不破的原则,是整个历史发展的结果,是无须加以论证的"。这个原理就是"每个人都追求幸福"。的确如此。追求幸福"是人类作出努力和冒险去寻求、实验、发现和发明在世方式的主要动力"(鲍曼),是人生不言而喻的价值目标。每个人都向往幸福,每个人都在追求幸福,都在追寻一种被我们称为"幸福"的生活。在这个意义上,"幸福是人类共同的语言"(麦马翁)。

人类对幸福的追求同人类历史本身一样久远,以至黑格尔说了这样一句话:"人们可以根据幸福的观点来思考历史。"也正因为如此,幸福问题引起了哲学家们的高度关注。在亚里士多德看来,幸福是不以其他目的为目的的"终极性目的",是不以其他善为目的的"最高的善"。按照康德的观点,财富、自由、快乐等都不是人性的本质性目的,只有幸福才是人性的本质性目的和确定不变的目的,才是人之为人必然要追求的目的。"幸福现在是、过去是、将来永远是所有时代和所有地方的人一致追求的终极目标","幸福是我们人生的终点和目标"（麦马翁）。同时，由于关于幸福的问题比世界地图还要错综复杂，通往幸福的道路比所有道路更令人难以捉摸，因此，幸福又是"如此不确定的一个概念"，以至于人们永远都不能明确说出自己真正希望和想得到的幸福究竟是什么。

的确如此。就幸福而言，"没有适用于每个人的黄金法则"（弗洛伊德）。幸福是一个最不具确定答案的话题。自古希腊的亚里士多德以来，不同时代的哲学家们在无休止地追问什么是幸福，力图揭开幸福的谜底，探索幸福的本质，寻找得到幸福的途径。

从历史上看，幸福早先只是"伦理话语""道德话语"，是伦理学、道德哲学关注的主要问题。换言之，幸福作为"在世"生活中个人的价值追求，是属于个体生活中的"私事"，带有"私人性""个体性"。幸福真正成为"公共物品"，成为"政治话语""公共话语"，则是晚近的事情了。美国《独立宣言》宣布，幸福是人类个体与生俱来的普遍权利。这一"宣布"标志着重大的历史转折，即表明幸福不再仅仅是专属于"私人领域"的"我"的事情，而是本质上属于"公共领域"的"我们"的事情。幸福由此从"伦理话语"转向"政治话语"、从"私人领域"转向"公共领域"。

这一转变表明，国家（政府）和社会有义务、有责任维护个人的幸福权利，因为"私权利"必须由"公权力"来保障，没有"公权力"的保驾护航，"私权利"就会成为海市蜃楼，可望而不可及。如同生命权、财产权、自由权一样，幸福权亦是现代人的基本权利，因而也是国家和社会应当而且必须加以保护的权利。正因为如此，幸福成为现代政治哲学的重要议题和热门话语。

与古代社会不同，幸福问题在现代社会首先是权利问题，而权利问题又是同正义问题密切相关，甚至融为一体的。权利原则是现代社会首要的和基本的正义原则，正义的社会应当而且必须是充分保障人的基本权利的社会。由此，幸福、权利、正义便联系在一起了，从此难分难舍。按照现代政治哲学的观点，"以权利看待幸福"，权利就是幸福的保证；"以正义看待幸福"，幸福便是正义的实现。人的权利得到充分保障的社会，正义的社会就是幸福的社会。

可见，正义与幸福始终处于相互作用之中，幸福与正义"共在"。"只要正义能够使人致力于公共幸福，一切德性都可以归入正义的范畴。"（阿奎那）在阿奎那看来，正义是工具性的，因而是"为他"的，其目的在于增进"公共幸福"；幸福作为"终极性目的"，是"为己"的，它本身就是目的。阿奎那的这一观点具有合理性。

在现代社会，幸福的"公共性"政治话语，可以从国家的职能中得到充分的印证。恩格斯指出："社会产生它不能缺少的某些共同职能。被指定执行这种职能的人，形成社会内部分工的一个新部门。这样，他们也获得了同授权给他们的人相对独立的特殊利益，他们同这些人相对立而独立起来，于是就出现了国家。"恩格斯的这一观点在现代国家的演变中得到了验证。从国家的演变态势看，现代国家的公共管理职能日益彰显，并与其阶级统治职能并存，甚至融为一体。国家职能的这一演变以及现代政治的公共化转型，必然凸显国家为实现社会正义、增进公民幸福而承担的相应的责任和义务。

幸福的生活应当成为国家政治生活的中心内容和政治发展的终极目的，因为只有国家才能提供人的幸福所必需的公平正义的社会环境。同时，国家的制度安排与设计，应当也必须把正义问题置于突出的位置，并以实现"人民的现实幸福"为首要的价值目标。"以促进公平正义，增进人民福祉为出发点和落脚点"的改革目标，其重大意义就在于，使我们的社会更加公平正义，使我们的人民过着"有尊严的幸福生活"，从而实现"人民的现实幸福"。在我看来，这是当代中国最富有感召力的"政治宣言"。

人本质上是社会存在物，是"关系中的个体存在"（古尔德），人的生活中的一切问题都离不开这种"共在"关系，即社会关系。"一窝蜜蜂实质上只是一只蜜蜂，它们都生产同一种东西。"马克思的这一论断实际上是把人的"类"和动物的"群"区分开来了。蜜蜂的同一性是"群"的同一性，是个体先天固有的；人的同一性则是人作为社会存在物的共同性，不是个体先天具有的，即使爱，也是在社会交往和社会关系中所凝结的感情。不做父母就无亲子之爱，不是兄弟就无兄弟之情。在社会关系中，"共在性"是人所无法摆脱的一种本体论规定。在这个"共在"的世界中，个体离开"他者"，是无法实现自己的幸福的。这也就是说，个体的幸福只有在"共在关系"中才是可欲的和可行的。因此，社会正义作为"共在关系"的合理状态便成为实现"人的现实幸福"的前置条件，幸福问题的实质就是正义问题。正如亚里士多德所说，"公正就是幸福的给予和维护"。

实现"人民的现实幸福"的前提是消除人的异化状态，推翻"那些使人成为被侮辱、被奴役、被遗弃和被蔑视的东西的一切社会关系"（马克思），实现社会正义。这是马克思幸福观的要义和本质规定，体现了马克思幸福观鲜明的价值诉求。为此，马克思对"轻视人、蔑视人、使人不成其为人的"的资本主义制度进行了无情的批判。

按照马克思的观点，在资本主义社会中，劳动者"在自己的劳动中不是肯定自己，而是否定自己，不是感到幸福，而是感到不幸"。资本主义的不正义就在于，幸福不是所有"共在"者尤其是劳动者共享的幸福，而是少数人的"特权"和"专利"；更重要的是，少数人的幸福是建立在多数人的不幸福的基础之上，是以多数人的痛苦为代价的。因此，消除"人民的虚化幸福"，实现"人民的现实幸福"（马克思），创造出"共在"者共享的幸福，每个人以不剥夺他人幸福的方式为自己创造幸福，便成为马克思政治哲学所追求的价值目标。

为了实现"人民的现实幸福"，马克思把哲学的聚焦点从"解释世界"转向"改变世界"，从"宇宙本体"转向人的"生存本体"，着重探讨人的存在方式和生存状态。马克思哲学所造成的哲学的革命性变革，也因此集中表现为：从对"世界何以可能"的追问转变为对"人类解放何以可能"的追问和解答。在马克思政治哲学的视野中，解放和幸福是相通的概念，二者具有可通约性，这就是，解放意味着幸福，幸福表征着解放，人类解放使"人民的现实幸福"成为可能。在马克思的政治哲学中，对"人类解放何以可能"的追问同对"人民的现实幸福何以可能"的追问具有内在的一致性。

"真理的彼岸世界消逝以后，历史的任务就是确立此岸世界的真理。

人的自我异化的神圣形象被揭穿以后,揭露具有非神圣形象的自我异化,就成了为历史服务的哲学的迫切任务。于是,对天国的批判变成对尘世的批判,对宗教的批判变成对法的批判,对神学的批判变成对政治的批判。"(马克思)在马克思那里,这种哲学批判、政治批判是和资本批判结合在一起的,是和"实际斗争"结合在一起的,展现为对资本主义生产方式的批判,展现为改变世界的"革命的""实践批判的活动"。

马克思明确指出:"对实践唯物主义者即共产主义者来说,全部问题都在于使现存世界革命化,实际地反对和改变现存的事物。"使"现存世界革命化"的运动,就是实现人类解放和"人民的现实幸福"的历史活动。为此,马克思提出了"一整套理性的替代制度"(萨米尔·阿明),这就是"自由人的联合体",即共产主义社会。在共产主义社会中,由于物质财富的极大丰富,由于私有制和阶级的消除,由于人的异化状态的消解,"每个人的自由发展是一切人的自由发展的条件"。这是一个实现人类解放和"人民的现实幸福"的社会。

幸福问题是正义问题,而正义问题又是同制度问题密切相关甚至融为一体的。"正义关涉制度",这是现代政治哲学的核心理念,也是马克思和罗尔斯在正义问题上的"重叠共识"。随着现代社会政治与道德、私人领域与公共领域的逐渐分离,正义分化为"个人正义"(道德正义)与"社会正义"(政治正义)。个人正义关涉个体行为,是"个体善";政治正义则关乎社会制度,是"公共善",二者不可混淆,更不能相互替代,可谓"恺撒的归恺撒,耶稣的归耶稣"。但是,无论是个人正义,还是社会正义,都不能没有制度保障。正义有赖于、"依附于"制度。制度是正义(理念)的现实化,是正义的载体。正义是脆弱的,需要制度的保护,因此,实现正义的关键是制度。同时,制度关涉人的权利和义务的分配,因此,一个社会只有其制度是正义的,"人民的现实幸福"才有可能。因此,正义是社会制度的首要价值。在罗尔斯看来,一个社会制度,无论多么有效,如果是非正义的,就要加以改造或废除。于是,制度与正义的关系问题便成为现代政治哲学的话语中心,亦成为与"人民的现实幸福"密切相关的热门话题。

只有正义的制度才能确保人的现实幸福。相反,在非正义的制度下,人的现实生活是无幸福可言的。因此,正义和"人民的现实幸福"应当成为制度的价值取向。正如罗尔斯所言,如果一种社会制度偏离了这一基本价值取向,就应予以矫正。社会发展是"合规律性"和"合目的性"的统一。社会制度变迁,一方面反映了生产力发展的客观要求,体现出合规律性;另一方面又反映了正义的价值取向,体现出合目的性,由此推进不正义的社会制度不断地向正义的社会制度的转变:封建社会相对于奴隶社会、资本主义社会相对于封建社会、社会主义社会相对于资本主义社会,都更具合理性和正义性。因此,不同社会形态的更替不仅是"生产力决定"规律发生作用的"合规律性"的结果,而且也是公平正义等价值理念起作用的"合目的性"的结果。

当然,我们应当明白,人的目的是在历史活动中不断校正误差而实现的,误差借以校正的标准是现实而不是目的本身。我们只能修改目的以接近现实,而不能无视现实而将就目的。人的目的能否实现,归根结底,在于这个目的在何种程度上符合规律。从根本上说,社会发展是修正目的,而不是修正规律。

重 建 公 平

　　有一种观点认为,市场经济与社会公平的关系是"鱼
与熊掌不可得兼",实行市场经济必然导致社会公平的破
坏和丧失;社会公平只能建立在市场经济之外,高尚的道
德只能从"场外"灌输给"场内"的人们。这是一种无原
则的糊涂观念。作为一种社会价值规范和权利,公平不
可能超出经济结构,任何一种公平和道德体系都建立在
特定的经济结构之上。市场经济是适应生产社会化的需
要而产生的现代经济运作模式,当代中国社会公平的重
建,理应以市场经济本身的规律和特征为根本依据。任
何脱离市场经济而侈谈公平的建构,都是一种道德乌托
邦,并潜在着沦为一种伪善的危险。

　　这里,存在一个不能回避的问题,即如何看待改革前
中国社会的公平结构。

　　改革之前,中国社会的公平结构追求的是收入平等。
这种公平结构是对旧中国极度社会不公的否定,它消除
了因生产资料占有上的不平等所造成的两极分化、贫富
悬殊。无疑,这是一个历史的进步。但是,这种公平结构

又的确存在着许多弊端,具有凝重的平均主义色彩。具体地说,它把收入平等作为公平的唯一内容,作为全部社会生活的根本准则,以达到"均贫富"的价值均平境界。实际上,这是把公平原则抽象化、绝对化,否定了以天赋、个性、技能差别为前提的个人收入差别的道德正当性。其结果是形成了"大锅饭"体制。

我无意否定这种公平结构的历史合理性。从一定意义上说,它是对旧中国极度社会不公矫枉过正的结果。但是,这种"大锅饭"式的公平与社会主义的公平相差甚远。与其说这是公平,还不如说是社会主义初级阶段最大的不公,因为它实际上否定了按劳分配:干好和干坏一个样,干和不干一个样;不同的人付出了不同的劳动和代价,创造了不同的价值,得到的却是相同的结果。平均主义与社会主义风马牛不相及,你无论给它罩上什么样的神圣光圈,在本质上,它仍然是一种小农经济意识。"大锅饭"所体现的抽象的公平原则绝不是社会主义初级阶段所应实行的公平原则。

我理解这种公平结构的形成,这是旧中国极度不公的社会现实和绝对平均主义的传统价值观双重作用的结果。

极度的贫富两极分化和绝对平均主义的传统价值观以及二者的尖锐冲突,这是封建制度长期统治留给我们的双重历史遗产,由此导致我们对"均贫富"的特殊偏好和对社会主义公平的特殊理解。即使毛泽东这样伟大的马克思主义者也深深地被中国古代农民战争的平均主义所吸引,认为其中"有种社会主义作风",并由此断言,"我们这个社会主义由来已久了"。

可以说,平均主义的传统价值观在我们这里已积淀为一种"文化无意识",并产生了一种思维惯性。正是在这种思维惯性的作用下,20 世纪下半叶的中国走上了"不患寡而患不均"的古训之路。"大锅饭"式的公平同"均贫富"的传统公平观"心有灵犀一点通",民众对平均主义在价值观上的认同,为"大锅饭"体制的形成造就了有利的文化氛围。

从根本上说,一种社会体制是否公平,不是看它是否符合某种主义、原则,而是看它是否适应现实的经济结构。"大锅饭"体制不公平,从根本上说,就是因为它超越了社会主义初级阶段的经济结构。公平在这里沦为平均主义,社会缺乏竞争公平这一催人奋进的机制。所以,这种体制只能带来一时的高效率,却导致了长期的低效率、"有组织的无效率"。

长期的低效率、"有组织的无效率"的背后必定是公平的破坏或丧失。在既要效率又要公平的问题上,"大锅饭"体制已经无能为力了,它既没有形成公平,又没有产生效率。当代中国的改革就是要建立一种既有效率又有公平的社会体制,其中,根本的是建立社会主义市场经济体制。

作为现代经济运作模式,市场经济是通过竞争来实现其配置资源、促使资源配置优化功能的,它与公平的关系并非如同冰炭,始终处在绝对对立之中。相反,市场经济本身需要相应的公平——竞争公平。

首先是参与竞争活动的公平,即每一个人都有自主选择参与竞争活动的权利,都有同等的机会支配社会资源。人们可以放弃参与竞争活动的权利,但首先必须拥有这个权利。

其次是竞争规则的公平,即规则"不偏不倚、一视同仁",对所有参与竞争的主体具有同等效力。不仅如此,竞争的规则必须是人所共知的。

再次是在竞争结果面前人人平等,即参加竞争活动的主体必须承认和接受竞争的结局,不允许任何人凭借社会特权取得收益"附加权"和亏损"豁免权"。不论是赢家还是输家,只要参与竞争并接受了竞争规则,就必须承认和接受竞争的结果。

市场经济的竞争公平集中反映了商品交换的本质要求和交换当事人的基本关系。它的确具有一种催人奋进的机制。竞争公平是与市场经济相适应的。反过来说,没有竞争公平也就没有市场经济及其高效率。我注意到,这种公平强调的是程序,主要是一种竞赛规则的公平,它并不排除、否定作为竞争结果的个人收入的差别。但是,我们不能由结果的差别否定竞争本身的公平。就像百米赛跑,起跑线是同一的,竞赛规则对所有参赛者都是同一的,但运动员到达终点仍有先有后,导致这种结果差别的原因并不是竞赛本身,而是竞赛之外的因素,如运动员的生理、心理素质。

在我看来，两极分化、贫富悬殊这种社会不公并非导源于作为资源配置模式的市场经济本身，而是根源于至今仍在主导市场经济的资本主义生产方式。资本与劳动的分离，以及由此所决定的资本家对劳动者剩余劳动的榨取，才是两极分化、贫富悬殊的真正根源，这是一种由生产资料占有上的不平等导致的社会不公。正因如此，马克思提出了消灭私有制这一无产阶级的公平要求。

社会主义制度的建立消除了由生产资料占有上的不平等所导致的收入和财富两极分化的现象。以此为前提，社会主义市场经济要求机会均等、竞争公平、按劳分配。我以为，这是社会主义市场经济的基本原则，也是社会主义初级阶段首要的和根本的公平，全部社会公平的重建，都应以此为中轴。

社会主义市场经济首先要求机会均等，即每个人都享有平等生存、获取、发展的权利和机会；机会均等又内在地要求竞争公平，否则，机会均等便没有实际意义。相对于资本主义市场经济的竞争公平而言，这种机会均等、竞争公平是更高层次的公平，因为它不仅不承认任何社会特权以及种族、等级的差别，而且以否定生产资料占有上的不平等为前提。

社会主义市场经济当然承认劳动者在个人自主活动能力和努力程度方面的差别，所以它强调"各尽所能"，强调具有同等能力、又付出同等努力的人可以获得同等的机会、收入和财富。这种机会均等、竞争公平的真正贯彻，实际上是劳动者主人翁地位及其相互之间平等关系的实现。

市场经济条件下的分配包括两种基本方式，即按资分配和按劳分配。按劳分配是社会主义的基本分配原则，是社会主义市场经济的题中应有之义。按劳分配强调的是，在劳动的质量和效率面前人人平等。这无疑是一种公平。在社会主义初级阶段，劳动者的收入应当同他们的劳动所创造的价值成正比，由此造成的收入差别是一种公平，而不是不公平。对这种收入差别当然可以调节、"限制"，但是，这种调节、"限制"不能损害市场公平准则，不能从根本上损害按劳分配这一社会主义的基本原则。否则，我们只能重新回到平均主义。

当然,任何一种公平都是相对的,社会主义市场经济也不可能是一个绝对的"圆",不可能解决所有的社会公平问题。其机会均等、竞争平等、按劳分配的原则是以默认劳动者个人天赋、技能的差异为前提的,这实际上也就默认了劳动者不同的工作能力是"天然特权"。然而,市场经济对这些具有不同工作能力的劳动者使用的却是同一尺度。从这一特定的意义上说,这是一种不公平。不仅如此,社会主义初级阶段还承认、允许由这种"天然特权"所导致的收入差别,并鼓励一部分人通过自己的劳动先富起来,这就形成了结果的不平等,即形成了个人在社会财富占有上的差别和不均。

问题在于,公平永远不能超出社会的经济结构以及由经济结构所制约的社会文化的发展,公平结构的"这些弊病"在社会主义初级阶段"是不可避免的"。我们不能由此否定机会均等、竞争平等、按劳分配本身的公平性,不能由此否定社会主义市场经济。

面对这样一种"天然特权"以及由此造成的收入差别、财富不均,我们不能"杀富济贫",强行拉平收入差距,人为地实现"均富";不能"给最少受惠者的利益"以无条件的照顾,或者"给强者以不利条件",由此来扼制劳动者个人天赋、能力的差异,以达到所谓的"公平优先";也不能否定人们合法追求个人利益的正当性,要求所有人超越自己的基本利益去追求道德崇高,以达到"均贫富、等贵贱"的大同境界。在社会主义初级阶段,少数先进人物能够抑制自己的基本利益而追求道德上的自我实现,但大多数人不可能实现这种超越。否则,我们今天就可以进入共产主义社会。

在我看来,这种种做法实际上都是把公平原则抽象化、绝对化了,或者不可能持久存在,或者是道德乌托邦,不可能成为社会现实。彻底的唯物主义的态度是,强调人的才能通过社会后天培养的重要性和必要性,逐步解除各种约束人们能力发展的社会限制,逐步消除造成人们才能差异的社会根源和环境,从而逐步缩小收入差别、财富不均,实现共同富裕和人的全面发展。这一切都要以发展生产力为前提。在当代中国,重建社会公平,完善社会主义的公平结构必须以生产力的发展为前提和现实基础。没有生产力的高度发展,"那就只会有贫穷的普遍化;而在极端贫困的情况下,必须重新开始争取必需品的斗争,也就是说,全部陈腐的东西又要死灰复燃"(马克思)。

自由与必然：人类存在与发展的
本原性矛盾

　　恩格斯对自由与必然的关系做过深刻的论述："自由不在于幻想中摆脱自然规律而独立，而在于认识这些规律，从而能够有计划地使自然规律为一定的目的服务。这无论对外部自然的规律，或对支配人本身的肉体存在和精神存在的规律来说，都是一样的。这两类规律，我们最多只能在观念中而不能在现实中把它们互相分开。因此，意志自由只是借助于对事物的认识来作出决定的能力。因此，人对一定问题的判断越是自由，这个判断的内容所具有的必然性就越大；而犹豫不决是以不知为基础的，它看来好像是在许多不同的和相互矛盾的可能的决定中任意进行选择，但恰好由此证明它的不自由，证明它被正好应该由它支配的对象所支配。因此，自由就在于根据对自然界的必然性的认识来支配我们自己和外部自然。"

　　这就是说，规律或必然性对人的存在和活动具有强制性，人的活动不可能摆脱必然性所规定的范围，必然性是人的自由的限度。这是一方面。另一方面,在必然性所规定的范围内存在着多种可能性,人们能够认识必然性及其所规定的范围,能够把握由这种必然性的规定、由多种可能性构成的可能性空间,能够根据自身的需要和对必然性的认识,在多种可能性中做出选择,并通过实践活动把这种可能变为现实,从而"支配我们自己和外部自然",达到自由。

这就是说,有了人的认识活动、选择活动、实践活动,便有了与必然相对立的自由。在一定意义上,一部人类史就是人们不断追求自由的历史。然而,对自由的追求离不开对必然的认识和把握,并需以此为前提。自由与必然的关系因此构成了人类活动的本源性矛盾。人类社会的发展过程就是不断解决这个矛盾的过程。

人既是自然存在物、社会存在物,又是"有意识的类存在物"。作为自然存在物,人来源于自然界,本身就具有自然属性,其活动必须遵循自然必然性,自然必然性不仅支配着自然界,而且也制约着人的存在;作为社会存在物,人的本质在其现实性上是一切社会关系的总和,其活动必须遵循历史必然性,历史必然性不仅制约着人的自然属性,而且决定着人的社会属性;作为"有意识的类存在物",人能够认识和把握必然性,能够以此为前提为自己建构起一个属人的理想世界,并通过自己的实践活动把这种理想世界变为现实存在,从而达到自由。

这里,我们碰到了"自由是对必然的认识"这一命题。在我看来,这一命题绝不意味着在人们从事某种历史活动之前有一个现成的历史必然性可供认识。这是因为,全部社会生活在本质上是实践的,历史不过是人的实践活动在时间中的展开,历史必然性就形成并实现于人的活动之中。因此,不存在任何一种预成的、纯粹的、永恒不变的历史必然性,任何一种具体的历史必然性都形成于特定的历史活动和社会形态中;当这种特定的历史活动和社会形态结束时,这种特定的历史必然性也就不复存在。这是其一。

其二,以往的历史传统和既定的历史条件为新一代的历史活动提供了前提,并决定了新一代的历史活动的大概方向。但是,这些历史条件又在新一代的历史活动中不断被改变。正是在这种改变以往历史条件的活动过程中,决定着新一代命运的新的历史必然性才形成。

其三,只有当某种历史活动和社会关系达到充分发展、充分展示时,某种历史必然性才能真正全面地形成。只有在这个时候,人们才能理解、把握这种历史必然性。所以,马克思认为,"对人类生活形式的思索,从而对它的科学分析,总是采取同实际发展相反的道路。这种思索是从事后开始的,就是说,是从发展过程的完成的结果开始的"。

可见,人的自由和历史必然性的关系本质上是一个实践问题,而不仅仅是认识的问题。具体地说,动物依靠自己的本能活动而生存,人则依靠实践活动而生存,实践因此构成了人的独特的生命活动形式。在实践活动中,人不仅要认识对象,而且要认识自身,把自己的生命活动作为"自己的意志和意识的对象",形成自我意识;不仅要把握物的外在尺度,而且要把握人的内在尺度的关系,只有把这两种尺度合理地运用于自身活动,人的活动才有自由可言。在这个意义上,自由是对必然的认识和对世界的改造。换言之,我们只有从实践这一人的独特的生命活动形式出发,才能真正理解自由及其与必然的关系。

实践是人以自身的活动引起、调整和控制人与自然之间物质变换的过程;这种物质变换又是在一定的社会关系中进行的,是在人与人的活动互换中实现的。因此,人的实践活动要受到自然必然性和历史必然性的双重制约。同时,实践又是人们按照自己的需要和愿望改变世界的活动,这种需要和愿望是被人们意识到的,并作为实践活动的目的、以人的意志的形式来支配人们的活动。正如马克思所说,劳动结束时得到的结果,在这个过程开始时就已经在劳动者的头脑中作为目的以观念的形式存在着,"这个目的是他们知道的,是作为规律决定着他的活动的方式和方法的,他必须使他的意志服从于这个目的"。因此,实践是人们有意识、有目的的活动。

这就是说,人的活动既是自然的,又是超自然的;既是合规律的,又是合目的的。在人的活动中,合目的性必须以合规律性为基础,并包含着规律性的内容，单纯的合目的性只能导致幻想中的自由；同时，合规律性必须结合着合目的性，并在合规律性中渗透目的性的内容，单纯的合规律性只能导致无主体的自然必然性，同样达不到自由。因此，必然与自由构成了人的活动的两极，二者统一于人的活动中，作为实践活动不可分割的两个方面共同构成了人类活动的本原性的矛盾。

从这个意义上说，人类发展就是不断解决自由与必然之间矛盾的过程。马克思在谈到资本主义社会中人的异化以及主体与客体关系颠倒的状态时指出："这种颠倒的过程不过是历史的必然性，不过从一定的历史出发点或基础出发的生产力发展的必然性，但决不是生产的某种绝对必然性，倒是一种暂时的必然性，而这一过程的结果和目的（内在的）是扬弃这个基础本身以及过程的这种形式。"

在恩格斯看来，这一扬弃的结果，就是人们"成为自己的社会结合的主人，从而也就成为自然界的主人，成为自身的主人——自由的人"，人类社会由此从必然王国转向自由王国。

"像野蛮人为了满足自己的需要，为了维持和再生产自己的生命，必须与自然进行斗争一样，文明人也必须这样做；而且在一切社会形态中，在一切可能的生产方式中，他都必须这样做。这个自然必然性的王国会随着人的发展而扩大，因为需要会扩大；但是，满足这种需要的生产力同时也会扩大。"（马克思）正是在这个意义上，马克思把物质生产领域叫作人的"必然王国"，并认为人们在物质生产领域内所能实现的自由"只能是"："社会化的人，联合起来的生产者，将合理地调节他们和自然之间的物质变换，把它置于他们的共同控制之下，而不让它作为盲目的力量来统治自己；靠消耗最小的力量，在最无愧于和最适合于他们的人类本性的条件下来进行这种物质变换。"但是，不管怎样，这个领域始终是一个"必然王国"。真正的"自由王国只是在由必需和外在目的规定要做的劳动终止的地方才开始；因而按照事物的本性来说，它存在于真正物质生产领域的彼岸……在这个必然王国的彼岸，作为目的本身的人类能力的发展，真正的自由王国，就开始了"。"但是，这个自由王国只有建立在必然王国的

基础上,才能繁荣起来。"(马克思)

马克思在这里所说的物质生产领域的"此岸"与"彼岸",不是一个单纯的空间概念,而是一个具有时间意义的历史范畴。换言之,必然王国与自由王国是反映人类社会发展过程的历史性范畴,是揭示不同社会状态本质特征的范畴。在马克思看来,必然王国是指人类受维持生存的自然必然性所支配,从而也受物化的社会关系所统治的社会状态,即物支配人的社会状态;自由王国则是指人类共同控制了物质生产活动,从而自觉支配了社会关系以及自由时间的社会状态,即人支配物的社会状态。"整个人类的发展,就其超出对人的自然存在直接需要的发展来说,无非是对这种自由时间的运用,并且整个人类发展的前提就是把这种自由时间的运用作为必要的基础。"(马克思)正是在这种社会状态中,"每个人的自由发展"成为"一切人的自由发展"的条件,每一个人都能得到全面而自由的发展,从而具有"自有个性"。

时间是人的发展的空间

　　与近代科学、近代哲学不同,马克思从现实的人及其活动出发去理解时间,强调时间对人的存在的意义,明确提出时间是人的生命尺度和发展空间:"时间实际上是人的积极存在,它不仅是人的生命的尺度,而且是人的发展的空间。"

　　时间是人的生命尺度表现为人类生命价值的生成。在生物学中,人与动物往往被作为"同类"的生命现象进行考察,但实际上,人的生命现象与动物的生命现象有着本质的不同。"动物和它的生命活动是直接同一的。动物不把自己同自己的生命活动区别开来。它就是这种生命活动。"(马克思)具体地说,动物的本质与它的生命活动是直接同一的,它们在获得了生命的同时就具备了它们的本质。动物的种的特性是自然赋予的先天规定性,同动物个体的后天活动没有直接关系。"人则使自己的生命活动本身变成自己的意志和意识的对象。他的生命活动是有意识的。""有意识的生命活动把人同动物的生命活动直接区别开来。"(马克思)更重要的是,"通过实践创造对象世界,即改造无机界,证明了人自己是有意识的类存在物"(马克思)。这表明了人的本质的后天生成性。

"有意识的生命活动""有意识的类存在物",使人能够把自己的生命活动"变成自己意志和意识的对象",能够按照"物种尺度"和"人的尺度"的统一去改造、创造世界。正如马克思所说,"动物只是按照它所属的那个种的尺度和需要来建造,而人却懂得按照任何一个种的尺度来进行生产,并且懂得怎样处处都把内在的尺度运用于对象上去"。因此,人是自己生命活动的支配者,并在时间中超越了自然生命的尺度,成为一种"积极存在"。人的生命活动不是动物式的"生存"活动,而是人所独有的"生活"活动,是人"把自己的生命活动本身变成自己的意志和意识的对象"的活动。正是在这种活动中,产生了生命尺度的问题,即人的生命活动是有价值还是无价值的问题。

在我看来,马克思之所以强调,"动物只是按照它所属的那个种的尺度和需要来进行建造",而人"却懂得按照任何一个种的尺度来进行生产",并且随时随地用自身的内在尺度来衡量对象,"按照美的规律来构造",就是为了说明,人只有获得"价值生命",超越自然生命,才能称其为"人"。时间是人的生命"尺度",并不等于时间是人的生命"长度"。把时间理解为人的生命"长度",这一观点的根本缺陷就在于,没有意识到人的生命与一般生命的本质区别,只是从物的本性去理解人,从前定的、给予的、绝对不变的方面去理解人,实际上是把人理解为动物。

时间之所以能够成为人的生命尺度和积极存在,根源就在于人的实践活动首先是劳动。正是劳动构成了人的生命价值的本体,使时间成为人的积极存在。作为人的生命尺度和积极存在,时间是在人的实践活动中成为人的活动形式的。

随着人的活动形式的发展和分化,必然有人的活动空间的扩大。具体地说,随着生产力的发展,人的活动逐渐产生分化,从生产活动中分化出交往活动,从物质交往中分化出精神交往……每一种活动不断分化出新的活动领域;这种活动的不断分化和活动领域的不断扩大又必然造成人的发展空间的不断扩展,意味着人与自然之间新的关系的形成,人与人之间新的社会关系的建立,一句话,标志着人的新的发展空间的建立。

对人而言,时间又有劳动时间和自由时间之分。按照马克思的观点,自由时间的多少直接决定着人的发展空间的大小,而自由时间在量上又直接取决于剩余劳动时间,"剩余劳动一方面是社会的自由时间的基础,从而另一方面是整个社会发展和全部文化的物质基础"。发展生产力,提高劳动生产率,实际上就是缩短必要劳动时间,增加自由时间,扩大人的发展空间。对个人来说,自由时间的扩大实际上是提供了一个新的活动舞台,舞台越大,发展的可能性也就越大;就人类而言,整个人类的发展无非是对自由时间的运用,有了更多的自由时间,才有整个社会的更大进步,才有人类能力的更大发展。

当然,我注意到,在阶级社会中,自由时间的创造与占有并不是统一的,相反,二者却是背离的。"社会的自由时间的产生是靠非自由时间的产生,是靠工人超出维持他们本身的生存所需要的劳动时间的产生。同一方的自由时间相应的是另一方的被奴役的时间。"(马克思)私有制和旧式分工使劳动者被迫承担整个社会的劳动重负,他们创造了自由时间,却不能占有和支配自由时间,没有获得相应的发展空间;而不从事劳动的社会成员却凭借占有生产资料的地位,通过侵占剩余劳动而占有和支配着自由时间,由此获得了相应的发展空间。

这就是说,在阶级社会中,少数人的发展是以剥夺众多劳动者的剩余劳动时间、自由时间为基础的,少数人的发展是以多数人的不发展或片面发展为代价的。这种自由时间创造与占有上的分离,在资本主义社会达到了极端程度。具体地说,劳动是价值的唯一源泉,工人的剩余劳动生产出剩余劳动时间、自由时间。然而,在资本主义社会,这种自由时间却为不劳动阶级所占有和支配。"在资本方面表现为剩余价值的东西,正好在工人方面表现为超过他作为工人的需要,即超过他维持生命力的直接需要而形成的剩余劳动。""剩余产品把时间游离出来,给不劳动阶级提供了发展其他能力的自由支配的时间。因此,在一方产生剩余劳动时间,同

时在另一方产生自由时间。"（马克思）

"整个人类的发展，就其超出对人的自然存在直接需要的发展来说，无非是对这种自由时间的运用，并且整个人类发展的前提就是把这种自由时间的运用作为必要的基础。"（马克思）人类解放的实质和目标就是实现人的全面而自由发展，而要实现人类解放和人的全面而自由发展，就必须使联合起来的个人占有和支配自由时间。"所有自由时间都是供自由发展的时间"，而人的自由发展就是"超出对人的自然存在直接需要的发展"。这种支撑自由发展、提供自由时间的活动，不再是维持"单纯生存"、体现人的生存"自然的必然性"的自发的活动，而是人为了发展自身的能力、占有自己全面本质的自觉的活动。

要使这种自发活动转向自觉的活动，"工作日的缩短是根本条件"（马克思）。"工作日的缩短"所提供的充裕的自由时间，联合起来的个人对这种自由时间的占有和支配，最终使劳动由人的谋生的手段转变为生活的目的，从而实现劳动意义的革命性变化。这一革命性变化将消除异化劳动，实现工人阶级和人类解放，实现以每个人自由发展为条件的一切人的自由发展。

在马克思的哲学中，时间不是一个与现实的人及其活动无关的抽象的范畴，而是一个直接关涉工人阶级和人类解放，以及实现人的全面而自由发展的理论。换言之，在马克思的哲学中，"时间"是同工人阶级和人类解放、人的全面而自由发展密切相关、融为一体的。因此，我们应当也必须重释马克思的时间理论。

第
三
编

在"向死而生"中寻找生命的价值和意义：
《杨耕作品系列》总序

　　呈现在读者面前的这套《杨耕作品系列》，收入了我的四部著作，即《为马克思辩护：对马克思哲学的一种新解读》《危机中的重建：唯物主义历史观的现代阐释》《重建中的反思：重新理解历史唯物主义》《东方的崛起：关于中国式现代化的哲学反思》。

　　《为马克思辩护：对马克思哲学的一种新解读》以马克思主义哲学史、马克思主义政治经济学、西方哲学史以及现代西方哲学为理论背景展开对马克思哲学的研究，并用当代实践、科学和哲学的成果重新阐释已经成为"常识"的马克思哲学的基本观点，深入探讨被忽视、被遗忘的马克思哲学的基本观点，系统论证马克思有所论述但未充分论证、同时又契合着当代重大问题的观点，并明确提出马克思哲学的创立使哲学的主题发生了根本转换，即从"世界何以可能"转向"人类解放何以可能"，从"认识世界何以可能"转向"改变世界何以可能"，从而实现了对人的终级关怀和现实关怀双重关怀的统一。

《危机中的重建：唯物主义历史观的现代阐释》以近代思辨的历史哲学、现代批判（分析）的历史哲学和后现代主义的历史哲学为理论背景，从历史哲学的视角重新审视唯物主义历史观，明确提出历史认识论是唯物主义历史观的理论生长点，历史本体论与历史认识论是唯物主义历史观的双重职能。重建唯物主义历史观，应以马克思的实践观为基础，在深化历史本体论的基础上强化历史认识论的研究，从而使唯物主义历史观成为历史本体论与历史认识论的统一。

《重建中的反思：重新理解历史唯物主义》对历史唯物主义进行了新的阐释，明确提出历史唯物主义所关注、所要解决的基本问题，就是人与自然、人与社会的关系，即人与世界的关系问题。以实践为出发点范畴解答人与世界的关系问题，使历史唯物主义展现出一个新的哲学空间，即一个自足而又完整、唯物而又辩证的世界图景。历史唯物主义不仅是"唯物主义历史观"，更重要的，是"唯物主义世界观"，一种内含着"否定性的辩证法"的"真正批判的世界观"，是"对当代的斗争和愿望作出当代的自我阐明"的"批判的哲学"（马克思）。

《东方的崛起：关于中国式现代化的哲学反思》则力图把真实的描述和深刻的反思结合起来，把哲学思维力量的穿透力和哲学批判精神的震撼力结合起来，透视一个古老而又饱经磨难的民族重新崛起在世界东方的秘密，并从理论上再现中国社会主义的历史必然性，再现中国式现代化建设的艰难性，再现波澜壮阔的当代中国改革开放的历程，从而展现社会主义在中华民族复兴的基础上实现世纪复兴和中华民族在社会主义的基础上实现伟大复兴的辉煌远景。

这四部著作没有也不可能达到高屋建瓴，但也绝不是浅滩上的漫步。实际上，这四部著作是我 40 年来上下求索的理论结晶，是我重读马克思的心灵写照和诚实记录，从不同的维度反映了我的哲学研究的力度、深度和广度，集中体现了我所追求的理论目标——求新与求真的统一；我所追求的理论形式——铁一般的逻辑，诗一般的语言；我所追求的理论境界——重构哲学空间，雕塑思维个性。所以，我以《杨耕作品系列》的形式把这四部著作结集出版，力图为马克思主义哲学的研究提供一个新的思路。当然，也许此路不通，但"谁若为我们指出了走不通的道路，那么他就像那个为我们指点了正确道路的人一样，对我们做了一件同样的好事"（海涅）。

《杨耕作品系列》的主题，就是重释马克思的哲学，展示马克思哲学的当代价值。马克思是马克思主义哲学的主要创始人，坚持和发展马克思主义哲学的前提，就是要在当代实践、科学以及哲学本身发展的基础上重读马克思，把握马克思哲学的本质特征和理论体系。离开了这一前提，我们就会犯演丹麦王子而没有哈姆雷特式的错误。一幕没有主角的戏是无法上演的。我们既不能以"原教旨主义"，即教条主义的态度对待马克思主义哲学，也不能以虚无主义的态度对待马克思主义哲学的主要创始人——马克思的哲学。"马克思主义是马克思的观点和学说的体系。"（列宁）脱离了马克思的观点和学说的马克思主义，只能是打引号的马克思主义。

"不去阅读且反复阅读和讨论马克思……而且是超越学者式的'阅读'和'讨论'，将永远都是一个错误，而且越来越成为一个错误，一个理论的、哲学的和政治的责任方面的错误。"（德里达）在重读马克思的过程中，我对马克思哲学的理论主题、理论特征和理论体系有了新的认识，并深深地体会到马克思哲学的当代价值，深深地体会到什么是"死而不亡"。马克思"死而不亡"，马克思仍然"活着"，并与我们同行。

我断然拒绝这样一种观点，即马克思的哲学产生于 19 世纪，距今 170 多年，已经过时。这是一种"傲慢与偏见"。我们应当明白，时间不是真理与谬误的"检验器"，而只是真理与谬误的"过滤器"。我们不能依据某种学说创立的时间来判断它是不是真理，是否过时。科学之所以是真理，就在于发现和把握了某种规律。任何一种学说要成为科学，成为真理，就必须发现和把握某种规律。真理只能发展，而不可能被推翻，不可能"过时"。正是由于深刻地把握了资本主义生产方式的运动规律、人类社会发展的一般规律，正是由于深刻地把握了人与世界的总体关系，正是由于所关注的问题深度地契合着当代世界的重大问题，所以，产生于 19 世纪的马克思哲学又超越了 19 世纪这个特定的时代，依然是我们这个时代的真理和良心。

我同意并赞赏萨特的观点，即"历史唯物主义是我们这个时代唯一不可超越的哲学"；我同意并赞赏福柯的观点，即在当代，历史研究要想超越由马克思所定义和描写的思想地平线是不可能的；我同意并赞赏杰姆逊的观点，即马克思的哲学是当代"不可超越的意义视界"，它"让那些互不相容，似乎缺乏通约性的批评方式各就其位，确认它们局部的正当性，它既消化又保留了它们"；我同意并赞赏海德格尔的观点，即"马克思在体会到异化的时候深入到历史的本质性的一度中去了，所以马克思主义关于历史的观点比其余的历史学优越。但因为胡塞尔没有，据我看来萨特也没有在存在中认识到历史事物的本质性，所以现象学没有、存在主义也没有达到这样的一度中，在此一度中才有可能有资格和马克思主义交谈"。萨特、福柯、杰姆逊、海德格尔对马克思的评价真诚而公正。在当代，无论是用现象学、存在主义、弗洛伊德主义，还是用新实证主义、新凯恩斯主义、新自由主义，抑或是用现代新儒学、后现代主义来对抗马克思主义，都注定是苍白无力的。在我看来，这种对抗犹如当年的庞贝城同维苏威火山岩浆的"对抗"。

马克思在《青年在选择职业时的考虑》中说过这样一段话："如果我们选择了最能为人类福利而劳动的职业，那么，重担就不能把我们压倒，因为这是为大家而献身；那时我们所感到的就不是可怜的、有限的、自私的乐趣，我们的幸福将属于千百万人，我们的事业将默默地，但是永恒发挥作用地存在下去，而面对我们的骨灰，高尚的人们将洒下热泪。"一个刚刚中学毕业、年仅 17 岁的青年，似乎在为自己写下墓志铭，实际上是为一种新的事业竖起了凯旋门。这是一个崇高的选择，这一崇高的选择决定了马克思的一生。

马克思不是"出世"的"沙漠的高僧"，而是"入世"的思想家，是思想家和革命家的完美结合；马克思的哲学不是远离现实的"书斋里的哲学"，而是深入现实的改变世界的哲学，是认识世界和改变世界的高度统一。对于这样一位从特里尔小城走出来的世界伟人,对于这样一位出生于显赫的犹太家庭而又关注着"全世界受苦人"的世界伟人,对于这样一位为了《资本论》写作而"一直在坟墓的边缘徘徊"、意志坚如磐石的思想伟人,对于这样一位用自己的思想和事业改变了世界历史进程的历史伟人,我一直怀有深深的敬意。在马克思诞辰200周年之际,我把这套小小的《杨耕作品系列》献给这位世纪伟人。用中国的古话来说,就是"礼轻情意重"。

在《杨耕作品系列》出版之际,我不由自主地想起了我的导师汪永祥教授、陈先达教授。汪永祥教授把我领进了我向往已久的中国人民大学哲学系攻读硕士学位,汪永祥教授的学术引导力引导着我走向哲学研究的"高速公路";陈先达教授把我留在中国人民大学哲学系任教,同时,不嫌我愚笨,让我跟随他攻读博士学位,陈先达教授的思维穿透力引导着我走进马克思,"走向历史的深处"。我从心里,从流动的血液里感谢汪永祥教授、陈先达教授。我深知,"要是没有你,我在这里就陷入一片虚无"(《天真汉》)。

在《杨耕作品系列》出版之际,我不由自主地想起了我的挚友、兄长和领导袁贵仁教授。每当我走到人生的十字路口时,每当我处于"山重水复"已无路的境况时,他总是已经静静地站在那里等着我,为我指出方向,给我智慧和力量。袁贵仁教授无私的关爱,为我的学术研究和人生发展开辟了一个广阔的空间。我从心里,从流动的血液里感谢袁贵仁教授。我深知,要是没有你,我把"栏杆拍遍,无人会"(辛弃疾)。

在《杨耕作品系列》出版之际,我不由自主地想起了我的挚友陈志良教授。陈志良教授宏大的叙事能力引导着我在一个新的思想平台上展开了哲学研究。我忘不了我的这位挚友。此时此刻,我最想说的一句话就是,志良兄,你在天堂一切可好?!

在《杨耕作品系列》出版之际,我不由自主地想起了我的朋友和亲人,没有他们的友情与亲情,我不可能成长。同时,我也想起了由于种种原因对我产生误解甚至"敌视"的人,没有他们的误解与责难,我不可能成熟。对于我来说,友情与亲情、误解与责难、委屈与磨难都是一笔财富,一笔不

可缺少的财富。"风雨会使我们变得强壮,挫折会使我们变得坚强,一些成熟的思想和宝贵的品质,来自于受伤。"(汪国真)

从1978年2月走进安徽大学哲学系学习哲学到今天,时间已经过去了整整40年。40年来,我一直在哲学领域辛勤劳作。自不量力地借用伟人毛泽东的一句诗,那就是,"一篇读罢头飞雪"。40年了,从"形式"到"内容",我都发生了很大的变化,但在这种种的变化中又有不变,这就是我对哲学的"钟情"。哲学已经融进了我的生命活动之中,成为我书写生命的方式。哲学教会了我如何实现自我发展,懂得"我们都是集体性的人物",因而力图在推动社会发展的过程中实现个人的自我发展;哲学教会了我如何面对"过五关"与"走麦城",懂得"人要学会走路,也得学会摔跤,而且只有经过摔跤他才能学会走路"(马克思),因而"我把命运的摇晃都当作奖赏,依然在路上"(《摆渡人》);哲学教会了我"荣辱不惊""波澜不惊",懂得"屈贾谊于长沙,非无圣主。窜梁鸿于海曲,岂乏明时"(王勃),因而痛到肠断忍得住,屈到愤极受得起;哲学教会了我"看破红尘""看透人生",懂得"尔曹身与名俱灭,不废江河万古流"(杜甫),因而在"向死而生"中寻找生命的价值和意义……

记得在《为马克思辩护:对马克思哲学的一种新解读》第三版的"后记"中我说过,"《为马克思辩护》第三版出版之后,我'渴望思想平静'"。从那时到现在,时间已过去了8年,我的思想却没有平静,相反,仍处于剧烈的变化之中,有时甚至困惑与迷茫。这使我想起了诗人汪国真的诗句:

> 有时感觉自己,
> 真像一只孤独的大雁,
> 扇动着疲惫的翅膀,
> 望天也迷茫,
> 望水也迷茫。
> 只是从来不想改变初衷,
> 只是从来不想埋葬向往。

走进马克思哲学的深处：《为马克思辩护：对马克思哲学的一种新解读》德文版序言

马克思是德国人，而"德国人是一个哲学民族"（马克思）。如果说近代以来，英国人贡献的是工业革命，法国人贡献的是政治革命，那么，德国人贡献的就是哲学革命。在德国，社会变革首先表现为理论解放、哲学革命。"即使从历史的观点来看，理论的解放对德国也有特别实际的意义。德国的革命的过去就是理论性的，这就是宗教改革。正像当时的革命是从僧侣的头脑开始一样，现在的革命则从哲学家的头脑开始。"马克思所走的道路就是一条典型的德国人的道路。具体地说，马克思不是直接从现实出发去解答时代课题，而是通过哲学批判返归现实解答时代课题的。正如马克思本人所说，"德国的法哲学和国家哲学是唯一与正式的当代现实保持在同等水平上的德国历史"。"我们是当代的哲学同时代人，而不是当代的历史同时代人。德国的哲学是德国历史在观念上的延续。因此，当我们不去批判我们现实历史的未完成的著作，而来批判我们观念历史的遗著——哲学的时候,我们的批判恰恰接触到了当代所谓的问题之所在的那些问题的中心。"

对马克思主义史的深入研究可以看出,马克思"成为马克思"的每一步都是通过哲学批判取得的:1843 年的"黑格尔法哲学批判",1844 年的"对黑格尔的辩证法和整个哲学的批判",1845 年的"对批判的批判所作的批判""对法国唯物主义的批判",1846 年的"对费尔巴哈、鲍威尔和施蒂纳所代表的现代德国哲学的批判"……这一系列的哲学批判使马克思对"问题的中心"——时代课题有了更透彻的理解,对哲学本身有了更深刻的认识,从而创立了"新唯物主义"哲学,并在哲学史、思想史和社会历史上造成了一次划时代的革命。作为"千年思想家",马克思首先是一位德国哲学家,而哲学不仅是我的职业,而且是我的事业;马克思的哲学不仅是我的专业,而且是我的信念。所以,我把这部德文版的《为马克思辩护:对马克思哲学的一种新解读》献给这位德国哲学家,以表达一位中国学者对他的深深的敬意。感谢卡努特出版公司以德文出版了我的这部研究德国哲学家的著作。

我最初接触马克思的哲学是在 1974 年。那时,我的祖国正处在"文化大革命"中。在那个无书可读、也无须读书的年代,我的姨妈,一个老布尔什维克,送我一套 4 卷本的《马克思恩格斯选集》。我立刻如饥似渴、稀里糊涂地读完这套《马克思恩格斯选集》,并由此似懂非懂、懵里懵懂地走向哲学。1977 年,我考入安徽大学哲学系,在 4 年的本科学习过程中,我"跟着感觉走,牵着梦的手",自觉不自觉地走向马克思主义哲学。此后,无论是在中国人民大学攻读硕士、博士学位,还是在中国人民大学、北京师范大学从事教学科研,我的专业都是马克思主义哲学。从 1977 年到现在,时间已经过去了 40 多年。40 多年来,我一直不知疲倦地在哲学路途上艰难跋涉,在马克思主义哲学研究领域里艰辛探索,力图"究天人之际,通古今之变",从而在"向死而生"的过程中寻求生命的价值和意义。哲学已经融入我的生命活动之中,成为我书写生命的方式。

如果把我 40 多年来哲学研究的特点概括成一句话,那就是:重读马克思。这部《为马克思辩护：对马克思哲学的一种新解读》集中体现了我重读马克思的维度、广度和深度，体现了我重读马克思的理论途径和理论成果。

在重读马克思的过程中，我经历了从马克思主义哲学"回到"马克思的哲学，从马克思的哲学拓展到马克思主义哲学史、西方哲学史，从西方哲学史延伸到现代西方哲学、后现代主义哲学，然后再返回到马克思主义哲学这样一个不断求索的过程。之所以如此，是因为马克思是马克思主义哲学的主要创始人，对马克思主义哲学的研究首先就应追溯到马克思的哲学；对马克思哲学的研究又离不开对马克思主义哲学史的研究，只有把握马克思以后的马克思主义哲学的演变过程，才能真正理解马克思的哲学在何时、何处以及在何种程度上被深化和发展了，在何时、何处以及在何种程度被误解甚至曲解了；只有把马克思的哲学放到西方哲学史的背景中去研究，才能真正理解马克思的哲学为什么是"新唯物主义"，真正理解马克思的哲学对传统哲学变革的实质及其划时代的贡献；只有把马克思的哲学与现代西方哲学以及后现代主义哲学进行比较研究，才能知晓马克思哲学的历史局限性，同时才能真正理解马克思哲学的伟大所在，真正理解马克思的哲学为什么是我们这个时代"唯一不可超越的哲学"（萨特），"是我们当今用以恢复自身与存在之间关系的认知方式"（杰姆逊）。

在重读马克思的过程中，我特别关注西方马克思主义与苏联马克思主义。之所以如此，是因为西方马克思主义是西方的马克思主义者、学者在资本主义社会内部分析资本主义、从外部批判苏联社会主义的产物，同时，又是把"经典"马克思主义与现代西方哲学相结合的产物；苏联马克思主义则是苏联的马克思主义者、学者在社会主义社会内部研究社会主义、从外部批判西方资本主义的产物，同时，又是把"经典"马克思主义与俄罗斯传统哲学相结合的产物。在我看来，无论是西方马克思主义，还是苏联马克思主义，都从各自的立场出发继承了马克思哲学的某些原则，同时又放弃了某些原则，从而使马克思的哲学在不同程度上发生了"变形"。西方马克思主义与苏联马克思主义是马克思主义历史上两个基本的历史形态，因此，深入研究西方马克思主义与苏联马克思主义，对于把握马克思主义哲学的演变规律，建构马克思主义哲学的当代形态，具有重要意义。

在重读马克思的过程中，我还进行了政治经济学、社会发展理论的"补课"。之所以如此，是因为马克思的哲学不仅是在批判德国古典哲学，而且是在批判英国古典经济学的过程中生成的；马克思的经济学本质上是政治经济学批判，这种政治经济学批判又内含并贯穿着哲学批判，它所揭示的被物与物的关系所掩蔽着的人与人的关系，所揭示的资本是一种独特的社会存在，是现代社会的根本规定、建构原则和基本建制，本身就具有重要的存在论意义和深刻的哲学内涵；而在哲学批判和政治经济学批判双重批判的过程中生成的马克思的哲学，又深度契合着当代社会发展的重大问题，并为当代社会发展理论所关注和吸收。

精神生产不同于肉体的物质生产。以基因为遗传物质的生物延续是同种相传，而哲学思维则可以通过对不同学科成果的吸收、消化和再创造，形成新的哲学形态。正像亲缘繁殖不利于种的发育一样，一种创造性的哲学一定会突破从哲学到哲学的局限，并产生"跨界"影响。马克思的新唯物主义哲学就是这样一种创造性的哲学。正如福柯所说，马克思"在政治经济学的基础上"揭示了一个"全新的话语实践"，描绘了一个"新的思想地平线"。

由此，《为马克思辩护：对马克思哲学的一种新解读》展现出作为哲学家和革命家完美结合的马克思，作为解释世界和改变世界高度统一的马克思的哲学，并阐明马克思哲学的理论主题是无产阶级和人类解放；理论任务是发现和把握人的实践活动的内在规律以及人与世界的总体关系；理论特征是实践唯物主义、辩证唯物主义、历史唯物主义的高度统一，是形而上学批判、意识形态批判、资本批判的高度统一；理论目标是改变世界，确立有个性的个人，实现人的全面而自由发展。"代替那存在着阶级和阶级对立的资产阶级旧社会的，将是这样一个联合体，在那里，每个人的自由发展是一切人的自由发展的条件。"共产主义就是"以每个人全面而自由的发展为基本原则的社会形式"(马克思)。在我看来,这是马克思的哲学对人类解放所做出的庄严的"本体论承诺",体现出对人的现实关怀和终极关怀的双重关怀。这是全部哲学史上对人的最激动人心的关怀。显然,马克思的哲学是一种既不同于人本主义、唯心主义,也不同于一般唯物主义的新唯物主义。

与人本主义不同,新唯物主义关注的不是"抽象的人",而是"现实的人",即从事实践活动、生活在特定的社会关系中的"社会个人";与唯心主义不同,新唯物主义关注的不是"抽象的思维",而是"现实的思维",即在人的实践活动中生成的、"具有客观的真理性"的思维;与一般唯物主义,即旧唯物主义也不同,新唯物主义关注的不是"抽象的存在""抽象的物质",而是"现实的存在",即在人的"现实生活过程"和实践活动中生成的"人们的社会存在""可感觉而又超感觉的社会的物",是在"现实的历史"中被物与物的关系所掩蔽着的人与人的社会关系。

在我看来,承认物质的"第一性",这只是新唯物主义与旧唯物主义的共性,它并未构成新唯物主义本身的"个性"。确认人的实践活动所引起的人与自然之间的物质变换构成了现存世界的基础,确认在人的实践活动中生成的、具有社会关系内涵的"人们的社会存在"决定意识,确认人们在"物质实践"的基础上重建世界,确认"立脚点"是"社会的人类",这才是新唯物主义的"唯物"之所在,或者说,是新唯物主义的"新"之所在。

这样,我们就回到了马克思的巨像之前,真正体验到马克思的哲学为什么是新唯物主义。

从历史的观点看,新唯物主义就是现代唯物主义,马克思的哲学属于现代哲学。对现代西方哲学的深入研究可以看出,现代西方哲学的发展日趋"现实的生活世界",所力求的目标就是"领悟人的现实境况中的那个实在"(雅斯贝尔斯)。就理论整体而不是就个别派别而言,现代西方哲学正是以马克思的哲学所实现的革命变革为运行方向的。即使分析哲学所实现的"语言学转向",从本质上看,所体现的仍然是对人与世界的联结点或中介环节的寻求,显示的则是现代哲学对人的思想、语言与世界关系的总体把握。人类对世界的认识成果积淀并体现在语言中,从语言的意义去研究世界的意义,实际上就是从对人的关系中去理解和把握世界。现代哲学的"语言学转向"实际上深化了近代哲学的"认识论转向",实际上是以一种新的形式深化了对人与世界关系的研究。不管现代西方哲学的其他派别是否意识到或承认,马克思和孔德一样,也是西方传统哲学的终结者和现代哲学的开创者。马克思的新唯物主义哲学与孔德的实证主义哲学实际上是以各自的方式转换了哲学的发展方向,实现了西方哲学由传统形式向现代形式的转型。

从根本上说,任何一种重读、重释,都是由现实的实践所激发的,任何一种重读、重释,都既要回到历史语境,又要以现实实践为出发点。正如马克思所说,"对人类生活形式的思索,从而对它的科学分析,总是采取同实际发展相反的道路。这种思索是从事后开始的,就是说,是从发展过程的完成的结果开始的"。人类历史上往往存在着这样一种现象,即"甚至最杰出的人物也会根本看不到眼前的事物。后来,到了一定的时候,人们就惊奇地发现,从前没有看到的东西现在到处都露出自己的痕迹"。哲学文本的重读和思想史的重释同样如此。马克思就是以"从后思索"的方式重读、重释古希腊哲学的,即"从伊壁鸠鲁哲学追溯希腊哲学",并认为伊壁鸠鲁派和斯多葛派、怀疑派一起形成了自我意识哲学的"完备的结构",构成了"理解希腊哲学的真正的历史的钥匙"。恩格斯也是以"从后思索"的方式重读、重释古希腊哲学的,并认为"在希腊哲学的多种多样的形式中,几乎可以发现以后的所有观点的胚胎、萌芽"。

正因为如此,我力图以当代实践以及科学和哲学本身的发展成果为出发点重读马克思,并以此为基础在《为马克思辩护:对马克思哲学的一种新解读》中重释已经成为"常识"的马克思哲学的基本观点,重释被忽视甚至被遗忘的马克思哲学的基本观点,重释马克思有所论述,但又未充分展开、深入论证,同时又深度契合着当代社会重大问题的观点,并使之上升为马克思主义哲学的基本观点。历史常常出现这样一种情况,即一个伟大哲学家的某些观点往往在其身后,在经历了较长时间的历史运动之后,才显示出这些观点的内在价值,重新引起人们的关注。马克思的历史命运也是这样。新的实践需要我们对马克思的哲学做出新的解读,对马克思主义哲学做出新的阐释。

为马克思"辩护"起因于苏联解体、东欧剧变。苏联、东欧社会主义的失败,使社会主义在政治上和道义上都被推上了资本主义的审判台,尤其是一些原来号称是马克思主义者,实际上是教条主义者的人,以一个跪倒在"上帝"面前忏悔的罪人的姿态指责马克思主义。在世纪之交的思想论争中,马克思不仅没有成为"原告",反而或明或暗地成为"被告",其"形象"任凭"原告"随意涂抹,其思想任由"原告"随意解读。这是一次"被告"者"缺席"的"审判"。作为一个马克思主义者,我不能不为"缺席"的马克思"辩护";作为一个马克思主义的研究者,我的"辩护"又是以对马克思哲学的新解读为"辩护词"的。所以,我把这部著作定名为《为马克思辩护:对马克思哲学的一种新解读》。

马克思主义的故乡是德国,但马克思主义又并非仅仅属于德国。马克思主义是在批判资本主义生产方式的过程中产生的,而资本主义生产方式的一个显著特征,就是它"具有国际的性质"。"资产阶级社会的真实任务是建立世界市场(至少是一个轮廓)和以这种市场为基础的生产",正是资产阶级"首次开创了世界历史"(马克思)。因此,作为资本的批判理论,马克思主义必然是"历史向世界历史的转变"的理论产物。马克思曾经预言:必然会出现这样一个时代,"那时,哲学对于其他的一定体系来说,不再是一定的体系,而正在变成世界的一般哲学,即变成当代世界的哲学"。马克思的哲学就是这样一种"世界的哲学",因而它"远在德国和欧洲境界以外,在世界的一切文明语言中都找到了拥护者"(恩格斯)。

马克思主义不仅改变了世界,而且改变了中国。作为一个中国的马克思主义者、学者,我当然是在中国的历史语境中重读马克思的,是在当代中国的实践活动中重读马克思的。当代中国最基本的实践就是改革,这一实践活动的最重要特征和最重要意义就在于,它把现代化、市场化和社会主义改革这三重重大的社会变革浓缩在同一个时空中进行了,因而构成了一场特殊而复杂的社会转型,生成着一系列特殊而复杂的社会矛盾,因而必然为我们重读马克思、重释马克思主义哲学提供一个广阔的社会空间;当代中国最鲜明的特色就是改革,使中华民族在社会主义改革的基础上实现伟大复兴,同时,使社会主义在中华民族复兴的基础上再造辉煌,构成了当代中国的时代精神。因此,我对马克思哲学的新解读,对马克思主义哲学的新阐释,当然具有"中国元素",凝聚着我对当代中国的实践活动的反思,体现着我对当代中国的时代精神的把握。

我并不认为我对马克思哲学的新解读、对马克思主义哲学的新阐释完全恢复了马克思哲学的"本来面目",因为我深知解释学的合理性,深知我的新解读、新阐释受到我本人的人生经历、哲学修养的制约,深知我的新解读、新阐释受到我的"理解的前结构"的制约,因而也深知我的这部《为马克思辩护:对马克思哲学的一种新解读》的全部缺陷。借用维特根斯坦的话来说,这部著作"只是一面镜子,读者可以通过这面镜子看他的思想的全部缺陷,从而借助这个途径将思想端正"。

但是,我又不能不指出,这部《为马克思辩护:对马克思哲学的一种新解读》是我从文本、理论、历史、实践四个维度重读马克思的诚实记录,是我走向马克思、走近马克思、走进马克思的心灵写照。杜威表达过这样一种观点,即"思维尤其是一种艺术,而作为思维产物的知识和命题,也跟雕像和交响乐一样,乃是艺术作品"。我对杜威的这一观点持一种审慎的保留态度。科学思维不同于艺术创作。科学思维追求的是客观性,科学命题体现的是对象本身的规律性,展现的是知识的世界;艺术创作追求的是形象塑造,艺术作品是人的情感的形象化,展现的是审美的世界。哈姆雷特是莎士比亚塑造的艺术形象,马克思是客观真实的存在。因此,"一千个观众"的心中可能有"一千个哈姆雷特",而真实的马克思只有一个,这就是作为马克思主义创始人的马克思。离开了马克思的马克思主义,只能是打引号的马克思主义;离开了马克思主义的马克思,只能是打引号的马克思。

科学不是艺术,哲学不是"拟文学的事业",而是从思维与存在、人的尺度与物的尺度双重关系的视角对实践和科学的反思。马克思的哲学有其科学内涵即历史规律,同时,又凝聚着一种价值诉求,是科学体系和价值观念的高度统一。我们可以以当代实践以及科学和哲学本身的发展成果为出发点,使作为认识者的我们的视界与作为被认识者的马克思的视界融合起来,从而走进马克思哲学的深处,切实把握马克思主义哲学的本质特征和本真精神。当然,这是一条艰难曲折的思想登山之路,正如雪莱的两行诗句所说的那样:

> 走向权威之路并不康庄,
> 更有狂风暴雨君临高处。

"敢问路在何方"：《为马克思辩护：对马克思哲学的一种新解读》商务印书馆版序言

　　这部《为马克思辩护：对马克思哲学的一种新解读》被商务印书馆收入"中华当代学术著作辑要"，我深感荣耀！

　　诞生于 1897 年的商务印书馆，是中国现代出版的发源地，同时，也是中国现代思想的萌发地。它所出版的各类学校教科书，为学子们的成长开辟了广阔的知识空间，它所出版的各类辞书，为人们的生活、学习和工作提供了精准的"导游图"，它所出版的各类汉译世界学术名著，为学者们展示了一个新的思想地平线。正因为如此，商务印书馆和北京大学被人们誉为中国现代文化的"双子星"。在我看来，中国的现代出版史，无论是"正"着写，还是"野"着写，是"横"着排，还是"竖"着排，商务印书馆都是一个绕不过去的文化要塞，是一个避不开的思想制高点。能在商务印书馆出版自己的学术著作，这是学者的荣耀。

　　就我个人而言，我是捧着《新华字典》《现代汉语词典》《辞源》等辞书，走向学术殿堂的，是读着《小逻辑》《哲学史讲演录》《历史与阶级意识》等汉译世界学术名著，走进哲学深处的。当我站在哲学的深处，回望我走过的路途时，我发现，哲学对我足够"深情"，商务印书馆对我如此"厚爱"。我从商务印书馆走来，沐浴着商务印书馆的阳光和雨露。所以，当这部《为马克思辩护：对马克思哲学的一种新解读》被收入"中华当代学术著作辑要"，并在商务印书馆出版时，我心存感激之情。

《为马克思辩护：对马克思哲学的一种新解读》力图站在当代实践、科学和哲学的基础上，重释已经成为"常识"、为人们所熟知的马克思哲学的基本观点；展示本是马克思哲学的基本观点，但由于种种原因，被人们所忽视甚至遗忘的马克思哲学的基本观点；系统论证马克思有所论及、尚未展开，但又契合着当代重大问题的观点，并使之上升为马克思主义哲学的基本观点，从而凸显一个多维视野中的马克思，展现马克思的新"形象"。这部著作体现了我的哲学研究的力度、深度和广度，体现了我的理论空间和思维个性，实际上是我 40 年来重读马克思的心灵写照和诚实记录。40 年来，尽管我生活其中的社会环境处在剧烈的变化之中，我本人的"身份"处在不断的变化之中，但我"任尔东西南北风""咬定青山不放松"（郑板桥），一直在哲学的路途上艰辛探索，在人生的道路上艰难跋涉……"回首向来萧瑟处，归去，也无风雨也无晴。"（苏轼）

对我来说，这部《为马克思辩护：对马克思哲学的一种新解读》被收入"中华当代学术著作辑要"，并在商务印书馆出版，不是哲学研究的终点，而是哲学研究的新的起点。哲学已经融入我的生命活动之中。无论行走在这条哲学路途和人生道路上多么艰辛，我也将义无反顾、坚定不移地走下去。也许，在这条哲学的路途和人生的道路上，我会命运多舛，但是，"我把命运的摇晃当作奖赏，依然在路上"（《摆渡人》）；也许，在这条哲学的路途和人生的道路上，我会面临"山重水复"已"无路"的境地，但是，"其实地上本没有路，走的人多了，也便成了路"（鲁迅）。

1978 年 2 月，在"春天的故事"里，我成为"文化大革命"结束后的第一届大学生，成为当时的新一代。我们这一代不同于老一代。老一代是在战争年代,在血与火的考验中度过,我们这一代是在和平年代,在不断的精神苦练中生存;老一代敢"问苍茫大地,谁主沉浮"(毛泽东),我们这一代"敢问路在何方"。我们这一代有我们这一代的苦苦追求。在这部《为马克思辩护:对马克思哲学的一种新解读》出版之际,我不由自主地想起了辛弃疾的词句:

> 男儿到死心如铁,
> 看试手,补天裂。

以合乎真理的方式谈论真理:《为马克思辩护》第一版后记

呈现在读者面前的这部著作,即《为马克思辩护》凝聚着我从 1986 年到 2001 年这 15 年间哲学研究的成果。这一著作从"马克思哲学基本特征研究""马克思哲学基本观点研究""马克思主义哲学史研究""马克思哲学与中国现代化研究"四个方面,从理论与文本、理论与历史、理论与现实三个维度,展示了我的马克思主义哲学研究的特征、广度与深度。

我深知我的人生经历、知识结构和哲学素养的不足,丝毫不否认这部著作存在着错误和成见。"学者们固然有时比一般人的成见少,但另一方面,他们对已有的成见坚持得比一般人更厉害。"(卢梭)因而,对于学者来说,修正错误、抛弃成见尤为重要。在学术研究中,我仍将"执着",即坚定不移地追求真理,但绝不"固执",即拘泥于成见、坚持错误。只有当我们从对错误的"错误"理解中摆脱出来的时候,我们才能以合乎真理的方式去谈论真理。

无论是在实际工作中,还是在学术研究中,我追求的目标都是"完善"，但我深知，我不可能达到完善。"一切发展中的事物都是不完善的，而发展只有在死亡时才结束。"（马克思）因此，我欢迎一切来自善意的批评。对于出自恶意的攻击，我的答复只能是：

我要忠实地停留在我自己的世界上，
我就是我的地狱和天堂。（席勒）

沉思往事与发现未来:《为马克思辩护:对马克思哲学的一种新解读》第二版后记

　　呈现在读者面前的这部著作,是我的学术专著《为马克思辩护:对马克思哲学的一种新解读》的第二版。

　　2002 年,在我的学生李屹立博士的促动下,我在黑龙江人民出版社出版了《为马克思辩护》。出乎我意料的是,从 2002 年 1 月至 10 月,仅仅 10 个月,《为马克思辩护》就连续印刷三次。这也许是我的执着感动了读者,但重要的是,读者的厚爱深深地感动了我。所以,在《为马克思辩护》第二版,即《为马克思辩护:对马克思哲学的一种新解读》出版之际,我不由自主地想起我的师长、朋友和亲人,没有他们的友情与亲情,我不可能成长;同时,我也想到由于种种原因对我产生误解、偏见甚至"敌视"的人,没有他们的误解与责难,我不可能成熟。"人要学会走路,也得学会摔跤,而且只有经过摔跤,才能学会走路。"(马克思)对于我来说,友情与亲情、委屈与磨难,都是一笔财富,一笔不可缺少的财富。

　　我的研究方向是马克思的哲学。我注意到,马克思的"形象"在其身后处在不断变换之中,而且马克思离我们的时代越远,对他认识的分歧就越大,就像行人远去,越远越难辨认一样。苏联东欧社会主义的巨变,使得马克思在世纪之交的思想文化论争中不仅没有成为"原告",反而或明或暗地成为"被告",其"形象"任凭"原告"的言说随意涂抹。作为一个马克思主义者,我不能不为"缺席"的马克思辩护;作为一个马克思哲学的研究者,我的全部论著都是重读马克思的结果,或者说,是对马克思哲学的一种新解读。所以,我把本书定名为《为马克思辩护:对马克思哲学的一种新解读》。

同《为马克思辩护》第一版相比,第二版有较大的变化:一是把《光荣的路是狭窄的(代前言)》改为《马克思哲学:我们时代的真理和良心(代序)》;二是把四编改为上、下篇,并删去了第四编的全部内容;三是对内容进行了调整,除删去了第四编外,还删去了《马克思哲学与后现代主义在当代的相遇》《为马克思的社会主义理论辩护》《物质、实践、世界:关于马克思哲学三个基本范畴的再思考》《课题设计、资料分析和模型解释:社会科学研究的基本环节》《马克思哲学与马克思主义哲学教科书》《历史唯物主义研究:问题、观点与思路》《关于历史唯物主义理论基础的历史沉思》《关于历史唯物主义理论来源的再思考》八章,增加了《马克思哲学的后现代意蕴》《马克思的实践本体论:一种新解读》《社会与自然的关系:一种新解读》《社会发展的"自然历史过程":一种新解读》《马克思的历史必然性观念:一种新解读》《马克思的实践反思理论:内涵、特征和意义》《斯大林与卢卡奇的本体论思想:一种比较研究》《胡塞尔:从先验自我转向生活世界》《后现代主义:背景、实质和意义》《后殖民主义:实质、特征及其局限》十章。

《为马克思辩护:对马克思哲学的一种新解读》是围绕着马克思哲学及其当代意义这一主题展开的。上篇侧重于马克思哲学基本特征和基本观点研究,把马克思哲学置于西方哲学史和西方现代哲学,包括后现代主义这一宏大的理论背景中重新探讨它的理论主题、体系特征和当代意义,力图用新的科学和哲学研究成果阐释已成为"常识"的马克思哲学的基本观点,展现被现行的马克思主义哲学教科书所忽视、遗忘的马克思哲学的基本观点,深入探讨、系统论证马克思有所论述但又未充分展开,同时又契合着当代重大问题的观点,使之上升为马克思主义哲学的基本观点;下篇侧重于马克思主义哲学史及西方现代哲学研究,重新考察了马克思创立历史唯物主义的历史进程和思维逻辑,考察了马克思以后马克思主义哲学的演变,并从马克思的观点出发分析了现代西方哲学以及后现代主义、后殖民主义,以凸显马克思哲学的当代意义。

我力图以这样一种形式重塑马克思的"形象",展现马克思哲学对人的现实存在和终极存在的双重关怀,并以此为马克思辩护。同时,我也深知,马克思哲学博大精深,这部著作对马克思哲学的解释不过是"冰山现象"。对于我来说,思维之锄还应向马克思主义哲学理论宝库的深处不断掘进。"人们常常有机会提供一个伟大的教训,就是承认自己的不足。"(狄德罗)我丝毫不否认我的生活阅历、知识结构和思维方式的不足,深知这部著作的全部缺陷。借用维特根斯坦的话来说,我的这部著作"只是一面镜子,读者可以通过这面镜子看到他的思想的全部缺陷,从而借助这个途径将思路端正"。

《为马克思辩护:对马克思哲学的一种新解读》这部著作的内容实际上反映了我在不同时期所关注的不同问题,记录了我重读马克思的心路历程,体现了我的哲学研究水平的过去与现在。由此,我想起了赫尔岑的名言:

> 充分认识过去,
> 我们才能认清现在;
> 深深地沉思往事的意义,
> 我们才能发现未来的意义。

渴望思想平静:《为马克思辩护:对马克思哲学的一种新解读》第三版后记

    2002 年,黑龙江人民出版社出版了我的学术专著《为马克思辩护》的第一版,从 2002 年 1 月至 10 月,仅仅 10 个月,"第一版"就连续印刷三次;2004 年,北京师范大学出版社出版了《为马克思辩护:对马克思哲学的一种新解读》的第二版,出乎我意料的是,"第二版"又连续印刷 3 次。就一本哲学专著而言,能够先后印刷 6 次,销售数量达两万余册,实属不易。读者的厚爱深深地感动了我。当 2010 年刚刚到来之际,中国人民大学出版社又出版《为马克思辩护:对马克思哲学的一种新解读》的第三版,这使我不禁想起我的人大岁月。

    1986 年,汪永祥教授把我领进了我向往已久的中国人民大学攻读硕士学位,汪老师的学术引导力引导着我真正走进"哲学门";1988 年,我提前毕业留校任教,同时师从陈先达教授攻读博士学位,陈老师的思维穿透力引导着我走向哲学的深处;而我的挚友陈志良教授的"宏大叙事"能力又引导着我走上哲学研究的大舞台。我深深地感谢我的两位导师汪永祥教授、陈先达教授,感谢我的挚友陈志良教授。从他们身上,我不仅看到了哲学家的文采,而且看到了哲学家的风采;不仅学到了文品,而且学到了人品;不仅学会了做"文",而且学会了做"人"。由此,我想起了《天真汉》中的天真汉对博学老人高尔同的礼赞:"要没有你,我在这里就陷入一片虚无。"

我是读着中国人民大学出版社出版的教材走进人大的,尔后又成为人大出版社的作者和总编辑。正是在中国人民大学,我完成了从"三十而立"到"四十不惑"的自然转变,从成长走向成熟;也正是在中国人民大学,我完成了"身份"的急剧转变,被破格推荐免试攻读博士学位,被破格评为副教授、教授、博士生导师……人大教会了我如何学习、如何思考、如何工作乃至如何生活。所以,在我"知天命",开始步入"夕阳无限好,已是近黄昏"的人生阶段时,人大出版社出版《为马克思辩护:对马克思哲学的一种新解读》的第三版,让我心存感激。中国人民大学,让我流连忘返,魂牵梦绕……

同"第二版"相比,"第三版"有较大的变化:删去了《唯物主义的历史形态和历史唯物主义的理论空间》《社会与自然的关系:一种新解读》《社会的本质及其发展过程的特殊性:一种新解读》《马克思的社会有机体方法》《马克思的"从后思索法":原则、内容和意义》《马克思的科学抽象法:一种新解读》《马克思创立历史唯物主义的历史进程和思维逻辑》《西方历史哲学的现代转向及其启示》《社会科学方法的发生、范式及其历史性转换——马克思社会研究方法的特征及其现代性》九章,以及附录《辩证唯物主义和历史唯物主义"一体化":内涵、基础与问题》,增加了《实践的世界观意义:对马克思世界观的一种新解读》《辩证的否定与否定性的辩证法:对马克思辩证法的一种新解读》《发生、本质、过程:对马克思认识论的新解读之一》《必然王国与自由王国:一种新解读》《后马克思主义:历史语境与多重逻辑——从马克思的观点看》五章。此外,对《社会发展中的自然形态、派生形态和超越形态》做了压缩,并同《社会发展的"自然历史过程":一种新解读》合并为一章。

之所以做出这样的调整，目的仍然是力图用新的科学和哲学研究成果阐释已成为"常识"的马克思哲学的基本观点，展示被现行的马克思主义哲学教科书所忽视、遗忘的马克思哲学的基本观点，深入探讨、系统论证马克思有所论述但又未充分展开，同时又契合着当代重大问题的观点，使之上升为马克思主义哲学的基本观点，从而凸显马克思哲学的现代性质和当代意义。

《为马克思辩护：对马克思哲学的一种新解读》第二版出版后，我的思想、观点仍处在较大的变化之中，但我不想改变《为马克思辩护：对马克思哲学的一种新解读》的总体逻辑和基本观点。为了使读者了解 2005—2009 年间我的思想和观点的变化，我选了我的一篇学术自述、一篇访谈、四篇文章作为全书的附录。从中，读者可以"窥一斑而知全豹"。

中国人民大学出版社社长贺耀敏教授、总编辑周蔚华教授，以及学术出版中心主任李艳辉编审不嫌浅陋，将本书列入"当代中国人文大系"；北京师范大学出版社马晓薇编辑为书稿的校对付出了艰辛的劳动。在此，我一并表达我深深的谢意。

记得维特根斯坦说过，"探讨哲学的人渴望思想平静"。《为马克思辩护：对马克思哲学的一种新解读》第三版出版之后，我亦渴望"思想平静"。

拥抱晨钟与拒绝暮鼓:《为马克思辩护:对马克思哲学的一种新解读》第四版后记

2010 年 1 月,《为马克思辩护:对马克思哲学的一种新解读》第三版出版时,我曾经说过,"《为马克思辩护:对马克思哲学的一种新解读》第三版出版之后,我渴望'思想平静'"。从那时到现在,时间又过去六年,我的思想却未平静,仍处于剧烈的变化之中。再次重读《1844 年经济学哲学手稿》《德意志意识形态》《资本论》之后,我再次感受到马克思思想的穿透力、哲学的批判力,深深地体会到马克思的哲学仍然具有"令人震撼的空间",一个新的马克思的"形象"出现在我的面前。同时,我也自觉地认识到《为马克思辩护:对马克思哲学的一种新解读》第三版的局限和缺陷。因此,我向读者呈上《为马克思辩护:对马克思哲学的一种新解读》第四版。

同"第三版"相比,"第四版"有较大的变化:

更换了第三版的代序,即《学术月刊》杂志记者 2004 年 1 月对我的采访录,重新撰写了序言《马克思哲学:我们时代的真理和良心》。

删去了第三版的"第十一章　发生、本质、过程：对马克思认识论的新解读之一""第十四章　思维的内在矛盾：一种新解读""第十五章　对象意识与自我意识：一种新解读""第十六章　知识思维与辩证思维：一种新解读""第十八章　法国唯物主义的两个派别及其启示""第十九章　法国复辟时代的历史学及其与唯物史观的关系""第二十一章　从黑格尔的历史辩证法到马克思的历史唯物论""第二十二章　从费尔巴哈人的本质理论到马克思人的本质理论：一种新解读""第二十六章　后现代主义：背景、实质和意义""第二十七章　后殖民主义：实质、特征及其局限"，以及"附录一、二、三、四、五、六"。

调整了第三版中的"第六章　辩证的否定与否定性的辩证法：对马克思辩证法的一种新解读""第九章　生产力与生产关系的矛盾运动：一种新解读""第十章　社会主义必然代替资本主义及其历史进程：一种新解读""第十三章　实践反思：对马克思认识论的新解读之三""第二十章法国空想社会主义的社会哲学及其与唯物史观的关系""第二十三章　斯大林与卢卡奇的本体论思想：一种新解读""第二十四章　胡塞尔：从先验自我转向生活世界""第二十五章　德里达：从解构主义转向马克思主义""第二十八章　后马克思主义：历史语境与多重逻辑"，即把第三版第六章的部分内容调整到第四版的第八章，第三版第九章的部分内容调整到第四版的第十章，第三版第十章的部分内容调整到第四版的第十一章，第三版第十三章的部分内容调整到第四版的第十七章，第三版第二十章的部分内容调整到第四版的第三章，第三版第二十三章的部分内容调整到第四版的第八章，第三版第二十四、二十五章调整为第四版的附录三、四，第三版第二十八章调整为第四版的第六章。

增加了《唯物主义的历史形态与历史唯物主义的理论空间》《辩证唯物主义、历史唯物主义、实践唯物主义：基于概念史的考察与审视》《世界历史、东方社会与社会主义》《意识与意识形态批判》《社会批判及其核心：资本批判》《社会有机体方法：社会的总体分析法》《"从后思索"：认识历史的根本途径》《科学抽象：社会科学的分析工具》《中国马克思主义哲学体系：

形成、确立和演变》《苏联马克思主义哲学模式：形成、特征和缺陷》，分别作为第四版的第一、二、十一、十二、十三、十四、十五、十六章，以及附录的一、二。

这样的变动反映了我再次重读马克思后对马克思哲学的一种新理解，体现了我的马克思主义哲学研究的维度、广度和深度。我始终认为，在马克思主义哲学研究中，要分清哪些是马克思哲学问题域中的问题，哪些是当代哲学问题域中的问题，马克思哲学在哪些重大问题上契合着当代社会的重大问题，从而以当代实践、科学和哲学本身的成果阐释已经成为"常识"的马克思哲学的基本观点，展示被忽视、被遗忘的马克思哲学的基本观点，深入探讨、系统论证马克思有所论述但又未充分展开，同时又契合着当代社会重大问题的观点，使之上升为马克思主义哲学的基本观点。

南京大学张一兵教授不嫌浅陋，将本书列入"凤凰文库·马克思主义研究系列"，南京大学张亮教授热情推荐本书；北京大学仰海峰教授为本书第十三章的写作提供了宝贵的思想；北京师范大学出版社杜丽娟编辑不辞辛苦打印了全部书稿，江苏人民出版社戴亦梁编审为本书的出版付出了艰辛的劳动。在此，我一并表达我的谢意。"一个篱笆三个桩，一个好汉三个帮。"我不是好汉，更需要帮。我深深地感谢每一个帮助过我的人。

我的学业、职业、专业和事业都是哲学，我的研究方向和理论信仰都是马克思哲学。在这条道路上我已经走过了近 40 年的历程。如果说最初我是"误入"哲学，那么，后来我就是自觉选择了哲学，至今无怨无悔。哲学适合我，我也适合哲学。今天，我已与哲学连成一体，或者说，哲学已融入我的生命活动之中，离开哲学，我不知如何生活。当然，我也深知，哲学思维极其艰辛，谁选择了哲学并想站在这一领域的制高点上，谁就必然要在精神上乃至物质上选择一条苦行僧的道路。

> 你接受了幸福，
>
> 也就接受了痛苦。
>
> 你拥抱了晨钟，
>
> 怎么可能拒绝暮鼓。（汪国真）

重建唯物主义历史观:《危机中的重建:
唯物主义历史观的现代阐释》序言

　　理论的命运同历史的进程息息相关。每当历史处在转折点时,新的实践便会对原有的理论提出挑战。此时,原有的理论往往会出现某种危机。唯物主义历史观的命运似乎也是如此。

　　19世纪20世纪之交,历史处在转折点上。资本主义由自由竞争阶段发展到垄断阶段,西方资本主义国家出现了经济繁荣的现象,马克思所预言的资本主义"丧钟"并未敲响。面对这种现象,不仅资产阶级理论家指责唯物主义历史观,而且马克思主义内部也出现了对唯物史观的"修正",以及信奉者"倒戈"的现象。唯物史观在"世纪转换"中面临着"危机"。普列汉诺夫当时不无伤感地说:"我们正在经历着危机,我为此难过极了。"

　　历史不会重演,但的确又有惊人的相似之处。

　　20世纪与21世纪之交,历史又处在转折点上,产生了许多"剪不断,理还乱"的现象:新技术革命的浪潮犹如"黄河之水天上来",猛烈地冲击、改变着传统社会,并为发达国家生产力的发展开辟了新的空间;西方资本主义国家通过体制改革,在相当的程度上缓解了生产资料私人占有制对生产力发展的制约,阶级矛盾和社会矛盾也有相当程度的缓和,马克思预言的资本主义"丧钟"仍未敲响,相反,苏联东欧社会主义却被资本主义"不战而胜"……现实的波澜必然掀起理论的狂飙。唯物主义历史观的批评家们犹如雨后的蘑菇,纷纷破土而出,而在马克思主义内部,"极深的瓦解和混乱,各种各样的动摇"在更大的规模上被重复着。"山重水复疑无路",唯物史观似乎再次面临着"危机"。

问题在于,理论危机并非总是坏事。从根本上说,理论总是在实践发展到新的阶段时,显露出自身的破缺性,从而出现某种危机,而危机的出现又往往意味着理论将获得发展。没有 19 世纪 20 世纪之交的"物理学危机",就没有现代物理学;没有 19 世纪 20 世纪之交的哲学危机,就不会产生现代哲学;没有 19 世纪 20 世纪之交的马克思主义危机,就不会诞生列宁主义……矛盾——危机——重建——发展,这是理论运行的规律。

"历史唯物主义并不是一个封闭的、以最后真理为其终点的体系"(梅林),它没有也不可能包含一切社会问题的现成答案。自诩为包含一切问题答案的学说,不是科学,而是神学。两次"世纪转换"的确提出了一些超出唯物主义历史观创始人视野的新问题,从而导致唯物史观出现某种"危机"。然而,只要科学地解答这些现实中的问题,并使这些现实问题上升为理论问题,唯物史观就会出现转机与生机。"危机"正是唯物史观面对挑战而自我反省、自我超越、自我发展的时期。在我看来,没有"危机"的封闭状态才是真正的危机。全部问题就在于,如何实现"危机"中的重建。所以,我把这部著作定名为"危机中的重建"。

重建唯物主义历史观,并不是像以往意识形态"变形"那样,以改变自己的基本原则为代价去适合新的政治需要,也不是用其他理论体系来改造、"补充"唯物史观。唯物史观当然要注意和批判继承现代社会理论的优秀成果,如果忽视对现代社会理论的批判考察,把自己同现代社会理论隔离开来,唯物史观就会由孤立走向枯萎。

但是,我们不能搞无原则的兼收并蓄,把不同的理论体系捏在一起。弗洛伊德主义就是弗洛伊德主义,结构主义就是结构主义,存在主义就是存在主义……"弗洛伊德主义的马克思主义""结构主义的马克思主义""存在主义的马克思主义"以及"儒学马克思主义",等等,就像圆的方、铁的木一样难以相融。

我所说的重建,是相对唯物主义历史观的教科书形态而言的。唯物史观的教科书形态是从《联共(布)党史简明教程》第四章第二节演化而来的,二者没有本质的区别。无疑,"四章二节"简要而通俗地阐述了唯物史观的若干原理,但它也的确存在着很大的局限性。从根本上说,"四章二节"不理解科学的实践观是唯物史观的理论基础,唯物史观被看作是作为自然观的"辩证唯物主义"在社会历史领域中的"推广与运用"。马克思划时代的贡献在相当大的程度上被抛弃了。重建唯物史观首先就意味着回到马克思。

回到马克思,重建唯物主义历史观,又不是简单地重复人们熟知的观点,而是重新审视唯物史观的"原本",深入而全面挖掘唯物史观的基本观点。我们不能把唯物史观的基本观点局限在人们已经熟知的范围内。"熟知并非真知。"我们应该看到,有些观点本来就是唯物史观的基本观点,只是由于种种原因,人们没有涉及或重视这些观点,因而它们被排斥在唯物史观的教科书之外。历史常常出现这样一种情况,即一个伟大思想家的某些观点往往在其身后,在经历了较长时间的历史运动之后,才真正显示出它的内在价值,重新引起人们的重视。唯物史观的历史命运也是如此。

回到马克思,重建唯物主义历史观,也不是奉行"原教旨主义",而是站在现代实践、科学和哲学的基础上重建唯物史观。为此,必须把握唯物史观在现代的理论生长点。在我看来,唯物史观的理论生长点有三层含义:一是唯物史观创始人有所论述,但又未具体展开、详加探讨的问题,或者说,是以胚胎、萌芽形式包含在唯物史观中的问题;二是这一问题又是现代实践、科学和哲学所突出的问题,即"热点"问题;三是现代实践、科学和哲学又为解决这一问题提供了现实的可能性。重建唯物史观就是适应现时代的要求,使这些原先以胚胎、萌芽形式包含在唯物史观中的问题凸显出来,予以深入而系统的研究,使之上升为唯物史观的基本观点,并同唯物史观原有的基本观点有机结合起来。

所以,这部著作的副书名为"唯物主义历史观的现代阐释"。

我注意到,任何一种思想史的研究都要受到研究者本人的知识结构、思维方式和价值观念的制约,都不可避免地具有某种主观色彩。对唯物主义历史观的研究和重建也是如此。正因为如此,唯物史观的"形象"一直处在变换之中,而且离马克思的时代越远,对唯物史观认识的分歧就越大,就像行人远去,越远越难辨认一样。

某种学说"形象"的变换,在思想史上并不罕见。但是,像唯物主义历史观这样引起持久的、广泛的、世界性的争论,聚讼纷纭,分歧如同冰炭,的确罕见。有人由此认为,不存在"真正的马克思",有多少个研究者,就有多少个马克思,对唯物历史观的任何一种理解、解释和重建,都是纯粹主观的"视界融合"。

我不能同意这种观点。这种观点看到了某些合理的事实,但又把这些合理的事实溶解于不合理的理解之中。这是一种充满认识相对主义的观点。在我看来,"客观的理解"乃是唯物主义历史观本身的准则。在这部著作中,我力图按照唯物史观的"本来面目"去理解唯物史观,同时站在现代实践、科学和哲学的基础上重建唯物史观。

当今,各种"重建"方兴未艾。但是,以科学的实践观为理论基础去重建唯物主义历史观,在各种"建构"中显示出强大的生命力。在我看来,这是符合唯物史观"本来面目"的重建,是科学的重建。

走马观花那样去看看马克思是如何论述唯物主义历史观理论基础的吧:

"真理的彼岸世界消逝以后,历史的任务就是确立此岸世界的真理。人的自我异化的神圣形象被揭穿以后,揭露具有非神圣形象的自我异化,就成了为历史服务的哲学的迫切任务。于是,对天国的批判变成对尘世的批判,对宗教的批判变成对法的批判,对神学的批判变成对政治的批判。"

"从前的一切唯物主义(包括费尔巴哈的唯物主义)的主要缺点是:对对象、现实、感性,只是从客体的或直观的形式去理解,而不是把它们当作感性的人的活动,当作实践去理解,不是从主体的方面去理解。因此,和唯物主义相反,能动的方面却被唯心主义抽象地发展了,当然唯心主义是不知道现实的、感性的活动本身的。"

"全部人类历史的第一个前提无疑是有生命的个人的存在。""这些个人把自己和动物区别开来的第一个历史行动不在于他们有思想,而在于他们开始生产自己的生活资料。"所以,"个人怎样表现自己的生活,他们自己就是怎样。因此,他们是什么样的,这同他们的生产是一致的——既和他们生产什么一致,又和他们怎样生产一致"。

"全部社会生活在本质上是实践的。""以一定的方式进行生产活动的一定的个人,发生一定的社会关系和政治关系。经验的观察在任何情况下都应当根据经验来揭示社会结构和政治结构同生产的联系……社会结构和国家总是从一定的个人的生活过程中产生的。"

"思想、观念、意识的生产最初是直接与人们的物质活动,与人们的物质交往,与现实生活的语言交织在一起的。""意识在任何时候都只能是被意识到了的存在,而人们的存在就是他们的现实生活过程。""人的思维是否具有客观真理性,这不是一个理论的问题,而是一个实践的问题。人应该在实践中证明自己思维的真理性,即自己思维的现实性和力量,自己思维的此岸性。"

"人创造环境,同样环境也创造人。""环境的改变和人的活动或自我改变的一致,只能被看作是并合理地理解为革命的实践。"

唯物主义历史观"是描述人们实践活动和实际发展过程的真正的实证科学"。"只要描绘出这个能动的生活过程,历史就不再像那些本身还是抽象的经验论者所认为的那样,是一些僵死的事实的汇集,也不再像唯心主义者所认为的那样,是想象的主体的想象活动。"

唯物主义历史观"就在于:从直接生活的物质生产出发阐述现实的生产过程,把同这种生产方式相联系的、它所产生的交往形式即各个不同阶段上的市民社会理解为整个历史的基础,从市民社会作为国家的活动描述市民社会,同时从市民社会出发阐明意识的所有各种不同理论的产物和形式,如宗教、哲学、道德等等,而且追溯它们产生的过程。这样当然也能够完整地描述事物(因而也能够描述事物的这些不同方面之间的相互作用)。这种历史观和唯心主义历史观不同,它不是在每个时代中寻找某种范畴,而是始终站在现实历史的基础上,不是从观念出发来解释实践,而是从物质实践出发来解释观念的形成"。

"众里寻他千百度,蓦然回首,那人却在灯火阑珊处。"(辛弃疾)对于唯物主义历史观来说,"那人"就是科学的实践观。科学的实践观是唯物史观安身立命之本。抓住了这个根本也就等于把握了唯物史观的命脉。当我以这个指导思想重新翻开唯物史观的"文本"时,一片浩瀚无垠、涛声震耳的思想海洋立刻浮现在我的面前。

本书共分六个部分:第一部分,即导论,考察了历史哲学的形成和发展史,以说明马克思的历史哲学,即唯物主义历史观在历史哲学史上的地位。第二部分,即第一、二章,考察了唯物主义历史观概念的由来及其实质、唯物史观形成的历史,旨在说明唯物史观是马克思的历史哲学,并重新考察了唯物史观的理论基础,提出历史认识论是唯物史观的理论生长点。第三部分,即第三、四、五、六、七、八、九、十章,属于历史本体论问题,重新探讨了唯物史观的基本观点,对社会与自然、个人与社会、社会的本质和社会有机体的特征、社会结构与实践活动、社会历史过程与自然历史过程、历史规律的形成和特征进行了新的审视,重新探讨了生产力与生产关系的矛盾运动,以及社会主义代替资本主义的历史必然性和人文取向、世界历史的形成与东方社会的命运。第四部分,即第十一、十二、十三、十四章,属于历史认识论问题,分析了社会科学范式的历史性转换、社会科学研究的基本环节,重新考察了科学抽象法,探讨了"从后思索"法,旨在说明唯物史观是历史本体论和历史认识论的统一，说明方法论不仅是唯物史观的功能，更重要的，是其内在规定。

我以这样一种理论结构，企望从多维视野中把握唯物主义历史观，展现我对唯物史观的一种新理解。

本书无意构造体系。实际上，马克思也没有留下一本关于唯物主义历史观体系的专著。在我看来，重要的不是体系，而是观点。全部问题在于，要依据现代实践、科学和哲学去研究、理解、挖掘、深化唯物史观的观点。这是重建唯物史观的实质。

我断然拒绝这样一种观点，即唯物主义历史观产生于"维多利亚时代资本主义时代"，距今已经 170 多年，已经过时。在我看来，这是一种"傲慢与偏见"，而且是一种无端的"傲慢与偏见"。

我们不能依据某种学说创立的时间来判断它是否过时，是否具有真理性。"新"的未必就是真的，"老"的未必就是假的。阿基米德定理创立的时间尽管很久远了，但它仍然是真理。今天的造船业无论多么发达，都不能违背阿基米德定理。如果违背了这一原理，无论造出的船多么"现代"，也必沉无疑。

实际上，一种理论所依据的材料和它的观点之间既有联系又有区别。材料永远是具体的，但从对它们的研究中得出的规律性认识，以及由此转化而来的方法，却具有普遍性的特征。唯物主义历史观产生于 19 世纪中叶，但由于它抓住了人类社会的根本——物质实践及其规律，并从这一根本出发将真理之光辐射到社会的各个侧面、层次和环节，形成一个思维整体，因而又超越了 19 世纪这个特定的时代。而其他社会理论只是从社会的某一侧面、层次、环节，未能从根本上、总体上把握社会及其本质，因而总是处在不断的一派否定另一派的过程中，如同"走马灯"一样。正是在这个意义上，萨特指出"历史唯物主义提供了对历史的唯一合理的解释"，是"我们时代不可超越的哲学"。应该说，萨特的这一评价是公正而真诚的。

马克思是普罗米修斯，而不是上帝；唯物主义历史观是科学，而不是启示录。唯物主义历史观之所以"不可超越",并不是因为它提供了有关现代问题的现成答案,而是因为它提供了科学的方法。马克思、恩格斯以其远见卓识向人们宣布:

唯物主义历史观"绝不提供可以适用于各个历史时代的药方或公式。相反,只是在人们着手考察和整理资料——不管是有关过去时代的还是有关当代的资料——的时候,在实际阐述资料的时候,困难才开始出现。这些困难的排除受到种种前提的制约,这些前提在这里是根本不可能提供出来的,而只能从对每个时代的个人的现实生活过程和活动的研究中产生"(恩格斯)。

"马克思的整个世界观不是教义,而是方法。它提供的不是现成的教条,而是进一步研究的出发点和供这种研究使用的方法。"(恩格斯)

我们只能按照唯物主义历史观的科学本性期待它做它所能做的事,而不能要求它做它不能做的事。从唯物史观的经典著作中找不到有关现代问题的现成答案,这不能责怪马克思,要责怪的是自己对唯物史观"本性"的无知。历史已经证明,凡是以终极真理自诩的学说,如同希图万世一系的封建王朝一样,无一不走向没落。

中国有句俗话:"盖棺论定。"其实,历史长河中的许多人及其学说未必都是如此。有的人及其学说可以"盖棺论定";有的人及其学说还未"盖棺"就已"论定";还有的人及其学说在后人那里引起连绵不绝的历史反思,得到跨世纪的回响,马克思及其唯物主义历史观的命运就是如此。一个半世纪以来,对唯物史观的研究和讨论一直持续不断,遍及世界各主要国家,形成一种世界性的运动。在这一过程中,唯物史观不断地得以重建和发展。这使我不禁想起了《浮士德》中两行著名的诗句:

浮光只徒炫耀一时,
真品才能传诸后世。

多少往事烟雨中：《危机中的重建：唯物主义历史观的现代阐释》后记

　　1995 年，应中国人民大学出版社王丽云编辑之邀，我出版了《危机中的重建——历史唯物主义的现代阐释》第一版；2010 年，应武汉大学出版社陶佳珞编辑之约，我出版了《危机中的重建——历史唯物主义的现代阐释》第二版，这就是呈放在读者面前的这本《危机中的重建：唯物主义历史观的现代阐释》。

　　同"第一版"相比，"第二版"有很大的变化，删去了第一版中的第一章"从传统哲学到现代哲学：马克思主义哲学是现代唯物主义"，第三章"历史唯物主义的理论基础及其演变"，第四章"历史唯物主义的创立：博采众长而创新"，第八章"人的本质：三种整体的探讨"，第十二章"世界历史与中国社会主义现代化"；调整了第一版中的第六章"重新理解社会有机体和社会发展的自然历史过程"，第七章"历史必然性观念及其演变"，第九章"社会科学方法的发生、范式及其历史性转换"，第十一章"社会研究中的有机体方法、从后思索法、科学抽象法"；

增加了导论"历史哲学：从缘起到后现代"，第三章"社会与自然"，第四章"个人与社会"，第五章"社会的本质与社会有机体的特征"，第六章"社会结构与实践活动"，第九章"社会主义代替资本主义的历史必然性与人文取向"，第十章"世界历史的形成与东方社会的命运"。

之所以做出如此大的修改、调整和充实，一是因为我对唯物主义历史观具体观点的理解有了很大变化；二是因为我对历史唯物主义的总体看法有了根本变化。具体地说，2001年之前，我一直认为"历史唯物主义"和"唯物主义历史观"是同一概念，二者是马克思主义历史观的不同表述，换言之，历史唯物主义就是马克思主义的历史观；2001年开始，我对"历史唯物主义"和"唯物主义历史观"有了新的理解，即历史唯物主义就是马克思主义的世界观，而唯物主义历史观只是马克思主义的历史观。所以，第一版的副书名是"历史唯物主义的现代阐释"，第二版的副书名则是"唯物主义历史观的现代阐释"。这一细微的文字变化实际上反映了我的思想的重大变化。

从"第一版"到"第二版"，15年了，我的学术观点的确处在急剧变化中，无论是对唯物主义历史观的理解，还是对历史唯物主义的理解，无论是对马克思主义哲学的理解，还是对现代西方哲学的理解……都发生了许多甚至是根本性的变化。但变中又有不变，这不变的就是我对哲学的坚守之意和敬畏之情。这使我想起了赫尔岑在《科学中华而不实的作风》中所说的一段名言："在哲学里面正像在海洋里面一样，既没有坚冰，也没有水晶，一切都在运转、流动，生气勃勃，每一点都同样的渊深；在它的里面，正像在熔炉里面一样，熔解着落在它的无始无终的循环之中的一切坚硬的、石化了的东西，但同时，却又像海洋一样，它的表面光滑、平静、明亮，一望无际，并倒映着青天。由于这个视错觉，华而不实的人就勇猛地走上前去，对真理毫无敬畏之情，对于工作了约三千年才达到目前发展的人类的劳动毫无敬意。"

从"第一版"到"第二版"，15年了，我的个人性格也处在急剧变化中。人们往往认为，性格决定命运，而性格是自然禀性，是不可改变的。我并不否认，性格在一定意义上决定命运，但我同时认为，性格更多的是在行为、选择和经历过程中形成的,具有可变性。在古代人看来,"三十而立,四十不惑,五十知天命";在现代人看来,"三十难立,四十迷惑,五十听天由命"。在我看来,无论是"三十而立,四十不惑,五十知天命",还是"三十难立,四十迷惑,五十听天由命",表达的都是性格的可变性。在这个意义上,我赞同并欣赏萨特的观点,即"性格是选择活动的凝固化"。无论我的性格怎样变,但变中又有不变,这不变的就是我对一切关心、帮助过我的人的感激之意,对我的导师、朋友和亲人的感恩之情。

从"第一版"到"第二版",时间是从 1995 年到 2010 年,15 年时间却跨了"两个世纪",多少往事烟雨中……这使我不禁想起了唐代诗人杜牧的《江南春》:

> 千里莺啼绿映红,
> 水村山郭酒旗风。
> 南朝四百八十寺,
> 多少楼台烟雨中。

"此事古难全"：《重建中的反思：重新理解历史唯物主义》后记

呈现在读者面前的这部著作，即《重建中的反思：重新理解历史唯物主义》，是我的《危机中的重建：历史唯物主义的现代阐释》的"修正"、深化和拓展。1995年，我出版了《危机中的重建：历史唯物主义的现代阐释》，力图在"重读"马克思的基础上"重建"历史唯物主义。在这以后的20年间，我又一直对我的这种"重建"进行"反思"，力图在一个新的基础上重新理解历史唯物主义。所以，这部著作定名为《重建中的反思：重新理解历史唯物主义》。

《重建中的反思：重新理解历史唯物主义》又是我2012年出版的《马克思主义历史观研究》的第二版。同"第一版"相比，"第二版"有较大的变化：一是删去了第一版的"第一章 马克思主义历史观的双重职能"，增加了现在的"导论 唯物主义的历史形态与历史唯物主义的理论特征"，这一部分集中体现了我的历史唯物主义研究的新成果，即确认历史唯物主义是一种"唯物主义的世界观""真正批判的世界观";二是增加了现在的"第六章　历史尺度与价值尺度",这一部分集中体现了我的历史唯物主义研究的新领域,并确认历史唯物主义是历史观与价值观、世界观与价值观的统一;三是调整了第一版的"第七章　意识与意识形态批判""第八章　实践反思与'从后思索'",增加了"意识形态批判与资本批判的统一""历史认识论:历史唯物主义的理论生长点"等方面的内容,并确认历史唯物主义是知识形态与意识形态的统一、意识形态批判与资本批判的统一、本体论与认识论的统一;四是在"附录"增加了"'历史唯物主义':基于概念史的考察与审视""重新理解斯大林与卢卡奇的本体论思想"两部分,以使读者进一步了解这部著作的主导思想。

这部《重建中的反思:重新理解历史唯物主义》主旨仍是阐述历史唯物主义的基本原理或基本观点。但是,我注意到,历史唯物主义的基本观点本身不是一成不变的,而是随着实践的发展和科学的进步不断发展的;同时,人们对历史唯物主义基本观点的认识也是随着实践的发展和科学的进步而不断发展的。因此,我们应当辩证地看待历史唯物主义的基本观点。

对于像"自然历史过程"论、历史决定论、意识反映论这样一些已经成为"常识"的历史唯物主义的基本观点,这部著作力图结合当代实践、科学和哲学本身的新成果讲出新内容,如结合了统计决定论阐述历史决定论。

有些观点本来就是历史唯物主义的基本观点,只是由于种种原因,原有的马克思主义哲学教科书没有涉及或未重视这些基本观点,为此,这部著作力图挖掘这些基本观点并给予深入研究,如人的生存本体、社会生活本质上是实践的、资本批判理论等。

有些观点在马克思、恩格斯那里有所论述,但未充分展开、深入论证,而当代实践和科学的发展又日益凸显了这些观点所蕴含的问题,使之成为迫切需要解答的"热点"问题,并可能成为历史唯物主义在当代的理论生长点。对于这样一些观点,这部著作力图以当代实践和科学为基础,深入分析、充分展开、详尽论证,使之成熟、完善,上升为历史唯物主义的基本观点,如"历史的自然"与"自然的历史""从后思索"法、时间是人的发展空间等。

有些观点本来是历史唯物主义的基本观点,至今仍是马克思主义的基本观点,但随着学科的分化,这些观点已经从哲学中分化出去,成为其他学科的重要内容了,如阶级斗争理论、国家学说已成为马克思主义政治学的内容了。对于这样一些观点,这部著作只是有所涉及而未充分展开。这样做,主要是适应学科的分化,而不是说这些观点本身不重要。实际上,任何一门学科的内容都要经历一个从不确定到确定,确定以后还要不断调整的过程。

这就是这部《重建中的反思:重新理解历史唯物主义》的写作原则。在这部著作中,我力图以简洁的语言、适当的叙述、合理的逻辑从理论上再现历史唯物主义。但愿这不是"一厢情愿"。

无论是"危机中的重建",还是"重建中的反思",我都深深地体会到历史唯物主义博大精深,深深地体会到马克思创立历史唯物主义是一条艰难的思想登山之路。认识自然,难;认识社会,更难。当一门门自然科学像繁星一样布满在科学的"太空",把人类智慧之光照射到自然界的深处,不断发现自然规律时,人类对自己及其历史的认识却仍然停留在表层,历史规律仍然在人们的视野之外。在马克思之前,唯心主义在历史观中独占鳌头,一统天下几千年。

马克思是普罗米修斯,他使唯物主义之光终于照射进了历史领域。从空间上看,唯物主义自然观与唯物主义历史观相距很近;从时间上看,唯物主义历史观与唯物主义自然观又相距遥远,从唯物主义自然观的产生到唯物主义历史观的创立,人类整整走了两千多年的心路历程,可谓"咫尺天涯"。马克思划时代的贡献首先就在于,他科学地解答了人与自然、人与社会的关系,即人与世界的关系问题,创立了历史唯物主义,从而消除了"物质的自然"与"精神的历史"对立的神话,实现了唯物主义与辩证法的融合。因此,历史唯物主义不仅是"唯物主义历史观",更重要的,是"唯物主义世界观",是"真正批判的世界观"。

1883 年 3 月 17 日,恩格斯在悼念亡友马克思的演说中指出,"正像达尔文发现有机界的发展规律一样,马克思发现了人类历史的发展规律","不仅如此,马克思还发现了现代资本主义生产方式和它所产生的资产阶级社会的特殊的运动规律"。马克思是一个科学家,但"马克思首先是一个革命家。他毕生的真正使命,就是以这种方式或那种方式参加推翻资本主义社会及其所建立的国家设施的事业,参加现代无产阶级的解放事业,正是他第一次使现代无产阶级意识到自身的地位和需要,意识到自身解放的条件"。恩格斯的这一评价,极其公正而准确。在写这部《重建中的反思:重新理解历史唯物主义》的过程中,我深深地体会到马克思是科学家和革命家的完美统一,深刻地意识到马克思"两大发现"的内在关联及其划时代意义,自觉地认识到历史唯物主义是无产阶级的自我意识,的确"是我们这个时代唯一不可超越的哲学"(萨特)。

《重建中的反思:重新理解历史唯物主义》的"腹稿"是从 2009 年开始"草拟"的,但这部著作"手稿"的写作却是从 2012 年中秋节开始的。2012 年中秋的月亮分外圆,高高地悬挂在天空中,安静、平静、清静乃至"冷静",看着它,一种恍然如梦的舞台感油然而生,至今仍在我的脑海中萦绕。所以,当这部著作的定稿端放在写字台上时,我心中想的并不是这本著作本身,它既然是定稿,那么,它就只能是这样了。此时,我的思绪却和苏轼的中秋词《水调歌头》联系起来了。

宋朝诗评家胡仔认为,"中秋词自东坡《水调歌头》一出,余词尽废"。在这首"余词尽废"、千古绝唱的中秋词中,苏轼持杯望月,由人及月,由月及人,他的遐思与凝想,他的感叹与遗憾,他的忧郁与期待,他的眼中景、意中事与胸中情……全都在这首词中表达出来了。在这首词中,苏轼把自己的遗世独立意识和往昔的神话传说融为一体,寄寓着"出世"与"入世"的双重心理活动,并在人的悲欢离合、月的阴晴圆缺中渗透着凝重的哲学思考。这是一个自然与社会高度契合的艺术作品,既揭示了复绝尘寰的宇宙意识,又抛弃了"在神奇的永恒面前的错愕"(闻一多)的心态,词意游走于天上人间之中,才情穿越于时空环境之外,我深深地领悟到其中蕴含的深刻的哲理：我欲乘风归去,又恐琼楼玉宇,高处不胜寒;人有悲欢离合,月有阴晴圆缺,此事古难全……在我看来,这就是规律,人生的规律。

1986 年,汪永祥教授把我领进了我向往已久的中国人民大学哲学系攻读硕士学位,研究方向就是历史唯物主义。从那时到现在,时间已经过去了整整 30 年。30 年间,尽管我的"身份"处于不断的转换中,思想处在剧烈的变化中,但我"咬定青山不放松"(郑板桥),哲学研究始终聚焦在历史唯物主义。所以,在这部《重建中的反思:重新理解历史唯物主义》即将出版之际,我不由自主地想起了我的领路人、我的导师汪永祥教授。此时,他已"生活"在另一个世界了。人的一生忘记的是大量的事、多数的人,记住的是少量的事、少数的人,融入生命活动中的只是个别的人。汪永祥教授就是融入我的生命活动中的人。我忘不了他的音容笑貌、喜怒哀乐,忘不了他的谆谆教诲、殷切希望,忘不了在我的人生转折关头他对我"严父"般的指点和"慈母"般的关心……我深深地怀念汪永祥教授。"要是没有你,我在这里就陷入一片虚无。"(《天真汉》)

以哲学的方式反映和引导现实：《东方的崛起——关于中国式现代化的哲学反思》序言

中国的历史似乎越古越辉煌，文宋武元、雄汉盛唐、唐宗宋祖、秦皇汉武……一部中国古代史灿烂辉煌。然而，盛极而衰。这是一个古老而平凡的真理。历史发展总是一条曲线而不是直线。一部中国近代史沉重悲惨，沉重得让人难以翻动，悲惨得让人不忍卒读，风雨如磐、积贫积弱、战祸离乱、割地赔款、百年凌辱……"长夜难明赤县天，百年魔怪舞翩跹。"当时的一个西方列强总理竟口吐狂言：中国不过是个地理名词，世界上不存在中国这个国家。

历史的这一页终于被翻过去了。新民主主义革命的胜利使中国人民从此站起来了，一个饱经沧桑的民族获得新生。那是一个激情燃烧的岁月，一个真情涌动的年代，气壮山河、惊天撼地……然而，从 1957 年开始，"以阶级斗争为纲"的错误理论和实践逐渐使中国经济走到了崩溃的边缘，人民生活处于"贫困普遍化"的状况，以致"文化大革命"结束后我们不得不"重新开始争取必需品的斗争"。这是一个悲剧，一个巨大的历史悲剧。

改革开放使中国走进新时代。这拨乱反正的岁月，悲壮奋起的年代，史无前例、波澜壮阔……从 1978 年到 2008 年，短短的 30 年，在人类历史上只能是"弹指一挥间"，但在中国这块古老的土地上却发生了翻天覆地的变化：从以阶级斗争为纲转向以经济建设为中心，从传统的计划经济体制转向社会主义市场经济体制，从封闭半封闭型社会转向开放型社会，建设生态文明、物质文明、政治文明和精神文明，以科学技术为第一生产力、走新型工业化道路，以人为本、促进人的全面发展，以"世界公民"的身份走向开放的世界……改革开放 30 年来，中国共产党人和中国人民以一往无前的进取精神和波澜壮阔的创新实践，谱写了中华民族自强不息、顽强奋进的新的壮丽史诗，中国共产党的面貌、中国人民的面貌、社会主义中国的面貌都发生了历史性变化，一个充满希望的民族重新起航，中国崛起在世界的东方。

我是黄土地上的一员，经历过共和国的风风雨雨、"天灾人祸"，我从心灵的深处、流动的血液里，深深地理解这一切来之不易。"我的祖国和我，像海和浪花一朵，浪是海的赤子，海是那浪的依托。每当大海在微笑，我就是美的漩涡，我分担着海的忧愁，分享海的欢乐。"（《我和我的祖国》）正因为如此，我向读者献上这部《东方的崛起——关于中国式现代化的哲学反思》。

我始终认为，哲学研究不能仅仅成为哲学家之间的"对话"，更不能成为哲学家个人的"自言自语"。哲学家不应像魔术师那样，若有其事地念着咒语，说着一些谁也听不懂的话；哲学家不应像"沙漠里的高僧"那样，仅仅腹藏机锋、口吐偈语、空谈智慧；哲学家也不应像吐丝织网的蜘蛛那样，看着自己精心编织的思辨之网，自我欣赏、自我陶醉。水中的月亮为天上的月亮，眼中的人为眼前的人。人类哲学史表明，任何一种有成就的哲学，无论从其产生的原因来看，还是就其提出的问题以及解决问题的方式而言，都是非常现实的，都或直接或间接、或多或少地解决了时代课题。哲学似乎高耸于天国，可哲学家不能不食人间烟火，不能不生活在现实的社会中,不能不在现实的条件下进行认识活动,并提出问题、拟定解决问题的方案,所谓超前性只不过是对可能性的充分揭示。不管哲学在形式上如何抽象、超凡入圣,实际上都可以从中捕捉到现实问题。哲学应该也必须从"天国"降到人间,关注现实的人和人的现实。否则,哲学既不可信,也不可爱。

哲学应该也必须同现实"对话",这是哲学得以存在和发展的根基。否则,哲学就会成为无根的浮萍。当今中国最基本的现实就是改革开放和现代化建设。在经济市场化的过程中实现社会现代化,这是当代中国社会发展的根本任务;同时,这种经济市场化、社会现代化又是同社会主义改革联系在一起的。换言之,在当代中国,从计划经济体制转向市场经济体制不仅仅是资源配置方式的变化,而且是人的生存方式的转变,是一次重大的社会转型。当代中国社会转型的最突出特征和最重要意义就在于,它把现代化、市场化和社会主义改革这三重重大的社会变革浓缩在同一个时空中进行了,构成了一场史无前例、艰难复杂而又波澜壮阔的伟大的社会变迁,它必然引发一系列重大的哲学问题,也必然会给哲学思考开辟一个广阔的社会空间。关注当代中国的改革开放和现代化建设这一现实,探讨其中的规律,思考并重建民族的生存方式、活动方式、思维方式、价值观念,反过来,以一种面向 21 世纪的哲学理念引导现实运动,这是当代中国哲学家应有的良心和使命。

哲学与现实是一种双重关系:一方面,哲学不能脱离现实,必须直面现实问题,解答时代课题,否则,将失去自己存在的根基;另一方面,哲学又必须进入抽象的概念领域,以概念运动反映现实运动,否则,就不是哲学。哲学必须以哲学的方式联系现实。在联系现实的过程中,哲学不应失去自己的独立性、反思性和批判性,不能把自己降低为现实的附庸或仅仅成为现实的解释者。一种仅仅适应现实的哲学是不可能高瞻远瞩的。现实创造哲学,哲学也影响现实;现实校正哲学发展的方向,哲学也引导现实运动。哲学既要入世,又要出世;既要深入现实,又要超越并引导现实。历史已经并正在证明,哲学变革是政治变革、社会变革的先导。

这里,存在一个无法回避的问题,即哲学与政治的关系。哲学不等于政治,哲学家不是政治家,有的哲学家想方设法远离甚至脱离政治,但政治需要哲学。哲学不可能脱离政治,哲学总是以自己独特的方式蕴含着政治。正如雅斯贝尔斯所说,哲学既离不开政治,也离不开政治的后果。实际上,哲学既是知识体系,又是意识形态;追求的是真理,又是某种信念。从根本上说,哲学是以抽象的概念体系,并透过一定的认识内容而表现出来的特定的社会关系,总是体现着特定阶级或集团的利益、愿望和要求。明快泼辣的法国启蒙哲学是如此,艰涩隐晦的德国古典哲学是这样,高深莫测的结构主义哲学也不例外。用解构主义大师德里达的话来说就是,解构主义通过解构既定的话语结构挑战既定的历史传统和现实的政治结构。

哲学总是具有自己特定的政治背景,总是或多或少地蕴含着政治,具有这种或那种政治效应。哲学不能成为某种政治的传声筒或辩护词,因为哲学有自己的相对独立性;哲学也不能远离、脱离政治,因为哲学与时代的统一性首先是通过它的政治效应来实现的。在我看来,哲学家既要有自觉的哲学意识,又要有敏锐的政治眼光,才能理解、把握和超越现实,才能体现时代精神。

我的这部著作分为上、中、下三篇:从第一章"科学社会主义的基本原则及其在当代中国的实践"到第三章"落后国家社会主义革命的必然性及其特征"为上篇,主要从理论上阐述社会主义社会的基本规定、社会主义代替资本主义的必然性及其历史进程,以及经济较为落后国家社会主义革命必然性的形成及其特征;从第四章"世界历史中的东方社会及其命运"到第十二章"当代中国社会发展的深层矛盾:传统与现代性"为中篇,主要从理论、历史和实践相结合的视角阐述中国社会主义的产生及其必然性,中国社会主义现代化道路的探索及其历程,改革开放的内在矛盾、根本动力、历史作用和伟大意义;从第十三章"邓小平理论:当代中国的马克思主义和民族振兴的精神支柱"到第十八章"'三个代表'重要思想:引导中国走向21世纪"为下篇,主要从理论上阐述中国特色社会主义的理论基础尤其是哲学基础,说明邓小平是当代中国改革开放和现代化建设的总设计师,是中国特色社会主义理论的创立者,说明"三个代表"重要思想引导着中国走向 21 世纪。

这里,我力图把真实的描述和深刻的反思结合起来,把哲学思维力量的穿透力和哲学批判精神的震撼力结合起来,从理论上再现中国社会主义这一"黄河之水天上来"的必然性,再现中国式现代化道路探讨的艰巨性,从而将波澜壮阔的改革开放和现代化建设的历程,将 12 亿中国人如何从东南西北悲壮奋起的宏大历史场面,将一个古老的民族如何在世界东方重新崛起的"壮丽日出"展示出来。由此,我们也就不难理解这部著作的书名为何是《东方的崛起——关于中国式现代化的哲学反思》了。

从 1989 年开始,我就在思考、酝酿这部著作的写作,在共和国即将迎来 60 岁生日之际,我终于完成了这部著作的写作、修改和定稿。当这部著作的定稿端放在写字台上时,我心中想的并不是这部著作,既然已经定稿,那么,它就是这样一个东西了。此时,我的思绪却和一首歌曲联系起来了,那就是《共和国之恋》:"在爱里、在情里,痛苦幸福我呼唤着你;在歌里、在梦里,生死相依我苦恋着你……"我深情地爱着我的祖国,深切地关注着当代中国的改革开放和现代化建设,深刻地体会到只有社会主义才能救中国,只有改革开放才能发展社会主义的中国。"晨曦中你拔地而起,我就在你的形象里。"因此,我把我的这部《东方的崛起——关于中国式现代化的哲学反思》献给共和国 60 华诞。

我不敢也不能说这部著作已达高屋建瓴,但它也不是浅滩上的漫步。这部著作凝聚着 20 年来我的理论研究的成果,体现着我的哲学思考的维度、深度和广度,是我学术研究的心灵写照和诚实记录。当然,我深知我的哲学素养、思维方式和知识结构的局限,深知这部著作的缺陷。更重要的是,当代中国的改革开放和现代化建设正在向深度和广度不断拓展。因此,当我完成这部著作时,丝毫没有感到轻松。我感到这不是我的理论研究的结束,而是开始。我期望在新的理论研究过程中走向现实的深处,走上理论的制高点。我深知,"居高声自远,非是藉秋风"(虞世南)。

唯物主义历史观本身就是一种方法：
《马克思的社会研究方法》序言

人类对自然界的认识虽然也很艰难,但到了 19 世纪初,一门门自然科学毕竟像繁星一样布满在科学的"太空",把人类智慧之光照射到自然界的深处。然而,人类对自己及其社会生活的认识却仍然停留在历史的表层。人类是从自然开始自己的唯物主义历程的,然而,直到 19 世纪初,唯心主义在历史领域中仍独占鳌头。从唯物主义自然观的形成到唯物主义历史观的创立,人类经过了 2000 多年的心路历程。从空间上看,唯物主义自然观和唯物主义历史观仿佛相距很近;从时间上看,唯物主义自然观与唯物主义历史观又相距遥远,可谓"咫尺天涯"。

从认识论的角度看,造成这种状况的根本原因,就是没有发现一种科学的社会研究方法。唯物主义历史观及其方法的创立终于使人类对自己及其社会生活的研究走出了误区。马克思是普罗米修斯,他用"新唯物主义"的方法之光,照亮了长期在黑暗中徘徊的历史理论。

唯物主义历史观本身也是一种方法,"唯物主义方法"。方法犹如一个能聚光到燃点的特殊透镜。没有科学的社会研究方法,也就不可能有唯物史观。反过来,唯物史观本身也是一种方法,科学的社会研究方法。绝不提供可以适用于各个历史时代的"药方"或"公式",而是提供一种科学的社会研究方法,正是唯物史观"不可超越"的秘密所在。恩格斯以其远见卓识向人们宣布:"马克思的整个世界观不是教义,而是方法。它提供的不是现成的教条,而是进一步研究的出发点和供这种研究使用的方法。"

从方法的发展史看,社会科学方法的产生和发展与自然科学方法的产生和发展有着巨大的差别。在自然科学领域,从牛顿—伽利略的实验——数学方法的产生到爱因斯坦的探索演绎法的创立,在这200多年的历史中,牛顿—伽利略的实验——数学方法,在自然科学中占统治地位,几乎听不到一点反对的声音。社会科学领域的情况却相反,社会科学方法的独立化一开始就沿着多元化的方向发展,类似一棵枝节茂盛的分权树。

总结社会科学发展史,可以发现,社会科学方法是沿着三个大的方向分叉的:一是马克思的社会研究方法;二是孔德实证主义或科学主义方法;三是狄尔泰、韦伯、伽达默尔的人文主义方法。沿着这三种方向发展的社会科学方法范式至今仍并驾齐驱,方兴未艾。这种现象的存在使我不得不对传统的社会科学方法的结构提出不同意见。

传统的观点认为,社会科学方法由一般、特殊、个别三者构成,其中,哲学是一般方法,社会科学共同运用的是特殊方法,具体的社会科学运用的则是个别方法。这种理解有其优点,即能简洁地把握社会科学方法系列,但它存在一个巨大的缺点,即不符合当代社会科学方法的现实。实际上,社会科学方法既不是孤立的存在,也不是哲学方法的简单推出。这种一般、特殊、个别三层次结构,曾在社会科学萌芽阶段盛行过,但它已被社会科学本身的发展扬弃了。在我看来,社会科学方法范式实际上是社会本体论和社会方法论的统一。社会本体论揭示社会是什么,社会方法论揭示如何认识社会。方法是科学认识的手段,手段又包含着揭示、释义和证明三重含义。社会本体论和社会方法论构成相互依赖的关系系统,这一关系系统就是社会科学方法的范式系统。

由此,可以做出两个推论:一是社会科学方法有其内在的发展源地,这就是社会本体论,社会方法论并不是从一般哲学原则演化出来的方法;二是社会科学方法是知识生产和知识分析的统一。社会科学方法是分析社会的手段,形成关于社会的知识,这是社会科学方法的一级方法;社会科学方法是对知识(概念)内在关系的分析,形成关于社会的知识体系或模式,这是社会科学方法的二级方法;社会科学方法还包括对知识向现实转化的分析,这是社会科学方法的三级方法。

通俗地说,社会科学方法是分析社会的方法,形成理论体系或模式的方法,由理论向实践转化的方法,它们相互之间形成一个方法的阶梯和运动,这种运行过程又必须符合揭示、释义和证明的原则要求。唯物主义历史观无疑是一种社会(历史)本体论,但它同时内在地包含着社会方法论。我们不应在这个范围的外面去寻找一个一般原则,按照"宇宙观"——"社会(历史)观"——"具体社会科学"这样一个模式来形而上学地推演社会科学方法。

我的这部著作,即《马克思的社会研究方法》,较全面地阐述了唯物主义历史观的方法。第一章"社会科学方法的发生、范式及其历史性转换",考察了社会科学方法系统产生的条件和进化的途径,分析了社会科学方法的不同范式,说明了唯物史观方法的基本特征;第二、三章"社会有机体的分析法",重新审视了唯物史观社会有机体概念的内涵和社会有机体理论的总体框架,具体阐述了结构分析法、再生产分析法、自律——他律分析法、总体——要素分析法、基础——新层次分析法,以及人与社会双向分析;第四章"阶级分析法",从马克思对阶级斗争理论"新贡献"的角度,在与当代西方的"社会阶层论""社会流动论"的对比中,阐述了唯物史观阶级分析法的内涵;第五章"交往分析法",重新考察了唯物史观交往范畴的方法论意义,以及生产力与生产关系矛盾运动的民族性和世界性相互作用的分析法;第六章"实践反思法",说明了"从后思索",即从当代实践出发反观历史是历史研究唯一可行的方法,分析了实践反思法的基本原则和基本内容,并把马克思的实践反思法同克罗齐"一切历史都是当代史"的观点进行了比较研究,从而说明马克思实践反思法的科学性和克罗齐观点的错误所在;第七章"辩证分析法",力图从一个新的视角探讨马克思的科学抽象法、逻辑——历史的方法,并说明批判方法是唯物史观保持旺盛生命力的秘密所在;第八章"解释学方法",说明马克思有其独特的理解理论和解释学方法,并在与当代西方解释学的对比中,较全面地揭示唯物史观的解释学方法;第九章"社会研究中的评价方法",力图从一个新的角度揭示唯物史观的评价方法,阐述社会研究中评价的合理性和科学化的问题,以及价值评价与科学评价相互引导的问题;第十章"社会科学方法的当代走向和唯物史观方法的历史命运",重新考察了社会科学方法发展的规律和当代走向,以及唯物史观同当代社会科学的关系,说明唯物史观是社会科学方法现代化的真正源头。

我力图以这样一种结构再现唯物主义历史观的方法系统,力图在唯物史观的研究中另辟蹊径。

本体论的确立与认识论的支撑:《马克思主义哲学基础理论研究》英文版序言

马克思是德国人,可是,在他65年的人生"苦旅"中却有34年生活、定居在英国,划时代的《共产党宣言》就是1848年在伦敦以英文、德文等形式首次公之于世的;马克思不仅批判了德国古典哲学,而且批判了英国古典经济学,正是在这种哲学批判和经济学批判的双重批判过程中,马克思创立了"新唯物主义"哲学;马克思不仅批判了作为"旧制度的公开完成"的德国制度,更重要的是,批判了资本主义生产方式的"典型"——英国生产方式,《资本论》"在理论上的阐述主要是用英国作为例证"(马克思),正是在这种批判过程中,马克思创立了以资本批判为核心的政治经济学;马克思出生在德国的特利尔,可长期埋头著述在英国伦敦的大英博物馆,长眠在伦敦海格特公墓。可以说,马克思一生的主要理论活动和实践活动与英国密切相关,与英国有着"不解之缘"。所以,施普林格·自然公司以英文出版这部《马克思主义哲学基础理论研究》,我心存感激。我把这部英文版的《马克思主义哲学基础理论研究》献给这位埋头著述在英国伦敦大英博物馆、长眠在伦敦海格特公墓的德国哲学家，以表述我对这位"千年思想家"深深的敬意。

任何一门学科，任何一种学说，都有自己的基础理论。如果把一门学科、一种学说比作一座大厦，那么，基础理论就是这座大厦的"地基"，它从根本上决定着这座大厦的规模、结构和高度。哲学以及马克思主义哲学也是如此。就哲学而言，其基础理论就是本体论。人生活在世界中，总是渴望并力图在最深刻的层次上理解和把握世界，而人的思维按其"本性"来说，总是趋向这种"最深刻的层次"，总是力图发现和把握世界的"终极存在"，并以此为基础对世界做出"终极解释"，从而为人本身的存在和活动提供最终根据和最高标准。正如当代美国哲学家瓦托夫斯基所说，"存在着一种系统感和对于我们思维的明晰性和统一性的要求——它们进入我们思维活动的根基，并完全可能进入到更深处——它们导源于我们所属的这个物种和我们赖以生存的这个世界"。这个"导源"人的"物种"本性和生存于其中的世界、"进入我们思维活动的根基"的问题就是本体论的问题。

就本义而言，本体论所关注的就是"世界何以可能"的问题，这是"对存在的原理及存在物的起源和结构进行批判性、系统性探究的事业"（瓦托夫斯基），是一种追本溯源、穷根究底式的追问，用中国传统哲学的话来说，就是"上下而求索"，"究天人之际""析万物之理"；就实质而言，本体论就是以寻求世界的"终极存在"或"最高原因"的方式，为人本身的存在和活动寻找最终根据和最高标准，从而为人们提供"安心立命之本"或"最高的支撑点"，以实现对人本身的终极关怀。这就是本体论得以存在并在哲学中占据基础理论地位的合理性、"合法性"。

正因为如此，任何一种哲学都有自己的本体论，并以此为基础建构起自己的理论体系。尽管现代西方分析哲学早期"拒斥"本体论，认为哲学的"唯一任务"就是逻辑分析、语言批判，但随着从句法学领域深入到语义学领域，分析哲学家越来越意识到语词的意义、语词使用者的意识活动同生活世界密切相关，越来越意识到语言问题与本体论密切相关，因此，分析哲学家在后期发生"哗变"，不仅提出了"日常语言哲学"，而且提出了"本体论承诺"。蒯因明确指出："当我探求某个学说或一套理论的本体论承诺时，我所问的是，按照那个理论有什么东西存在……一个理论的本体论承诺问题，就是按照那个理论有什么东西存在的问题。"

蒯因的"本体论承诺"实际上改变了分析哲学早期对本体论"拒斥"的立场，实际上是以分析哲学的方式重新探讨了本体论问题，重新肯定了本体论在哲学中的基础地位。从"拒斥"本体论到"承诺"本体论，分析哲学的这一重大变化再次表明，不管哲学家们在想象力的驱使下漫游到多么遥远的地方，回到本体论这个基础理论，是他们的普遍命运，就像"游子"终归要回到"慈母"的炉边一样。

对于马克思主义哲学来说，其基础理论就是实践本体论。与传统哲学关注"世界何以可能"不同，马克思主义哲学关注的是"人类解放何以可能"。马克思主义哲学之所以在哲学史上造成一次革命性变革，其理论前提就是把哲学的理论主题从"世界何以可能"转换为"人类解放何以可能"。人类解放，这是马克思主义哲学围之旋转的真正的太阳。

对人类解放的探讨必然拓展、深化到对人的存在方式、生存本体的探讨。

按照马克思的观点，人类历史的"第一个前提"就是有生命的个人的存在；有生命的个人要"存在"，就必须进行物质生产活动，生产自己的生活资料；"一当人开始生产自己的生活资料的时候……人本身就开始把自己和动物区别开来"。因此，人的"第一个历史活动"就是物质生产活动，"第一个需要确认的事实"就是人与自然的关系。"任何历史记载都应当从这些自然基础以及它们在历史进程中由于人们的活动而发生的变更出发。"

正是从人类历史的"第一个前提""第一个历史活动"和"第一个需要确认的事实"出发，马克思发现，实践是人的独特的生命活动，构成了人的存在方式、生存本体；"意识在任何时候都只能是被意识到了的存在"，不是意识决定"人们的存在",而是"人们的社会存在决定人们的意识";"人们的存在就是他们的现实生活过程",而社会生活在本质上是实践的,"物质生活的生产方式制约着整个社会生活、政治生活和精神生活的过程",因此,应"从物质实践出发来解释观念"(马克思)。

人总是生活在现实世界中,"人就是人的世界"(马克思)。要改变人,首先就要改变世界,正如马克思所说,"问题在于改变世界"。因此,对人类解放的探讨,又必然拓展、深化到对现实世界的基础、本体的探讨。

马克思所说的"现实世界"或"现存世界"当然包括自然界,但这个自然界不是"原生态"的自然界,而是"人类学的自然界"。按照马克思的观点,对于人类历史来说,自然界具有"优先地位",但"先于人类历史而存在的自然界",或"尚未置于人的统治之下的自然界",对人来说是"不存在的存在"。这是因为,只有通过人的实践活动改造之后,自然才能获得对人而言的现实性,才能构成人生活于其中的现实世界;通过实践活动,人们不仅改造了自然存在,而且自身也进入自然存在,并赋予自然存在以社会关系的内涵,实物体现了"人同人的社会关系"。在这个意义上,自然是一个社会范畴,"人们的存在"本质上是社会存在。

现存世界是在人的实践活动中生成的人的对象世界。实践犹如一个转换器,通过实践,人们在自然中贯注了自己的目的,使自然成为社会的自然、"历史的自然";同时,自然又进入了社会,成为社会的内在要素,使社会成为自然的社会、"自然的历史",现实世界即现存世界因此成为自然与社会"二位一体"的世界。现存世界当然不能归结于人的意识,但同样不能还原为"原生态"的自然。人的实践活动才是现存世界得以形成和发展的基础,即人通过自己的实践活动"为天地立心",在物质实践的基础上重建世界。换言之,实践才是现存世界的真正的本体。这是一个不断发展、不断生成的本体,现存世界因此成为一个不断形成更大规模、更多层次的开放性体系。正因为如此,马克思主义哲学把"对象、现实、感性""当作实践去理解"。

正因为实践不仅是人的存在方式、生存本体,而且是现存世界的基础、本体，所以，环境的改变和人的自我改变一致，只能被看作是并合理地理解为"革命的实践"。马克思、恩格斯明确指出："对实践的唯物主义者即共产主义者来说，全部问题都在于使现存世界革命化，实际地反对并改变现存的事物"，从而建构一个"联合体"，"在那里，每一个人的自由发展是一切人自由发展的条件"。在我看来，这是马克思主义哲学的"本体论承诺"。实践本体论构成了志在改变世界，实现人类解放和人的自由发展的马克思主义哲学的基础理论。离开了实践本体论去建构马克思主义哲学体系，只能是沙滩建楼。

问题在于，本体论的确立又有赖于认识论的探讨，否则，本体论就会成为独断论，其结论也是不可靠的。康德哲学之所以在哲学史上造成了一次"哥白尼革命"，就是因为康德提出了"认识何以可能"的问题，并认为对人的认识来源、能力和界限的探讨是"促成一种彻底的形而上学所必须的先期准备工作"。的确如此。认识外部世界的任何一种努力一旦持续下去，就会在某一时刻不多不少地转变为对这种认识活动的反思与批判，就会发生"认识论转向"。不仅西方哲学在近代发生了"认识论转向"，而且西方历史哲学在现代也发生了"认识论转向"，即从历史本体论转向历史认识论，从思辨的历史哲学转向分析的历史哲学。

马克思主义哲学也是如此。马克思主义哲学在其创立时期关注的重点的确是本体论问题，的确在一定程度上"为了内容方面而忽略了形式方面，即这些观念等等是由什么样的方式和方法产生"（恩格斯）的问题，也就是认识论的问题。所以，在后期，马克思、恩格斯以及列宁又全面而深入地探讨了认识论的问题，具体阐述了思维的"最切近和最本质的基础"、观念与物质的关系、认识的辩证方法、认识的"本性"与具体性的关系、认识活动中的感性具体、抽象规定与思维具体的关系、思维进程与历史进程的关系、叙述方法与研究方法的关系、"材料的生命"与"先验的结构"的关系、知性思维与辩证思维的关系、形式逻辑与辩证逻辑的关系、"自我批判"与"客观的理解"的关系、概念辩证法和认识辩证法的关系、"逻辑的格"与"实践的格"的关系，以及典型分析法、"从后思索"法、科学抽象法、辩证思维方式、辩证法也就是马克思主义认识论，等等，从而以一种包含能动的反映论、辩证的思维方式在内的实践观点的思维方式支撑实践本体论。

"全部社会生活在本质上是实践的。凡是把理论引向神秘主义的神秘东西，都能在人的实践中以及对这个实践的理解中得到合理的解决。"（马克思）如果说马克思主义本体论是实践本体论，而实践本体论的实质就是把"对象、现实、感性""当作实践去理解"，那么，马克思主义认识论就是实践观点的思维方式，而实践观点的思维方式的实质就是"对这个实践的理解"，是哲学意义的解释原则。正因为如此，马克思主义认识论为马克思主义本体论，即实践观点的思维方式为实践本体论提供了有效的认识论支撑。在这个意义上，认识论也属于马克思主义哲学的基础理论。

因此，《马克思主义哲学基础理论研究》不仅"研究"马克思主义哲学的本体论，阐述了现存世界和人的生存的本体、人的存在方式和社会生活的本质、社会结构和历史规律、辩证法的实践基础、本体论批判的辩证法，而且"研究"了马克思主义哲学的认识论，阐述了意识与意识形态批判、认识的本质与矛盾运动、思维的建构与反映、辩证思维与主体性原则，并最后"研究"了自由与必然这一人类存在和发展的本原性矛盾，阐述了人类解放和每一个人的自由发展以及时间是人的发展空间，从而说明马克思主义哲学是高度统一、融为一体的实践唯物主义、辩证唯物主义、历史唯物主义，说明新唯物主义的"新"之所在。

"哲学的历史所昭示的，既不是毫无增加的简单内容的停滞不前，也不只是新的珍宝平静地增加到已有的基础上面的过程。"（黑格尔）为了更好地理解和把握马克思主义哲学的基础理论，《马克思主义哲学基础理论研究》把马克思主义哲学的基础理论置放到哲学史的背景中去"研究"，不仅阐述了马克思主义哲学与黑格尔哲学、费尔巴哈哲学的真实关系，而且阐述了马克思主义哲学与现代西方哲学、后现代哲学的真实关系，从而说明马克思主义哲学在哲学史上所造成的革命性变革就是从本体论这个基础理论的层面上发动并展开的，说明马克思主义哲学是"晚出的哲学"。

用黑格尔的话来说,这种"晚出的哲学""就是最发展、最丰富、最深刻的哲学。在这里面,凡是初看起来好像是已经过去了的东西,被保存着,被包括着,——它必须是整个历史的一面镜子",所以,"在哲学史里我们所研究的就是哲学本身"。《马克思主义哲学基础理论研究》力图以此说明马克思主义哲学以其理论的深刻性和巨大的超前性,扬弃了西方现代哲学与近代哲学的对立、后现代主义哲学与现代主义哲学的对立,从而在哲学史上实现了一次革命性变革,完成了一次"巨大的综合",是"我们当今用来恢复自身与存在之间关系的认知方式"(杰姆逊)。

马克思主义哲学的"基础理论"与"基本原理"(基本思想)既有联系,又有区别。包括基础理论在内的马克思主义哲学的基本原理是在马克思、恩格斯的哲学文本中重复出现、具有规律性概括的观点,这些观点从总体上支撑着马克思主义哲学的理论体系。"物质实践""革命实践"的基础理论当然属于马克思主义哲学的基本原理。《资本论》的结论是"工人阶级伟大运动的基本原理",而每一时代的经济生产以及由此产生的社会结构,是该时代政治的和精神的历史的基础;从原始土地公有制解体以来的全部历史都是阶级斗争的历史,而这个斗争现在已经达到这样一个阶段,即无产阶级如果不同时使整个社会永远摆脱剥削、压迫和阶级斗争,就不再能最终解放自己,这构成《共产党宣言》的"基本思想"(恩格斯)。恩格斯认为,这一"基本思想"是对"人类历史的发展规律"的概括,是马克思"考虑成熟"的思想,也是他本人"屡次说过"的观点。可以说,没有这些马克思、恩格斯"考虑成熟""屡次说过"、具有规律性概括的观点所构成的基本原理,马克思主义哲学这个理论大厦只能是"海市蜃楼"。

这就是说,马克思主义哲学的基本原理包括基础理论,但又不等于基础理论,或者说,马克思主义哲学的基础理论属于基本原理,但又涵盖不了基本原理,它只是基本原理的一个组成部分,借用亚里士多德的话来说就是,基础理论是关于"最高原因的基本原理"。因此,马克思主义哲学的基础理论只是基本原理的一个组成部分,当然,它是其他基本原理得以成立的基础部分。基础理论是马克思主义哲学这艘远洋巨轮的"压舱石",

或者说,是马克思主义哲学这座理论大厦的"奠基石",从根本上支撑着马克思主义哲学这座宏伟的理论大厦。

《马克思主义哲学基础理论研究》是集体智慧的结晶。北京师范大学杨耕教授撰写第一、三、四、五、八、十、十一、十三章,复旦大学俞吾金教授撰写第二章,吉林大学孙正聿教授撰写第六、七章,杨耕、孙正聿教授撰写第九章,南开大学王南湜教授撰写第十二章,复旦大学吴晓明教授撰写第十四章,北京大学仰海峰教授、杨耕教授撰写第十五章,北京大学丰子义教授撰写第十六章。在中国哲学界,这是一个特殊的研究群体,他们大多出生在 20 世纪 50 年代,不仅经历了共和国"激情燃烧的岁月",以及"无奈朝来寒雨晚来风"的年代,而且亲历了改革开放的时代及其给中国带来的巨大的历史成就;不仅目睹了社会主义在苏联东欧所遭到的巨大的历史挫折,而且看到了西方资本主义的"傲慢与偏见"、任性与强权、伪善与霸道……这一特殊而复杂的人生经历使他们对马克思主义哲学及其基础理论有了特殊而深刻的体认,并力图在这部著作中以"客观的理解"为准绳,用简洁的语言、适当的叙述、合理的逻辑展现马克思主义哲学的基础理论。

但是,我们并不认为这部《马克思主义哲学基础理论研究》完全恢复了马克思主义哲学基础理论的"本来面目",也不认为这些解释完全符合马克思主义哲学的文本,因为我们深知解释学的合理性,深知我们与马克思、恩格斯之间存在着"时代差""文化差"。马克思主义哲学基础理论所内含的问题具有普遍性,可是,人总是生活在特定的历史环境中,并在特定的意识形态氛围中进行理解活动的。因此,我们对这种"普遍性"的理解必然具有具体的历史性。历史事件的不可复制性、历史进程的不可逆转性、历史环境的不可复制性,使得我们不可能完全回到马克思、恩格斯所生活其中的那个特定的历史情境,不可能完全"换位思考"马克思、恩格斯的哲学文本,因而也就不可能完全恢复马克思主义哲学基础理论的"本来面目"。

同时,研究任何一个事物、任何一种思想,都要受到研究者的价值观念、知识结构或文化结构的制约。马克思曾经说过，"贩卖矿石的商人只看到矿物的商业价值，而看不到矿物的美和特性"；"对于没有音乐感的耳朵来说，最美的音乐也毫无意义，不是对象"。之所以如此，是由商人、"耳朵"的价值观念、文化结构决定的。商业活动、音乐欣赏是这样，思想研究同样如此。人们研究任何一种思想，选择任何一种学说，都要受到自己既定的知识结构、价值观念的制约，正如费希特所说的那样，"你是什么样的人，你便选择什么样的哲学"。

这就是说，任何一个研究者在理解某一文本、研究某一思想、选择某一学说之前，都有一个"理解的前结构"在头脑中存在着。正是这个"理解的前结构"支配着研究者理解的维度、研究的广度和深度以及思想取向，"甚至最没'定见'的观察者也不能用毫无偏见的眼睛去看他周围的世界"（葛利叶）。你若看错了，你就会想错；你若想错了，你也就会看错。这仿佛是一个"悖论"，然而，却是一个客观存在的矛盾。理解永远是历史的，它不可能超出研究者背后的时代背景和实践活动，不可能超出研究者既定的知识结构和价值观念。因此，这部著作对马克思主义哲学基础理论的"研究"，也必然受到作者们的"理解的前结构"的制约。

问题的关键在于，我们应以当代实践为基础，使作为研究者的我们的视界和作为被研究者的马克思和恩格斯的视界融合起来，从而超越传统的理解框架，不断地逼近马克思主义哲学基础的"本来面目"。"众里寻他千百度，蓦然回首，那人却在灯火阑珊处。"（辛弃疾）当然，对我们而言，这既是一条漫漫思想路，又是一条漫漫人生路。借用英国文豪莎士比亚的话来说，"光荣的路是狭窄的"。在这条光荣而狭窄的路上，我们将"上下而求索"，生命和使命同行。

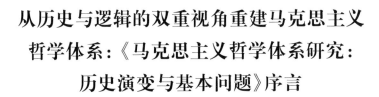

从历史与逻辑的双重视角重建马克思主义哲学体系:《马克思主义哲学体系研究:历史演变与基本问题》序言

　　马克思并不是一个职业哲学家,也没有写过传统意义上的"纯粹"的哲学著作,但马克思的确具有丰富而深邃的哲学思想,这些哲学思想就内蕴并体现在他的"尘世的批判""法的批判"和"政治的批判"之中,内蕴并体现在他的形而上学批判、意识形态批判和政治经济学批判之中;马克思并没有刻意构造一种哲学体系,但马克思的哲学思想的确具有内在的逻辑联系和理论体系,这种逻辑联系和理论体系就内含并镶嵌在他的哲学思想之中,犹如一只"看不见的手",引导着他的哲学思想的运动。马克思哲学思想和哲学体系的这一特点,决定了不同时期、不同国家、不同派别的哲学家对马克思的哲学思想有不同的理解,对马克思哲学的体系有不同的把握和建构,也决定了我们需要以马克思生活其中的时代为背景,从当代实践出发,重新解读马克思的"文本",理解马克思的哲学思想,把握马克思哲学的体系,并从理论上把马克思主义哲学体系建构起来、再现出来。

从马克思主义哲学的历史看,首先把马克思的哲学思想"体系化"的,是苏联马克思主义者。1929年出版的芬格尔特和萨尔文特的《辩证唯物主义和历史唯物主义》,标志着辩证唯物主义与历史唯物主义体系,即苏联马克思主义哲学体系开始形成;1932年出版的米丁和拉祖莫夫斯基的《辩证唯物论与历史唯物论》,则标志着苏联马克思主义哲学体系基本形成。从总体上看,苏联马克思主义哲学体系的特点就在于,以一种脱离人的实践活动、"排除历史过程"的"抽象的物质"为起点范畴和建构原则,演绎出整个马克思主义哲学体系;以辩证唯物主义与历史唯物主义的"二分结构"为总体框架,把辩证唯物主义即"宇宙观"作为理论基础,把历史唯物主义作为辩证唯物主义在社会生活中的"应用"。马克思"借哲学的唯物论之应用于人类社会及其历史的认识,以达到唯物论之彻底的发展"(米丁)。

这样一来,马克思的哲学从实践出发去理解"对象、现实、感性"的视角被遮蔽了,唯物辩证法的批判性和革命性被抽象化了,历史唯物主义的世界观意义及其划时代贡献在相当大的程度上被抛弃了。实际上,这种哲学体系就是马克思所批判的"抽象的唯物主义""抽象的自然科学的唯物主义"。在这种"抽象的唯物主义"基础上,要建构体现马克思哲学的本质特征和本真精神的马克思主义哲学体系,只能是在神话中才有可能抵达的境界。

无疑,无论是芬格尔特、萨尔文特的《辩证唯物主义和历史唯物主义》,还是米丁、拉祖莫夫斯基的《辩证唯物论与历史唯物论》,都阐述了马克思哲学的一些基本观点。但是,从总体上看,无论是芬格尔特、萨尔文特,还是米丁、拉祖莫夫斯基,都没有真正理解和把握马克思的新唯物主义与旧唯物主义的本质区别,都没有真正理解和把握马克思哲学体系的本质特征,实际上,都是在用近代唯物主义来理解马克思的现代唯物主义,并以此为基础去建构马克思主义哲学体系。然而,由于种种的历史原因,由芬格尔特和萨尔文特、米丁和拉祖莫夫斯基所建构的辩证唯物主义与历史唯物主义"二分结构"体系不仅"流传下来了",而且成为马克思主义哲学体系的唯一"正统""权威"的解释,产生了极其广泛而持久的影响。无论是斯大林去世后的批判斯大林运动,还是之后出版的一批又一批的苏联马克思主义哲学教科书,包括康斯坦丁诺夫的《马克思主义哲学原理》;无论是20世纪50至80年代苏联哲学界的认识论派与本体论派的论争,还是两次关于唯物辩证法的讨论,都没有从根本上动摇辩证唯物主义与历史唯物主义这一"二分结构"体系,可谓"固若金汤"。

直到半个世纪后,即1982年,《哲学问题》发表编辑部文章,才在苏联历史上首次明确提出,要从根本上反思辩证唯物主义与历史唯物主义"二分结构"的体系,研究二者的"本质同一"。1985年,格列察内、卡拉瓦耶夫、谢尔热托夫在《列宁格勒大学学报》上发表《论辩证唯物主义和历史唯物主义的本质同一》一文,在苏联历史上首次明确提出,辩证唯物主义与历史唯物主义不是一般与特殊的关系,不是马克思主义哲学的两个组成部分,而是马克思主义哲学的两个理论特征;社会是人与自然的本质同一,脱离了社会存在,就没有存在与思维的关系,唯物主义的辩证性只有在历史唯物主义的形式中才有可能,历史唯物主义是唯物主义辩证法的集中体现,而"实践"则是把辩证唯物主义与历史唯物主义"一体化"的哲学范畴;辩证唯物主义与历史唯物主义"二分结构"体系的根本缺陷就在于,在一个完整的马克思主义哲学中造成了两个对象、两种"存在"、两种唯物主义以至两个学科,从而造成了"本体论断裂"。所以,必须"摒弃辩证唯物主义——历史唯物主义图式"。由此,苏联哲学界开始反思并力图重建马克思主义哲学体系。

从马克思主义哲学的历史看,首先对苏联马克思主义哲学体系进行批判,并力图重建马克思主义哲学体系的,是西方马克思主义者。卢卡奇明确提出"回到马克思""重建马克思主义"。1971年,卢卡奇在《关于社会本体论》中指出:"如果今天马克思主义要再次成为一种哲学发展的活力,那么必须在所有问题上返回到马克思自身。当然,恩格斯和列宁生平事业中的许多东西也可以有效地支持这些努力,而在像这里所进行的这样一些考察中,我们尽可不提第二国际时期和斯大林时期,虽然对它们的最尖锐的批评——从重建马克思学说的威望的立场来看——是一个重要的任务。"

那么,如何"重建马克思主义"?卢卡奇认为,应当"在马克思主义的总体性中重建马克思主义"。哈贝马斯则明确提出"重建历史唯物主义"。1975年,哈贝马斯在《重建历史唯物主义》一文中指出:"1938年,斯大林把历史唯物主义法典化,后果严重。自那时以来的历史唯物主义研究,始终受这种理论框架的禁锢。现在,斯大林确认的历史唯物主义解释,需要重建。重建历史唯物主义,应该有利于批判地研究各种相互竞争的理论观。"

在重建马克思主义哲学体系的过程中,如果说卢卡奇重在"总体性",力图用"历史过程中的主体与客体关系"重建唯物主义辩证法,那么,哈贝马斯则重在"社会交往",力图用社会进化理论重建历史唯物主义。正如哈贝马斯所说,"我将不把历史唯物主义看作某种启发物,而看作是一种社会进化理论"。"马克思已经将历史唯物主义当作某种可领会的社会进化理论来理解,并把关于资本主义的理论看作其中的一部分。"

在我看来,卢卡奇的重建唯物主义辩证法和哈贝马斯的重建历史唯物主义,实际上代表了西方马克思主义者重建马克思主义哲学体系的两个主要理论指向。从总体上看,西方马克思主义否定的是自然辩证法,肯定的是历史辩证法、人学辩证法或实践辩证法;否定的是辩证唯物主义,肯定的是历史唯物主义。"自然辩证法,它在任何情况下都只能是一种由形而上学假设的客体",也"根本就没有——或者至少现在还没有——辩证唯物主义"。"唯物辩证法只有在人类历史内部确立起物质条件的优先地位,由特定的人们在实践中发现了它们并承受了它们时,它才有意义。简言之,如果存在某种像辩证唯物主义那样的东西,那它一定是一种历史唯物主义。"(萨特)正是在肯定"人学辩证法"、判定历史唯物主义哲学的基础是"历史的和结构的人类学"的前提下,萨特认为,历史唯物主义是我们这个时代唯一不可超越的哲学。

按照西方马克思主义的观点,重建马克思主义哲学体系,就意味着把这一理论"析开",用"新形式""重新加以组合,以使更好地达到这种理论所确立的目标"。在这种"析开""重新组合"的过程中,西方马克思主义者有一个共同的特点,那就是,用现代西方哲学的某一流派来"补充"马克思的哲学,并以此为基础重建马克思主义哲学体系。正是在这样一个重建马克思主义哲学体系的过程中,形成了存在主义的马克思主义、弗洛伊德主义的马克思主义、结构主义的马克思主义、实证主义的马克思主义、现象学的马克思主义、人类学的马克思主义,等等。由此,一个完整的马克思主义哲学从内部"爆裂"了,"碎片"化了。在这个意义上,西方马克思主义者向我们展示的,是一个被"肢解"的马克思。

更重要的是,西方马克思主义者重建的马克思主义哲学体系,并没有使马克思的哲学"更好地达到这种理论所确立的目标",相反,它使马克思主义哲学演变成一种解释世界的"学院哲学""讲坛哲学",马克思的哲学所确立的改变世界的目标被束之高阁了。"葛兰西在意大利的与世隔绝和逝世,科尔什和卢卡奇在美国和苏联的隔离和流亡生活,标志着西方马克思主义在西方群众运动中活动自如的阶段已告结束。从此以后,西方马克思主义就以自己的密码式语言说话了,它与工人阶级的距离愈来愈远。"(安德森)一言以蔽之,"西方马克思主义首要的最根本的特点就是:它在结构上与政治实践相脱离"。安德森的这一评价中肯、准确且深刻。正因为如此,西方马克思主义及其所重建的马克思主义哲学体系,只能作为思想博物馆的标本陈列于世,而不能兴盛于世了。

从马克思主义哲学的历史看,中国马克思主义者对马克思主义哲学体系的反思与重建始于 20 世纪 80 年代。1985 年出版的高清海主编的《马克思主义哲学基础》,标志着中国马克思主义者开始反思和重建马克思主义哲学体系。

《马克思主义哲学基础》提出,"马克思主义哲学就是辩证唯物主义",但这里所说的辩证唯物主义不同于苏联马克思主义哲学体系中的辩证唯物主义,而是力图"把实践的观点提到首要和基本观点的地位",并"把这一原则彻底贯彻到哲学全部内容之中"的辩证唯物主义。换言之,《马克思主义哲学基础》力图以"实践"为建构原则重建马克思主义哲学体系,并展示了这样一种哲学体系,即客体的规定性——主体的规定性——实践基础上的主客体统一的规定性——人的自由。显然,这种哲学体系在总体框架上突破了辩证唯物主义与历史唯物主义"二分结构"体系。

《马克思主义哲学基础》在建构马克思主义哲学体系时,向我们展示了一个新的思想地平线,可就在展示这样一个新的思想地平线时,它突然又后退了一步,即把辩证唯物主义仍然作为马克思主义哲学的"基础理论",把历史唯物主义定性为辩证唯物主义"应用"于历史领域的"中介性理论",是体现在历史观上的辩证唯物主义。正因为如此,在《马克思主义哲学基础》所建构的马克思主义哲学体系中,辩证法仍然游离于实践观点之外,实践的本体论意义仍然是"被爱情遗忘的角落"。实际上,在马克思哲学的体系中,并不存在一个独立的、作为"基础理论"的辩证唯物主义,也不存在一个独立的、仅仅具有"应用""中介"性质的历史唯物主义。按照马克思的观点,历史唯物主义本身就是"唯物主义世界观",是内含着辩证法的"真正批判的世界观"。

1988年,国内召开了两个对重建马克思主义哲学体系具有重要意义的会议:一是"全国哲学体系改革讨论会",会议形成共识,即实践唯物主义应是重建马克思主义哲学体系的方向;二是"全国实践唯物主义讨论会",会议就实践唯物主义的内容进行了深入而全面的研讨。此后,以实践唯物主义精神建构马克思主义哲学体系逐渐成为国内哲学界的主流。其中,1991年出版的辛敬良主编的《马克思主义哲学导论——实践的唯物主义》和1994年出版的肖前主编的《马克思主义哲学原理》具有代表性。

《马克思主义哲学导论——实践的唯物主义》以前所未有的力度贯彻着实践唯物主义精神,重建马克思主义哲学体系:实践是主体与客体分化和统一的基础;"以实践为中介的自然过程,以及历史的自然和自然的历史";"以实践为本质的社会历史过程";"以实践为基础的意识和认识过程"。在我看来,《马克思主义哲学导论——实践的唯物主义》所建构的马克思主义哲学体系,是一个把世界作为人类实践活动的对象和对象化存在来思考和把握的哲学体系;更重要的是,它把"物质"、辩证法纳入到实践活动中去考察,纳入到主体与客体相互作用的关系中去考察,明确提出事物的"辩证本性"是"由实践活动赋予的性质,而不是与人无关的'自然界的辩证法'"。尽管《马克思主义哲学导论——实践的唯物主义》没有具体阐述实践活动是如何"赋予"事物以"辩证本性"的,但的确为我们从"实践"出发重新理解唯物主义和辩证法、唯物主义自然观和唯物主义历史观的关系,建构彻底贯彻实践唯物主义精神的马克思主义哲学体系,指出了新方向,犹如"山重水复疑无路,柳暗花明又一村"(陆游)。

《马克思主义哲学原理》提出了两个极其重要的观点:一是马克思主义哲学是实践唯物主义,"实践范畴是马克思主义哲学最为核心、最为基础的范畴,只是在实践范畴的基础上,马克思主义哲学才超越了以往的全部哲学,构成了一个唯物论与辩证法相统一、自然观与历史观相统一、本体论与认识论相统一的完整严密的理论体系";二是"马克思主义哲学对于社会历史的唯物主义理解,并不是脱离开对于自然的唯物主义理解的",同时,"马克思主义哲学对于自然的唯物主义理解也不是脱离开对社会历史的唯物主义理解的",相反,它"把历史的观念带进了自然领域","实践概念不仅是唯物主义历史观的基础,也应是唯物主义自然观的基础"(肖前)。这表明,《马克思主义哲学原理》已经走进了马克思哲学的深处。沿着这条道路走下去,一个体现马克思哲学的本质特征和本真精神的马克思主义哲学体系大厦,必将矗立在我们面前。

然而,令人遗憾的是,《马克思主义哲学原理》并没有在这条道路上走下去。具体地说,《马克思主义哲学原理》并没有把实践唯物主义精神真正贯彻下去,尤其是没有把实践的观点贯彻到本体论之中,贯彻到辩证法之中,因而也就没有实现自己的目标,即以实践的观点为基础和核心建构唯物论与辩证法、自然观与历史观、认识论与本体论、世界观与方法论、主体性原则与客观性原则相统一的马克思主义哲学体系。相反,它仍以脱离了人的活动和社会历史的"抽象的物质"为起点范畴,在阐述了"世界的物质统一性""世界的联系和发展""世界联系和发展的基本环节""世界联系和发展的基本规律"这些传统意义上的辩证唯物主义原理之后,才开始阐述"人类社会生活的本质""物质生产""物质生产基础上的社会有机系统""阶级斗争的历史地位""人民群众和个人在历史中的作用"等传统意义上的历史唯物主义原理。

可以看出,《马克思主义哲学原理》已经指明了重建马克思主义哲学体系的新方向和新道路,但从总体上看,辩证唯物主义与历史唯物主义"二分结构"的思维方式仍然以潜在的形式主导着它,辩证唯物主义与历史唯物主义"二分结构"的理论体系仍然以显在的形式呈现在这本著作中。这就像太阳的单独运行轨道已经被指明,但关于整个天体运行的解释依旧通行着托勒密的理论一样。

当然,我注意到,中国马克思主义者重建马克思主义哲学体系,是以当代世界的新变化,尤其是科技信息化、经济全球化和国际政治格局多极化为基础的,具有鲜明的时代性;是以当代中国改革开放和现代化建设,尤其是社会主义市场经济的实践为基础的,具有耀眼的"中国元素";是以马克思的实践观为基础的,并力图以实践范畴为起点范畴和建构原则,以实现实践唯物主义、辩证唯物主义、历史唯物主义的高度统一、融为一体为方向的。这样,中国的马克思主义者就为重建符合马克思哲学的本质特征和本真精神的马克思主义哲学体系开辟了新天地。

就我个人而言,我是从20世纪80年代末开始关注马克思主义哲学体系问题的。1988年,我在《中国人民大学学报》上发表的《关于历史唯物主义理论基础的历史沉思》;1989年,我在《光明日报》上发表的《拒斥形而上学是马克思哲学的基本原则》,标志着我开始思考、研究马克思主义哲学的体系问题。之后,我又就马克思主义哲学体系的历史演变和基本问题发表了一系列具有内在关联的文章。这部著作就是这些研究成果的理论概括和集中展示。所以,我把这部著作定名为《马克思主义哲学体系研究:历史演变与基本问题》。

《马克思主义哲学体系研究:历史演变与基本问题》共分为导论"马

克思主义哲学的理论主题和理论特征"、上篇"马克思主义哲学体系的历史演变"和下篇"重建马克思主义体系的基本问题"三个部分。

"导论"从总体上分析了马克思哲学所实现的哲学理论主题的根本转换,即从"世界何以可能"转向"人类解放何以可能",并明确提出马克思哲学的理论特征就是形而上学批判、意识形态批判和资本批判的高度统一,是实践唯物主义、辩证唯物主义和历史唯物主义的高度统一,并以潜在的形式说明了马克思主义哲学体系的本质特征。

"上篇"重新审视了苏联马克思主义哲学体系的形成与特征,并明确指出这一体系的根本缺陷在于,以一种脱离了人的活动和社会历史的"抽象的物质"为起点范畴,从而演绎出辩证唯物主义与历史唯物主义"二分结构"的体系;重新审视了中国马克思主义哲学体系的形成与特征,着重分析了中国马克思主义者对马克思主义哲学体系的反思与重建,并提出这一重建的根本特征就在于,力图以"实践"为起点范畴和建构原则,以实现实践唯物主义、辩证唯物主义、历史唯物主义的统一;重新审视东欧、苏联马克思主义者对马克思主义哲学体系的反思与重建,并明确指出《马克思主义哲学导论》的出版,标志着辩证唯物主义与历史唯物主义"二分结构"体系的终结,同时,也标志着苏联马克思主义哲学体系"寿终正寝"。

"下篇"从本体论、历史观、辩证法、认识论、价值论等多维视角阐述了重建马克思主义哲学体系的基础,明确提出了本体论的"实践转向"、辩证法的"实践转向"、本体论批判的辩证法、辩证法的"实践原型"、认识论中的实践反思法等观点,提出了马克思的哲学所造成的哲学变革,就是从本体论的层面发动和展开的,从根本上说,马克思哲学的本体论就是实践本体论;马克思哲学中的"物"是"可感觉而又超感觉的社会的物","存在"是在实践活动中生成、具有社会关系内涵的社会存在;提出了马克思的哲学不是追求"终极存在""原初物质"的"形而上学",相反,"拒斥形而上学"是马克思哲学的基本原则,马克思的哲学是"关于人类解放何以可能"的新唯物主义哲学,应以"实践"为基础重建马克思主义哲学的理论空间,实现实践唯物主义、辩证唯物主义、历史唯物主义的"一体化"。

需要向读者说明的是,这部著作的"第二章《辩证唯物论与历史唯物论》与马克思主义哲学体系""第三章《马克思主义哲学原理》与马克思主义哲学体系""第四章《辩证唯物主义概论》《历史唯物主义概论》与马克思主义哲学体系",以及"第五章苏联学者对马克思主义哲学体系的反思与重构""第六章东欧学者对马克思主义哲学体系的反思与重建"的部分内容,是直接从相关文本中选编的,力图以"事实"支撑"第一章苏联马克思主义哲学体系的形成与特征"所提出的论点;"第八章《社会学大纲》与马克思主义哲学体系""第九章《辩证唯物主义 历史唯物主义》与马克思主义哲学体系""第十章《辩证唯物主义原理》《历史唯物主义原理》与马克思主义哲学体系""第十一章《马克思主义哲学基础》与马克思主义哲学体系""第十二章《马克思主义哲学导论》与马克思主义哲学体系",也是直接从相关文本中选编的,力图以"事实"支撑"第七章中国马克思主义哲学体系的形成与演变"所提出的论点。

之所以采用这种体例或叙述方式,是为了"面向事实本身",以逻辑引导,用事实说话,从而让"材料的生命"观念地反映出来。"在形式上,叙述方法必须与研究方法不同。研究必须充分地占有材料,分析它的各种发展形式,探寻这些形式的内在联系。只有这项工作完成以后,现实的运动才能适当地叙述出来。这点一旦做到,材料的生命一旦观念地反映出来,呈现在我们面前的就好像是一个先验的结构了。"(马克思)

感谢吉林大学孙正聿教授、南开大学王南湜教授撰写了这部著作的"第十五章重释唯物主义辩证法",他们的兄弟情义使我感动,他们的深刻思想使这部著作呈现异彩。感谢北京师范大学出版社邢自兴编辑打印、整理了这部著作的全部书稿;感谢四川人民出版社章涛副编审将这部著作列入出版计划,并担任这部著作的责任编辑。没有他们的辛勤劳动和无私帮助,这部著作很难问世,我对马克思主义哲学体系的思考也就难以从主观意识对象化为客观存在,从个人意识转化为社会意识。当然,我对马克思主义哲学体系的思考本身就是另一种意义上的社会意识,正如马克思所说，"甚至当我从事科学之类的活动，即从事一种我只是在很少情况下才能同别人直接交往的活动的时候，我也是社会的，因为我是作为人活动的。不仅我的活动所需的材料，甚至思想家用来进行活动的语言本身，都是作为社会的产品给予我的，而且我本身的存在就是社会的活动"。

《马克思主义哲学体系研究：历史演变与基本问题》是教育部哲学社会科学重大课题攻关项目"马克思主义哲学体系创新研究"、北京市哲学社会科学规划重大项目"马克思主义哲学体系研究"的最终成果。就"项目"完成而言，这部著作的确是最终成果；就"课题"本身而言，这部著作只是新的开端。我深知，重建马克思主义哲学体系任重而道远，甚至是"永远"。人们常问，"永远有多远?"不管"永远有多远"，我都将在这条道路上义无反顾地行走下去，"行到水穷处，坐看云起时"（王维）。当然，我也深知，这部著作不是饭前茶后的闲聊，不是花前月下的散步，而是30年来我孜孜不倦研究马克思主义哲学体系的理论总结。也许这部著作中的观点"矛盾重重"，但这些观点又是我进一步研究马克思主义哲学体系的"思想的种子"。"不管怎样，且把这矛盾重重的诗篇埋在坝下，它也许不合你秋天的季节，但到明春准会生根发芽……"（郭小川）

当这部著作的定稿端放在写字台时，已是2018年的秋天了。秋天是一个落叶的季节，是一个容易让人感伤、感到孤独的季节。在这样一个季节，我不由自主地想起了李煜的一首词，那就是："无言独上西楼，月如钩。寂寞梧桐深院锁清秋。"在这首《相见欢》的词中，李煜道尽了自己的寂寞和孤独感。人们常说孤独感。在我看来，孤独感不是指个人可以在社会关系之外孤独存在，而是指个人的一种情感；这种情感实际上是人与人之间关系疏远化、淡化、异化的心理情感的表现，体现的是人与人之间的一种特定的关系。在一个人与人的关系物化的社会，在一个人的活动异化的社会，在一个诚信缺失的社会，即使生活在像"北上广"这样高楼矗立、人口密集、邻里近在咫尺的城市，你也会感到孤独。这是一种真正的孤独。而"孤独的牧羊人"并不孤独,因为他的"独唱"引起了"美妙"的"二重唱""三重唱"。

秋天又是一个收获的季节,是一个让人憧憬、催生希望的季节。所以,当这部著作的定稿端放在写字台时,我又不由自主地想起了现代伟人毛泽东的一首词,那就是:

一年一度秋风劲,
不似春光。
胜似春光,
寥廓江天万里霜。

"思入风云变态中"：《多维
视野中的马克思》自序

呈现在读者面前的这部《多维视野中的马克思——杨耕自选集》，是从我已经发表的260余篇论文中"自选"24篇集结而成的，它反映了我的理论思考的痕迹，体现了我的哲学研究的力度、深度和广度，展现了我所追求的理论目标、理论形式、理论境界，那就是——求新与求真的统一；铁一般的逻辑，诗一般的语言；建构哲学空间，雕塑思维个性。

之所以"自选"这24篇论文集结而成论著，是因为这些论文集中反映了我的专业和研究方向，即马克思主义哲学。1978年的春天，在那个"解冻"的年代，在那个激情与理性一同燃烧的岁月，我走进了安徽大学哲学系，从此开启了我的哲学人生。入学不久，在中国这块古老而广袤的土地上，发生了一场"真理标准"问题的大讨论，并由此拉开了改革开放的序幕。伴随着"真理标准"问题讨论的深化和改革开放进程的拓展，马克思主义哲学在回答时代课题的过程中彰显出来的思想力量和理论魅力，犹如一只"看不见的手",牵引着我不断走向马克思主义哲学。1986年,汪永祥教授把我领进了中国人民大学攻读硕士学位,专业就是马克思主义哲学;1988年,陈先达教授把我留在中国人民大学从教,并跟随他攻读博士学位,专业还是马克思主义哲学。此后,无论是在中国人民大学从教,还是在北京师范大学从教,专业仍然是马克思主义哲学。我的全部研究工作和学术论著都是围绕着马克思主义哲学这一中轴线而展开的;我的全部研究工作和学术论著都表明,马克思主义哲学仍然是我们时代的真理和良心,并占据着真理和道义的制高点。

之所以"自选"这24篇论文集结而成论著,是因为这些论文集中反映了我研究马克思主义哲学的独特的理论途径。在研究马克思主义哲学的过程中,我从马克思的哲学延伸到马克思主义哲学史、西方哲学史,从西方哲学史拓展到现代西方哲学,从西方马克思主义深化到苏联马克思主义,从哲学史"跨界"到政治经济学、当代社会发展理论,然后,又返回到马克思的哲学。我的哲学之"旅"之所以如此,是因为马克思的思想发展是从黑格尔开始,经过费尔巴哈,最后"成为马克思"的;马克思的哲学在现代西方哲学那里,或者得到褒奖,或者遭到否定;在后辈马克思主义者那里,或者得到坚持和发展,或者得到误解甚至曲解。

因此,只有把马克思的哲学放到西方哲学史的流程中,才能真正理解马克思的哲学与西方传统哲学的关系,真正理解马克思的哲学所实现的哲学革命的实质;只有把马克思的哲学放到现代西方哲学的背景中,才能真正了解马克思哲学的局限性在哪里,同时进一步理解马克思哲学的伟大所在;只有把马克思的哲学放到马克思主义哲学史,以及西方马克思主义、苏联马克思主义的历史背景中,才能真正理解马克思哲学的本真精神,真正把握马克思以后的马克思主义哲学的演变轨迹,真正知道马克思的哲学在何处、何种问题上被发展或误读,甚至被"各取所需""借题发挥"了。

不仅如此,马克思在创立"新唯物主义"哲学的过程中,不仅对德国古典哲学进行了批判性反思,而且对英国古典经济学也进行了批判性反思。

马克思的政治经济学批判,即资本批判不仅具有重大的经济学意义,而且具有深刻的哲学内涵。马克思的哲学正是在意识形态批判和资本批判的双重批判过程中生成的,在意识形态批判和资本批判双重批判过程中生成的马克思的哲学,又高度契合着当代社会发展理论所关注的问题。精神生产不同于以基因为遗传物质的生物延续。生物延续是同种相生,而哲学思维可以通过对不同学科成果的吸收、融合和再创造,形成新的哲学形态。正像亲缘繁殖不利于种的发育一样,一种创造性的哲学一定会突破从哲学到哲学的局限。马克思的哲学就是这样一种创造性的哲学。正因为如此,我在研究哲学的同时,进行了政治经济学、社会发展理论的"补课"。

概而言之,我力图通过这样一个特殊的马克思主义哲学研究的理论途径走向马克思主义哲学的大舞台,走进马克思哲学的深处,"思入风云变态中"(程颢)。正是在这样一个马克思主义哲学的研究"旅途"中,我仿佛看到了一座巨大的思想英雄雕像群,我深深地体验到思想家们追求真理和道义的悲壮之美,清晰地透视出马克思哲学的创立是人类思想史上一次壮丽的日出,深刻地理解了马克思的哲学为什么是我们这个时代"唯一不可超越的哲学"(萨特)。因此,我比德里达本人更深刻地理解他的名言:"不去阅读且反复阅读马克思……而且是超越学者式的'阅读'和'讨论',将永远都是一个错误,而且是越来越成为一个错误,一个理论的、哲学的和政治的责任方面的错误。""不能没有马克思,没有马克思,没有对马克思的记忆,没有马克思的遗产,也就没有将来。"

这部"自选集"所选论文基本上是研究马克思哲学的论文,唯一例外的是《关于恩格斯辩证法思想的再思考》。之所以收入这篇论文,是因为这篇论文反映了我的哲学研究的新转向,即转向辩证法。在国内马克思主义哲学研究中,研究者们已不再关注辩证法,辩证法已经成为"被爱情遗忘的角落"。实际上,辩证法是马克思哲学的"硬核",不懂辩证法,就不懂马克思的哲学以至整个马克思主义。更重要的是,长期以来,我们是通过恩格斯的辩证法思想去理解马克思主义辩证法的,如果不能正确理解恩格斯的辩证法思想,那么,我们就不可能正确理解马克思主义辩证法以至整个马克思主义。

我们应当明白,马克思和恩格斯既是两个人,又是"一个人"。不同的家庭出身、人生经历、教育程度、知识结构,必然使马克思和恩格斯在理论研究、理论道路、理论表述上各具自己的特点,是两个人;共同的理想信念、共同的理论目标、共同的理论任务、无私的合作,又使马克思和恩格斯成为"一个人",即同为马克思主义辩证法以至整个马克思主义的创始人。换言之,通过恩格斯的视角,我们能够从一个侧面透视出马克思的辩证法思想。

因此,我从我已经发表的260余篇论文中"自选"出这24篇论文,集结成这部《多维视野中的马克思》,以期深化我们对马克思主义哲学的研究。

这24篇论文以及附录中的4篇论文写于不同时期,时间跨度为38年。38年间,我的思想发生了很大的变化,因此,这些论文中的观点并非完全一致。但是,由于这是一部论文集,而不是一部逻辑严密的学术专著,所以,我没有对其中不一致的地方进行实质性的修改,而只是对一些文字表述、标点符号做了一些技术性修改。同时,按照图书出版有关规定,我把引自《马克思恩格斯选集》1972年版的马克思恩格斯的有关论述,都转换成1995年版的有关论述,把引自《列宁选集》1972年版、《列宁全集》中文一版的列宁的有关论述都转换成《列宁选集》1995年版、《列宁全集》中文二版的有关论述了。在此特向读者说明,以免造成穿越时间隧道的感觉。

为了使读者进一步了解我的哲学研究的特点和风格,我在正文后面加了5个附录。其中,附录1"一般和个别与共性和个性",是我在大学本科四年级写的论文,发表在《江淮论坛》1982年第4期。尽管这篇文章充满着理论的幼稚和肤浅,但它毕竟是我公开发表的第一篇论文,是我作为职业哲学研究者的"出生证"。附录2"《哲学的贫困》对历史唯物主义的科学表述——兼论《哲学的贫困》在历史唯物主义形成史中的地位",是我在国家级刊物上发表的第一篇论文,刊发在《马克思主义研究》1985年第4期。这篇论文的发表,使我研究哲学的信心大增。一时,我处在"自恋"之中,吹着"口哨",踏着《拉德斯基进行曲》的节奏,"踌躇满志"地行进在马克思主义哲学研究的道路上。殊不知,这是一条极其艰难、艰辛甚至艰险的道路,同样是"路隘林深苔滑"(毛泽东)。当然,"光荣的路是狭窄的"(莎士比亚)。附录3"在实践中感悟和把握马克思主义的真理力量",是我应《光明日报》之邀,为纪念《实践是检验真理的唯一标准》发表40年而写的,发表在2018年5月12日的《光明日报》。这篇文章体现了我的哲学研究的一个重要特征,即关注现实,并使我想起了我的40年哲学研究的历程。附录4"历史唯物主义与当代社会",是《哲学动态》记者李立新老师对我的采访录,发表在《哲学动态》1994年第4期,这是我第一次公开我的哲学研究"规划",犹如我的哲学研究的"宣言书"。附录6"杨耕的哲学之'旅'",是中国人民大学张立波教授为我写的学术"传记",发表在2020年3月16日的《光明日报》。

当我"重读"这些文章、采访录、学术"传记"、学术评论时,我心中想的已经不是这些文章、采访录、学术"传记"、学术评论本身了,思绪和文章的责任编辑、采访记者、学术"传记"与学术评论作者的名字连接起来了,和我的所有论文、著作包括这部"自选集"的责任编辑、采访过我的记者、为我写过学术"传记"、学术评论的作者的名字连接起来了,我深知,没有他们的辛勤劳动,没有他们像蜡烛一样"燃烧着自己、照亮着别人",我的个人意识无法转化为社会意识,我也不可能"功成名就"。我深深地感恩他们!我们不能"教育"他人感恩,更不能"要求"他人感恩,但是,我们自己应当也必须懂得感恩。他人不是地狱。相反,任何一个生活在现实社会中的人,都必然受惠于他人。在我看来,感恩是对他人行为及其贡献的认同,是人的社会属性。一个人不懂得感恩,实际上意味着从"猿"到"人"的转变没有完成。

从1978年开始学习哲学、研究马克思主义哲学到今天,时间已经过去了40多年。40多年来,尽管我的思想处在不断变化中,尽管我的"角色"处于不断变化中,但我的"书生"本质一直未变,我的马克思主义哲学研究者的"身份"一直未变。40多年来,我"任尔东西南北风""咬定青山不放松"(郑板桥),一直不知疲倦地在哲学这块土地上辛勤耕耘,一直不畏艰难地在求索马克思主义哲学的道路上"跋山涉水",斗胆借用伟人毛泽东的一句诗,那就是"一篇读罢头飞雪"。在这个求索的过程中,我力图"放言无惮,为前人所不敢言"(鲁迅),同时,我也深刻地体会到"拣尽寒枝不肯栖,寂寞沙洲冷"(苏轼)的内涵和词人的品格。

　　哲学不仅是我的职业,更是我的事业;马克思主义哲学不仅是我的专业,更是我的信仰。马克思主义的信仰不同于宗教信仰。"宗教是被压迫生灵的叹息,是无情世界的感情,正像它是没有精神的状态的精神一样。"(马克思)宗教信仰只是"信",而不追问"为什么可信",马克思主义信仰不仅"信",而且追问"为什么可信",回答"可信"的科学依据是什么;宗教信仰要解决的是个人灵魂失衡的问题,马克思主义信仰要解决的是社会不公的问题,马克思主义旨在改变世界,建立一个消除异化、公平正义、实现人的全面发展的社会,从而为人们提供真正的安身立命之根和安心立命之本。在我看来,马克思主义信仰的坚定性实际上是马克思主义科学性的内化,即转化为个人内心的信念和情感,转化为个人内心的价值目标、理想追求和道德定律。这使我不禁想起了康德的名言:

> 灿烂星空在我头上,
> 道德律令在我心中。

"理性的激情"与"激情的理性"：
《理性与激情》自序

　　呈现在读者面前的这本书,是我的第二本学术随笔。我喜欢想问题,上班与下班路上,出差与讲学途中,机场与车站等候,书房与病房,茶余与饭后……我经常断想、遐想乃至傻想,这本学术随笔就是在这些断想、遐想和傻想的基础上整理而成的。尽管这些断想、遐想、傻想是"连蹦带跳"地来到我的头脑中,但它们反映了我的真实的思想,体现了我的思考的维度、力度、深度和广度,再现了我的思考的痕迹。

　　为了阅读方便,我把本书分为四个部分,即"哲学断想""读史拾零""读书札记""思想对话"。其实,这种区分只是相对的。"哲学断想"本身就是一种"拾零",并包含着读书"札记";"读史拾零"本身就是一种"札记",并包含着哲学"断想";"读书札记"体现着哲学"断想"、读史"拾零",而"思想对话"则是哲学"断想"、读史"拾零"和读书"札记"的集中表达。

　　黑格尔认为,哲学史不仅是一个"真理的王国",而且是一个"死人的王国"。"这个王国不仅充满着肉体死亡的个人,而且充满着已经推翻了的和精神上死亡了的系统。"这表明,哲学同时是一个"问题的王国"。哲学不同于艺术,它不是形象思维,而是抽象思维,是概念的逻辑运动,是至深至"玄"的思辨,哲学的思考因此总是处在问题和概念的"阿门塞斯的阴影王国"。正因为如此,在断想、遐想和傻想的过程中,我时常感到一种孤独感,犹如置身于空山之中。然而,我又希望我的心声能在空山中发出声响,并让更多的声音参与进来,形成复调,构成交响。所以,我把本书定名为《理性与激情》。

感谢中国青年出版社副总编辑王瑞编审不嫌浅陋,将本书列入"哲人哲思书系",感谢彭岩、刁娜编辑不辞辛劳,担任本书的责任编辑,感谢北京师范大学出版集团杜丽娟编辑不辞辛劳,打印了这本书的书稿。在中国青年出版社出版这本学术随笔,使我想起了我的青春岁月,那是激情多于理性,幻想多于理想的岁月,是"跟着感觉走,牵着梦的手"的岁月。那时,"我把所有的梦想都画在墙上,等待被现实温暖、被照亮;我把全部的倔强都藏进心脏,希望在人群中去融入、去释放……我把命运的摇晃都当作奖赏,依然在路上"(《摆渡人》)。

这本学术随笔的整理开始于 2016 年的冬天,完成于 2017 年的春天。当我开始整理文稿的那天,恰巧窗外雪花飘舞,"应是天仙狂醉,乱把白云揉碎";当我最终完成定稿时,已是 2017 年春节的最后一天,即正月十五。此时,我不由自主地把目光转向窗外,我看到了春光的明媚,听到了"春天的故事",感受到了春天的气息……同时想起了雪莱的著名诗句:

冬天来了,

春天还远吗?

"我就是我"：《哲学遐思与文化断想》自序

　　呈在读者面前的这本学术随笔，即《哲学遐思与文化断想》是在我的第一本学术随笔《静水深流：哲学遐思与文化断想》(第二版)的基础上修改而成的，内容仍然是上班途中和下班路上的遐想、茶余和饭后的断想、读书的笔记和评论。为了读者阅读方便，我把这本学术随笔分为三篇，即"哲学遐思""文化断想"和"读书札记"。这种区分只具有相对意义。实际上，在"哲学遐思"中包含着"文化断想"，"文化断想"中既蕴含着哲学遐思，又包含着读书札记，而在"读书札记"中既有哲学遐思，又有文化断想，集中体现了"哲学遐思"与"文化断想"。所以，我把这本学术随笔定名为《哲学遐思与文化断想》。

　　《哲学遐思与文化断想》删去了《静水深流》(第二版)中的"思想对话""学术演讲"，以及"哲学遐思"中"哲学的位置在哪里""哲学的作用是什么"等内容，在"文化断想"中删去了"展示独特的话语空间""重建公平"等内容，在"读书札记"中删去了"艰难中的创造""危机中的重建"等内容；在"哲学遐思"中增加了"人的自然属性与社会属性""历史的创造者与参与者"等内容,在"文化断想"中增加了"文化、宗教与哲学""文科的特殊作用"等内容,在"读书札记"中增加了"当代马克思主义哲学研究的三种路向""思想的高度与理论的难度"等内容。为了使读者进一步了解我的学术生涯和人生历程,我把"重读马克思——我的学术自述""哲学对我足够深情——访杨耕教授""书缘人生——访杨耕教授"作为附录。

这本《哲学遐思与文化断想》仍然是学术随笔。在我看来,学术随笔不同于学术专著。专著追求的是理论的深度,随笔展示的是思考的痕迹;专著关注的是逻辑的严谨,随笔显示的是思想的火花。如果说学术著作是"美国大片",那么,学术随笔就是"中国小品";如果说学术著作是"法式大餐",那么,学术随笔就是"中式小吃"。"大片""大餐"值得回忆,"小品""小吃"值得回味。在我看来,真正的学术随笔并不是随心所欲,而是直觉顿悟;并不是杂乱无章,而是"杂"而不乱,在看得见的文字中渗透着看不见的智慧。对于我们每一个人来说,自己带不走、别人能拿走的是金钱;自己带不走、别人能学到的是知识;自己能带走、别人既拿不走又学不到的是智慧。所以,哲学的本意就是"爱智慧"。

中国有句古话,叫作"光阴似箭"。这句话,年轻时,只是说说而已;年老时,确感如此。从1978年2月我考入安徽大学哲学系学习哲学到今天,时间已经过去了整整40年。40年来,尽管我的"身份"在不断转换,但我始终以"咬定青山不放松"(郑板桥)的执着,以"望尽天涯路"(晏殊)的追求,一直在哲学这片土地上辛勤耕耘,在人生道路上艰辛跋涉。"料峭春风吹酒醒,微冷,山头斜照却相迎。回首向来萧瑟处,归去,也无风雨也无晴。"(苏轼)

40年了,"弹指一挥间"(毛泽东),我已经从一个激情多于理性的青年成为理性淹没激情的中老年人了。此时此刻,我深深地体验到这样一种矛盾,一种客观存在的矛盾,那就是:当我们年轻而拥有充分的时间时,我们往往经历缺乏、经验不足,激情多于理性;当我们具有相当的经历、丰富的经验,理性多于激情时,我们可能已经步入中年甚至老年,属于我们的时间已经不多了。尽管西塞罗《论老年》"论"得非常精彩,可是,老,还是很容易让人伤感、沮丧的。凡人是这样,伟人更是如此。英雄老去,美人迟暮,更令人叹惜。难怪李商隐发出这样的感叹:"夕阳无限好,只是近黄昏。"

当我完成这本学术随笔的定稿时,恰巧是我的生日,也就是2月21日。2月,对我来说,也许具有特殊的意义:1956年2月,我在安徽呱呱坠地,开始了我的时间人生;1978年2月,我考入安徽大学哲学系,从此开始"玩深沉",开启了我的哲学人生。我本质上是一个书生,哲学就是我书写生命的方式,但我却不知深浅、"不辞辛劳",不断地寻找我的所谓的"真正"的人生目标。"我寻你千百度,日出到迟暮,一瓢江湖我沉浮;我寻你千百度,又一岁荣枯,可你从不在灯火阑珊处。"(《千百度》)直到2017年12月的一天,我在思考问题时,突然"顿悟",真正意识到"我思故我在"的深刻性,真正意识到"认识你自己"的艰难性,真正意识到"我就是我"的真实性。

"我就是我",一个以哲学为职业、专业和事业的书生。

"从错误中学习":《书缘人生——行走在哲学与出版的路途上》(第二版)自序

呈现在读者面前的这部著作,是我的《书缘人生——行走在哲学与出版的路途上》的第二版。

这个世界充满着偶然性,这部著作的出版就纯属偶然。一次,我在查找资料的过程中,偶然发现,《光明日报》(1998年12月2日)的"名师剪影"栏目介绍了我的"教学艺术",《中国人民大学学报》(1998年第1期)的"哲学家"栏目介绍了我的科研成果。在"名师"和"哲学家"这两个"头衔"的"鼓舞"下,我的"虚荣心"大发,于是,我开始"不辞辛苦""不知疲倦"地在记忆中搜索、在资料中寻找报刊对我的介绍、思想评价、理论访谈以及我的学术自述、学术演讲。当这些介绍、评价、访谈、自述和演讲稿端放在写字台上时,我又偶发奇想,对这些介绍、评价、访谈、自述、演讲稿进行筛选、整理,并加以编辑、出版。于是,便有了这部著作,即《书缘人生——行走在哲学与出版的路途上》。

同这部著作第一版相比,第二版有了较大的变化:一是把"学术自述""思想介绍""理论对话""哲学演讲"四个部分,调整为"学术自述""人物介绍""思想评价""理论对话""哲学演讲""出版实践"六个部分;二是删去了《当代学林:杨耕》(《学术研究》2008 年第 4 期)、《谋求图书结构转型》《书里书外的马克思》三篇内容;三是增加了《从往事门前走过》《出版企业家:杨耕》《杨耕:哲学之"旅"》《用创造性思维进行马克思主义研究》《以深入的学理把握现实中的时代》《重建马克思主义哲学体系》《未来不能没有马克思》《哲学的位置在哪里》《向现代出版企业迈进》《来自北师大出版集团的体制改革报告》等 27 篇内容。收入这部著作的"学术自述""人物介绍""思想评价""理论对话""哲学演讲""出版实践",以一种缩影的形式展示了我的哲学之"旅"、出版之"旅"乃至人生之"旅",这就是:读书、教书、写书、出书。所以,我把这部著作定名为《书缘人生——行走在哲学与出版的路途上》。

中国有句古话,叫作"光阴似箭,日月如梭"。这句话,年轻时只是说说而已,年老时确感如此。从 1977 年我考入安徽大学哲学系(1978 年 2月入学)学习哲学到今天,"光阴"已 40 多年。40 多年来,我一直在哲学这片神奇的土地上辛勤耕耘,在人生的道路上艰辛跋涉,不断地走向远方。"我们走向并珍爱每一处风光,我们不停地走着,不停地走着的我们也成了一处风光。"(汪国真)我至今也没有成为"一处风光",但我的确"珍爱"着我走过的"每一处风光"。

当这部著作的定稿端放在写字台上时,我心中想的并不是这部著作。它既然已经定稿,那么,它就是这样了。此时,我的思绪却和采访过我的记者朋友、为我的著作撰写过书评的导师和朋友的名字连接起来了。《光明日报》的梁枢、《中国新闻出版报》的冯文礼、《中华读书报》的陈香、《哲学动态》的李立新老师等报刊的记者们不厌其烦听完我的"故事";我的导师、中国人民大学陈先达教授、北京大学丰子义教授、复旦大学吴晓明教授等学者们不惜屈尊为我的著作写下了思想深刻的书评;北京师范大学出版集团邢自兴、杜丽娟编辑不辞辛苦,为我查找资料、打印书稿;四川人民出版社社长黄立新编审、社长助理章涛副编审不嫌浅陋,将这本书列入出版计划,责任编辑戴黎莎为这本书的出版付出了辛勤的劳动。在此,一并表达我深深的谢意。

人是社会存在物,需要朋友,"朋友多了路好走"。一个人如果没有朋友,那么,他即使生活在像"北上广"这样经济发达、人口密集、高楼耸立的地方,也会感到孤独,产生孤独感。在我看来,孤独不一定有孤独感,孤独感反映的不是空间的距离,而是一种人与人的关系。"一个篱笆三个桩,一个好汉三人帮。"我不是"好汉",更需要帮。所以,在这部集中反映我的哲学之"旅"、出版之"旅"乃至人生之"旅"的著作出版之际,我不由自主地想起了我的朋友、师长和亲人,没有他们的友情和亲情,我不可能成长。同时,我也想到由于种种原因对我产生误解、偏见甚至"敌视"的人,没有他们的误解和责难,我不可能成熟。"被人误会,是我们人类的命运。"(歌德)对我来说,友情与亲情、理解与误解、委屈与磨难,都是一笔财富,一笔不可缺少的财富。

实际上,经历本身就是一笔财富。当然,这里存在一个矛盾,那就是,当你有了相当的经历以及由此形成的经验时,你可能已经步入中年甚至老年阶段了,属于你的时间已经不多了;当你年轻而拥有充分的时间时,你往往又缺少经历,缺乏经验,所以,越年轻,越容易犯错误。这部著作实际上只是反映了我的哲学之"旅"、出版之"旅"乃至人生之"旅"的成功之处,而没有反映这一过程的失误、错误之处。实际上,我经常犯错误。这使我想起了卢梭的一句话:"要认识我,就要了解我的一切方面,好的方面和坏的方面。"

人的一生可以"过五关",也可能"走麦城";可能掌握了某些真理,也往往陷入错误之中。人与错误的关系,就像浮士德与海伦的关系:"谁认识了她,谁就不能同她分离。"(歌德)同时,失败又是成功之母,错误往往是发现真理的先导,"真理之川从它的错误之渠中流过"(泰戈尔)。波普尔甚至认为,科学的历史是一部"不可靠的猜测的历史,是一部错误的历史",因此,应"从错误中学习"。这颇有哲理。海涅说的同样有哲理,即"谁若为我们指出了走不通的道路,那么,他就像那个为我们指点了正确道路的人一样,对我们做了一件同样的好事"。我们只有正视错误,才能正视生活。

我们经常听到一句"宽宏大量"的话,这就是,"允许犯错误"。在我看来,这是一句"废话"。这是因为,不管你允许不允许,是人,都会犯错误。"不犯错误的人没有。"(邓小平)我们也都知道这样一句格言,那就是,"人非圣贤,孰能无过"。在我看来,这句格言同西方的一句格言,即"教皇无谬误"一样,本身就是谬误。这是因为,它有一句"潜台词",那就是,"圣人"不会犯错误,但"凡人"必然会犯错误。实际上,只要是人,无论是"凡人",还是"圣人",都会犯错误。"人要学会走路,也得学会摔跤,而且只有经过摔跤他才能学会走路。"马克思的这句话才是真理,颠扑不破的真理。如果非要说"有的人不犯错误,那是因为他从来不去做任何值得做的事"(歌德)。

当这部《书缘人生——行走在哲学与出版的路途上》(第二版)定稿时,已是秋天的季节了。秋天是一个落叶的季节,是一个容易让人感伤的季节,即使王安石这样的政治家也"悲秋":"别馆寒砧,孤城画角。一派秋声入寥廓。"秋天又是一个收获的季节,是一个往往让人憧憬的季节。所以,当这部著作的定稿端放在写字台上时,我又不由自主地想起了唐代诗人刘禹锡的《秋词》:

自古逢秋悲寂寥,
我言秋日胜春朝。
晴空一鹤排云上,
便引诗情到碧霄。

"我就是我的地狱与天堂"：《杨耕集》自序

　　呈现在读者面前的这部著作,即《杨耕集》,是我从事哲学研究 15 年来所出版的第一本论文集。当这本论文集的定稿端放在写字台时,我心中想的并不是这本论文集的本身,它既然已经定稿,那么,它就是这样一个东西。此时,我的思绪却同我和我们这一代人的命运联系在一起了。

　　1956 年,我出生在一个普通教师家庭。我和我的同龄人一样,经历了共和国的风风雨雨、"天灾人祸"……我并不认为我"生不逢时",相反,我非常庆幸我有这一段特殊的经历。正是这段特殊的经历使我对社会与人生有了深刻的体认,并对我的哲学研究和学术生涯产生了极大的影响。实际上,"经历"本身就是一笔财富。

　　当然,我们这一代不同于老一代。老一代在战争年代,在血与火的考验中度过,我们这一代在和平年代,在不断的精神苦练中生存;老一代敢"问苍茫大地,谁主沉浮",我们这一代"敢问路在何方"。我们这一代有我们这一代人的苦苦追求。

感谢邓小平,正是他老人家的拨乱反正、改革开放,使"九死一生"的中国现代化奇迹般地走出了历史的沼泽地,并为我们这一代人的发展开辟了新的天和地。1978年2月,在那个"解冻"的年代,我走进了安徽大学哲学系,成为高校招生改革后的第一届大学生,并从此与哲学结下了"不解之缘"。1986年,汪永祥教授把我领进了我向往已久的中国人民大学哲学系攻读硕士学位,从此,我进入哲学研究的"快车道";1988年,陈先达教授把我留在中国人民大学哲学系任教,同时我被破格推荐免试攻读博士学位,从此,我走向哲学的深处;陈志良教授宽广的视野和无私的帮助,使我在一个新的平台上展开了哲学研究。我忘不了我的两位导师和这位挚友。从他们那里,我不仅看到了哲学家的文采,而且看到了哲学家的风采;不仅学到了文品,而且学到了人品,并从此在哲学研究中一发而不可收。

　　实际上,我最初选择哲学实属"误入歧途"。中学时期,我主要的兴趣是在数理化方面,并且成绩优异;高考之前我担任过中学数学老师。所以,我的最初志向是报考理科。然而,在高考前夕,一位哲学先行者——陈宗明老师告诉我:哲学是一个诱人的智慧王国,中国需要哲学,而你的天赋更适合学哲学。就是这一次谈话,竟使我"鬼使神差"般地在高考前夕改变了最初的志向,选择了哲学。从此,我踏上一块神奇的土地,至今仍无怨无悔。今天,我已与哲学连成一体,或者说哲学已融入我的生命活动之中。哲学适合我,我也适合哲学,离开哲学我不知如何生存。当然,我也深知,哲学思维极其艰辛,谁要选择哲学并想站在这一领域的制高点上,谁就必然在精神上乃至物质上选择一条苦行僧的道路。"光荣的路是狭窄的。"(莎士比亚)

　　我之所以从"误入"哲学到"钟情"哲学,并不是因为哲学"博学",无所不知,实际上,"博学并不能使人智慧"(赫拉克利特),而无所不知的只能是神学;并不是因为哲学"爱智慧",实际上,哲学本身就是一种智慧,它给人以生存和发展的勇气和智慧,这是一种"大勇大智";并不是因为哲学是关于自然、社会和思维运动一般规律的科学,或者说,是关于世界普遍联系的科学,实际上,哲学并不等于科学,现代科学的发展已经使"关于总联系的任何特殊科学"成为"多余"的了,在现代,意图在科学之上再建构一种所谓的关于整个世界一般规律的科学,只能是"形而上学"在现代条件下的"复辟"。

从"误入"哲学到"钟情"哲学,我的这一心路历程的牵引线就是,哲学与人和"人生之谜"密切相关。无论哲学是把目光投向人与自然的关系,还是转向人与社会的关系,归根到底,关注的仍是人在世界中的位置,显示的仍是人的自我形象。如果说爱情是文学的不朽主题,那么,人则是哲学的永恒主题;如果哲学不重视人,人也就不会重视哲学。哲学之所以使哲学家们不停思索、寝食难安,就是因为它在总体上始终关注着人,而"在某一意义上说,我们之所以不能认识人类,正是因为研究人类的缘故"(卢梭)。一幕没有主角的戏是无法上演的。如果哲学甘愿把自己的主角——人让渡给其他学科,那么,它就会像浮士德一样,把自己抵押给靡菲斯特了。

"哲学关注人"并不是说它要研究人的方方面面。对哲学来说,重要的是要解答"人生之谜"。在我看来,人生观是个哲学问题,而不是科学问题。医学、生物学、考古学、物理学、化学、数学等都不可能解答人生之谜,倍数再高的显微镜看不透这个问题,再好的望远镜看不到这个问题,亿万次计算机算不出这个问题……人生观也不仅仅是一个伦理学问题,因为在人与自我的关系中,必然渗透着人与自然、人与社会的关系,对人生的不同看法必然包含着对人与自然、人与社会关系的不同理解。"人生自古谁无死,留取丹心照汗青。"这一千古绝句表明,人的生与死本身属于自然规律,而生与死的意义却属于历史规律。英雄与小丑、流芳百世与遗臭万年的分界线,就是如何处理人与历史规律的关系。任何伟大人物一旦违背历史规律并同人民群众相对立,其结果只有一个——"霸王别姬"。人生观并非仅仅是一个如何对待人生的态度问题,更重要的,它是一个如何看待和处理人与自然、人与社会关系的问题。从根本上说,人生观是哲学问题。反过来说,哲学只有关注人并解答"人生之谜",才能既可信又可爱。

我的研究方向是马克思主义哲学。如果用一句话来概括我的哲学研究，那就是：重读马克思。

重读马克思并不是"无事生非"，而是当代实践、科学和哲学本身发展的需要。历史常常出现这样一种奇特的现象，即一个伟大思想家的某个理论以至整个学说往往在其身后，在经历了较长时间的历史运动之后，才充分显示出它的内在价值，重新引起人们的关注。马克思哲学的历史命运也是如此。20 世纪的历史运动以及当代哲学的发展困境，使马克思哲学的内在价值和当代意义凸现出来了，哲学家们不由自主地把目光转向马克思的哲学。

存在主义大师萨特坦言，马克思哲学是我们时代"唯一不可超越的哲学"。后现代主义思想家福柯认为，在现时，历史研究要想超越由马克思所定义和描写的思想地平线是不可能的。另一位后现代主义思想家杰姆逊指出，马克思哲学"是我们当今用以恢复自身与存在之间关系的认知方式"，它提供了一种"不可超越的意义视界"，即"整体社会的视界"，从而"让那些互不相容，似乎缺乏通约性的批评方式各就其位，确认它们局部的正当性，它既消化又保留了它们"。萨特、福柯、杰姆逊对马克思哲学的评价是真诚而公正的。在当代，无论是用实证主义、结构主义、新托马斯主义，还是用存在主义、弗洛伊德主义、后现代主义乃至现代新儒学来对抗马克思的哲学，都注定是苍白无力的。在我看来，这种对抗犹如当年的庞贝城与维苏威火山岩浆的对抗。实际上，"重读"是思想史上常见的现象。黑格尔重读柏拉图，皮尔士重读康德，歌德重读拉斐尔……都是为了从永垂不朽的大师那里汲取巨大的灵感和超卓的智慧，"风流犹拍古人肩"。伟人是这样，凡人更应如此了。

在重读马克思的过程中，我经历了从马克思哲学到马克思主义哲学史、西方哲学史，再到现代西方哲学、当代社会发展理论，然后再返回到马克思哲学，这样一个不断深化的求索过程，其意义在于，把马克思的哲学放置到一个广阔的理论空间中去研究。我认为，对马克思哲学的研究离不开对马克思主义哲学史的研究,只有把握马克思的心路历程,把握马克思以后的马克思主义哲学的演变过程,才能真正把握马克思哲学的真谛,真正理解马克思哲学在何处以及何种程度上被误读了;只有把马克思哲学放到西方哲学史的流程中去研究,才能真正把握马克思哲学对旧哲学变革的实质,真正理解马克思哲学划时代的贡献;只有把马克思哲学与现代西方哲学、当代社会发展理论进行比较研究,才可知晓马克思哲学的局限性,同时进一步理解马克思哲学的伟大所在,真正理解马克思哲学为什么是我们这个时代"不可超越的哲学"。

在这样一个重读马克思的过程中,我的面前便矗立起一座巨大的英雄雕像群,我深深地体验到思想家们追求真理的悲壮之美。

在重读马克思的过程中,我涉猎了社会主义思想史,同时进行理论经济学和伦理学的"补课"。精神生产不同于肉体的物质生产。以基因为遗传物质的生物延续是同种相生,而哲学思维则可以通过对不同学科成果的吸收、消化和再创造,形成新的哲学形态。马克思的哲学就是如此。马克思在创立新唯物主义的过程中,对经济学、历史学、政治学以及人类学都进行过批判性研究和哲学的反思。不仅德国古典哲学,而且英国古典经济学、法国复辟时代历史学、英法"批判的空想的社会主义"以至人类学都构成了马克思哲学的理论来源。正像亲缘繁殖不利于种的发育一样,一种创造性的哲学一定会突破从哲学到哲学的局限。

重读马克思,使我得出了一个新的关于马克思哲学的总体认识,即马克思哲学是实践唯物主义。

与传统哲学关注整个世界不同,马克思哲学关注的是现存世界即人类世界,注目于现实的人及其发展。对于马克思哲学来说,"全部问题都在于使现存世界革命化",即以现实的人及其发展为坐标来重新"安排周围世界"。这样,马克思便把哲学的聚焦点从整个世界转向人类世界,从而使哲学的主题发生了根本的转换。

当马克思把目光转向人类世界时,他就同时在寻找理解、解释和把握人类世界的依据。这个依据终于被发现,那就是,人类实践活动。按照马克思的观点,实践是人的存在方式,人通过实践使自然成为"社会的自然",从而为自己创造了一个自然与社会"二位一体"的人类世界;在人类世界的运动中,实践具有导向作用,即人通过自己的实践活动"为天地立心""重整河山",在物质实践的基础上重建世界。换言之,实践构成了人类世界得以生存和发展的基础,是人类世界真正的本体。这是一个动态的、不断发展、不断生成的本体,人类世界因此成为一个不断形成更大规模、更多层次的开放性体系。由此,我们也就不难理解马克思哲学的本体论为什么是实践本体论。

从哲学史上看,马克思之所以能够发动一次震撼人类思想史的哲学革命,关键就在于,它以科学的实践观为基础正确地解决了人与自然的关系问题。

按照马克思的观点,在物质实践中,人是以物的方式去活动并同自然发生关系的,得到的却是自然或物以人的方式而存在,即成为"为我之物"。换言之,实践使人与自然的关系成为一种"为我而存在"的关系。这种"为我而存在"的关系是一种否定性的矛盾关系:人类要维持自身的存在,即肯定自身,就要对自然界进行否定性的活动,即改变自然界的原生态,使之成为"人化自然""为我之物";人们总是在不断制造与自然的对立关系中获得与自然的统一关系,这样一种矛盾关系使人与自然的关系成为主体与客体的关系,二者处于双向运动中;人通过实践在不断改造、创造人类世界的同时,又不断改造、创造着人本身——他的肉体组织、思维结构和社会关系。这是同一个过程的两个方面。

应该说,在各种矛盾关系中,人与自然之间这种"为我而存在"的否定性关系是最深刻、最复杂的矛盾关系。正是这种矛盾关系"引无数英雄竞折腰",致使唯物主义对人的主体性"望洋兴叹",唯物论与辩证法遥遥相对,唯物主义自然观与唯物主义历史观"咫尺天涯"。而马克思哲学高出一筹的地方就在于:通过对实践深入而全面的剖析,科学地解答了人与自然之间的真实关系,从而使唯物主义和人的主体性"吻合"起来了,唯物论和辩证法、唯物主义自然观和历史观因此也结合起来了。

我注意到,在"传统"的马克思主义哲学体系中,"实践"有其一席之地。但问题在于,在"传统"的马克思主义哲学体系中,实践仅仅是作为认识论的范畴而被阐述的;在认识论之外,即使提到实践,也只是一种应酬式的热情。实际上,在马克思哲学的"文本"中,实践的权威是全方位的,它不仅体现在认识论之中,而且搏动于自然观、历史观以及辩证法之中:在自然观中,实践是自在自然与人化自然分化和统一的基础,实践扬弃了人与自然之间的二元对立;在历史观中,实践构成了人的存在方式和社会的本质,是"历史的自然"和"自然的历史""二位一体"的基础,实践消除了"物质的自然"与"精神的历史"对立的神话;在辩证法中,实践是主观辩证法与客观辩证法、自然辩证法与历史辩证法分化和统一的基础,而且实践活动本身就是一种否定性的辩证法,实践使主观辩证法与客观辩证法、自然辩证法与历史辩证法之间达到了真正的和解;在认识论中,实践构成了认识的基础,"实践反思法"构成了马克思的认识论的根本特征,并填平了一般认识论与历史认识论之间的所谓的鸿沟。

正因为实践具有本体论或世界观的意义,所以,马克思以实践为出发点范畴去理解人类世界,或者说,把"对象、现象、感性""当作实践去理解",并以此为基础建构"新唯物主义"。实践是马克思哲学之魂。只有把实践作为主旋律导入马克思主义哲学这一宏伟的交响乐中,它才能表现为美妙的和谐。对于马克思哲学来说,"实践的唯物主义"是一种全局性、根本性的定义,它所要表明的不仅仅是一种要把理论付诸行动的哲学态度,更重要的是指,实践的观点是马克思主义哲学首要的和基本的观点,实践是马克思主义哲学的建构原则。换言之,实践的唯物主义构成了马克思主义哲学的本质特征。

在重读马克思的过程中,我感到需要重新审视、理解和解释马克思唯物主义。我不能同意"传统"的马克思主义哲学解释系统对"马克思主义唯物主义的基本特征"的三点概括:世界按其本质来说是物质的;物质第一性,意识第二性,意识是物质的反映;世界及其规律是完全可以认识的。在我看来,这种概括只是说明了马克思的"新唯物主义"与"旧唯物主义"

的共性,而没有说明新唯物主义本身的特征,即没有看出新唯物主义的"唯物"之所在,或新唯物主义的"新"之所在。

"传统"的马克思主义哲学解释系统在说明"马克思主义唯物主义的基本特征"时,引用了《神圣家族》中的一句话,即"物质是一切变化的主体"。实际上,这是一个误引,因为它把马克思对霍布斯思想的复述当成马克思本人的见解,把马克思批判的观点当成马克思赞赏的观点。马克思之所以要复述、批判霍布斯的这一观点,是因为这一观点集中体现了旧唯物主义,尤其是"纯粹的唯物主义"的缺点:"忽视人"甚至"敌视人",认为"人和自然都服从于同样的规律"。在我看来,这一误引并不是偶然的疏忽,它实际上表明,"传统"的马克思主义哲学解释系统已经混淆了新唯物主义与旧唯物主义,或者说,没有清楚地意识到马克思的唯物主义与"从前的一切唯物主义"的本质区别。在"传统"的马克思主义哲学解释系统中,我看到的是一个被误读的马克思。

实际上,承认自然界的"优先性"或物质第一性只是新唯物主义与旧唯物主义的共性,它并未构成马克思唯物主义本身的特征。确认实践所引起的人与自然之间的物质变换构成了人类世界的基础,这才是马克思唯物主义的"唯物"之所在,或者说,是新唯物主义的"新"之所在。实际上,马克思在创立新唯物主义之初就提出,要建构一种"为思辨本身的活动所完善化并和人道主义相吻合的唯物主义"。

这表明,马克思的唯物主义所关注的并不是"抽象的物质",更不是以经院哲学的方式抽象地谈论世界的物质统一性,而是"从物质实践出发来解释观念",通过对资本主义社会的异化状态和普遍存在的"拜物教"的批判,揭示被物与物的关系掩蔽着的人与人的关系,揭示被物的自然属性遮蔽着的人的社会属性,从而"把人的世界和人的关系还给人自己"(马克思)。

这样,我们就回到了马克思的巨像之前,真正体验到马克思哲学为什么是"现代唯物主义"。

当马克思哲学实现了哲学主题的转换,即从整个世界转向人类世界,并从人的实践活动出发去理解、把握人与世界的关系以及人本身时，就标志着哲学的转轨，即从传统哲学转向现代哲学。从总体上看，现代西方哲学的发展日趋"现实的生活世界"，关注人与世界的关系。用雅斯贝尔斯的话来说就是，"哲学所力求的目标在于领悟人的现实境况中的那个实在"。即使是后现代主义也并非专司"否定""摧毁"，实际上它非常关注人与自然关系的重建，力主消除"现代性"所设置的人与世界的对立，并试图从人的创造活动出发给"人"一个新的定位。用福柯的话来说就是，后现代主义"承担了在人和他的科学、他的发现和他的世界——一个具体的世界——之间建立一种关系的任务"。由此，我们就可以理解杰姆逊的名言了，即马克思哲学为我们确定了对待"后现代"的"恰当立场"。

从内容而不是从表现形式看，就整体而不就个别派别而言，整个现代西方哲学的运行都是以马克思哲学所实现的主题转换为方向的。海德格尔指出："纵观整个哲学史，柏拉图的思想以有所变化的形态始终起着决定性作用，形而上学就是柏拉图主义。尼采把他自己的哲学标示为颠倒了的柏拉图主义，随着这一已经由马克思完成了的对形而上学的颠倒，哲学达到了最极端的可能性。哲学进入其终结阶段了。"这一观点颇有见地，它实际上指出了马克思哲学与西方传统哲学、现代哲学的关系。在我看来，不管现代西方哲学的其他派别是否意识到或是否承认，马克思的确是西方传统哲学的终结者和现代哲学的开创者，马克思的哲学是现代唯物主义，并具有内在的当代意义。

以上，就是我重读马克思的心路历程，以及在这个过程中所获得的对马克思哲学的总体认识。

显然，我的这种认识不同于人们所"熟知"的马克思，不同于"常识"。问题在于，熟知并非真知，而常识既"是一个时代的思想方式"，同时又"包含着这个时代的一切偏见"（黑格尔）。由此造成这样一种奇特的现象，即人们最熟悉的往往又是他们最不了解的。马克思的名字在中国可谓家喻户晓，而自"工农兵学哲学"以来，马克思主义哲学似乎人所共知，已成为一种"常识"。然而，我却认为，马克思的形象在这种"常识"中被扭曲了，当代中国哲学研究的最大误区就是马克思的哲学。常识往往遏制思想的发展，我不能"跟着感觉走"。于是，我重读马克思，并得出了上述不同于"常识"的认识。

我并不认为我的这种认识完全恢复了马克思的"本来面目"，这种解释完全符合马克思哲学的"文本"，因为我深知"一切历史都是当代史"的合理性，深知我的这种认识受到我本人的知识结构、哲学修养以及价值观念的制约，而且马克思离我们的时代越远，对他认识的分歧也就越大，就像行人远去，越远越难辨认一样。但是，我又不能不指出，我的这种认识的确是我15年来上下求索的结果，是我重读马克思的心灵写照和诚实记录。这里，我力图"放言无惮，为前人所不敢言"（鲁迅）。

马克思主义哲学不是"学院派"，它志在改变世界，其"笔落惊风雨，诗成泣鬼神"（杜甫）。重读马克思不能仅仅从书本到书本，从哲学到哲学史，更重要的，是从理论到现实，再从现实到理论。换言之，应在理论与现实的结合中重读马克思。哲学当然需要思辨，但哲学不应是脱离现实的思辨王国，始终停留在"阿门塞斯的阴影"之中。作为一个中国学者，重读马克思不能忘记同当代中国的现实进行"对话"。所以，我深切地关注着当代中国的改革开放和现代化建设，期望在重读马克思的过程中走上理论的制高点，走进当代中国现实的深处。我的全部研究工作的根本目的，就是为了中华民族的再次腾飞。

理论联系现实是一个双向运动过程：为了理解和把握现实，必须突破原有的理论模式；而为了突破原有的理论模式，又必须接触并深入现实。同时，在联系现实的过程中，哲学不应失去自己的独立性、反思性和批判性，不能把自己降低为现实的附庸或仅仅成为现实的解释者。"凡是现实的都是合理的"，不是马克思哲学的思维方式，而是黑格尔哲学的思维方式。一种仅仅适应现实的哲学是不可能高瞻远瞩的。哲学既要入世，又要出世；既要深入现实，又要超越现实，预示未来。哲学不仅仅是猫头鹰的黄昏晚飞，更应是高卢雄鸡的晓唱。

在理论联系现实的过程中，我充分体验到马克思哲学的当代意义，深刻感受到马克思哲学在当代的不可超越性。马克思哲学之所以在当代不可超越，是因为它抓住了人类世界的根本——实践，并从这一根本出发向人类世界的各个方面、各个层次、各种关系发散出去，形成一个思维整体，提供了"整体社会的视界"；是因为它关注的问题，以及一些以萌芽或胚胎形式存在于马克思哲学中的观点契合当代社会的重大问题。发展马克思主义哲学就是要使这些以萌芽或胚胎形式包含在马克思哲学中的问题凸现出来，并以当代实践和科学为基础予以系统而深入的研究，使之上升为成熟的观点，并同马克思哲学中原有的成熟观点融为一体。

可以看出，我重读马克思的工作是沿着两个方向进行的，即理论与历史的结合、理论与现实的结合。在这个过程中，我所追求的理论目标，就是求新与求真的统一；我所追求的理论形式，就是诗一般的语言，铁一般的逻辑；我所追求的理论境界，就是建构哲学空间，雕塑思维个性。

我真诚希望，我的哲学研究能为中华民族理论思维水平的提高做出贡献；我的确希望，我的哲学研究能为世纪之交的马克思主义哲学研究提供一种有希望的新视野。但我也深知，我"心有余而力不足"，深知我的知识结构和专业素养的不足。我衷心欢迎一切善意的批评与指责，但不想理出自恶意的攻击与嘲讽。对于后者，我的答复只能是：

> 我要忠实地停留在我自己的世界上，
> 我就是我的地狱和天堂。（席勒）

"领悟日常事物"：《杨耕自选集》前言

　　这本《杨耕自选集》选编了我在 1990—2010 年所写的部分文稿，时间跨度整整 20 年。

　　这 20 年间，世界处在剧烈变化之中。从国际上看，科学技术信息化、经济全球化、政治格局也发生深刻变化，西方资本主义国家凭借科技革命之力和经济全球化之势，并通过体制改革缓解了制度危机，获得了"延缓衰老之术"，相反，苏联社会主义却被西方资本主义"不战而胜"，东欧社会主义阵营犹如"多米诺骨牌"，顷刻之间轰然倒塌……就国内而言，改革处在攻坚阶段、发展进入关键时期，社会结构发生深刻变化，社会主义市场经济的实践为中华民族的复兴和社会主义的发展开辟了新的天和地，中国特色社会主义继续谱写着"春天的故事"……这本自选集较为鲜明地反映了这一时代变迁及其特征。

　　这 20 年间，我从文本研究、历史考察和实践反思三个维度展开了我的马克思主义哲学研究。离开了对马克思文本的研究，马克思主义哲学研究就会走向虚无，得到的只能是没有马克思的马克思主义哲学，"谁要是向往哲学,就得亲自到原著那肃穆的圣地去找永垂不朽的大师"(叔本华);离开了对马克思主义的历史考察,马克思主义哲学研究就会流于空洞,得到的只能是被"肢解"的马克思和马克思主义哲学,"历史就是我们的一切"(马克思);离开了对当代实践的反思,马克思主义哲学研究就会成为无根的浮萍,马克思主义哲学的当代意义也就无法彰显。我们必须明白,马克思既是哲学家,又是革命家,是二者完美的结合;马克思主义哲学既是解释世界的知识形态,又是改变世界的意识形态,是二者高度的统一。这本自选集较为全面地体现了这一时期我的马克思主义哲学研究的三个维度及其特征。

为了便于读者阅读,我把这本自选集的内容分为三编:

第一编是关于马克思主义的主题、原则和特征的再思考,明确提出马克思主义哲学的理论主题是无产阶级和人类解放,其基本特征是形而上学批判、意识形态批判和资本批判的高度统一,是实践唯物主义、辩证唯物主义和历史唯物主义的高度统一,并重新探讨了科学社会主义的基本原则,阐明必须以实际问题为中心研究马克思主义。

第二编是关于实践本质、社会本质和社会发展规律的再思考,明确提出实践是人的存在方式和社会的本质,具有世界观意义,并重新探讨了社会发展道路的多样性,阐明较为落后的国家跨越资本主义历史阶段,直接走上社会主义道路,是生产力与生产关系矛盾运动的民族性和世界性相互作用的结果。

第三编是关于当代中国社会发展的再思考,明确提出"中国工业化的道路"的探索开启了中国社会主义现代化的先河,中国特色社会主义的实践"走出一条中国式的现代化道路",重新探讨了当代中国社会发展的文化难题、内在矛盾和思维坐标,并阐明改革为什么是中国的"第二次革命"。

当代中国的改革开放和现代化建设犹如"黄河之水天上来",势不可挡,又像"黄河远上白云间",前景辉煌。改革是决定中国命运的关键抉择。从哲学上看,改革就是现实的中国人对中国人的现实的超越。关注这一现实,从总体上把握当代中国的改革开放和现代化建设,由此引发对民族的生存方式、生活方式、思维方式和价值观念的哲学反思,反过来,以一种面向 21 世纪的、中国化的马克思主义哲学引导现实运动,这是当代中国哲学家应有的良心和使命。"位卑未敢忘忧国。"我深切地关注着当代中国的改革开放和现代化建设,深情地爱着我的祖国。"我的祖国和我,像海和浪花一朵,浪是海的赤子,海是那浪的依托。每当大海在微笑,我就是笑的漩涡,我分担着海的忧愁,分享海的欢乐。"(《我和我的祖国》)

我始终认为,哲学研究不能仅仅成为哲学家之间的"对话",更不能成为哲学家个人的"自言自语"。哲学家不应像魔术师那样,若有其事地念着咒语,说着一些谁也听不懂的话;哲学家不应像"沙漠里的高僧"那样,腹藏机锋、口吐偈语、空谈智慧;哲学家也不应像吐丝织网的蜘蛛那样,看着自己精心编织的思辨之网,自我欣赏、自我陶醉。水中的月亮为天上的月亮,眼中的人为眼前的人。人类哲学史表明,任何一种有成就的哲学,无论从其产生的原因来看,还是就其提出的问题以及解决问题的方式而言,都是非常现实的。

哲学似乎高耸于天国,可哲学家不能不食人间烟火,不能不生活在现实的社会中,不能不在现实的条件下进行认识活动、提出问题、拟订解决问题的方案,所谓超前性也不过是对可能性的充分揭示。在我看来,哲学必须进入抽象的概念领域,以概念运动反映现实运动,否则,就不是哲学;哲学又必须从"天国"降到人间,关注现实的人和人的现实,关注人的日常生活,否则,哲学就既不可信,也不可爱。我非常喜欢马克思青年时代所写的一首诗:"康德和费希特喜欢在太空中遨游,寻找一个遥远的未知国度;而我只能真正领悟,在街头巷尾遇到的日常事务!"

"人贵有自知之明。"我深知自己的学术水平的有限和知识结构的局限,深知这本自选集的缺陷,因此,我期待着来自各方面的批评。"丘也幸,苟有过,人必知之。"圣人如此,作为凡人,我更是这样了。

感谢中宣部领导同志不嫌浅陋,将这本自选集列入"学习理论文库"。

感谢北京师范大学出版社邢自兴、马晓薇编辑不辞辛劳，打印、校对了全部书稿，在此，一并表达我的深深谢意。在这本自选集即将付梓之际，我的脑海不由自主地映现出那些关心、爱护和帮助我的好人。"好人一生平安!"

中国学者的"知识产权"：《唯物主义的现代形态——实践唯物主义研究》前言

呈放在读者面前的这部著作，即《唯物主义的现代形态——实践唯物主义研究》，是《实践唯物主义研究》的第二版（以下简称"第二版"）。当"第二版"的定稿端放在写字台上时，我心中想的并不是这本书的本身，既然已经定稿，它就是这么一个东西了。此时，我的思绪却和这本书的历史连接起来了。

20 世纪 80 年代以来，中国哲学界发生了一场关于实践唯物主义的讨论，讨论的实质就是如何理解马克思主义哲学的本质特征、基本内容、理论体系和社会职能。这场讨论所探讨的问题之宏广邃微，概念范畴之洗练繁多，观念形成之层出不穷，思潮迭起之波澜壮阔，社会影响之深入持久，在马克思主义哲学史上实属罕见，的确为人们重新理解马克思主义哲学开辟了广阔的思维空间。

在这场讨论中，形成了三种基本观点：一是马克思主义哲学是辩证唯物主义和历史唯物主义；二是马克思主义哲学是既超越了唯心主义，又超越了唯物主义的实践哲学;三是马克思主义哲学是实践唯物主义。

中国人民大学哲学系的肖前、夏甄陶、王于、陈志良、李德顺等教授明确提出,马克思主义哲学是实践唯物主义,其主要观点是:实践的唯物主义是马克思主义哲学的本质特征,辩证唯物主义和历史唯物主义这两个重要特征都是从实践的唯物主义这一本质特征引申出来的,是这一本质特征展开的内在逻辑和理论表现;实践的观点是马克思主义哲学首要的和基本的观点,它贯穿在马克思主义哲学的自然观、历史观、辩证法、认识论和价值论以至整个理论体系之中,实践原则是马克思主义哲学体系的建构原则;实践具有本体论和世界观意义,即实践是人类世界的本体,是客观世界与主观世界、自在世界与属人世界分化和统一的基础。

以此为基础,肖前等教授重新探讨了马克思主义哲学的唯物论、辩证法、历史观和认识论,重新研究了马克思主义哲学的实践范畴和主体性原则,重新发现了马克思主义哲学的价值论,因而在马克思主义哲学研究中独树一帜,被称作"实践唯物主义派"。在我看来,无论是"辩证唯物主义(历史唯物主义)派",还是"实践哲学派",抑或是"实践唯物主义派",都是中国马克思主义哲学内部的学派。

我不能同意这样一种观点,即"把马克思主义哲学命名为实践唯物主义"是西方马克思主义、东欧新马克思主义的观点在中国的"翻版"和"移植"。这一观点实际上否定了中国学者的"知识产权",否定了中国学者的艰辛探索。从历史上看,李达在 1937 年出版的《社会学大纲》中就提出"当作实践的唯物论看的唯物辩证法"这一命题,并认为正是基于对实践的正确理解,马克思"建立了实践的唯物论","实践的唯物论,由于把实践的契机导入于唯物论,使从来的哲学内容起了本质的变革";从理论上看,关于实践唯物主义的讨论是关于实践是检验真理唯一标准讨论的延伸、深化和拓展,既然实践是检验真理的唯一标准,那么,进一步研究的逻辑必然是重新探讨实践本身的基本结构、本质特征、理论地位和社会职能,正是在这一探讨过程中,中国学者提出了马克思主义哲学是实践唯物主义这一具有理论全局意义的观点;从现实上看,是改革开放和现代化建设这一新的实践促使中国学者重读马克思，并在"重读"的过程中得出"马克思主义哲学是实践唯物主义"这一结论。

我并不否认中国学者对实践唯物主义的研究在一定程度上受到西方马克思主义、东欧新马克思主义的影响，但这种影响不是决定性的。从根本上说，中国学者对实践唯物主义的研究有中国的现实基础，这个现实基础就是当代中国的改革开放和现代化建设。无论是从广度上来说，还是就深度而言，中国学者对实践唯物主义的研究都是无与伦比的，它凝聚着中国学者对马克思主义哲学的艰辛探索和独特理解，体现着"中国元素"和中国学者的独创性，从而为马克思主义哲学研究开辟了新的天和地，直接推动了马克思主义哲学当代形态的建构，并在马克思主义哲学史上留下了浓墨重彩的一章。

1991年，《实践唯物主义研究》第一版（以下简称"第一版"）书稿完成，1996年由中国人民大学出版社出版。1991—2011年，时间过去了整整20年。20年间，实践唯物主义的研究在中国一直持续不断，研究深度和广度不断拓展，研究成果不断丰富。20年的研究一方面证明，"第一版"的基本观点是正确的；另一方面又证明，"第一版"存在着一些不足之处，需要用新的研究成果加以补充，需要以新的研究进展加以调整。因此，我们决定对"第一版"进行一次全面的修订，保留"第一版"中体现实践唯物主义基本观点的内容，增加深化实践唯物主义基本观点的内容，并向读者奉上"第二版"。

同"第一版"相比，"第二版"有较大的变化：删去了"第一版"的"序言"，把"第一版"第一章的"三、实践唯物主义：对马克思主义哲学本质的确切表述"、第二章的"四、唯物主义的现代形态"合并，作为"第二版"的导论；把"第一版"的第一、二章合并，改为"第二版"的第一章"马克思主义哲学是实践唯物主义"，删去了"第一版"第二章的"二、物质观的变革与建设"，增加了"实践本体论：马克思主义哲学的本体论"；把"第一版"的第三章"马克思主义哲学体系的新构想"改为"第二版"的第二章，删去了"第一版"第三章的"三、辩证唯物主义与历史唯物主义的'一体化'"

"四、实践唯物主义的'社会——自然'观",增加了"辩证唯物主义和历史唯物主义'一体化':内涵、基础与问题";把"第一版"的第四章"实践范畴的再认识"改为"第二版"的第三章,删去了"第一版"第四章的"二、实践活动的运行机制""三、实践活动中规范和创新的矛盾及其科学解决",增加了"人对物质世界的实践把握";把"第一版"的第五章"主体性原则的再探讨"改为"第二版"的第四章;把"第一版"的第七章"科学的历史观"改为"第二版"的第五章"唯物主义历史观的重建",增加了"唯物主义历史观的出发点、生长点和职能""个人与社会的辩证关系";把"第一版"的第八章"'合理形态'的辩证法与新型价值论的发祥地"中的一部分改为"第二版"的第六章"'合理形态'辩证法的重释",增加了"辩证的否定与否定性的辩证法";把"第一版"的第六章"全面的反映论"改为"第二版"的第七章"全面反映论的重构",删去了"第一版"第六章的"三、主体感知活动的本质和方式""五、认识系统运行论:对认识论运行一般理论模式的研究",增加了"实践反思:马克思主义认识论的根本特征""认识的发生、本质和过程""知性思维向辩证思维的现代'复归'";把"第一版"第八章中的"新型价值论的发祥地"改为"第二版"的第八章,删去了这一部分原有的内容,现在的内容全部是新增加的。

尽管如此,我仍不能说"第二版"已经完善,实际上,"一切发展中的事物都是不完善的,而发展只有在死亡时才结束"(马克思);我仍不能说"第二版"已无错误,实际上,对于科学研究来说,犯错误是不可避免的,"科学的历史,正如所有人类的观念史一样,是一部不可靠的猜测的历史,是一部错误的历史"(波普)。无论是在现实生活中,还是在科学研究中,都既不存在完美无缺的物,也没有完美无缺的人。毛泽东认为,"所谓完全,就是包括犯错误"。邓小平说过:"不犯错误的人没有。"伟人如此,凡人更是这样。在我看来,人与错误就像《浮士德》中的浮士德与海伦:"谁认识了她,谁就不能同她分离。"

在"第二版"出版之际,这本著作的最主要作者肖前教授已经离开了我们。正是肖前教授主持编写了《辩证唯物主义原理》《历史唯物主义原理》,把我们这一代人引入哲学的殿堂,引向马克思主义哲学;也正是肖前教授率先提出马克思主义哲学是实践唯物主义,并带领我们对实践唯物主义进行了深入而全面的研究,引导我们走进马克思主义哲学。我们深深地怀念这位为马克思主义哲学的教学、研究和传播奋斗了一辈子的老前辈,并不由自主地想起了诗人臧克家的两行著名诗句:

> 有的人活着,他已经死了;
> 有的人死了,他还活着。

探寻真理之路:《马克思主义 哲学文本导读》序言

作为观念形态的文化,其精华往往集中体现在它的经典著作中。哲学以及马克思主义哲学也是如此。叔本华告诉我们:"只有从那些哲学思想的首创人那里,人们才能接受哲学思想。因此,谁要是向往哲学,就得亲自到原著那肃穆的圣地去找永垂不朽的大师。"恩格斯明确指出:对于马克思主义哲学,要"根据原著来研究这个理论","对于那些希望真正理解它的人来说,最重要的却正好是原著本身"。"原著",即马克思、恩格斯的哲学文本,是马克思主义哲学的"原生形态",是马克思主义哲学最集中、最生动的体现。形象地说,通过学习原著,我们既能见"真佛",又能见"真经"。文本解读是学习和研究马克思主义哲学的基础。

解读马克思主义哲学文本,我们会深刻体会到,马克思主义哲学本质上是批判的和革命的。马克思主义哲学不是"学院派"。马克思并不是先写好了教科书才来创立马克思主义哲学,而是为了适应无产阶级和人类解放的实际需要,在形而上学批判、意识形态批判和资本批判的过程中创立马克思主义哲学的。马克思主义哲学既是解释世界的哲学,又是改变世界的哲学,其理论主题就是无产阶级和人类解放、人的自由而全面发展。马克思主义哲学文本生动而完整地体现了马克思主义哲学的科学性、批判性和革命性。正如马克思在《资本论》中所说,"辩证法,在其合理形态上,引起资产阶级及其空论主义的代言人的恼怒和恐怖,因为辩证法在对现存事物的肯定的理解中同时包含对现存事物的否定的理解,即对现存事物的必然灭亡的理解;辩证法对每一种既成的形式都是从不断的运动中,因而也是从它的暂时性方面去理解;辩证法不崇拜任何东西,按其本质来说,它是批判的和革命的"。在《德意志意识形态》中,马克思明确指出:"对实践的唯物主义者即共产主义者来说,全部问题都在于使现存世界革命化,实际地反对并改变现存的事物。"我们不能从西方传统哲学、"学院哲学"的视角去理解马克思主义哲学,而应从形而上学批判、意识形态批判和资本批判这三重批判的视野,从解释世界和改变世界这双重世界观的视角去理解马克思主义哲学,从而真正理解马克思主义哲学是"为历史服务的哲学",是"实践的唯物主义"。

解读马克思主义哲学文本,需要阅读马克思主义的全部文本。除了博士论文《德谟克利特的自然哲学和伊壁鸠鲁的自然哲学的差别》外,马克思并没有给我们留下专门论述马克思主义哲学的"纯粹"的哲学著作。马克思主义哲学或者蕴含、体现在短论和读书札记中,如《〈科隆日报〉第179号的社论》《历史法学派的哲学宣言》《〈黑格尔法哲学批判〉导言》《〈政治经济学批判〉导言》《〈政治经济学批判〉序言》;或者蕴含、体现在提纲、笔记和书信中,如《关于费尔巴哈的提纲》《历史学笔记》《人类学笔记》《致帕·瓦·安年科夫的信》《致维·伊·查苏利奇的信》;或者蕴含、体现在手稿和论战性著作中,如《1844年经济学哲学手稿》《1857—1858年经济学手稿》《神圣家族》《德意志意识形态》《哲学的贫困》;或者蕴含、体现在资本批判、政治批判、历史研究的著作中,如《雇佣劳动与资本》《资本论》《法兰西内战》《路易·波拿巴的雾月十八日》,尤其是《资本论》具有重大的哲学意义。与马克思不同，晚年恩格斯倒是写下了一系列哲学著作，如《反杜林论》（哲学编）、《家庭、私有制和国家的起源》《路德维希·费尔巴哈和德国古典哲学的终结》《自然辩证法》。所以，马克思逝世后，人们主要是通过恩格斯的哲学文本去理解马克思主义哲学的。

马克思主义哲学集中体现在马克思、恩格斯的文本中，但其中任何一个单独文本又不能等同于马克思主义哲学，马克思主义哲学是贯穿马克思主义全部文本中的哲学理念、哲学观点和哲学方法。在马克思主义体系中，哲学理论同经济学理论、社会主义理论之间，在理论上和逻辑上是一贯的、严密的、完整的。从历史角度看，把某一个文本从马克思主义哲学发展的某一阶段孤立出来；从逻辑角度看，把某一个文本从马克思主义的整体割裂开来，就会"肢解"马克思，曲解马克思主义哲学。因此，解读马克思主义哲学文本应当系统而全面。

要了解马克思的深刻思想，根本的方式就是去解读他的文本；要了解马克思的历史影响，最好的方式就是去解读后继者阐释马克思哲学的文本，从中去了解后继者在何种意义上坚持、发展了马克思的哲学思想，在何种意义上修正、变更了马克思的哲学思想。在一定意义上说，马克思主义哲学的世界性影响，不仅是通过马克思、恩格斯的理论活动和实践活动实现的，而且是通过其后继者的理论活动和实践活动实现的。在这个过程中，又往往因为对马克思主义哲学文本的不同解读而形成不同的研究范式、理论倾向和思想流派，如第二国际马克思主义哲学模式、苏联马克思主义哲学模式、西方马克思主义哲学模式。在第二国际马克思主义中，有考茨基的"唯物主义历史观"、卢森堡的资本积累理论、拉法格的经济决定论，以及奥地利马克思主义学派等；在苏联马克思主义中，有本体论主义与认识论主义，以及辩证法学派与机械论学派等；在西方马克思主义中，又形成了存在主义马克思主义、弗洛伊德主义马克思主义、结构主义马克思主义、实证主义马克思主义、分析马克思主义、生态马克思主义，以及法兰克福学派等。这些不同的研究范式、理论倾向和思想流派从不同角度对马克思主义哲学作了新的探索，为我们提供了一个多维视野中的马克思。其意义不仅表明,在马克思主义阵营内部对马克思主义哲学的理解存在着不同的观点和流派,而且表明,对马克思主义哲学的研究存在着不同的途径和方法,存在着广阔的语义空间。

因此,这部《马克思主义哲学文本导读》不仅选择了马克思、恩格斯的重要文本,而且选择了第二国际时期、俄罗斯和苏联时期、西方马克思主义时期研究马克思主义哲学的重要文本。马克思主义哲学史的一个重要时期,即中国化的马克思主义文本已经放到其他教材中,因而没有收入;后马克思主义文本因其逻辑矛盾甚至相互对立,加上篇幅的限制,因而没有收入。在马克思主义哲学史上,人物众多,文本浩繁,我们力图在全面把握马克思主义哲学发展历程的基础上,结合国内外的研究成果,精选马克思主义哲学创始人及其后继者的重要文本,并从"写作背景""篇章结构""观点提示""文本节选"和"进一步阅读的文献"五个方面展开对这些文本的导读,从而引导我们进一步发现马克思主义哲学在不同发展阶段的问题域,进一步把握马克思主义哲学的内在逻辑和历史形态。

这部《马克思主义哲学文本导读》是为马克思主义哲学专业、马克思主义理论专业以及哲学系研究生编写的教材。它犹如一张导游图,能够引导我们走向不同的理论景点,但不能使我们走进理论景点的深处。因此,这部《马克思主义哲学文本导读》只是一本研究马克思主义哲学的入门书。为了更好地利用这部《马克思主义哲学文本导读》,以便深入而全面地把握马克思主义哲学,需要关注总体性方法。

马克思主义思想来源和理论内容的复杂性,要求我们从总体上把握这些思想来源和理论内容之间的内在关系,进而正确理解马克思主义哲学。列宁曾把马克思主义的思想来源和理论内容概括为"三个来源和三个组成部分":"三个来源"是德国古典哲学、英国古典政治经济学和英法空想社会主义;"三个组成部分"是哲学、政治经济学和科学社会主义。根据这一概括,人们把马克思主义划分为三个学科进行研究。这种学科划分虽然有助于从某一方面了解马克思主义,但也带来一个重大缺陷,即无法从"三个来源"和"三个组成部分"的总体关系中理解马克思,把握马克思主义哲学。在马克思的思想发展过程中,哲学思想的发展离不开经济学研究,哲学、经济学思想又是同对社会主义的探讨联系在一起的,这三方面的内容始终处于一种互动之中。可以说,马克思主义实际上是哲学、政治经济学与社会主义理论同时变革的产物,这是一种思想的总体转型与重建。

马克思哲学的意义只有在同马克思资本批判理论的关联中才能显示出来,反之,马克思的资本批判理论只有在马克思哲学这一更大的概念背景下才能得到真正理解,只有在无产阶级和人类解放这一更大的意识形态背景下才能得到真正理解。研究马克思的哲学思想不去研究其经济学思想,就会陷入形而上学的思辨之中;研究马克思的经济学思想而不从哲学上反思经济学的前提,就无法真正理解马克思是如何超越古典政治经济学的;而不把马克思哲学、经济学思想与其社会主义思想结合为一个整体,就无法真正理解马克思的哲学、经济学批判的理论意义。如何从总体上把握马克思主义的"三个来源"和"三个组成部分",从而从理论深层上理解马克思,把握马克思主义哲学,这是解读马克思主义哲学文本时需要解决的难题。

马克思主义哲学的理论内容和理论主题的特殊性,要求我们把马克思的哲学思想与当时的社会生活作为一个总体来理解。任何一个哲学家的思想都不是思想史的单纯的逻辑延伸。哲学家运用的是一些超历史的、形而上的语言,面对的却是当时的社会生活,所要解决的问题都有其历史的定位。例如,黑格尔哲学在直接层面表现为一种思想的逻辑,其晦涩的论述要解决的是思想史上的难题,但实际上,黑格尔哲学所要解决的是德国当时的历史难题,即面对英、法等资本主义强国,德国如何选择自己的发展道路。正如黑格尔本人所说,"就个人来说,每个人都是他那时代的产儿。哲学也是这样,它是被把握在思想中的它的时代"。"每一哲学都是它的时代的哲学,它是精神发展的全部锁链里面的一环,因此它只能满足那适合于它的时代的要求或兴趣"。黑格尔对英国经验论与大陆唯理论的批判,对经济学的研究,对市民社会、国家理性的探讨,无不是用形而上的语言来表述当时德国社会生活中的现实问题。如果不能把黑格尔的哲学与他所处的历史情境联系起来、作为一个总体来看待,我们就只能看到一个思想史逻辑中的黑格尔,而无法真正理解黑格尔哲学的历史意义。

解读马克思主义哲学文本同样要遵循这种总体性原则。马克思主义哲学是 19 世纪中叶西方社会发展的必然产物,英国的工业革命及其成果、法国政治革命及其成果、世界历史的形成及其成果,这三者是资产阶级历史性创造活动的主要成果,这些成果及其引起的规模宏伟、具有现代形式的社会矛盾,以及人类历史向何处去这一现实问题,是推动马克思创立马克思主义哲学的根本原因。离开这一当时社会生活的现实逻辑,我们无法真正理解马克思主义哲学的理论逻辑。实际上,总体性方法是马克思面对思想史的一个基本理念。马克思在分析劳动价值论的形成时认为,从重商主义把商业劳动作为财富的源泉,重农主义把农业劳动作为财富的源泉,到亚当·斯密"抛开创造财富的活动的一切规定性",创立劳动价值论,不仅体现了理论逻辑的提升,而且体现了现实社会的发展。

按照马克思的观点,从理论逻辑来说,这一转变体现了从特殊劳动向一般劳动的提升;从社会发展来说,这一转变表明了人类社会已经从农业社会转向工业社会,从自然经济转向商品经济,从封建社会转向资本主义社会。"在这种社会形式中,个人很容易从一种劳动转到另一种劳动,一定种类的劳动对他们说来是偶然的,因而是无差别的。这里,劳动不仅在范畴上,而且在现实中都成了创造财富一般的手段,它不再是同具有某种特殊性的个人结合在一起的规定了。"这就是说,只有在现代社会形式中,人们才能对不同种类的劳动"同样看待",才能形成"劳动一般"这一范畴,才能创立劳动价值论。"在这里,'劳动'、'劳动一般'、直截了当的劳动这个范畴的抽象,这个现代经济学的起点,才成为实际上真实的东西。"在马克思的这种分析中,我们不仅看到了思想历史的逻辑进程,而且看到了社会历史的实际进程,同时看到了思想历史逻辑进程和社会历史实际进程的内在关系。因此,把思想和历史当作一个总体,不仅是理解马克思主义哲学的重要原则,也是我们从马克思主义哲学出发面对当代社会和思想的重要原则。

马克思主义哲学理论内容和理论体系的开放性,要求我们把马克思主义哲学研究与当代社会和思想研究作为一个总体来看待。哲学解释学已经揭示,任何理论研究都无法完全摆脱源于当下社会和思想的视域,研究的过程实际上是将当下的视域与研究对象的视域相融合的过程。这表明,对前人思想的研究离不开对当下社会和思想的深入考察,它们之间构成了一种总体性的相互关联。只有走进当代社会和思想的深处,我们才能在解读马克思主义文本时更好地理解马克思主义哲学,并揭示马克思主义哲学走向当代的途径。

例如,卢卡奇关于物化与阶级意识的理论,就体现了他对资本主义社会发展新阶段的思考。随着 19 世纪末 20 世纪初的科学技术革命及其在生产领域中的应用,技术对人的支配与控制越来越明显,这种控制不仅体现在人的身体的层面,而且体现在人的心灵的深处,卢卡奇由此提出了"物化"批判理论。这种针对泰勒制的"物化"批判理论,不仅承袭了马克思《资本论》及其手稿中的重要思想,而且受到了韦伯、齐美尔等当代思想家的重要影响。看不到这种当代社会和思想的变化,不仅难以正确把握卢卡奇物化理论与马克思异化理论的关系,而且难以找到从马克思主义哲学走向当代的内在逻辑和现实途径。

哲学家个人的思想生命远远超过其自然生命。个人的自然生命是生物学的,受生物规律支配;个人的思想生命是社会学的,受社会规律支配。只要哲学家的思想对思想史有新的贡献,只要其思想有社会存在的需要和根据,其思想就会长久发生作用并具有永久的魅力。这是思想史的规律。所以,我们今天仍然在解读孔子、孟子、庄子,仍然在解读亚里士多德、康德、黑格尔……哲学思想不同于新闻报道,"读"书不是"看"报。我们之所以看新报而不看旧报,是因为从新报中能获得新闻,在旧报中只能得到旧闻。除非为了寻找资料,否则,我们不会看旧报,而寻找资料已经进入思想研究的范围了。真理性的思想没有什么"新闻"与"旧闻"之分。

老的未必就是假的,新的未必就是真的。可以有"老"的重复千年的真理,也可能有"新"的时髦一时的谬论。所以,我们今天不需要看旧闻,却需要读经典著作这些"旧作"。

新闻报道追求的是新,哲学思想追求的是真。马克思主义哲学仍然是我们时代的真理和良心。在当代,无论是对肯定、信仰马克思主义的人来说,还是对否定、反对马克思主义的人来说,马克思主义都是一座绕不过去的思想高山。"马克思彻底改变了我们对人类历史的理解,这是连马克思主义最激烈的批评者也无法否认的事实。就连反社会主义思想家路德维希·冯·米塞斯也认为,社会主义是'有史以来影响最深远的社会改革运动;也是第一个不限于某个特定群体,而受到不分种族、国别、宗教和文明的所有人支持的思想潮流'。"(特里·伊格尔顿)系统阅读、深入研究马克思主义哲学文本,真正理解、全面把握马克思主义哲学,既是精神需求,又是现实需要。

我们应该做一个"精致读书人",反复阅读马克思主义哲学文本。"故书不厌百回读,熟读深思子自知。"(苏轼)我们应该怀着一种对哲学、真理的"敬畏之情",深入解读马克思主义哲学文本。"在哲学里面正像在海洋里面一样,既没有坚冰,也没有水晶,一切都是运转,流动,生气勃勃,每一点都同样的渊深;在它的里面,正像在熔炉里面一样,熔解着落在它的无始无终的循环之中的一切坚硬的、石化了的东西,但同时,却又像海洋一样,它的表面光滑、平静、明亮,一望无际,并倒映着青天。由于这个视错觉,华而不实的人就勇猛地走上前去,对真理毫无敬畏之情,对于工作了约三千年才达到目前发展的人类的劳动毫无敬意。"(赫尔岑)

第
四
编

书里书外的马克思

当代中国的图书出版者似乎有一种马克思"情结"。1997年，我在接受媒体采访时，透露正在撰写一部关于"重读马克思"的著作，这一消息立即引起图书出版者的关注，十多家出版社前来约稿。1999年，江苏人民出版社推出张一兵教授的力作《回到马克思》。这部著作在文本学的基础上，以全新的解读方法从马克思经济学研究的语境中去重新探索马克思哲学话语的转换，使马克思哲学的历史语境从一种全新的理论视域中呈现出来，从而在"回到马克思"的同时，又预示了"马克思如何走向当代"这一令人激动的课题。

2002年的新年钟声刚刚响过，黑龙江人民出版社就推出我的《为马克思辩护》。这部著作在重读马克思的理论基础上，在一个宏大的理论背景下，重塑马克思的"形象"，重建马克思的哲学，展示了马克思哲学是对人的终极存在和现实存在的双重关怀，凸显了马克思哲学是传统哲学的终结者和现代哲学的开创者。接着，陈学明教授的《走近马克思》（东方出版社）、孙伯教授的《走进马克思》(江苏人民出版社)又出现在读者面前。《走近马克思》阐释了当代西方哲学家为什么以及如何走近马克思,《走进马克思》则表明了当代中国哲学家是如何重新理解并真正进入马克思的心灵深处的。

就内容而不就形式而言,中国哲学家、思想家对马克思的"重读"是从20世纪80年代开始的。

1983年,北京出版社出版了陈先达教授的《马克思早期思想研究》,对马克思早期思想进行了深入而全面的探讨,从理论上再现了马克思"成为马克思"的真实道路,说明了"青年马克思"是"正在形成中的马克思",即从不成熟到成熟过程中的马克思。马克思的早期思想是一个中国学者原本并不熟悉的新领域,《马克思早期思想研究》则在这一领域深度耕犁,实际上开创了中国的"马克思学"。

1987年,上海人民出版社出版了陈先达教授的《走向历史的深处——马克思历史观研究》。这部著作高屋建瓴、势如破竹,以其铁一般的逻辑、诗一般的语言揭示了马克思创立唯物主义历史观的思想进程,展示了唯物主义历史观的理论结构,体现了唯物主义历史观深沉的历史感和强烈的现实感。《走向历史的深处——马克思历史观研究》不仅是一部深沉的思想史的著作,而且是一部深刻的理论性著作,反映了中国学者研究马克思主义哲学的力度、深度和广度,是中国学者对唯物主义历史观的学术寻根,是当代中国马克思主义哲学研究中最具影响力的著作。

1987年,中国人民大学出版社出版了李德顺教授的《价值论——一种主体性的研究》。尽管这一著作的书名没有直接提到马克思的名字,但实际上,这是一部研究马克思价值哲学的专著,是当代中国价值哲学的奠基之作,为中国的马克思主义哲学研究开辟了新的天和地。

20世纪80年代出版了一批具有较大影响的研究马克思的著作,如《探索者道路的探索——青年马克思哲学思想研究》(安徽人民出版社)、《论马克思关于人的学说》(辽宁人民出版社)、《自然理论与现时代——对马克思哲学的一个新思考》(上海人民出版社)等,这些著作即使在今天仍有沉甸甸的分量。时间刚刚进入20世纪90年代,上海人民出版社便推出陈先达教授的又一力作——《被肢解的马克思》。接着又出版了张奎良教授的《马克思的哲学历程》。应该说,这是一部从新的视角探索马克思哲学形成和发展线索的学术力作,其中的观点未必人人赞同,但富有启示。

不过,20世纪90年代的图书出版者更多的是注意中国马克思主义研究的"新生代",这一时期出版了一大批中青年学者研究马克思的著作,如陈志良教授的《思维的建构和反思》(中国人民大学出版社)重新探讨了马克思认识论的理论特征,孙正聿教授的《理论思维的前提批判》(辽宁人民出版社)重新探讨了马克思辩证法的批判本性,俞吾金教授的《意识形态论》(上海人民出版社)则为我们重新理解马克思的意识形态理论提供了一个新的理论支点。此外,影响较大的还有《马克思的晚年反思》(北京出版社)、《马克思人学思想研究》(河南人民出版社)、《人的世界与世界的人——马克思的思想历程追踪》(河南人民出版社)、《人韵:一种对马克思的读解》(东方出版社)、《青年黑格尔派与马克思早期思想的发展》(中国社会科学出版社)、《现代化的理论基础——马克思现代社会发展理论研究》(北京大学出版社)、《马克思社会研究方法论》(上海人民出版社)、《马克思经济学手稿的方法论》(河南人民出版社)、《马克思东方社会理论》(学林出版社)、《马克思历史辩证法的主体向度》(河南人民出版社)等。

这些著作为我们呈现出一个多维视野中的马克思。我们不能说这些著作已达高屋建瓴,但它们也绝不是浅滩上的漫步。这里,真实的描述与深刻的反思融为一体,历史的考证与逻辑的分析融为一体。你可以不同意作者的观点,但你不能不佩服作者在如此广泛的领域里所进行的认真探索;你可以不欣赏这幅画面,但它的斑斓五彩不能不在这一方面或那一点上激起你探索的激情。这些著作的出版表明这样一个事实,即当代中国的马克思主义哲学研究已经呈现出一种"个性化研究"的"情势",并为我们展示了一个新的思想地平线。

艰难中的创新：读《社会学大纲》

  1937 年,李达出版了《社会学大纲》。这部马克思主义哲学教科书以马克思的《〈黑格尔法哲学批判〉导言》《1844 年经济学哲学手稿》《神圣家族》《关于费尔巴哈的提纲》《德意志意识形态》《共产党宣言》《资本论》,恩格斯的《反杜林论》《路德维希·费尔巴哈和德国古典哲学的终结》,列宁的《唯物主义和经验批判主义》《哲学笔记》等著作为依据,以哲学基本问题及其科学解答为基本线索,以辩证法、认识论和逻辑学三者同一为基本原则,建构了马克思主义哲学教学体系。

  可以看出,《社会学大纲》在体系安排上深受苏联马克思主义哲学教科书的影响。实际上,李达本人就是苏联马克思主义哲学教科书中文版的翻译者之一,苏联马克思主义哲学教学教科书是他撰写《社会学大纲》的参照系。从总体上看,《社会学大纲》仍然实行辩证唯物主义与历史唯物主义的"二分结构",并认为"历史唯物论是把辩证唯物论运用于社会的认识理论","所谓辩证唯物论与历史唯物论的关联,这句话的本来的意义,就是彻底地把辩证唯物论应用并扩张于历史的领域。只有彻底地把辩证唯物论扩张于人类社会或历史的领域，才能使辩证唯物论更趋于深化和发展"。在整体结构和理论体系上，《社会学大纲》没有超出苏联马克思主义哲学教科书的范围。

但是，我注意到，同苏联马克思主义哲学教科书相比，《社会学大纲》不仅具有列宁、恩格斯的"元素"，而且具有更多的马克思的"元素"，尤其难能可贵的是，它阐述了《1844年经济学哲学手稿》《关于费尔巴哈的提纲》《德意志意识形态》中的一些重要观点。《社会学大纲》高度评价了《1844年经济学哲学手稿》，认为它为"马克思的彻底的哲学唯物论"奠定了基础，其中，根本契机是把黑格尔辩证法中的实践概念"放在唯物论的基础上展开出来，引入于唯物论之中，给唯物论以新的内容、新的性质"，正是基于对实践的正确理解，马克思"建立了实践的唯物论"，达到唯物辩证法这一"统一的世界观"。

《社会学大纲》明确提出"当作实践的唯物论看的唯物辩证法"这一命题，并认为"辩证法的唯物论，以劳动的概念为媒介，由自然认识的领域扩张于历史认识的领域，使唯物论发生了本质的变化，变成了实践的唯物论"；"实践唯物论，把实践当作历史的——社会的范畴，解释为感性的现实的人类的活动，并把它作为认识论的契机，所以能够在其与社会生活的关联上去理解人类认识的全部发展史，因而克服观念论哲学的抽象性与思辨性，而到达于唯物辩证法"；"实践的唯物论，由于把实践的契机导入于唯物论，使从来的哲学的内容起了本质的变革"。

同时，《社会学大纲》对辩证唯物主义与历史唯物主义的关系也有自己独特的见解：一方面，自然辩证法是唯物辩证法的基础，历史唯物主义是辩证唯物主义在历史领域的"应用"和"扩张"；另一方面，马克思、恩格斯"首先阐明了历史领域中的辩证法，其次由历史的辩证法进到自然辩证法，而在社会的实践上统一两者以创出科学的世界观的唯物辩证法"。唯物辩证法是唯物辩证的历史观和自然观的"综合"和"统一"，而二者统一的基础则是科学的实践观。正是基于对实践意义的正确理解，马克思发现了"人与自然相结合的媒介",发现了人类社会的物质基础,在把唯物辩证法从历史领域"贯彻于"自然领域的同时,又把唯物论从自然领域"扩张于"历史领域,从而"建立彻底的唯物论、统一的世界观"。

显然,《社会学大纲》对辩证唯物主义与历史唯物主义内在关联的理解有明显的逻辑矛盾,而且没有把科学的实践观作为马克思主义哲学的核心观点贯彻始终。但是,《社会学大纲》已经在一定程度上意识到科学的实践观是马克思主义哲学的理论基础,意识到实践唯物主义与历史唯物主义、辩证唯物主义存在着内在联系,意识到实践唯物主义的创立是哲学史上革命变革的契机。所以,在马克思主义哲学体系的安排上,《社会学大纲》力图用劳动——实践范畴连接辩证唯物主义与历史唯物主义。

这表明,《社会学大纲》接受的既有"打上了俄罗斯印记的列宁主义与斯大林模式",又有"经典意义上的马克思主义";既受到当时苏联哲学论战,如"辩证法派"与"机械论派"、米丁与德波林论战的影响,又有对当时国内的哲学论战,如关于中国社会性质、中国社会史、唯物辩证法论战的总结;既受到苏联马克思主义哲学教科书的重要影响,又凝聚着中国学者对马克思主义哲学的独特理解,在一定程度上体现了中国学者的独创性。20 世纪 30 年代,中国人民正处在抗日战争的艰难岁月,而李达在这样的艰难岁月中从事马克思主义哲学研究,力图为中国人民提供"精神武器",体现了巨大的理论勇气和政治勇气。《社会学大纲》可谓艰难中的创新。

《社会学大纲》在当时就产生了很大的影响,直接影响到毛泽东写包括《实践论》《矛盾论》在内的《辩证法唯物论提纲》。毛泽东后来高度评价《社会学大纲》,认为"《社会学大纲》就是中国人自己写的第一本马克思主义哲学教科书"。毛泽东可能忽略或没有看到瞿秋白的《社会哲学概论》,所以,误把李达的《社会学大纲》看作是"中国人自己写的第一本马克思主义哲学教科书"。实际上,瞿秋白的《社会哲学概论》才是中国人自己写的第一本马克思主义哲学教科书。

但是,无论是对西方哲学史的分析,还是对马克思主义哲学史的考察,无论是对马克思主义哲学经典著作把握的广度,还是对马克思主义哲学基本观点阐述的深度,无论是对马克思主义哲学基本范畴界定的准确性,还是对马克思主义哲学体系建构的完整性,《社会学大纲》都比《社会哲学概论》以至同一时期的马克思主义哲学教科书高出一筹。应该说,《社会学大纲》是中国人以自己的表述方式撰写的第一部全面、系统、透彻阐述马克思主义哲学基本原理的教科书,代表着新民主主义革命时期中国马克思主义哲学研究的最高水平。

曲折中的探索：读《马克思主义哲学基础》

在当代中国，重启对马克思主义哲学体系新探索的，是高清海教授。无论从哪个视角看，高清海主编，1985、1987年出版的《马克思主义哲学基础》（上、下册）在中国马克思主义哲学的历史上都具有独特的理论地位，那就是，《马克思主义哲学基础》是中国第一本突破苏联马克思主义哲学体系的马克思主义哲学教科书，建构了一个新的马克思主义哲学体系。

《马克思主义哲学基础》提出了两个引人瞩目的观点：一是"马克思主义哲学就是辩证唯物主义"，"'辩证的'唯物主义，标示出了马克思主义唯物主义整个理论内容与旧唯物主义不同的性质"；二是实践是马克思主义哲学全部理论内容的核心，马克思主义哲学"把实践的观点提到首要和基本观点的地位"，"并且把这一原则彻底贯彻到哲学全部内容之中，建立了以实践为基础、与实践内在统一的哲学体系"，从而实现了哲学史上的革命性变革。

依据这一原则，《马克思主义哲学基础》建构了一种新的马克思主义哲学体系：绪论——马克思主义哲学是科学的世界观、认识论、方法论的统一。第一篇意识与存在的关系——认识的基本矛盾：第一章人类认识的基本矛盾及其历史发展；第二章马克思主义哲学对存在与意识关系的科学解决。第二篇客体——世界的统一性和多样性：第三章客体的规定性；第四章客体的规律性；第五章世界统一于运动着的物质。第三篇主体——人作为主体的规定性及其主体能力的根据和发展：第六章人作为主体的基本规定性；第七章主体能力的自然基础；第八章主体的社会规定性。第四篇主体与客体的统一——在实践基础上真善美的统一与自由的实现：第九章主客体统一的规定性；第十章实践；第十一章认识；第十二章自由。

按照《马克思主义哲学基础》的观点，历史唯物主义既是辩证唯物主义得以形成的基础，同时又是体现在历史观上的辩证唯物主义，就理论性质而言，辩证唯物主义与历史唯物主义是一般世界观和历史观的关系，二者在内容和观点上是相互内在地包含的，而不是外在地结合在一起的。因此，把辩证唯物主义与历史唯物主义拆开并列起来，变成外在结合的联系，不符合辩证唯物主义与历史唯物主义所固有的内在的统一关系。

正因为如此，《马克思主义哲学基础》突破了辩证唯物主义与历史唯物主义的"二分结构"，在阐述"辩证唯物主义的物质观"时就说明了社会的物质性，包括社会存在、社会发展是自然——历史过程，以及自然的物质性与社会的物质性的关系，并以意识与存在的关系这一认识活动的基本矛盾为基本线索，以客体的规定性、主体的规定性、主体与客体的统一，以及自由的实现为逻辑结构，展示出一种新的马克思主义哲学体系。

按照《马克思主义哲学基础》的观点，"实践是马克思主义哲学全部理论内容的核心"，实践的观点是马克思主义哲学首要的和基本的观点，实践原则是马克思主义哲学体系的建构原则。因此，马克思主义哲学是从实践活动出发去理解主体与客体及其相互关系的。从此，哲学理论才既摆脱了停止于外部偶然联系的直观性，又摆脱了追求抽象本体的超验性，成为以揭示客观规律为主要内容、具有可检验性的科学理论。

正因为如此，《马克思主义哲学基础》突破了苏联马克思主义哲学体系对实践范畴的认识论限定，而将其上升到马克思主义哲学的理论核心和建构原则的高度，上升到主体与客体分化和统一基础的高度，并明确指认了实践在马克思主义哲学本体论、历史观和认识论中的整体性地位，力图建构以实践观点为理论基础和逻辑中介的马克思主义哲学体系。这体现了《马克思主义哲学基础》思考的深度，是一次思想的远航。

但是，我又不能不指出，《马克思主义哲学基础》留下了两个理论难题：

一是明确提出实践观点是马克思主义哲学的首要观点和理论核心，但在具体阐述马克思主义哲学基本观点时，又没有把这一首要观点、理论核心贯穿始终。相反，只是在阐述了客体规定性、主体规定性之后，在第四篇第十章，即"实践"才对实践观点做出阐述。更重要的是，没有把实践的观点同客体的规定性、规律性有机结合起来，辩证原则游离于实践观之外。

二是强调历史唯物主义对马克思主义哲学的形成具有特殊的意义，认为历史唯物主义是辩证唯物主义得以形成的基础，"关于实践的理论既是发现唯物史观的必然结果，又是唯物史观的基本内容"，但又提出"不能由此就认为，马克思主义哲学主要就是历史唯物主义"，在马克思主义哲学中，"基础理论"就是"辩证唯物主义"，历史唯物主义则是把辩证唯物主义运用于历史领域的"中介性理论"，是体现在历史观上的辩证唯物主义。

这是一个逻辑矛盾。实际上，在马克思主义哲学体系中，并不存在一个独立的、作为理论基础的辩证唯物主义，也不存在一个独立的、仅仅具有"运用"性质或"中介"性质的历史唯物主义。在《德意志意识形态》中，马克思提出，历史唯物主义本身就是一种"唯物主义的世界观"，一种"真正批判的世界观"。而恰恰在《马克思主义哲学基础》中，历史唯物主义的世界观意义被忽视了，历史唯物主义在哲学史上的划时代意义也被淡化了。这的确是一个遗憾。

探索中的困境：读《马克思主义哲学导论：
实践的唯物主义》

在当代中国学者对马克思主义哲学体系的探讨中，辛敬良主编、1991年出版的《马克思主义哲学导论：实践的唯物主义》引人瞩目。

《马克思主义哲学导论：实践的唯物主义》以实践唯物主义为建构原则，向我们展示了这样一个马克思主义哲学体系：第一篇马克思主义的实践观，包括第一章马克思主义实践观的创立及其意义；第二章实践与主客体关系；第三章实践是马克思主义哲学大厦的基石。第二篇以实践为中介的自然过程，包括第四章自然界的客观性及对人的优先地位；第五章自然界的对象性及向人的呈现；第六章自然界的历史性及与人在社会中的统一。第三篇以实践为本质的社会历史过程，包括第七章社会有机体；第八章历史的主客体和历史过程；第九章社会物质生产；第十章人自身生产和人群共同体；第十一章社会精神生产；第十二章精神产品的两大类型——意识形态和科学；第十三章社会形态及其演进序列；第十四章人、人性和人的全面发展。第四篇以实践为基础的意识和认识过程，包括第十五章意识的发生和结构；第十六章认识过程；第十七章实践与真理；第十八章思维的规律和方法。显然，这是一个新的马克思主义哲学体系，而贯穿这一体系的红线就是实践唯物主义精神。应当注意的是，《马克思主义哲学导论：实践的唯物主义》的副书名就是"实践唯物主义"。

从马克思主义哲学的历史看，李达编著、1937 年出版的《社会学大纲》提出了"当作实践的唯物论看的唯物辩证法"这一命题，初步具有了马克思主义哲学是实践唯物主义的思想。这是现代中国学者在马克思主义哲学教科书中首次提出马克思主义哲学是实践唯物主义的思想。

李秀林、王于、李淮春主编，1983 年出版的《辩证唯物主义和历史唯物主义原理》（第一版）提出了"马克思主义哲学的奠基人把自己的学说称为实践的唯物主义"这一命题，包含着马克思主义哲学是实践唯物主义的思想。《辩证唯物主义和历史唯物主义原理》（第一版）明确指出：马克思主义哲学"第一次把科学的实践观点引入哲学，全面地、科学地论证了实践及其在认识中的决定作用和在哲学中的基础地位"；同时，"强调自己的全部理论都要付诸实践、指导实践，变为群众的行动，化作改造世界的物质力量"；"'实践的唯物主义'还表明，'全部问题都在于使现存世界革命化，实际地反对和改变事物的现状'"。这是当代中国学者在马克思主义哲学教科书中首次提出马克思主义哲学是实践唯物主义的思想。

1954 年，苏联学者亚历山大诺夫在《辩证唯物主义》中提出了"辩证唯物主义是实践的唯物主义"这一命题，蕴含着马克思主义哲学是实践唯物主义的思想。《辩证唯物主义》明确指出："马克思和恩格斯把辩证唯物主义推广去理解社会生活，从而使哲学和革命实践、和政治、和反对资本主义的斗争联系起来。正因为这样，他们认为辩证唯物主义——唯物主义理论的最高发展——是实践的唯物主义。"这是苏联学者在马克思主义哲学教科书中首次提出马克思主义哲学是实践唯物主义的思想。

但是，无论是《社会学大纲》《辩证唯物主义和历史唯物主义原理》（第一版），还是《辩证唯物主义》，当它们提出马克思主义哲学是实践唯物主义思想时,所表明的主要是一种要把理论付诸行动的哲学态度,而不是把实践观点作为马克思主义哲学体系的建构原则;所阐述的主要是实践观点是马克思主义认识论首要的和基本的观点,而不是把实践观点作为整个马克思主义哲学首要的和基本的观点。即使后来出版的一些马克思主义哲学教科书,自觉意识到并明确提出实践观点是马克思主义哲学首要的和基本的观点,是马克思主义哲学体系的建构原则,但由于种种原因,并没有把这一原则贯彻始终。

与此不同,《马克思主义哲学导论:实践的唯物主义》不仅明确提出马克思主义哲学是实践唯物主义,而且对实践唯物主义的内涵做了深入阐述,认为实践唯物主义不是把世界当作与人的活动无关的纯客观的存在,不是对世界本原的终极性思考,而是把世界作为人的实践活动的对象来把握,以理论思维的形式从总体上把握人与世界的关系,从而成为理论体系与价值体系的统一,唯物主义自然观与历史观的统一,辩证法与历史唯物主义的统一,辩证法、认识论与逻辑学的统一。这体现了《马克思主义哲学导论:实践的唯物主义》的思想高度。

在《马克思主义哲学导论:实践的唯物主义》所建构的马克思主义哲学体系中,实践观点的地位与作用是基础性和全方位的:

在主体与客体的关系中,强调实践是主体与客体分化和统一的基础。"实践活动的本质内涵,就在于具体的和历史的主体,在活动进程中按照自己的目的,用关于现实的观念模式和关于客体属性的知识来实现对客体的物质规定,并通过对象化的活动而改造自己、创造自己和进一步完善自己。"

在自然观中,强调"以实践为中介的自然过程",以及以实践为基础和中介的"历史的自然和自然的历史",认为"物质是标志客观实在的哲学范畴,是作为实践对象的一切事物的共同特性的抽象或概括,这一特性(即客观实在性)指的是事物在实践过程中唯一可能保持不变的属性,也是历史地发展着的实践活动的能动改造作用的最后界限"。

在历史观中,强调"以实践为本质的社会历史过程",认为社会是在人的实践基础上生成的不断自我更新的有机体,历史是人类实践活动在时间中的展开,意识形态和科学是人们在实践基础上掌握世界的精神样式。

在认识论中,强调"以实践为基础的意识和认识过程",认为意识和自我意识的内容与形式都取决于人的实践活动及其发展水平。"实践活动是主客体相互作用的过程,主体与客体的相互规定及双向运动的结构亦即对立统一的关系,就内化为辩证思维的规律也就是矛盾思维律"。作为辩证思维的内容,事物的"辩证本性"是"由实践活动赋予的性质,而不是与人无关的所谓'自然界的辩证法'"。

但是,《马克思主义哲学导论:实践的唯物主义》却回避了一个极其重要的问题,即如何在科学实践观的基础上阐述辩证法,阐述实践活动如何"赋予"事物以"辩证本性"。要合理解决这一问题,就必须深入探讨"辩证法的实践原型"和"合理形态的辩证法"。

我们应当明白,马克思的哲学思考总是指向人的现实活动,并把哲学视为人类对自身活动的反思。人的活动就是要把自在世界改造成适合人类生存和发展的属人世界,因而在不断制造世界分化的同时,又不断实现着世界的统一。作为人类自身活动的反思,哲学就是要思考世界的分化与统一。哲学所要把握的世界的统一性,不是那种离开了人的活动的抽象的统一性,而是由于人的活动而分化的统一性;因人的活动而分化的世界的统一性,实质上是人类活动中的必然与自由的统一性。自由与必然是人类存在和人类活动的本原性矛盾,这是辩证法的实践原型。马克思主义哲学就是以其特有的方式解答自由与必然这一本原性矛盾的"合理形态的辩证法"。这是一个具有很大理论难度的课题。

从总体上看,当代中国学者对实践唯物主义的研究,并以"实践"为建构原则重建马克思主义哲学体系,是中国学者立足改革开放这一新的实践深入解读马克思的《1844年经济学哲学手稿》《1857—1858年经济学手稿》等著作,重新解读马克思的《关于费尔巴哈的提纲》《神圣家族》《德意志意识形态》《资本论》等著作的结果。正是在这些著作中,实践观点在马克思主义哲学中的基础地位和核心作用得到了深刻而充分的论述。从根本上说,对经典的任何一种解读、重读都是由实践所激发,并受实践所制约的。这是其一。

其二是中国学界关于实践标准的讨论,关于人、人道主义和异化问题的讨论,关于主体性问题的讨论不断深化的结果。对人、人道主义和异化问题研究到一定程度必然引发主体性问题,主体性维度是马克思主义哲学本身所固有的。问题在于,主体性维度的背后还有一个更为基础性的东西,那就是实践,只有正确把握实践的内涵、地位和作用,才能正确理解主体性维度。因此,对主体性问题的讨论到一定程度必然引发对实践唯物主义的深入研究。

其三是在一定程度上受到西方马克思主义、东欧新马克思主义的启发。1982 年,徐崇温的《西方马克思主义》、贾泽林的《南斯拉夫当代哲学》出版,标志着西方马克思主义、东欧新马克思主义在中国"登陆",为中国学者展示了一个不同于苏联马克思主义哲学体系的研究领域。西方马克思主义、东欧新马克思主义对马克思早期著作的解读,对社会存在理论、社会批判理论、实践理论的研究等,扩展了马克思主义哲学的研究视野,提供了更多的马克思主义哲学的研究方法。中国学者对实践唯物主义的讨论,以实践观点为首要观点、核心范畴和建构原则建构马克思主义哲学体系,既有中国现实的基础,又在一定程度上受到西方马克思主义、东欧新马克思主义的启发。

但是,无论如何,当代中国学者对实践唯物主义研究的力度、深度和广度都是无与伦比的,它直接推动了马克思主义哲学体系的重建,并在马克思主义哲学史上留下了浓墨重彩的一章。

阐释中的误释：读《辩证唯物论与
历史唯物论》

在 1932 和 1934 年,米丁和拉祖莫夫斯基主编的《辩证唯物论与历史唯物论》(上、下册)出版。《辩证唯物论与历史唯物论》分两册,共十五章。上册是辩证唯物论:第一章"当作宇宙观看的马克思主义";第二章"唯物论和唯心论";第三章"辩证法唯物论";第四章"唯物辩证法之诸法则";第五章"哲学中两条阵线上的斗争";第六章"辩证法唯物论发展中的新阶段"。下册是历史唯物论:第一章"辩证法唯物论与唯物史观";第二章"论社会经济形态、生产力与生产关系";第三章"资本主义的和社会主义的经济关系";第四章"关于社会群和国家的学说";第五章"过渡时期之政权与社会斗争";第六章"意识形态论";第七章"战斗的无神论";第八章"社会变革论";第九章"马克思主义和修正主义"等。

其中,辩证唯物主义部分的第五、六章,历史唯物主义部分的第五、七、九章的内容是当时苏联政治形势的产物。去掉这些章节,《辩证唯物论与历史唯物论》的内容和结构同当今占主导地位的马克思主义哲学体系的内容和结构是一致的。在这种内容和结构的背后是这样一种思想:马克思主义哲学是"辩证法的唯物论",历史唯物论则是辩证唯物论在社会生活领域的运用;历史唯物论的创立"加深和发展哲学的唯物论","达到唯物论之彻底的发展";辩证唯物论与历史唯物论具有一致性,二者之间存在着"直接的和不可分裂的联系",这就是,一般唯物论根据存在说明意识,历史唯物论根据社会存在说明社会意识。

《辩证唯物论与历史唯物论》的影响是空前而深远的,它的出版标志着苏联马克思主义哲学模式的基本形成。

首先,《辩证唯物论与历史唯物论》体现了联共(布)中央的意志和对马克思主义哲学的定位。1931年,在批判德波林的高潮中,联共(布)中央向苏联哲学界提出一个重大的政治任务,即编写新的马克思主义哲学教科书,从而为统一全党的思想奠定世界观的基础。在当时苏哲学界主要领导米丁的主持下,组织了全苏联哲学界的力量,以苏联科学院哲学研究所的名义集体编写了《辩证唯物论与历史唯物论》,并作为苏联党校和高校的哲学教科书。《辩证唯物论与历史唯物论》不仅阐述了马克思主义哲学的一些基本观点,而且直接为当时苏联的政治服务,为当时苏联的政策做论证,体现了联共(布)中央的意志和对马克思主义哲学的最终定位,即直接为现实政治服务和为现行政策论证。这是马克思主义哲学在苏联的特殊的社会位置和历史使命。

其次,《辩证唯物论与历史唯物论》形成了以列宁、恩格斯的著作为主,以马克思的著作为辅这一文献格局。阐述马克思主义哲学基本原理的文献依据当然应以马克思、恩格斯的著作,尤其是马克思的著作为主。可是,在当时特殊的历史条件下,《辩证唯物论与历史唯物论》的文献依据却是列宁的著作多于恩格斯的著作,恩格斯的著作多于马克思的著作,而集中体现马克思哲学思想的著作,如《1844年经济学哲学手稿》《关于费尔巴哈的提纲》《德意志意识形态》《资本论》却很少甚至几乎没有被引证。这就造成一个奇怪的现象,即名曰阐述马克思主义哲学基本原理的著作却很少甚至几乎没有引证马克思的重要哲学著作。正是这种奇怪的现象造成了苏联马克思主义哲学模式特有的文献格局,即列宁的著作多于恩格斯的著作,恩格斯的著作多于马克思的著作。后来的苏联马克思主义哲学主流教材、权威版本都维持了这一文献格局。

再次,《辩证唯物论与历史唯物论》制定并巩固了辩证唯物主义与历史唯物主义的"二分结构"。1929 年,芬格尔特和萨尔文特出版了《辩证唯物主义和历史唯物主义》,把辩证唯物主义与历史唯物主义相提并论,辩证唯物主义与历史唯物主义"二分结构"体系已见雏形。米丁和拉祖莫夫斯基的《辩证唯物论与历史唯物论》则在马克思主义哲学史上第一次明确地把马克思主义哲学称为辩证唯物主义与历史唯物主义,明确地把马克思主义哲学分为辩证唯物主义与历史唯物主义两个部分,明确地把"物质"作为马克思主义哲学的起点范畴,分别论述了马克思主义哲学的唯物论、认识论、辩证法、历史观,从而建构了一个特色鲜明的苏联马克思主义哲学体系。米丁不无得意地自我评价道:"我把马克思主义哲学分为辩证唯物主义和历史唯物主义,这种分法被人接受,流传下来了。"

实际上,米丁制定的辩证唯物主义与历史唯物主义"二分结构"不仅"流传下来了",而且支配了苏联马克思主义哲学体系半个世纪之久。无论是斯大林去世后的批判斯大林运动,还是赫鲁晓夫下台后的批判赫鲁晓夫运动;无论是 1954—1955 年对亚历山大罗夫的《辩证唯物主义》和康斯坦丁诺夫的《历史唯物主义》的讨论,还是后来出版的一批又一批马克思主义哲学教科书,包括最具权威性的康斯坦丁诺夫的《马克思主义哲学原理》;无论是 20 世纪 50 至 80 年代认识论派与本体论派的论争,还是 1965 年、1977 年的两次唯物辩证法讨论,都没有从根本上动摇辩证唯物主义与历史唯物主义"二分结构"这一马克思主义哲学模式。

特殊的总体框架,即以"物质"为起点范畴的辩证唯物主义与历史唯物主义的"二分结构";特殊的文献格局,即引证的列宁、恩格斯的著作多于马克思的著作;特殊的社会地位,即直接为现实政治服务和为现行政策作论证,构成了特色鲜明的苏联马克思主义哲学模式。这三个基本特征在《辩证唯物论与历史唯物论》中得到集中体现。因此,米丁和拉祖莫夫斯基主编的《辩证唯物论与历史唯物论》的出版,标志着苏联马克思主义哲学模式的基本形成。

1938年,斯大林出版了《论辩证唯物主义和历史唯物主义》。该书开宗明义指出:"辩证唯物主义是马克思列宁主义党的世界观。它所以叫作辩证唯物主义,是因为它对自然界现象的看法、它研究自然界现象的方法、它认识这些现象的方法是辩证的,而它对自然界现象的解释、它对自然界现象的了解,它的理论是唯物主义的。""历史唯物主义就是把辩证唯物主义的原理推广出去研究社会生活,把辩证唯物主义的原理应用于社会生活现象,应用于研究社会,应用于研究社会历史"。以此为依据,《论辩证唯物主义和历史唯物主义》先后阐述了"马克思主义的辩证方法的基本特征""马克思主义哲学唯物主义的基本特征"和"历史唯物主义"。

首先,描述了"马克思主义的辩证方法的基本特征",即把自然界看作是"有联系的统一的整体";"不断运动和变化、不断更新和发展的状态";从量变到质变的发展;出发点是自然界含有内在的矛盾,这种矛盾的斗争"就是发展过程的内容"。

其次,描述了"马克思主义哲学唯物主义的基本特征",即认为"世界按其本质说来是物质的",世界上各种现象都是"运动着的物质的不同形态";物质第一性、意识第二性,意识是物质的反映,"思维是高度完善的物质的产物,即人脑的产物";"世界及其规律完全可以认识","关于自然界规律的知识,经过经验和实践检验过的知识,是具有客观真理意义的、可靠的知识"。

再次,描述了"历史唯物主义"生产理论的三个特点,即第一个特点是生产"始终处在变化和发展的状态中";第二个特点是生产的变化和发展"始终是从生产力的变化和发展,首先是从生产工具的变化和发展开始的",生产力决定生产关系,生产关系又反过来影响生产力,加速或延缓生产力的发展;第三个特点就是新的生产方式的产生过程"不是人的有意地、自觉地活动的结果,而是自发地、不自觉地、不以人的意志为转移发生的"。

显然,《论辩证唯物主义和历史唯物主义》的总体框架是以米丁和拉祖莫夫斯基的《辩证唯物论与历史唯物论》为基础的,以有所变化的形式肯定了辩证唯物主义与历史唯物主义的"二分结构",其思维运行的逻辑是从唯物主义自然观"推广应用"出唯物主义历史观。

问题在于,自然界与人类社会既有联系又有本质区别:在自然界中,一切都处在盲目的相互作用中,任何事情的发生都没有利益纷争和预期目的;在人类社会中,进行活动的人都具有自觉的意图,任何事情的发生都有利益纷争和预期目的。"人们奋斗所争取的一切,都同他们的利益有关","历史不过是追求着自己目的的人的活动"(马克思)。因此,从唯物主义自然观并不能"推广应用"出唯物主义历史观。

更重要的是,《论辩证唯物主义和历史唯物主义》混淆了新唯物主义与旧唯物主义的本质区别。在论述"马克思主义哲学唯物主义的基本特征"时,《论辩证唯物主义和历史唯物主义》把"物质是一切变化的主体"这句话当作马克思本人的话加以引用,并把它作为马克思唯物主义的基本特征之一。实际上,这是一段明显的误引,即把马克思对于霍布斯思想的复述看成是马克思本人的思想,把马克思所批评的观点看成是马克思本人所赞赏的观点。

在我看来,这一误引不是偶然的疏忽,它表明,斯大林并没有真正把握马克思新唯物主义的本质特征,没有真正理解马克思新唯物主义与旧唯物主义的本质区别,实际上是在用近代唯物主义的逻辑解读马克思的唯物主义。米丁的《辩证唯物论与历史唯物论》、斯大林的《论辩证唯物主义和历史唯物主义》力图通俗地阐释马克思主义哲学基本原理,但实际上,却在相当大的程度上误释了马克思主义哲学基本原理。

夕阳中的黄昏：读《哲学导论》

20 世纪 80 年代开始,苏联学者开始全面反思辩证唯物主义与历史唯物主义的体系,重新探讨马克思主义哲学体系。

1982 年,《哲学问题》第 12 期发表编辑部文章,在苏联历史上首次提出,要从根本上反思辩证唯物主义与历史唯物主义的体系,认为这一体系的根本缺陷就在于,分开阐述辩证唯物主义与历史唯物主义,把二者解释为两个独立的哲学学科,忘记了二者的"本质同一"。

1985 年,格列察内、卡拉瓦耶夫、谢尔热托夫在《列宁格勒大学学报》第 13 期上发表《论辩证唯物主义和历史唯物主义的本质同一》一文,对辩证唯物主义与历史唯物主义的本质同一进行了深入分析,认为辩证唯物主义与历史唯物主义不是整体与部分、一般与特殊的关系,不是马克思主义哲学结构上的两个组成部分,而是马克思主义哲学的两个相互补充的特征;社会是人同自然界的本质统一,超出社会存在,就没有意识与存在的关系,唯物主义的辩证性质只有在历史唯物主义的形式中才成为可能,历史唯物主义是唯物辩证法的集中体现,而实践则是把辩证唯物主义与历史唯物主义整体化为统一的完整学说的哲学范畴;辩证唯物主义与历史唯物主义的统一不是结构上的统一,而是实质上的统一,是统一的有机整体,统一的科学体系;辩证唯物主义与历史唯物主义体系的根本缺陷在于,在一个完整的马克思主义哲学中形成两个对象、两种"存在"、两种唯物主义以至两个学科,从而造成了"本体论断裂"。所以,必须"摒弃辩证唯物主义——历史唯物主义的图式"。

由此,苏联哲学界开始全面反思辩证唯物主义与历史唯物主义体系,重新探讨马克思主义哲学体系。在这个过程中,1989 年,苏联出版了弗罗洛夫主编的《哲学导论》。

《哲学导论》的书名是中性提法,但它对马克思主义哲学持一种明确的肯定态度,阐述的主要是马克思主义哲学的基本观点,实际上仍是一部马克思主义哲学教科书。按照弗罗洛夫的观点,这部教科书之所以取名《哲学导论》,"当中蕴含着特定的意义":

一是"帮助那些学哲学的人,对哲学的问题和语言、哲学研究的手段和方法、概念和范畴,对哲学史和当代的哲学问题,有个初步的了解,从而使他们能在这纷繁复杂的事物中,独立地确定研究方向"。

二是提高人们的理性思维素养,善于得心应手地运用概念"提出、论证或批判某些见解","看清变化和发展中的现实"。

三是"尽力揭示和证明"马克思主义哲学的新颖性和独创性,"也决不会抛弃以前的哲学",马克思主义哲学是以前社会思想和哲学思想的直接继续,马克思主义哲学之所以强大有力,就是因为它善于批判地改造和吸收世界哲学思想的优秀成果,"以往的杰出哲学家不仅是我们的先辈,而且也是我们的'同代人',因为我们可从他们那里学到许多东西,可以同他们进行平等的对话和辩论"。

四是恢复唯物辩证法的本来面貌和应有作用,以批判的态度对待现实。唯物辩证法本来是对社会进行批判改造的武器,但在《联共(布)党史简明教程》第四章第二节中变成了"毫无生命力的、单调乏味的死板公式",变成了"掩盖现实生活的矛盾","为现存的那些远非理想的事物进行辩护和颂扬"的工具。因此,必须恢复唯物辩证法的批判性,以批判的态度对待现实,探索改造和发展现实的各种可能性。"只有在改造现实的过程中和在实践中,哲学问题才能够得到解决,人类思维的现实性和威力方能显示出来。"

从内容和观点上看,《哲学导论》保留了传统的马克思主义哲学教科书中"经受住了时间检验的一切东西",同时,依据当代社会生活的深刻变革对传统课题进行新的阐述,如"物质、空间与时间""存在的普遍联系""认识中感性与理性的统一",并增加了"一些以前的教科书里没有的题目",如"存在""文化""个性""实践"等,其中,最重要的就是"实践"。《哲学导论》明确指出,实践构成了人的存在方式和人类世界的基础,是人类对待世界的特殊方式,新世界观的基本思想就是唯物主义的实践观。"马克思的主要的和基本的哲学思想在于……实践是初始的和第一性的"。

从结构和主体上看,《哲学导论》彻底打破了辩证唯物主义与历史唯物主义的"二分结构",建构了以人类解放为主题的马克思主义哲学体系。《哲学导论》明确指出:"马克思主义的最高目的,是研究和从理论上论证被奴役的人类的解放问题。马克思主义证明,消灭一切奴役制度,消灭人的屈辱、异化和不自由,是不可避免的。哲学通过探讨、分析和研究人类普遍的实践经验和人类普遍的精神经验这两个方面,而使历史进程的这个最崇高的目的得以实现。"

《哲学导论》从三个方面展开了对人类解放这一主题的论证:

一是沿着人与世界的关系、人与人的关系以及人的本质这些"根本性的经典问题"而展开,并认为"对根本性的经典问题的研究,构成了马克思主义哲学的核心和本质"。

二是沿着"对共产主义的含义进行哲学论证"而展开,"把人的解放问题改变为有关个人和社会沿着共产主义的道路前进的历史发展问题",并认为"全面发展的人,这就是作为共产主义理想'核心',而展现在马克思面前的理想的哲学形象"。

三是沿着人道主义的思路而展开,认为"马克思主义继承和发展了以往哲学的各种人道主义趋向,阐明了将人道主义理想付诸实现的途径、使人获得解放的途径和建设无愧于自由的人的社会的途径",所以,必须恢复和发展马克思主义最崇高的人道主义理想,以适应新的历史条件。

在《哲学导论》中,人的解放与人道主义是密切相关甚至融为一体的,马克思主义的最崇高的目的——实现人类解放和马克思主义的最崇高的理想——人道主义具有相同的内涵。《哲学导论》力图把人道主义精神贯彻到马克思主义哲学之中,建构一种苏联式的人道主义的马克思主义哲学。

从苏联历史看,从1953年斯大林逝世到1991年苏联解体,苏联马克思主义哲学演变的趋势,就是人道主义化。从1954—1955年讨论亚历山大罗夫的《辩证唯物主义》和康斯坦丁诺夫的《历史唯物主义》,对辩证唯物主义与历史唯物主义的个别观点进行反思,到认识论派与本体论派的论争,认识论派否定脱离人和人的活动的本体论,再到20世纪80年代对辩证唯物主义与历史唯物主义体系进行全面反思,要求"摒弃辩证唯物主义——历史唯物主义的图式";从苏共二十二大提出"一切为了人,一切为了人的幸福",推动了斯大林去世后日渐抬头的人道主义思潮的发展,到1987年"哲学与生活"的讨论提出,"全部哲学都要把人视为社会进步的最终目的,视为最高的价值和一切事物的尺度,也就是说,要使哲学人道化"(拉宾),再到1987年、1989—1991年"哲学是不是科学"的讨论提出,哲学不是科学,否定辩证唯物主义与历史唯物主义的科学性,进而否定哲学为政治合理性论证的可能性,苏联哲学中的人道化倾向一直艰难但顽强地不断表现出来,并形成一种趋势。《哲学导论》就是这种哲学人道化的历史延伸和集中体现,标志着苏联式的人道主义马克思主义哲学体系的形成。

《哲学导论》出版后立即取代了在苏联哲学界占主导地位30年之久的《马克思主义哲学原理》(康斯坦丁诺夫主编),成为苏联马克思主义哲学教科书新的权威版本。《哲学导论》的出版,标志着苏联辩证唯物主义与历史唯物主义体系的终结，同时，标志着 30 多年来艰难演进的苏联马克思主义哲学的人道化得到了官方的肯定和学界的认可，似乎为苏联哲学的发展展现了绚丽的风景线。然而，"夕阳无限好，只是近黄昏"。1991年，随着苏共解散、苏联解体，《哲学导论》的主导地位不复存在，它所建立的人道主义的马克思主义哲学体系也寿终正寝。在这个意义上，《哲学导论》又是苏联整个马克思主义哲学体系终结的标志。

寥廓江天万里霜：读陈先达教授的论著

陈先达教授写过很多很多、不同形式的论著，但你永远猜不着他的下一部论著的形式是什么；陈先达写过很多很多、涉及不同领域的论著，仿佛讲着很多很多、不同内容的"故事"，但你又恍惚觉得永远在听同一个百听不厌的"故事"。读着陈先达的论著，你的眼前不断幻化着殊异的人物及其思想的"故事"，但这各种人物及思想的"故事"又似乎很熟悉，犹如一尊"千手观音"的臂膀。就像一条奔腾向前的大河不可能没有主流一样，陈先达很多很多、不同类型的论著，很多很多、不同内容的"故事"，有一个鲜明的主题，那就是，坚持和发展马克思主义。这是陈先达全部论著中的"热核"。

20 世纪 30 年代，《1844 年经济学哲学手稿》公之于世，如巨石投水，对它的研究和讨论一直持续不断，遍及世界各主要国家，涉及对整个马克思主义的重新理解和评价。西方"马克思学"声称在《1844 年经济学哲学手稿》中发现了"青年马克思"，发现了"人道主义的马克思主义"，并认为这才是"真正"的马克思。20 世纪 70 年代末80年代初,长期封闭的中国学术界打开了门窗,各种学说、思潮蜂拥而入、风起云涌、潮起潮落,也正是在此时,马克思早期思想成为国内学术界普遍关注的问题。这是一个重大的、涉及马克思主义本质的问题。正是在这一背景下,1983年,陈先达出版了力作——《马克思早期思想研究》,对西方"马克思学"所谓的"新发现"进行了极其深刻的分析和极有说服力的批判。

《马克思早期思想研究》明确提出:"只有把马克思思想发展看成是一个充满矛盾的、变动的活生生的过程,只有辩证地理解这一过程中旧哲学影响和新生的理论现象的关系,并全力捕捉对马克思这一时期思想发生决定性影响的新的思想萌芽,才能科学地揭示马克思思想形成过程,以及这一过程各阶段之间的有机联系。"在陈先达看来,如果不从马克思思想的整体联系中考察,而把某一阶段游离、割裂开来,势必造成对马克思思想的误解与歪曲,如西方"马克思学"的惯用手段之一就是将马克思思想发展的不同阶段对立起来,形成所谓的"青年马克思"与"老年马克思"、"人道主义的马克思"与"唯物主义的马克思"的对立。

为此,《马克思早期思想研究》对马克思早期思想进行了深入而全面的探讨,论述了马克思从黑格尔经过费尔巴哈走向历史(和辩证)唯物主义的发展过程,阐述了马克思从自身世界观的转变到创立马克思主义体系的真实道路,从而说明青年马克思无非是指正在形成中的马克思,即处在由不成熟到成熟过程中的马克思。《马克思早期思想研究》是国内第一部研究马克思早期思想的专著。读过此书的人都认为,这部著作对于研究马克思主义的形成,批判西方"马克思学",具有重要意义。在我看来,这是中国"马克思学"的开山之作。

与《马克思早期思想研究》密切相关的,是陈先达的又一著作——《被肢解的马克思》(1990)。在当代西方思想界,从"修正""重建""补充"马克思主义的各种方案和主张,到制造"两个马克思"和"第三个马克思"的神话;从马克思、恩格斯的理论活动中虚构马克思与恩格斯对立的"故事",再到把整个马克思主义伦理化,并在此基础上对之做出荒谬的宗教类比,各种不同的观点令人目眩。全面分析这一现象,揭示产生这些误解、歪曲、篡改的方法和手段上的共性,剖析这一现象背后的历史条件和文化背景,揭开这层蒙在马克思本人身上的面纱,捍卫马克思学说的科学性和革命性,是当代马克思主义者的迫切任务之一。《被肢解的马克思》给我们提供了完成这一迫切任务的理论解答。

《被肢解的马克思》从纵向上考察了第二国际理论家,尤其是伯恩施坦所作的"修正"马克思主义,以及卢卡奇、柯尔施、葛兰西等人提出的"重建"历史唯物主义,剖析了萨特等人所作的"补充"马克思主义的实质,分析了马克思晚年《人类学笔记》发表后,西方学者所描绘的"晚年困惑"的马克思"第三肖像",以及在将马克思主义人本主义化、人道主义化之后又将马克思主义伦理化的趋势,从而揭示了各种"肢解"在方法和手段上的共性:一是借历史条件的变化,对马克思进行"肢解";二是利用马克思思想发展的阶段性,割裂马克思主义形成和发展的历史,"各取所需"。

当然,《被肢解的马克思》并没有简单地否定西方"马克思学"、西方马克思主义,而是以叙述与研究、分析与批判相结合的视角,从整体上分析这些主张由以产生的历史条件和文化背景,并在这一基础上将它们所关注或提出的现实问题和理论问题,以及它们对这些问题的解答作了区分,肯定了其中某些问题的意义,并对这些问题做出了马克思主义的解答。

应该说,在西方,在研究马克思的学者中,既有真诚愿望下的探讨,又不乏蓄意歪曲与攻击。《被肢解的马克思》自觉地意识到了这一点,对真诚愿望下的探讨,注重总结它们的失误和教训;对蓄意的歪曲与攻击,着重分析揭示它们的目的和手段,而在总体上又贯穿着坚持和发展的马克思主义原则,注意分析变化了的历史条件和不时涌现的各种社会思潮及其内在联系。《被肢解的马克思》明确提出,历史条件的变化常常成为"肢解"马克思的主要借口;各种社会思潮的涌现往往成为"肢解"马克思的理论温床,只有及时地用马克思主义分析变化了的历史条件和新涌现的社会思潮,才能有效地制止各种"肢解"马克思的企图。

1987年,陈先达出版了《走向历史的深处——马克思历史观研究》。

这部著作注重以论带史,史论结合,既着力从凝结的形态上去把握马克思历史观的理论结构,也注意从流动的形态上去探究马克思历史观演化的逻辑进程。同时,还突破了传统的单线的纵向研究方法,不限于就哲学史谈哲学史,而是突出对马克思历史观的综合性研究,论证了马克思的经济学研究、历史学研究、政治学研究对其历史观的深刻影响。在陈先达看来,唯物主义历史观是哲学,但它的来源却不限于哲学,正如亲缘繁殖不利于种的发育一样,一种创造性的哲学会突破从哲学到哲学的局限。这一见解是深刻的,它不仅对研究和发展唯物史观,而且对探讨和发展整个马克思主义都具有重要的方法论意义。《走向历史的深处——马克思历史观研究》集中而鲜明地体现了陈先达马克思主义哲学研究的特点。

历史离开理论只能是材料堆积,理论离开历史只能流于空洞,在科学研究中,最佳选择只能是历史与理论相结合。《走向历史的深处——马克思历史观研究》就是这样一部著作。它高屋建瓴,势如破竹,可谓史论结合的哲学奇葩,以其深刻的思想、精彩的表述,为我们描绘了一幅马克思历史观形成与发展的立体图景,揭示了马克思走向历史深处的道路。在我看来,《走向历史的深处——马克思历史观研究》不仅是一部深沉的思想史的著作,而且是一部深刻的理论著作,体现了马克思历史观深沉的历史感和强烈的现实感。《走向历史的深处——马克思历史观研究》实际上是唯物主义历史观的学术寻根,是改革开放以来中国马克思主义哲学研究中最具影响力的著作之一。

在陈先达看来,对时代课题的解答是政治学、经济学和哲学的共同任务,这就决定了马克思主义是包括哲学、政治经济学和科学社会主义在内的统一整体。从历史的角度说,把马克思主义从其发展的某一阶段孤立出来;从逻辑的角度看,把马克思主义中的某一学说同其整体割裂开来,都是对马克思主义的"肢解",因此,必须把马克思主义放到一个广阔的背景中去探讨。陈先达的专业是哲学,研究方向是马克思主义哲学。用他自己的话来说就是,他"这一生一直以哲学为业,这是个需要不停思索""令人寝食难安的专业"。哲学的确使陈先达教授"不停思索、寝食难安",

但他又深深地认识到，"一种创造性的哲学一定会突破从哲学到哲学的局限"。

因此，从1982年开始，陈先达就从哲学、政治经济学和科学社会主义的综合角度来研究作为一个整体的马克思主义。《马克思恩格斯思想史》把马克思主义作为一个整体来探讨，研究其理论出发点，剖析其理论结构，探求发展的理论线索，填补了国内马克思主义史研究的一项空白。《马克思主义基本原理教程》同样是把马克思主义作为一个整体来探讨，研究其组成部分的内在联系，从理论与现实相统一的角度阐述了哲学、政治经济学和科学社会主义融为一体的马克思主义，为从逻辑整体上探讨马克思主义做了一种有益的尝试。

读着《马克思早期思想研究》《被肢解的马克思》《走向历史的深处》《马克思恩格斯思想史》等论，你会体会到一种既"远"又"近"的奇特幻觉：一方面感到这些论著讲述的"故事"发生在久远的年代，远在天边，"虚无缥缈"；另一方面又会感到这些论著讲述的"故事"就发生在今天，近在眼前，真真切切。一句话，在陈先达的哲学论著中，我们看到了一个"鲜活"的马克思正在由"远"而"近"地向我们走来。也正是在这些论著中，我们不仅听到经典作家在"说话"，而且听到陈先达"自己在说话，说自己的话"。由此，我领悟出一种求新与求真相统一的求是精神，看到了"诗一般的语言"，透视出"铁一般的逻辑"，并深深地体会到哲学的力量。陈先达的论著把哲学的深沉、历史的丰富、文学的优美结合在一起了，理论是深刻的，分析是冷峻的，语言是优美的，结论是批判的，效果则如春雨般润物细无声。

陈先达教授厚重的论著向我们展示了一个中国学者研究马克思主义的深度、广度和力度，展示了一个中国学者的"文采"与"风采"、"文品"与"人品"。这是一片思想的园地，收获在明丽的丰硕的秋天。借用毛泽东的诗句来比喻就是，这里"不似春光，胜似春光，寥廓江天万里霜"。

发时代之先声：读《一位"85后"的马克思主义观》

呈现在读者面前的这部著作,即《一位"85后"的马克思主义观》(中国人民大学出版社出版,以下简称《马克思主义观》)是陈先达教授85岁以后"敲"出来的又一精品力作,集中反映了5年来他的理论思考的痕迹,体现了他的立时代之潮头、发思想之先声,在为祖国和人民立德立言中实现自我价值的人生观。

《马克思主义观》向我们阐述的第一个方面,是如何做一个坚定的马克思主义理论工作者,那就是,研究马克思主义与信仰马克思主义高度统一。的确如此,对于真正的马克思主义者来说,马克思主义既是科学,又是信仰。马克思主义是以事实为依据,以资本主义社会运动规律、人类社会发展规律为对象,以实践为检验标准的科学。一个马克思主义者的信仰是否坚定,取决于他对马克思主义科学性的态度,马克思主义的科学性是信仰坚定性的理论基础;信仰的坚定性则是马克思主义科学性的内化,即内化为个人内心的信念和情感,转化为个人的价值目标、理想追求和行为准则。作为无产阶级和人类解放的学说，马克思主义又是一种信仰，共产主义是真理和道义结合的最高追求。

但是，马克思主义的信仰不同于宗教信仰，而是一种建立在历史规律基础上的信仰。正如《马克思主义观》所说的那样，宗教信仰只是"信"，而不追问"为什么可信"；马克思主义信仰不仅"信"，而且要追问"为什么可信"，回答"可信"的科学依据和事实依据是什么。如果说宗教信仰要解决的是个人灵魂失衡的问题，那么，马克思主义信仰要解决的是社会不公的问题，其旨在改变世界，建立一个共同富裕、公平正义、人的全面发展的社会，为人们提供真正的安身立命和安心立命之处，可谓"铁肩担道义"。马克思主义仍然占据着真理和道义的制高点。要做一个坚定的马克思主义理论的工作者，不仅要成为马克思主义的研究者，更重要的是，成为马克思主义的信仰者。理论要说服别人，首先要说服自己。

《马克思主义观》向我们阐述的第二个方面，是如何用马克思主义分析中国道路，那就是，用历史发展的连续性、内在关联性和因果制约性的辩证法去分析革命、建设、改革的历史逻辑。在研究中国历史时，有的人总是不顾及历史事实而沉湎在"如果……就……"的假设中，认为如果戊戌变法成功了，今天中国就是怎么怎么样了；如果不选择社会主义，今天中国就怎么怎么样了……可问题在于，历史事实无法更改，历史发展有其内在逻辑，并不以"如果……就……"的假设为转移。对于历史研究来说，"如果……就……"没有任何科学意义，至多是反映了假设者的价值观念和主观愿望。

与此不同，《马克思主义观》以历史事实为依据，以马克思主义为方法，去考察中国道路，并认为中国道路的深层本质就是对共产党执政规律、社会主义建设规律、人类社会发展规律的深刻把握。陈先达教授的深刻思考启示我们，必须把马克思主义的世界观转化为方法论，科学的世界观如不转化为认识世界的方法论，就无法发挥"科学"和"世界观"的作用，无法引导人们去改变世界。把马克思主义的世界观转化为方法论，我们就犹如有了显微镜和望远镜：显微镜使我们看得更细，见微知著；望远镜使我们看得更远，"望尽天涯路"，从而深刻把握中国百年历史变革的辩证法。

《马克思主义观》向我们阐述的第三个方面，是如何理解文化自信，也就是从传统文化与现实社会相结合的视角去理解文化自信。实际上，就文化本身来说，文化本不存在"自信"与"自卑"的问题。当文化自信或自卑成为一个问题时，它就不是一个单纯的学术问题了，而是有其深层的社会原因。正如《马克思主义观》所说的那样，文化自信问题在当代中国成为问题，既是基于近代以来中国人民在苦难与奋斗中民族自强精神的展示，又是当代中国面临的民族复兴对文化自觉的迫切需要；既是对一切否定中国文化的回击，又是对某些人的文化自卑情结的"解扣"。

我们的文化自信当然包括对传统文化的"信"，但又不是仅仅停留在传统文化上。实际上，马克思主义在中国的传播已经改变了中国文化的原有结构，并为我们提供了审视传统文化，辨别精华和糟粕，处理继承与创新的科学方法；更重要的是，马克思主义在"中国化"的过程中已经成为当代中国文化的重要内容。《马克思主义观》因此指出，文化自信的根据既在传统文化之中，又在现实社会之中，在我们对优秀传统文化进行创造性转换和创新性发展之中。中国特色社会主义文化内蕴的中国精神，中国特色社会主义建设的巨大成就，这是我们在西方文化强势攻击的情境下，仍然保持文化自信的底气，可谓"底气十足"。

当代中国伟大变革的宏伟交响：
读《大转变时期》

　　20世纪80年代,改革的浪潮在古老的华夏大地上涌动：生活在变、观念在变,一切都在变;兴奋、惊愕、困惑、期待……袭扰着每一个人。由王于教授主编的《大转变时期》,以敏锐的目光、犀利的笔触、翔实的资料,论述了这场急剧、广泛而深刻的变化。对大变革的礼赞和对旧体制的否定融为一体,真实的描述和哲学的反思融为一体,二者和弦构成当代中国伟大变革的宏伟交响。

　　读过《大转变时期》,首先给我们的深刻印象,就是对改革现状的整体论述。新中国的坎坷历程和中华民族的现实命运交叉融会,构成了《大转变时期》的基本线索。随着这条基本线索的展开,发生在中国土地上的大变革,犹如一幅恢宏的历史画卷,展现在我们面前：实践标准的讨论,这是新中国历尽"十年动乱"的凄风苦雨后开的第一朵"苦菜花",它给人们前所未有的勇气——敢于对社会主义再思考;联产承包责任制度,使八亿农民在发展商品经济的过程中走向真正的合作经济之路;企业经营机制的重新构造,导致城市经济体制的空前变革;科技体制改革的实施使科学的营养液浇灌着经济起飞之花;利益集团的重新组合,使新的社会结构显露于地平线上;政治体制改革的探索,使政治生活趋向活跃;主体意识的萌发,使每个人都奔向自己生活的目标或正在探寻这一目标。

不难看出,《大转变时期》是当代中国大变革的理论再现,它以较大的生活容量和深刻的思想意蕴,为改革留下了真实的写照。我不否认《大转变时期》对某些领域的分析还未达到深层结构,但它作为从整体上论述改革的哲学著作,在理论界可谓独树一帜。

社会主义改革是前无古人的创造性工程,因此,它不可能没有失误或不足之处。就在《大转变时期》对改革热情赞扬的主旋律中,我们也不难听到作者用那深沉的语言对改革的不足和问题所作的实事求是的评估:什么是社会主义公有制的问题还有待真正搞清;改革是从"分权让利,开放搞活"这一基本思路出发的,然而,这是一条错误的思路,实际上,行政权力属于国家,本无可放,而企业经营应得利益,并非所让,八年改革的实践在某种程度上重复了以往历史曾经一再重复的现象——国家与企业之间"放权"与"收权"的循环过程,权力还有待各就其位,利益还有待各归其主,这些问题需要有一个全局性、历史性的解决;改革是新中国历史上立法最多的时期,然而,仅仅有法是不够的,权与法的矛盾仍然是今后法制建设中长期存在的主要矛盾;社会主义活力的增强有赖于人们主体地位的确立,然而,主体意识在目前尚处于萌发阶段,"主人"地位的获得和真正履行"主人"职责之间,还存在着一个从不自觉到自觉的转变,还需要重新认识"自我"……

可见,作者无意粉饰现实,但他们对改革成就之热情讴歌和对改革不足的秉笔直书,其用意都在于希图"让历史告诉未来"。《大转变时期》的一个成功之处就在于,它在历史与未来的交叉点上,勾勒出一幅种种认识的冲突、种种矛盾的纽结、成功与失误、希望与失望相交织组成的整体画面。在我看来,这正是对我们目前所处的社会环境的形象描绘。

如果《大转变时期》的思索仅仅停留在对大变革的客观描述上,它就不可能具有这样沉甸甸的分量。在勾勒出大变革基本轮廓的同时,作者还把真实的描述与深沉的反思结合起来,在平凡的生活中深入掘进,探寻旧体制形成的客观必然性,剖析大变革的深层结构。在我看来,这是《大转变时期》的最成功之处。

《大转变时期》不是用新的标准笼而统之地评价旧的体制,也不是仅仅追溯旧体制形成的主观原因,而是把旧体制及其形成放到一个更广阔的历史背景中去理解。建立在农业经济基础上的中国社会主义,首先要把实现工业化作为自己必须完成的任务。在完成这一任务时,必然面临着一个普遍性的问题:"积累"。在当时条件下,实现积累的手段无非两种:一是建立市场体系,以商品交换的形式,在价值规律的作用下自发地完成;二是建立计划体系,用行政命令的形式,在超经济的强制作用下完成。

对这两种手段的选择在当时并不是自由的、条件相等的。选择前者,国家无法控制积累的性质和方向。因此,建立一种高度集中的、借助于国家行政手段对经济实施计划管理的体制就成为一种必然结果。这种体制发挥了它的历史作用,但也潜在地包含着后来暴露的种种弊病。商品经济是人类历史发展的必经阶段。开辟在社会主义条件下发展商品经济的道路,是一条适合中国国情的社会主义现代化建设之路。改革之所以使中国发生空前变革,从根本上说,就在于它促使农村的自然经济和城市的"产品经济"向现代化的商品经济过渡。广泛的社会调查,深沉的哲学反思,使《大转变时期》触摸到了传统体制的形成和当代中国变革的根源。

《大转变时期》在运用历史唯物主义探讨改革的同时,又站在改革实践的基础上对历史唯物主义本身进行了新的探讨。应该说,这是《大转变时期》的又一成功之处。

按照作者的见解,马克思主义对社会历史的考察包括社会经济发展阶段、经济发展的社会形态和人的发展形态这三维方式。在人类历史进程中,一定经济发展阶段并不是同某种社会形态完全同步的。某一经济发展阶段的历史任务,既可以通过这种社会形态来实现和完成,在特定的历史条件下也可以通过另外一种社会形态来实现和完成。经济发展三阶段——自然经济、商品经济和产品经济的依次更替是不可超越的；而五种社会形态——原始社会、奴隶社会、封建社会、资本主义社会和共产主义社会中的某种社会形态在特定的历史条件下则是可以"超越"的。

但是，这个被超越的社会形态的历史任务必须完成。"资产阶级历史时期负有为新世界创造物质基础的使命：一方面要造成以全人类互相依赖为基础的普遍交往，以及进行这种交往的工具，另一方面要发展人的生产力，把物质生产变成对自然力的科学统治。"（马克思）没有商品经济的充分发展，就不可能完成这个为新世界创造物质基础的命运。重申马克思主义的这一观点，对于明确社会主义初级阶段的历史位置和改革战略具有重要意义。

在马克思主义理论宝库中，有关于阶级社会的阶级结构的完整理论，但没有关于社会主义条件下社会的利益集团及其结构的理论。《大转变时期》对此做了初步而又可贵的探讨。

按照作者的见解，无论是阶级还是阶层，都是人们在物质生产过程中形成的一定的稳定的利益群体，即阶级和阶层都是利益集团。这就是说，存在着两种不同性质的利益集团：一是阶级性质不同的利益集团；二是同一阶级性质的不同利益集团。凡是在生产资料的占有关系上具有质的不同，利益根本对立的社会群体，属于前者；凡是在生产资料占有关系上性质相同，而只是由于在生产体系中所处的地位不同（如职业不同、权力大小不同等）而造成利益差别的社会群体，属于后者。

所有制的单一化和分工的多样化，造成了我国阶级关系的单一化和阶层关系的多样化。这种社会结构在现有的阶级中扩大了阶层，但在这些阶层之间又没有建立合理的和有机的联系，从而扭曲了阶层的利益关系。经济改革的深入必然导致经济利益在社会阶层之间的重新分配和利益集团的重新组合，以及各利益集团原有的物质利益和社会地位的重新组合。在作者看来，现阶段我国的主要社会阶层是：产业工人、处于历史性变化中的农民、亦工亦农的边缘群体、知识分子、政治领导、企业家。其中,政治领导阶层向企业家阶层的转化过程包含着双重的利益结构和权力结构的重组：企业领导和职工之间的利益重组与政治领导和企业领导之间的利益、权力的重组。

这些见解无疑具有合理性，开拓了我们的理论视野。当然，关于社会主义社会利益集团的形成及其与阶级、阶层的关系，是一个复杂的问题。其中，一个重要的问题就是，我国现阶段出现了多种所有制并存的局面，因此，能否说现阶段除了阶层多样化外，又出现了阶级多样化的趋向？遗憾的是，《大转变时期》对此没有做出明确的回答。看来，新的实践已经在呼唤着新的理论了。

无疑，社会主义社会的利益集团是一个问题，是一个重大而敏感的问题。《大转变时期》之所以研究这个重大而敏感的问题，是因为在作者看来，只有把握和驾驭不同利益集团的不同要求，才能在社会主义初级阶段掌握历史的主动权。这里，深深地体现着作者严肃的历史使命感和为民族发展的深远思考："不仅要同世界人民生活在同一世界里，而且要同世界人民生活在同一世纪中。"

从总体上把握改革，由此引发对民族进程、社会发展的哲学思考，是哲学工作者应有的责任心和使命感。中国的大变革才拉开"序幕"，我们尚不能说《大转变时期》已达高屋建瓴，但它也不是在浅滩上的漫步。你可以不同意作者的结论，但你却不能不敬佩作者在如此广泛的领域里所进行的认真探索；你可以不欣赏这幅画面，但是它的斑斓五彩却不能不在这一点或那一点上燃起你探索的激情。改革正在向纵深发展，转变仍在继续。我们期待着作者开拓新视野，进入新境界，在更高的层次上为当代中国的改革绘制一张全图，以弥补放在我们面前的这部著作的不足。

居高声自远：读《思维的建构与反思：重新理解马克思主义认识论》

放在读者面前的这部著作，即《思维的建构和反思：重新理解马克思主义认识论》，是陈志良教授生前出版的《思维的建构和反思》的第二版。

《思维的建构和反思》第一版出版于 1989 年。20 世纪 80 年代是中国马克思主义哲学研究风生水起、风起云涌、风云变幻的时代。正是在这一历史时期，国内学术界对马克思主义哲学研究的问题之宏广邃微，内容之博大精深，概念之洗练繁多，观点形成之层出不穷，思潮迭起之波澜壮阔，实为任何一种哲学研究无法比拟。正是在这样一种历史背景和学术氛围中，陈志良出版了他的著作《思维的建构和反思》。《思维的建构和反思》以其宽广的理论视野、深刻的理论分析、独到的理论见解为我们展示了一幅马克思主义哲学研究的壮阔画卷。你可能不欣赏这幅画面，但它的斑斓五彩不能不在这一方面或那一点上燃起你探索的激情。

《思维的建构和反思：重新理解马克思主义认识论》

的主题是思维如何反映存在。这是一个古老的哲学问题,同时,又是一个常新的哲学问题,实际上属于哲学基础理论问题。在我看来,越是古老而又扎根于实践中的哲学基础理论问题,越有生命力。有时候,它仿佛被社会的发展所否定,实际上却是以更新的形式、更高的层次呈现出来。用石里克的话来说就是,哲学总是被迫在起点上"重新开始""从头做起"。人类思想史表明,任何一门科学在其发展过程中,除了要研究新问题外,往往还要回过头去重新探讨自己的基础理论问题,而对于任何一门科学的发展来说,基础理论问题是具有前提性、方向性、根本性的问题。哲学不仅如此,而且更为突出,石里克甚至认为,这是"哲学事业的特征"。

陈志良深刻地意识到这一点。在他看来,思维如何反映存在的问题就属于哲学的基础理论问题,是一个既有着永久魅力又不断更新自己形式的问题,它既导源于思维与存在的关系这一哲学的基本问题,又是全部认识论的基础和前提,而当代实践、科学和认识论的发展,要求我们站在时代的制高点上重新探讨思维如何反映存在这一问题的新变化、新形式、新内涵。否则,我们就既不能理解当代实践、科学和认识论的发展,也难以领会马克思主义哲学的当代意义。在我看来,这是一种理论的自觉和自信。

围绕思维如何反映存在这一主题,《思维的建构和反思:重新理解马克思主义认识论》从"从行为思维到概念思维""超前性和认识的本质""思维的内在矛盾运动""对象意识和自我意识""建构性思维和反思性思维""反思的历史形态和实践反思规律""知性思维向辩证思维'复归'的现代运动"这七个方面展开了"思维的建构和反思"。

一是提出把存在"当作感性的人的活动,当作实践去理解",这是认识的方向性,是思维对存在如何反映的历史展开的形式。思维确实建构着客体,以自己的思维图式去把握世界,但这些建构又被人的实践活动所建构,为社会历史所建构,是一种被建构的建构。同时,"只有当物按人的方式同人发生关系时,我才能在实践上按人的方式同物发生关系"(马克思),因此,思维对存在的反映是通过特定的主体坐标系进行的。用马克思的话来说就是,"从主体的方面去理解"。

二是提出思维对存在的反映是通过实践反思的方式不断发展的,实践反思规律是思维发展的根本规律。所谓实践反思规律就是马克思在《资本论》中所说的:"对人类生活形式的思索,从而对它的科学分析,总是采取同实际发展相反的道路。这种思索是从事后开始的,就是说,是从发展过程的完成的结果开始的。""实践反思"说明了实践对认识的决定作用是通过"反过来思"这一中介环节进行、"从事后开始"的。

三是提出思维对存在的反映是通过"思维自己构成自己"的形式进行的。我们一方面要看到思维"没有历史",即认识归根到底是实践活动的升华,思维结构是实践结构的观念升华;另一方面,又要看到"思维自己构成自己":"正如从简单范畴的辩证运动中产生出群一样,从群的辩证运动中产生出系列,从系列的辩证运动中又产生出整个体系。"(马克思)

四是提出应采取马克思所说的"从后思索"法阐述思维如何反映存在这一问题。具体地说,通过对象意识与自我意识、建构性思维与反思性思维、知性思维与辩证思维这些主体的内在矛盾,揭示"概念的矛盾运动",指出"思维自己构成自己"的道路,说明存在、实践对思维的决定作用是通过思维的内在矛盾运动,通过被主体坐标系转换,通过"反过来思"的过程体现出来的。

这些观点在20世纪80年代具有振聋发聩的作用,并为我们重新理解马克思主义认识论以至整个马克思主义哲学开辟了新的天和地。你也许不同意这些观点,但你不能不敬佩陈志良在如此广阔的领域所进行的理论探索,不能不感叹陈志良教授敏锐的理论观察力和深刻的理论分析力。更重要的是,这些观点具有强劲的穿透力和持续的影响力,至今仍然为我们研究马克思主义哲学留有令人震撼的思维空间。这使我不由自主地想起了中国古代诗人虞世南的两行诗句:"居高声自远,非是藉秋风。"

1945年,陈志良出生于上海,中学毕业于华东师范大学附中。1962年,17岁的他考入中国人民大学哲学系;1979年,又回到中国人民大学哲学系攻读硕士、博士学位,其专业都是马克思主义哲学;1987年,毕业留校任教,专业仍是马克思主义哲学。如果从 1962 年考入中国人民大学哲学系算起,到 2012 年因病去世,陈志良从事马克思主义哲学学习和研究的时间整整 50 年。可以说,《思维的建构和反思》这部著作是陈志良教授 50 年学习、研究马克思主义哲学的结晶,具有重要的学术价值。在我看来,当前的马克思主义认识论研究在总体上和根本上没有超出《思维的建构和反思》的问题域和研究域。北京师范大学出版社意识到这一点,因而决定再版该书。这一决定本身就具有学术价值。

我与陈志良相识于 1986 年。那时,他是中国人民大学哲学系的博士生,我是中国人民大学哲学系的硕士生。尽管我们年龄、水平差异较大,性格迥然不同,但共同的学术追求和相同的人格使我们成为挚友。正是陈志良宽广的理论视野、高超的思维方法、敏锐的理论观察力促使我驶入哲学研究的"快车道",并深深地影响了我的哲学研究和学术生涯;正是陈志良宽厚的人格、乐观的态度、无私的帮助促使我"波澜不惊、荣辱不惊"。当我"过五关"、处于人生顺境时,他为我高兴与鼓掌;当我"走麦城"、面对人生逆境时,他给我安慰与鼓励……我深深地感激我的这位挚友、学兄、师长!

2012 年 12 月 14 日,饱受病痛折磨的陈志良离开了他喜爱的朋友和钟爱的家庭,离开了他付出了全部智慧和心血的哲学事业。在陈志良患病期间,我经常一个人面对他的病躯,握着他的手,默默无语;在陈志良的告别仪式之前,我一个人面对他的遗体,握着他的手,思绪万千……我深知,从此我将"相顾无相识,长歌怀采薇"(王绩)。

在《思维的建构和反思》第二版即将出版之际,陈志良教授的女儿陈科博士委托我写一篇"再版后记",我毫不犹豫地答应了。在这篇"再版后记"写完之时,我最想说的一句话就是,志良兄,你在天堂一切可好?!

开辟从本体论认识现实的道路：读《马克思哲学本体论及其当代意义》

对本体的追求是人类安身立命之本，本体论因此一直在哲学中处于基础性和根本性的地位。同时，作为哲学之根的本体论又不是一成不变的，其内涵随着人类实践和认识的发展而展现出多样形态，我们不能把本体论的某一形态理解为本体论的唯一形态。从根本上说，马克思哲学在哲学史上所造成的革命性变革就是从本体论的层面发动并展开的，并开辟了一条从本体论认识现实的道路。

我不能同意这样一种观点，即马克思没有论述过本体论问题，马克思哲学只是世界观而不是本体论。这是一种误解与偏见。实际上，马克思在《博士论文》中就论述过本体论问题，论述了"本体论的证明"和"本体论的规定"；在《1844年经济学哲学手稿》中论述了"本体论的肯定的问题"；在《德意志意识形态》中集中论述了人的存在的问题，这实际上就是本体论的问题，因为本体论就是研究存在的本质和意义的。卢卡奇的观点是正确的，即马克思没有写过专门的本体论著作,但马克思哲学"在最终的意义上都是关于存在的论述,即都是纯粹的本体论"。马克思哲学的理论主题是无产阶级和人类解放,为了实现人类解放,马克思必然关注人的本质、存在方式和生存本体,并寻找一条从本体论认识现实的道路。这个本体终于被马克思发现,这就是人类实践活动。正是在这个意义上,马克思哲学的本体论是生存论的本体论,即实践本体论。

按照马克思的观点,实践既是一种客观的物质活动,又是一种有目的的创造活动,自在自为运动着的就是人类实践活动。正是实践,一方面为人类理解、改造和创造现实世界提供了基础和依据;另一方面又为人类的自我发展提供了根本动力,构成了人的存在方式。通过实践,人们在不断改造自然界的同时,又不断改造、创造着人自身——他的生理结构、社会关系和思维方式,等等。实践构成了现存世界的基础,也构成了人的生存的本体。正是在这个意义上,马克思认为,"人的感觉、激情等等不仅是在〔狭隘〕意义上的人类学的规定,而且是真正本体论的本质(自然)肯定"。

马克思的实践本体论的指向是"自己时代的现实世界",关注的是人的生存的异化状态的消除,并确认"对实践的唯物主义者即共产主义者来说,全部问题都在于使现存世界革命化,实际地反对并改变现存的事物",从而真正解决人与世界、存在与本质、自由与必然、个体与类之间的矛盾。这样,马克思便使本体论从"天上"来到"人间",把本体论与人间的苦难与幸福,把本体论与共产主义理想结合起来了,使无产阶级和人类解放得到了本体论的证明,从而开辟了从本体论认识现实的道路。

干成俊教授的《马克思哲学本体论及其当代意义》就是把马克思的本体论理解为"生存论的实践本体论"的。应该说,这一见解是正确的。马克思哲学的创立使本体论发生了根本转换,即从抽象的宇宙本体转向现实的人的生存本体。当马克思把目光转向人类世界时,他发现了理解、把握人类世界和人的生存的依据——实践,并把解答实践活动中的人与自然、人与人的关系作为哲学的任务。实践就是人类世界和人的生存的基础与根据,即人类世界和人的生存的本体。"生存论的实践本体论"凸显了马克思哲学对人类自身的历史性存在的关注，是一种关于人的历史性存在的自我意识。

马克思的哲学是把感性理解为实践活动的唯物主义，它揭示了实践活动是人的历史性的存在方式，并从一个新的视角分析了人与自然的关系，从而深入到存在之中去把握历史事物的本质性。我们不能脱离人的实践活动去理解自然界。人们生活于其中的自然界，是人的本质力量的外化，渗透着人的激情、理性和感性的力量，是"人类学的自然界"（马克思）。没有人的实践活动介入的自然界是僵死的物的堆积，对人的存在没有意义；同样，没有自然界，人就会成为无处存身的"孤魂"，无法展现自己的存在。实践把人与自然、人与人联系在一起，使存在成为社会的存在、人的存在，使人成为"能动的自然存在物""社会存在物"（马克思）。

在社会中，人本身的存在就是社会的活动，是社会共同活动的结果，每个人的自然存在因此成为具有人的意义的存在。因此，马克思所理解的时间与空间不是外在于人的活动的、仅仅具有一维持续性和三维广延性的时间与空间。马克思的哲学立场是："时间实际上是人的积极存在，它不仅是人的生命的尺度，而且是人的发展的空间。"人的存在是人的实际生活过程，是人的实践活动，实践活动的展开就是社会的时间和空间。

在理论本性上，辩证法与本体论密不可分。没有本体论的辩证法只能流于空洞的形式，反之，没有辩证法的本体论只能是抽象的理论。辩证法与本体论乃是一个整体的两面，二者同时"在场"：本体不是凝固、静止、亘古不变的，本体总是要展开、绽放的，而辩证法就是本体展开和绽放的方式。辩证法是本体论内容的展开，本体论是按照辩证的方式运行的本体论；本体论是辩证法运行的载体和依托，辩证法就是本体论展开的逻辑。正是在这个意义上，卢卡奇称马克思主义"按其本质来说是本体论的辩证法"。

这种"本体论的辩证法"就是人的实践活动自我展开的辩证法，是"否定性的辩证法"。正如马克思所说，"辩证法在对现存事物的肯定性的理解中同时包含对现存事物的否定的理解"，"辩证法不崇拜任何东西，按其本质来说,它是批判和革命的"。由此,我不禁想起马克思的又一名言,即"对实践的唯物主义者即共产主义者来说,全部问题都在于使现存世界革命化,实际地反对并改变现存的事物"。这就是说,在马克思的哲学中,辩证法与唯物论的统一首先是本体论意义上的统一,而这种统一的基础就是生存论的本体论,即实践本体论。在马克思哲学中,"生存论转向"与"实践论转向"是一致的,或者说是同一过程中的两个方面。

在马克思的哲学中,真理也不是一个单纯的认识论问题,它同时是一个本体论问题;真理也不是一个单纯的知识论哲学的问题,它同时是一个生存论哲学的问题。人与真理之间的关系首先是一种存在关系,然后才是一种认识关系,关于真理的"存在关系"比"认识关系"更始源。马克思总是把真理与现实的人联系起来考察,总是把真理当作人的生存的真理,即当作人的生存活动的展开状态来看待。这是因为,人是在生存活动的展开状态中与外部世界建立关系的,只有在这种关系中,外部世界才能成为可把握的,才显示为真。真理"并不是由人类'主体'对一个'客体'所说出的、并且在某个地方——我们不知道在哪个领域中——'有效'的命题的标志",真理"乃是存在者之解蔽,通过这种解蔽,一种敞开状态才成其本质,一切人类行为和姿态都在它的敞开之境中展开"(海德格尔)。

实践是一种自由自觉的开放状态,只有通过实践,陈述的正确性才是可能的。因此,使正确性得以成为可能的实践就必然具有更为原始的权力而被看作真理的本质。"真理原始地并非寓居于命题之中。"(海德格尔)真理不可能仅仅通过陈述、通过认识就能被揭示出来,它必须在人的实践活动中才能呈现出来。"人的思维是否具有客观的真理性,这不是一个理论的问题,而是一个实践的问题。人应该在实践中证明自己思维的真理性,即自己思维的现实性和力量,自己思维的此岸性。"(马克思)

在马克思哲学中,历史观与本体论也是密切相关的。历史不过是追求着自己目的的人的活动,理解历史就必须了解人及其实践活动。全部社会生活在本质上是实践的,历史不过是人的实践活动在时间中的展开。从作为人的实践活动的展开过程来看,历史是作为主体的人的自然史,人在改造外部自然时，也改变着他自身的自然，这是同一过程的两个方面。在这个意义上，可以把历史看作人作为"能动的自然存在物"展开其自然力的过程，人的实践能力也"是一种自然力的表现"（马克思）。所以，马克思认为，"历史本身是自然史的即自然界成为人这一过程的一个现实部分"。

人类历史呈现为一种自然的过程，但这一过程又是人通过实践处理自身与自然关系的过程。"劳动首先是人和自然之间的过程，是人以自身的活动来中介、调整和控制人和自然之间的物质变换的过程。"（马克思）在实践活动中，社会与自然互相渗透，人类史与自然界相互制约，同时，人类史又置身于自然史之中。"劳动过程嵌入了伟大的自然联系之中。自然，它作为社会和社会每度占有的那部分自然的高度统一，最后又战胜人的一切干扰而自我保持，被人渗透了自然物质又再度沉入自然的最初的直接性之中去。"施密特的这段话是马克思上述思想最好的注脚。

就这样，《马克思哲学本体论及其当代意义》为我们重新理解马克思哲学的本体论以至整个马克思哲学提供了一个新的理论视角。"马克思哲学以实践本体论的生存论路向替代了传统哲学的知识论路向，它以现实人的生存与发展作为哲学的主题，从而使哲学从抽象王国回归感性世界。""回归生活世界，关注人的现实存在，这是现代哲学的基本精神。以人的感性活动为基础的生存实践本体论正是这种哲学精神的首倡，马克思哲学因此实现了近代哲学向现代哲学的根本转向，敞开了哲学走向现代形态的可能性。"这一不同"常识"的见解富有启示性。这使我不禁想起了布莱克的一句名言："打破常规的道路指向智慧之宫。"

激活马克思辩证法的"思想实验"：读《马克思辩证法的历史语境与当代视域》

对于马克思主义哲学以至整个马克思主义来说，如何理解和把握辩证法是一个具有根本性的重大问题，以至列宁在 20 世纪初说过，由于不理解辩证法，因此，"半个世纪以来，没有一个马克思主义者是理解马克思的！"时至今日，列宁的这一论断对我们仍有警示作用，并启示我们，应当高度重视对马克思主义辩证法的研究。然而，检视当前的马克思主义哲学研究就会发现，唯物主义辩证法这一极其重要的研究领域却被淡化了、忽视了，甚至遗忘了。辩证法研究似乎成了一个"被爱情遗忘的角落"，成了一个"人迹罕见"的荒漠之地。

问题在于，如果缺失对唯物主义辩证法的深入研究、深刻把握，就无法真正理解和把握马克思主义哲学，以至整个马克思主义；同样，无视唯物主义辩证法在历史发展中经历的变迁及其种种阐释，就会限制我们的理论视野和思想深度，无法把马克思的辩证法与当代思想的发展融合起来。因此，在历史语境和当代视域中重新解读马克思的辩证法思想,重新阐释唯物主义辩证法的当代意义,就成为一个具有重大理论意义和现实意义的课题。李西祥博士敏锐而深刻地把握住这一重大问题,并向我们奉上了这部《马克思辩证法的历史语境与当代视域》。

我注意到,马克思高度重视辩证法,不仅提出了一系列重要的辩证法观点,而且明确提出了"否定性的辩证法""科学辩证法""合理的辩证法"这三个重要概念。然而,由于种种原因,马克思又没有充分展开、系统论证这些重要观点,并使之体系化、形态化,也没有留下专门阐述辩证法的著作。正因为如此,长期以来,我们对马克思主义辩证法的理解主要是依据恩格斯的论述。

马克思主义哲学史告诉我们,恩格斯不仅是马克思主义辩证法的创立者之一,而且是马克思主义辩证法的第一个解释者;不仅首次明确提出了"唯物主义历史观"这一概念,而且首次明确提出了"唯物主义辩证法"这一概念;不仅在《反杜林论》《路德维希·费尔巴哈和德国古典哲学的终结》中以较大的篇幅阐述了辩证法的观点,而且写下了《自然辩证法》这样专门阐述辩证法的著作。考茨基认为,恩格斯的《反杜林论》出版以后,人们才开始较为深入地研究"马克思主义的思维方式",才开始出现一个"马克思主义的学派"。莱文指出,对于马克思主义的理论来说,"如果说马克思是原稿,恩格斯就是神圣的注解"。"恩格斯开创了马克思主义思想的一个重要的解释学派。"考茨基、莱文的这一观点具有较大的合理性。可以说,没有恩格斯,也就没有马克思主义历史上的那些传奇的故事,恩格斯的辩证法思想是马克思主义辩证法研究绕不过去的思想要塞。

从总体上看,恩格斯的辩证法思想主要体现在三个命题上:一是辩证法是关于普遍联系的科学;二是辩证法是关于自然、社会和思维运动的普遍规律的科学;三是辩证法是关于外部世界和人类思维运动的一般规律的科学。

辩证法是关于普遍联系的科学,这一定义是针对"形而上学的思维方式"而言的;辩证法不过是关于自然、人类社会和思维的运动与发展的普遍规律的科学,这一定义是相对具体的自然科学和历史科学而言的。但是,仅仅把辩证法规定为关于自然界、社会和人类思维运动的普遍规律的科学,并没有凸显和真正把握作为"辩证的哲学"的辩证法的本质特征。所以,恩格斯又提出一个重要命题,即辩证法是关于外部世界和人类思维运动的一般规律的科学。

在我看来,这一定义是对上述两个定义的综合和深化,实际上是从哲学基本问题,即思维和存在关系问题的视角规定辩证法的,突出的是辩证法的哲学性质,即"辩证的哲学"。按照恩格斯的观点,思维和存在的关系问题是全部哲学,特别是近代哲学的"基本问题"和"最高问题",因此,哲学既不能脱离存在去研究思维,也不能脱离思维去研究存在,而是从总体上研究思维和存在的"关系"问题。

这就是说,作为"辩证的哲学",辩证法不仅要关注客观辩证法,而且要研究主观辩证法,更重要的,是发现和把握主观辩证法与客观辩证法的关系。当"我们重新唯物地把我们头脑中的概念看作现实事物的反映,而不是把现实事物看作绝对概念的某一阶段的反映。这样,辩证法就归结为关于外部世界和人类思维的运动的一般规律的科学,这两个系列的规律在本质上是同一的,但是在表现上是不同的"(恩格斯)。恩格斯由此认为,"唯物主义辩证法"所关注、所要解答的,就是这两个系列规律的"关系"问题,就是人们关于外部世界的思想对这个世界本身的"关系"问题,就是主观辩证法和客观辩证法的"关系"问题。在我看来,从思维和存在、人类思维运动规律和外部世界运动规律关系的视角去阐述辩证法,这是恩格斯辩证法思想的显性的主题。

同时,恩格斯又以实践为基础,以人与自然的关系为核心,并结合社会制度阐述了主体和客体的辩证关系,明确提出"自然主义历史观"只看到"自然界作用于人,只是自然条件到处在决定人的历史发展,它忘记了人也反作用于自然界,改变自然界,为自己创造新的生存条件";自然科学和传统哲学一样,忽视了人的活动对人的思维的决定性影响,实际上,"人的思维的最本质和最切近的基础,正是人所引起的自然界的变化,而不单独是自然界本身;人的智力是按照人如何学会改变自然界而发展的";要建立合理的人与自然的关系,"单是依靠认识是不够的。这还需要对我们现有的生产方式,以及和这种生产方式连在一起的我们今天的整个社会制度实行完全的变革。"在恩格斯看来,只有改变资本主义的生产方式和社会制度,人们才能"成为自己的社会结合的主人",从而成为自然界的真正的主人。这就是说,人与自然的关系不是纯粹的自然关系,而是打上了社会关系烙印、具有社会关系内涵的人与自然的关系。正因为如此,要变革人与自然的关系,就要变革生产方式,变革人与人之间的社会关系。这是对主体和客体辩证关系的深刻阐述。

由此可见,恩格斯并非像卢卡奇所说的那样,"连提都没提到"主体和客体的辩证关系,相反,恩格斯多次提到并以实践为基础,结合社会历史阐述了人与自然的辩证关系,即主体与客体的辩证关系;恩格斯也并非像莱文所说的那样,仅仅把黑格尔的辩证法与启蒙运动的科学进展结合起来,仅仅把辩证法与自然科学"进行综合",相反,恩格斯关注着人与自然关系的实践性质和社会内涵。尽管恩格斯没有明确提出、全面阐述主体和客体的辩证法,但是,恩格斯关于人与自然的辩证法思想蕴含着主体和客体的辩证法。如果说从思维和存在关系的视角阐述辩证法是恩格斯辩证法思想的显性的主题,那么,以人与自然的辩证法为核心的主体和客体的辩证法就是恩格斯辩证法思想的隐性的主题。在我看来,恩格斯的辩证法思想就是这双重主题的变奏。

我注意到这样一种现象,那就是,恩格斯的辩证法思想在苏联马克思主义中得到了充分的肯定,但在西方马克思主义中却遭到了彻底的否定,这种否定又集中体现在对恩格斯的"自然辩证法"的否定上,几乎所有的西方马克思主义者都认为,马克思否定自然辩证法。实际上,这是一种误判。的确,马克思一生都没有在肯定的意义上使用过"自然辩证法"这一概念。但是,我们不能由此就认为马克思否定自然辩证法,即自然界本身的矛盾运动。相反,马克思以明确的表述肯定了自然辩证法的存在。按照马克思的观点,一切存在物只有通过运动才能得以"存在",而矛盾不同方面的共存、斗争和融合构成了"辩证运动的实质","对立统一规律"是"自然界的基本奥秘之一"。

在我看来,马克思虽然关注着历史辩证法,但并没有否定自然辩证法,相反,他肯定了自然辩证法的存在;马克思虽然关注着历史科学,但并没有忽略自然科学,相反,他既反对自然科学对哲学的"疏远",也反对哲学对自然科学的"疏远",因而也较为系统地研究过自然科学,并认为"自然科学是一切知识的基础"。因此,我们应当深入而全面地研究恩格斯辩证法思想和马克思辩证法思想的关系,而要真正把握恩格斯辩证法思想和马克思辩证法思想的关系,就要在当代实践、科学和哲学本身发展的基础上重新解读马克思的文本,重新理解、重新阐释马克思的辩证法思想。

李西祥博士的《马克思辩证法的历史语境与当代视域》,就是在重新解读马克思文本的基础上,重新理解、重新阐释了马克思所说的"合理形态"的辩证法,并将之贯彻在对历史唯物主义的理解中;重新理解、重新阐释了马克思的辩证法与黑格尔的辩证法的关系,并在马克思主义发展史的语境中展开与西方马克思主义、后马克思主义和东欧新马克思主义的对话,对当代中国语境中的马克思的辩证法进行分析和评价。正如这部著作的题目所指明的,其意就是既对"历史语境"中的马克思的辩证法进行重新解读、重新阐释,也对"当代视域"中的马克思的辩证法进行重新解读、重新阐释,从而深刻把握马克思辩证法思想的本质特征,重新阐释唯物主义辩证法。正因为如此,《马克思辩证法的历史语境与当代视域》既有"史"的厚重,又有"论"的力度,一个新的唯物主义辩证法研究的地平线由此展现在我们面前。

《马克思辩证法的历史语境与当代视域》的第一部分,即第一、二章从马克思思想发展史的视角,考察了从《博士论文》,即《德谟克利特的自然哲学和伊壁鸠鲁的自然哲学的差别》到《资本论》中马克思辩证法思想的发展历程,探讨了马克思辩证法和黑格尔辩证法的关系,并以此为基础对马克思辩证法的基本内涵进行了概括,从而说明西方马克思主义与苏联马克思主义在如何理解和把握马克思辩证法问题上的分歧所在。

第二部分，即第三、四、五章考察了西方马克思主义代表人物卢卡奇、萨特、阿多诺对马克思辩证法思想的解读。卢卡奇强调辩证法在马克思主义中的核心地位，并把马克思的辩证法理解为主体和客体的辩证法，即"总体性辩证法"。萨特强调总体化的社会实践是以个体实践为基础的，个体实践活动是辩证法的出发点，提出了"人学辩证法"。阿多诺提出"否定的辩证法"，认为辩证法本质上是对非同一性的始终不变的指涉，否定的辩证法的"否定"不是以肯定为目的的否定，而是绝对的否定，是"瓦解的逻辑""崩溃的逻辑"。无论是卢卡奇，还是萨特，抑或是阿多诺，肯定的都是所谓的历史辩证法，否定的都是自然辩证法。

第三部分，即第六、七、八章分析了后马克思主义代表人物拉克劳和齐泽克的辩证法思想，东欧新马克思主义代表人物赫勒、科西克和马尔科维奇对马克思的辩证法思想的探索。拉克劳提出了"霸权的辩证法"，致力于所谓的多元激进民主，实际上是致力于具体领域的革命，悬置了社会整体的革命。齐泽克用拉康的理论来阐释黑格尔的辩证法，建构了所谓的"行动的辩证法"，从而"更新"了对马克思辩证法的理解。赫勒从"经典"马克思主义立场转向了后马克思主义立场，反对线性历史观，并将哲学的落脚点放在伦理学上。科西克的"具体的辩证法"和马尔科维奇的辩证法都强调实践辩证法，强调人在社会发展中的主体作用。科西克的"具体的辩证法"与马克思早期思想中的辩证法思想较为接近，而马尔科维奇强调的是马克思辩证法思想中的黑格尔因素，认为马克思的辩证法与黑格尔的辩证法"相似"，但本质不同，即黑格尔的辩证法是绝对精神的辩证法，而马克思的辩证法是实践活动的辩证法，关注的是现实的人及其发展过程。

第四部分，即第九、十章回归到当代中国的语境中，在探讨马克思主义辩证法在中国语境中发展的同时，对国内学术界对马克思主义辩证法的理解和阐释路径进行了分析和评价。同时，从一个新的视角对党的一切从实际出发、实事求是的思想路线进行了深入解读，提出党的一切从实际出发、实事求是的思想路线，是中国化的马克思主义辩证法。

《马克思辩证法的历史语境与当代视域》在研究思路上,按照历史与逻辑相统一的原则,时间和空间相结合,较为具体地探讨了马克思辩证法思想的基本内涵和本质特征,并把对马克思辩证法思想的研究同马克思主义史、西方马克思主义、后马克思主义以及东欧新马克思主义的研究结合起来,展示了一个新的理论空间。

更重要的是,《马克思辩证法的历史语境与当代视域》对马克思辩证法思想做了存在论理解和阐释,具有重要的理论创新意义。对辩证法的理解,国内哲学界主要是从认识论的视角,把辩证法理解为与"形而上学的思维方式"相对立的"辩证的思维方式"。实际上,在马克思那里,"合理形态"的辩证法并不是局限在思维方式上,"合理形态"的辩证法首先是一种世界观,一种存在论。从根本上说,马克思的辩证法是以实践为基础的存在论的辩证法。正是这种以实践为基础的存在论辩证法把马克思的辩证法与黑格尔的辩证法从根本上区别开来。

可以说,只有从以实践为基础的存在论的意义上来理解马克思的辩证法,才能达到马克思本人所达到的高度,从而为唯物主义辩证法奠定坚实的根基。也只有从这种以实践为基础的存在论的意义上理解马克思的辩证法,才能同现象学、存在主义、结构主义、解构主义等当代哲学思潮展开有效的"对话"。在我看来,这正是《马克思辩证法的历史语境与当代视域》这部著作的价值所在。

当然,《马克思辩证法的历史语境与当代视域》也存在着缺憾,在对马克思的辩证法的理解上仍然存在着很大的深化和扩展的空间。阐释马克思的辩证法,研读马克思的文本当然重要,但研究恩格斯和列宁的文本同样重要。如前所述,恩格斯是马克思主义辩证法的创立者之一和第一个解释者,是马克思主义辩证法研究绕不过去的思想要塞,但这部著作对恩格斯辩证法思想的研究和阐述显然不够,正因为如此,我在这篇序言中用了较大篇幅阐述了恩格斯的辩证法思想;列宁的辩证法思想构成了马克思主义辩证法历史上的列宁阶段,这部著作对列宁的辩证法思想的研究和阐述也显然不够;西方马克思主义、后马克思主义、东欧新马克思主义对马克思的辩证法思想的研究固然重要,苏联马克思主义对马克思主义辩证法研究的广度和深度同样不应忽视,但这部著作基本没有涉及苏联马克思主义对马克思主义辩证法的研究。同时,这部著作对国外马克思主义相关人物的辩证法思想及其与马克思辩证法思想的关系,存在着重描述、轻评论的倾向。

在我看来,这是学术研究中的正常现象。马克思说过,一切发展中的事物都是不完善的,《马克思辩证法的历史语境与当代视域》对马克思辩证法的研究就是这种"发展中的事物",因而也是"不完善"的。追求完善,这是学者应有的品格;要求完善,这是对学者的刻薄。李西祥这部60余万字的著作,既衔接着他在博士生期间的研究,同时也是他博士生毕业后十余年研究的积累和总结,体现着他对马克思辩证法的独到的见解和思维空间,为我们打开了理解唯物主义辩证法的新视野和新维度。在我看来,这部著作的研究目标明确,研究思路清晰,研究成果丰富,是一部严肃、出色的学术著作,是激活马克思辩证法思想活力的一次成功的"思想实验"。

李西祥博士的《马克思辩证法的历史语境与当代视域》即将出版,邀我为之作序,我有感而发写下了这篇序言,并不禁想起了《神曲》中的诗句:

> 在真理的脚边冒出疑问,
> 像嫩芽冒出了地面;
> 就是这东西推动着我们
> 越过重重的山脊而直登最高的顶峰。

历史认识的真实性何以可能：读《历史认识的真实性问题研究》

马克思曾经在《德意志意识形态》中强调"历史科学"的重要地位，并把它作为统摄自然史和人类史的"唯一的科学"："我们仅仅知道一门唯一的科学，即历史科学。历史可以从两方面来考察，可以把它划为自然史和人类史。但这两方面是不可分割的；只要有人存在，自然史和人类史就彼此相互制约。自然史，即所谓自然科学，我们在这里不谈；我们需要深入的是研究人类史，因为几乎整个意识形态不是曲解人类史，就是完全撇开人类史。意识形态本身只不过是这一历史的一个方面。"

马克思的这一论述实际上表明了历史意识对于科学研究的极端重要性。科学家牛顿认为自己是"站在巨人的肩膀上"，哲学家冯友兰区分"照着讲"和"接着讲"两种境界，表明科学研究也好，哲学研究也罢，都是植根于历史的。每一个学科都有其自身发展的历史脉络，每一项成果都能在这一历史脉络中获得相应的定位。在这个意义上，历史意识或者历史研究对学术研究具有本质的重要性。既然每一个学科都在一定程度上涉及历史研究,那么,如何理解和把握历史研究的学科性质和价值目标就是一件具有重要理论意义和现实意义的事情了。

在近代西方,兰克阐述了建立在原始材料基础上"秉笔直书"的历史客观主义;在古代中国,司马迁提出了"其文直,其事核,不虚美,不隐恶"的历史实录精神。然而,这种深入人心的传统价值观念却受到批判的历史哲学、后现代历史哲学的严重挑战。在现代批判的历史哲学看来,每一代人总是从自己时代的需要出发,并根据自己的知识结构、价值观念,根据历史教科书、历史知识、历史资料去认识过去的历史的。然而,历史教科书、历史知识乃至历史资料都不是客观的,而是历史学家主观意识的产物。因此,不可能认识所谓的客观历史,甚至不存在客观历史。按照后现代历史哲学的观点,没有历史的真理,只有繁杂的解释;没有客观的真实,只有主观的看法。这就使历史认识的真实性问题突出地摆在人们的面前。张云飞博士以其敏锐的理论观察力注意到这一问题,写下了《历史认识的真实性问题研究》,集中探讨了历史认识的真实性问题。

英国历史哲学家沃尔什把历史哲学分为两个基本派别:思辨的历史哲学与批判的历史哲学即分析的历史哲学。其后,美国历史哲学家德雷进一步指出:"思辨的历史哲学试图在历史中(在事件的过程中)发现一种超出一般历史学家视野之外的模式或意义。而批判的历史哲学则致力于弄清历史学家自身研究的性质,其目的在于'划定'历史研究在知识地图上所应占有的地盘。"

这就是说,思辨的历史哲学主要研究历史本身的规律,而批判的历史哲学主要研究历史知识的性质。前者关注历史本体论,后者关注历史认识论。历史是已经过去的存在,在认识历史的活动中,认识主体无法直接面对认识客体,这就使认识历史的活动具有了特殊的复杂性。要认识历史,首先就要分析和理解历史知识、历史资料的性质。自觉而明确地意识到这一点,是批判的历史哲学的特点或优点。而一旦有了这种自觉而明确的意识,就会唤起一种自觉的批判精神,认识历史的努力在这里就会不多不少地变成历史认识的自我批判。因此,批判的历史哲学的形成绝不意味着西方历史哲学的没落,相反,意味着西方历史哲学的成熟。对历史认识论的探讨是一项极具科学价值的工作。如果对历史本体的探讨不同对历史认识的分析相结合,那么,其结论必然是独断的、不可靠的。

批判的历史哲学重视历史认识论研究不无道理,它促使我们更自觉地意识到认识能力的相对性,从而更清醒地去认识历史。但是,批判的历史哲学在考察历史认识论时,竟把其前提即客观历史一笔勾销了,结果是犯了一次"演丹麦王子而没有哈姆雷特"的错误。在这里,我们看到了凝重的历史虚无主义色彩。后现代历史哲学彻底解构了客观主义历史学构建起来的研究模式,彻底否定了历史的客观性,同时又依然保持了批判的历史哲学的批判性。不过,这种批判的指向却产生了巨大的游移。其特点在于,针对统一的现代知识体系并怀疑一切,怀疑史料,怀疑叙述,怀疑语言,怀疑历史学家的真诚,一言以蔽之,历史思考和写作的整个过程都需要怀疑。从这些怀疑出发,后现代历史哲学把历史学定位于建立认同感,而不是展示真理性。这就使得解答历史认识的真实性问题变得更为复杂,更为艰难。

《历史认识的真实性问题研究》深思历史研究的现状,力图运用马克思主义哲学的观点和方法,在综合分析近代历史哲学、现代历史哲学和后现代历史哲学的基础上,全面检视历史认识真实性的目标,条分缕析历史认识的真实性问题,并使之与历史认识的客观性相区分。

按照罗蒂的观点,客观性这个概念主要包含两个层面的含义:

第一层含义是指"如其实际所是的那样来再现事物"。追求这种意义上的客观性,在历史研究中具有非常大的难度,因为历史科学和自然科学不同,自然科学研究主要是针对眼前的对象而展开,研究对象可以复制,研究结果可以检验;而历史科学的研究对象是过去的事件和人物,这些历史事件和人物具有一去不复返的特性,既不可能召回,也不可能复制。这就是说,研究对象本身已经在研究者面前消失,研究者因此很难确定"其实际所是的那样",这种意义上的客观性因此也很难实现。

第二层含义是指"对一种观点的刻画,这一观点由于作者未被非相关的考虑所歪曲的论证结果而被一致同意"。这就是说,如果某个观点与主题紧密相关,并且经研究者一致同意,那么,这个观点相对于未经他人同意的个人见解而言就具有客观性。这种意义上的客观性是以一致同意为基础的,似乎在说民意测验就可以作为鉴别学术观点真伪的标准。

第一种意义上的客观性是客观主义历史学所追求的主要价值目标,同时也是后现代历史哲学所批判的主要对象。后现代历史哲学在历史文本中发现了太多建构起来的东西,包括情节化结构编排、意识形态蕴含、修辞手法等,因此,后现代历史哲学认定,客观主义历史学不可能达到以客观性为基础的"如实直书"。第二种意义上的客观性是在第一种意义上的客观性难以实现的情况下退而求其次的表现。但是,在做了这种退步之后,就难以对客观性与主观性做出明确的区分了,区别仅仅在于是一个人的主观性,还是多个人的主观性。在这里,客观性实际上蜕变为主观性。

可见,历史研究如果再把客观性确定为自身的研究目标,就会面临诸多的理论困难。于是,《历史认识的真实性问题研究》力图全面论证历史认识的真实性,并以"真实性"代替"客观性",从而把历史认识的目标明确标示为真实性。相对于"客观性"而言,"真实性"具有自身的优势,"客观性"不能容纳历史认识中的主观因素,而"真实性"这个概念并不排斥历史认识中的主体或主观因素。在张云飞博士看来,只有从这种立场、观点出发研究历史,才能够使历史研究、历史写作更具有真实性。这一见解虽然有待商榷,但的确不无道理。

围绕历史认识的真实性问题,《历史认识的真实性问题研究》的第一章从词源学的视角考察了"真实性"概念的含义,认为"所谓'真实性',就是指某一作品(或陈述、认识,等等)具有的与某种世界本体相符合的性质"。应该说,这一界定涵盖了历史研究不同语境中的真实性概念。然后,这部著作从四个方面展开了关于历史认识真实性的论述:

一是专门设置一章即第二章论述"历史解释及其中存在的真实与虚构的冲突",阐述了历史解释中的科学与艺术、哲学与历史学的差异与互补关系,并认为历史认识的实质就是进行历史解释。

二是提出历史认识的对象是历史事实,当前历史哲学讨论历史认识真实性问题的核心就是围绕历史事实的性质展开的。那么,历史事实是什么、历史事实在哪里、历史事实发生于何时……这些问题都是迫切需要解答的重大理论问题。这部著作的第三章集中探讨了这些问题。

三是提出历史认识主要是借助历史文本来展开研究的,这部著作的第四章就主要探讨历史文本及其在理解历史真实性中的作用,侧重说明在作者与读者双重制约下的文本规划过程。

四是分析了历史研究方法及其与真实性的关系,考察了方法在历史认识过程中的地位和作用,史料考证法、抽象分析法、历史分期法、阶级分析法、从后思索法等历史研究方法都在讨论之列。这是这部著作第五章的内容。

这样,《历史认识的真实性问题研究》围绕着"历史认识的真实性何以可能"这一核心问题,建构了一个合理的论证体系,并为我们展示了一个新的哲学研究、史学研究的理论空间。

我追求的理论目标是求新与求真的统一,我按照这个目标要求我自己,也按照这个目标要求我的学生。《历史认识的真实性问题研究》的作者张云飞是我的博士生,这部著作是在其博士论文的基础上写成的。从博士论文写作到这部著作的出版,时间整整过去了十年。十年间,张云飞博士执着专注、锲而不舍,不懈探索历史认识的真实性问题。这部著作当然有不成熟之处,有不完善之处,但求新与求真的统一这一原则犹如"看不见的手"在引导着这部著作的写作,并促使我们远眺一片思想的海洋。由此,我不由自主地想起了海涅《还乡曲》中的诗句:

> 我的心完全和海一样,
>
> 有潮汐也有风雨,
>
> 并且在它的深处
>
> 蕴藏着许多明珠。

卢卡奇物化理论的双重逻辑：读《卢卡奇的物化理论及其演变》

　　无论怎样编写马克思主义史，卢卡奇都是一个绕不过去的思想要塞。卢卡奇既是所谓"正统"马克思主义的终结者，又是"另类"马克思主义的开创者。在 20 世纪西方马克思主义的发展过程中，不时有人通过不同的方式回到卢卡奇所开拓的理论道路上。在一定意义上说，卢卡奇的独特经历和思想演变就是 20 世纪马克思主义发展史的缩影。而在卢卡奇的思想中，物化理论可谓独树一帜、引人瞩目。

　　从思想背景看，卢卡奇是在没有接触到马克思的《1844 年经济学哲学手稿》《1857—1858 年经济学手稿》，即缺乏对马克思异化理论充分了解的背景下，以《资本论》中的商品拜物教思想为依据，并通过颠倒韦伯的"合理化"思想提出物化理论的。卢卡奇的物化理论既揭示了马克思政治经济学批判的关键内容，又彰显了马克思异化理论的价值立场，同时，又在一定程度上深化了马克思的物化理论，并展示了新的问题域。正因为如此，如何理解和把握卢卡奇的物化理论成为 20 世纪学术界的热门话题，一时洛阳纸贵，且经久不衰。

卢卡奇是在他的《历史与阶级意识》中提出物化理论的，物化理论是《历史与阶级意识》的中心线索，而《历史与阶级意识》一直被奉为西方马克思主义的"圣经"。因此，卢卡奇的物化理论是西方马克思主义共同信仰的范式之一，是联系西方马克思主义的思想纽带。从萨特到阿尔都塞，从阿多诺到哈贝马斯，从威廉斯到萨义德……无一不是首先被卢卡奇的物化理论所牢牢吸引，然后被"卷进"马克思主义阵营的，他们对《历史与阶级意识》的启蒙之恩终生感激。同时，无论是霍克海默、阿多诺的工具理性批判，还是马尔库塞的"单向度"理论，抑或是哈贝马斯的交往理论，都可以看作是卢卡奇物化理论的延伸或新的阐发。卢卡奇的物化理论是西方马克思主义批判资本主义的共同武器。

卢卡奇的物化理论的确是一个思想要塞。由此，我们可以追溯到马克思的物化理论，甚至可以追溯到黑格尔的异化理论，可以透视出韦伯的"合理化"思想，可以延伸到整个西方马克思主义以至现代西方哲学。周立斌博士敏锐地注意到这一点，并耗时十年写下了这部《卢卡奇的物化理论及其演变》。

《卢卡奇的物化理论及其演变》从"资本主义社会基本领域的物化""物化根源的探究""物化的突围之路""物化理论的转向：工具理性批判""物化理论的巅峰：'单向度'理论"等方面深入而全面地分析了卢卡奇的物化理论，并将理论探讨的触角伸展到总体辩证法、阶级意识理论、反映论、启蒙辩证法、文化理论等，以期解决卢卡奇的物化理论的理论来源、思想内涵、精神实质，物化理论如何成为西方马克思主义批判资本主义社会的共同武器这样一些重要的学术问题。其中，对卢卡奇物化理论与马克思物化理论的比较研究，可谓别具一格、引人入胜。

按照卢卡奇的观点，在资本主义商品生产过程中，人与人的关系表现出物的特征，获得一种"魔幻的客观性"，这就是物化现象。所谓物化，就是指人们在自己创造出来的商品面前顶礼膜拜，受制于物，这种现象就是商品拜物教。换言之,卢卡奇把商品拜物教直接等同于物化现象。在《历史与阶级意识》中,卢卡奇直接引证马克思在《资本论》中对商品拜物教的阐述来解释他的物化概念:"商品形式的奥秘不过在于:商品形式在人们面前把人们本身劳动的社会性质反映成劳动产品本身的物的性质,反映成这些物的天然的社会属性,从而把生产者同总劳动的社会关系反映成存在于生产者之外的物与物之间的社会关系。由于这种转换,劳动产品成了商品,成了可感觉而又超感觉的物或社会的物……这只是人们自己的一定的社会关系,但它在人们面前采取了物与物的关系的虚幻形式。"这是马克思对商品拜物教所下的定义,也是卢卡奇物化概念的第一层含义。

卢卡奇物化概念的第二层含义是:"人自己的活动,人自己的劳动,作为某种客观的东西,某种不依赖于人的东西,某种通过异于人的自律性来控制人的东西,同人相对立。"在资本主义社会中,人的活动变成了一种商品,按照外在于人的方式进行活动,成为一种脱离人的物化的客观过程。由此,卢卡奇分析了资本主义社会的物化现象,即劳动者本身的物化、人与人关系的物化,以及人的意识的物化。在没有看到马克思的《1844 年经济学哲学手稿》《1857—1858 年经济学手稿》的情况下,卢卡奇对物化的理解与马克思的异化思想极为相似,这表明了卢卡奇对马克思物化理论的深刻的领悟性和敏锐的洞察力。

不仅如此,卢卡奇还分析了物化形成的原因:一是在客观上,资本主义的生产、交换、分配和消费导致了一个由现成的物以及物与物关系构成的世界,即商品世界,这就是"第二自然","第二自然"一旦形成就具有自己独特的运行规律,不以人的意志为转移;二是在主观上,工人为了生存,被迫出卖自己的劳动力,劳动力成为一种商品。劳动力已经出卖这个事实,使得工人自身不得不分裂,即他的身体成为"第二自然"的一部分,服从于"第二自然"的运行规律,他的意识已经丧失,或者说已经物化,成为自动运转的机器的属性,由此导致人的活动必须跟上机器的节奏,服从商品生产的要求,即服从"自然规律的非人的客观性"。就是说,人身不由己,反受物决定。尽管卢卡奇没有区分物化与异化,但他实际上是在异化的意义上使用物化概念并对资本主义进行批判的,这表明了卢卡奇与马克思在异化问题上的共识。

但是,卢卡奇的物化理论与马克思的物化理论又有重大差异。马克思不仅区分了对象化、物化、异化,而且区分了资本主义生产中所出现的两种物化:一是"个人在其自然规定上的物化",其含义是指"一切生产都是个人在一定社会形式中并借这种社会形式而进行的对自然的占有",实际上,这就是劳动的对象化;二是"个人在一种社会规定(关系)上的物化,同时这种规定对个人来说又是外在的",其含义是指在商品交换过程中形成的社会关系的物化,即人与人的关系颠倒地表现为物与物的关系,人自己创造出来的物反过来奴役人。

可以看出,卢卡奇物化概念的含义与马克思物化概念的第二层含义相同,具有异化的内涵。但问题在于,卢卡奇又是从马克思物化概念的第一层含义即对象化出发阐述他的物化理论的。更重要的是,卢卡奇实际上是在用韦伯的"合理化"思想来解释马克思的物化理论,并试图由此拓展马克思的物化理论。

按照韦伯的观点,物化是生产过程中工具性对象导致的量化和可计算性,在这个过程中,人的主体性是无关紧要的;相反,人本身必须被量化为客观要素以便具有可计算性或可操作性,这是现代工业发展的客观要求,是自实行泰勒制以来工业文明进程中的合理性。韦伯实际上是把物化视为生产力发展的必然性。正因为如此,当卢卡奇试图用韦伯的"合理化"思想解释马克思的物化理论,或者说力图把马克思的物化理论与韦伯的"合理化"思想嫁接起来时,就必然使物化理论转向,即从对生产关系、社会制度的批判转向对生产力、科学技术的批判。

卢卡奇看到了"资本主义社会的人们受生产力奴役的状况",但他没有弄清在资本主义社会中人们为什么"受生产力奴役",实际上是没有弄清人与人的关系是如何在资本主义社会中转变为物与物的关系,并受物奴役的。如果说马克思的物化理论重在批判现实的生产关系,那么,卢卡奇的物化理论则重在批判现实的生产力。当卢卡奇把对物化的全部愤怒都宣泄到现代工业文明的可计算性的量化过程上的时候，他的物化理论的逻辑实际上是来自韦伯，而不是马克思。这就是说，卢卡奇的物化理论与马克思的物化理论具有重大差别。

《卢卡奇的物化理论及其演变》看到了这一点，所以，在深入分析卢卡奇物化理论的同时，又比较研究了卢卡奇物化概念与马克思物化概念的相同之处与不同之点，既说明了马克思的物化理论尤其是商品拜物教理论对卢卡奇的启示，又论述了卢卡奇与马克思对物化的不同理解，对物化产生原因的不同看法，对物化形成路径的不同分析，对物化后果的不同阐释，言之有理，持之有据。

但是，我不能不遗憾地指出，在论述卢卡奇物化理论与马克思物化理论的差别时，《卢卡奇的物化理论及其演变》忽视了一个极其重要的因素，那就是韦伯的"合理化"思想对卢卡奇物化理论的重要影响。如前所述，卢卡奇并没有从理论上澄清人与人的关系是如何在资本主义社会中物化的，而是直接套用了马克思的商品拜物教理论，把对资本主义的批判集中在可计算性的量化过程，对准了所谓的"生产力崇拜"。

这就导致卢卡奇的物化理论中存在着双重逻辑，即马克思意义上的商品结构、生产关系基础上的物化与韦伯意义上的生产力、科学技术基础上的物化。马克思肯定了作为生产对象化的物化，否定了人与人关系的物化、异化，而在韦伯那里，只有流水线上生产进程的可计算性的对象化，而人的主体价值的异化却被"祛魅"了，韦伯实际上是站在肯定的立场上把物化视为资本主义的合理性。对于这一重要问题，《卢卡奇的物化理论及其演变》有所察觉，但没有达到理论自觉；"点到为止"，但没有深入剖析。这是一个需要弥补的遗憾。

卢卡奇不仅提出了一种"另类"的马克思主义，而且这种"另类"的马克思主义包括物化理论深刻地影响了整个西方马克思主义；卢卡奇不仅是西方马克思主义的开创者，而且在现代西方哲学中留下了深刻的思想痕迹，其独特的经历、复杂的知识结构、多变的理论立场在一定意义上又是 20 世纪西方思想史的缩影。《卢卡奇的物化理论及其演变》自觉地意识这一点,因而在深入分析卢卡奇物化理论的基础上,不仅分析了卢卡奇物化理论与马克思物化理论的关系,而且把卢卡奇的物化理论置放到西方马克思主义和现代西方哲学这样一个广阔的背景中去考察,具体分析了"物化理论的转向:工具理性批判""物化理论的巅峰:'单向度'理论""物化理论的变奏:海德格尔的'集置'理论""物化理论的最后走向:哈贝马斯的交往行为理论",从而展示了一个更为宏大的理论画卷。

《卢卡奇的物化理论及其演变》一个显著特点就在于,把卢卡奇、霍克海默、阿多诺、马尔库塞、哈贝马斯等哲学家还原到他们赖以生存和思考的具体的历史情境中,梳理他们的理论关系,独创性地提出物化理论的启蒙期是在卢卡奇写作《历史与阶级意识》前后;转折期是在霍克海默和阿多诺出版《启蒙辩证法》时期;全盛期是在马尔库塞用"单向度"理论全面批判资本主义社会时期;最后走向则是哈贝马斯出版《交往行为理论》时期,正是在这一著作中,哈贝马斯转变了物化理论批判的范式,即把工具理性批判转变为交往行为理论。更值得一提的是,本书探究出卢卡奇物化理论发展的一条隐幽线路,这就是从卢卡奇的物化理论到海德格尔的"集置"理论,明确提出海德格尔巧妙地把卢卡奇的"物化"转换为"本真"和"非本真",进而提出了"集置"理论,从而开启了对物化批判的新视角。应该说,这一见解独特而深刻。

从根本上说,"卢卡奇的物化理论及其演变"这一课题是要梳理西方马克思主义的一段思想史,这段思想史所涉及的人物都是西方马克思主义的顶尖高手。同时,在卢卡奇的物化理论中,突发的灵感与严谨的逻辑结合,透彻的理论与大胆的断言并存,深刻的领悟与晦涩的语言交织。《卢卡奇的物化理论及其演变》的写作的确是理论道路上的艰辛跋涉。

走近工程哲学：读《实践哲学
视野中的工程》

"工程"一词，人们并不陌生，从人工开物的那一刻起，人们便生活在工程之中。正是在这个意义上，工程是人的最切近的生存样式。可是，人们自觉地对工程的存在进行哲学反思却较为滞后，直到 19 世纪，人们才开始对工程的存在进行理论研究和哲学反思。

从那时起到现在，人们对工程的研究和反思有四种范式：一是专业工程学的范式，这是对特定领域所展开的工程实践的研究，如机械工程学、电子工程学、冶金工程学、环境工程学等；二是社会工程学的范式，这一研究范式关注的重心是社会工程的模式设计和选择，马克思明确提出"社会工艺学"这一概念，波普尔批判了"乌托邦的社会工程"，主张"逐步的社会工程"，并认为"逐步的社会工程"，即"对社会进行逐步的、切实可行的改造"；三是技术哲学的范式，米切姆对这一研究范式作了精当的说明，即"工程的技术哲学始于为技术辩护，或者说始于分析技术本身的本质——它的概念、方法、认知结构和客观表现……工程的技术哲学甚至可以称为技术哲学,它用技术的依据和范型来追问和批判人类事物的其他方面,从而加深和拓展技术意识";四是工程哲学的范式,这种范式直接把工程作为哲学的研究对象,并试图在哲学的"地图"上圈出自己的位置,工程存在论、工程价值论、工程美学论等都属于这一研究范式。这四种研究范式都有其合理性,但又存在着一个共同的缺失,即忽视了工程的生存论意蕴和工程结构的生存论展延。

张秀华博士注意到这一"破缺"之处,她的《实践哲学视野中的工程——工程生存论引论》(以下简称《工程生存论》)通过对理论前提的批判,即追问以生存论诠释工程的合法性,阐明生存论在工程追问中的优先性;坚持唯物主义历史观的研究范式,按照"面向事实本身"的现象学原则,对工程给予生存论的诠释,从而通过生存论的解释原则规范人类的工程活动。在这个过程中,作者力图实现思维范式的转换,即从以"工程是什么"转向"为什么工程""应当如何工程",以及人"如何以工程的方式存在",换言之,从知识论范式转向生存论范式,以此为前提探究工程的存在,追问工程的意义,从而把工程的知识论考察置放到生存论的基础上,履行哲学对工程的价值批判的使命。这一转向犹如"山重水复疑无路,柳暗花明又一村",让我们看到了一片"希望的田野"。在我看来,这是"关于工程的哲学",而非"工程中的哲学"。

工程属于人,人的生存是工程的根本维度,因而对工程的哲学反思只有从人的存在出发,才能合理解答工程存在论以及工程的意义问题。《工程生存论》直接把"人、工程、生存""自然、人、工程"联系起来,确认工程的生存论意蕴,并用"自然、工程、人"这一整体建构去规约"人、工程、生存"这一人的工程化生存的活动,从而把工程的知识论置放到工程的生存论的基础上。标划出工程的生存论意蕴之所在,就是在对工程范畴进行历史清理的基础上,揭示工程具有以造物方式"去存在"的生存论意味,包含着工程的社会性,凸显着生存的意识性,以及现实关怀和终极关怀相统一的生存论价值。

无疑,用生存论追问工程有利于切实把握工程批评的历史尺度与人文向度,让公众和社会选择工程。这是一个可喜可贺的转向,在思维范式上初步完成了对工程解读视角的转换。

《工程生存论》基本的研究思路是力图使唯物史观与现象学相贯通,共时态分析与历时态考察相包容,在对工程范畴进行历史清理的基础上,展开对工程的时空交叉解剖,由此呈现工程的历史生成性,逻辑地勾画工程的"共时态结构"和"历时态结构"。"共时态结构"——人工事物、实存工程、工程方式等工程样式,"历时态结构"——前现代社会以农业为主导的"自在工程"、现代社会以工业为主导的"自为工程"、后工业社会以信息业为主导的"自在自为工程"等工程范式,以及以创新为依托的工程结构的生存论展延。

同时,在这个过程中,《工程生存论》展示了人的工程化生存的"是"与"非"。从天工开物到人工开物,人便开始了工程化的存在了,工程组建着人的生存方式,直接刻画着人之存在。和任何事物一样,工程也具有"二重性",不仅有非凡之功,而且有无奈之"罪"——"原罪"和人为疏忽之"罪"。所谓"原罪",是指"人工开物"与"天工开物"的自然过程相背离。在我看来,这种"原罪"实际只是以"天灾"的形式表现出来的"人祸"。工程的"罪"恰好反映了特定的社会和具体的人的有限性,彰显出自然生态系统对于工程的约束性。"自然、工程、人"是互蕴共容的整体建构,不承认这一点必然会导致工程的异化和人的异化。因此,遵循工程的生存论原则以规范造物行动,"按照美的规律来建造"工程,让工程与自然融合以重现造化之功,从而实现以"诗意般地栖居"为指归的"筑居",应是当今工程活动的根本维度。

《工程生存论》通过理论和实践的双重审视,确认马克思主义哲学的生存论转向,并以坚定的立场彰显马克思主义哲学"改变世界"的理论旨趣。该书沿着马克思的哲学思路,把工程实践作为现代实践的典型方式,把工业看成工程的汇聚,具体探讨了人、生存、实践、作为对象性存在的工业及其关系,尤其是在分析工程研究知识论范式局限性的基础上,通过名词的动词化努力,将"工程是什么"的追问转换成"为什么工程""应该如何工程"的追问,展现了作为人之存在方式的工程的辩证法,并力图揭示工程从"自然的逻辑"到"资本的逻辑",再到"自由的逻辑"的历史进程。这些都是应该充分肯定的。

当然,我注意到,《工程生存论》在分析工程的"罪"和异化时,关注的是"自然、工程、人",关注的是人的思维的有限性,在一定程度上忽视了工程的社会性,忽视了马克思的"社会工艺学"思想。从根本上说,不是自然本身,也不是人的思维,而是特定的社会关系导致自然的异化、工程的异化和人的异化。现代工程之所以导致人的生存的异化,是因为资本的逻辑在现代社会中占据主导地位、起着支配作用。

资本原则作为现代社会形态的基本建制,贯穿于存在的方方面面,它不仅改变了人类社会的存在面貌,而且改变了自然的存在形态。资本在资本主义社会中具有支配一切的权利。无论是对人的存在、社会存在的分析,还是对自然存在、工程存在的分析,都必须领会资本原则作为现代社会基本建制的存在论意义。资本本质上是一种社会关系。马克思指出:"黑人就是黑人。只有在一定的社会关系下,他才成为奴隶。纺纱机就是纺棉花的机器。只有在一定的关系下,它才成为资本。脱离了这种关系,它也就不是资本了,就像黄金本身并不是货币,砂糖不是砂糖的价格一样。"《工程生存论》注意到"资本的逻辑",但关注的强度和分析的深度不够。关注社会工程及其规律与规则的关系,强化资本逻辑对现代工程的支配性,循着马克思的"社会工艺学"思想走向工程的深处,《工程生存论》一定会更具沉甸甸的分量。

中国是当今世界第一工程大国,如何走出一条可持续发展的新型工业化道路,实现以人为本、生产发展、生活富裕和生态文明,不仅具有重大的理论意义,而且具有时代关切的现实意义。我一向主张,哲学研究一要解读文本;二要走进现实。张秀华博士恰当地把握住这一关键之点,并努力使现实问题上升为理论问题。这一努力值得肯定和赞赏。据我所知,《工程生存论》最先把生存论引入工程哲学研究,形成关于工程反思的独特思路,并引导我们走近工程哲学。

理论的深度与思想的容量:《当代马克思主义哲学研究文库》的出版旨趣

　　历史常常出现这样一种奇特的现象,即一个伟大哲学家的某些理论以至整个学说往往在其身后,在经历了较长时间的历史运动之后,才充分显示出它的内在价值,重新引起人们的关注。马克思哲学的历史命运也是如此。马克思哲学产生于 19 世纪,它适应了那个时代,同时又超越了那个特定的时代。一种仅仅适应时代的哲学是不可能高瞻远瞩的。

　　20 世纪的历史运动以及当代哲学的发展困境,使马克思哲学中一些重要理论的内在价值凸现出来,同时又使马克思哲学的本真精神和当代意义透显出来了,当代哲学家不由自主地把目光转向马克思哲学。福柯认为,在现时,研究历史要想超越由马克思所定义和描写的思想地平线是不可能的。詹姆逊指出,马克思哲学"是我们当今用以恢复自身与存在之间关系的认知方式",它提供了一种"不可超越的意义视界"。德里达断言:我们"都是马克思和马克思主义的继承人","仍旧是在用马克思主义的语码而说话","未来不能没有马克思"。

福柯、詹姆逊、德里达对马克思哲学的评价是真诚而公正的。在当代,无论是用实证主义、结构主义、新托马斯主义,还是用存在主义、解构主义、弗洛伊德主义乃至现代新儒学来对抗马克思哲学,都注定是苍白无力的。在我看来,这种对抗犹如当年的庞贝城与维苏威火山岩浆的对抗。马克思哲学的确是当代"唯一不可超越的哲学",仍是我们时代的真理和良心。

我不能同意这样一种观点,即在当代中国,随着市场经济体制的确立,马克思哲学研究越来越趋于"冷寂"以至衰落。这种观点看到了某种合理的事实,但又把这种合理的事实溶解于不合理的理解之中。

同改革开放之前,尤其是"文化大革命"中"全民学哲学"的"盛况"相比,目前,哲学在社会生活中的确显得较为冷清,许多人对马克思哲学持一种冷漠、疏远的态度。但是,我不能不指出,改革开放之前的哲学繁荣是一种虚假繁荣,是一种受功利主义支配和领导人好恶引导的假性繁荣,其中,不乏对马克思哲学肤浅甚至庸俗以及急功近利的运用,而目前所谓的马克思哲学研究的"冷寂",实际上是人们对马克思哲学本身的一种深刻反思,是对马克思哲学本身的一种学术回归。具体地说,国内哲学界通过对现代西方哲学的批判反思,通过对中国传统哲学的批判反思,通过对马克思主义哲学的批判反思,以及通过对哲学的重新定位完成了这种学术回归。在我看来,正是这三个"批判反思"以及"重新定位",促使中国的马克思主义哲学研究走向成熟。换言之,目前马克思哲学研究的"冷寂"并不意味着马克思主义哲学研究在中国的衰落;相反,它预示着中国马克思主义哲学研究的成熟。

实际上,市场经济与马克思哲学的关系并非如同冰炭,不能相融。没有市场经济也就没有马克思哲学,马克思哲学本身就是在市场经济的背景下产生的。随着社会主义市场经济体制的逐步建立,一个"鲜活"的马克思正在向我们走来,它离我们不是越来越远,而是越来越近了。正是在社会主义市场经济的实践中,我们真正理解了市场经济不仅是资源配置的现代形式,而且是人的生存的现代方式,真正理解了市场经济是以物的依赖性为基础的人的独立性的时代,是从人的依赖性向人的自由个性过渡的时代,真正理解了促进人的全面发展以及以人为本的极端重要性,真正理解了社会主义公有制以及重建个人所有制的真实含义……一句话,马克思哲学仍具有"令人震撼的空间感"。同时,当代中国的经济市场化又是同社会现代化和社会主义改革交织在一起,在同一个时空中进行的,可谓史无前例、波澜壮阔,极其特殊而又复杂,它必然引发一系列重大而深刻的哲学问题,必然为我们重读、重估马克思哲学提供一个广阔的社会空间和思维空间。

正因为如此,受中国人民大学出版社的委托,我主持编写了这套"当代马克思主义哲学研究文库"。

首批列入这套文库的有 12 部著作,即孙正聿教授的《解放的哲学——马克思哲学观的当代阐释》、王南湜教授的《后主体性哲学的视域——马克思唯物主义的当代阐释》、杨耕教授的《与马克思相遇——历史唯物主义的当代阐释》、张一兵教授的《神会马克思——马克思哲学原生态的当代阐释》、吴晓明教授的《超感性世界的神话学及其末路——马克思本体论的当代阐释》、张曙光教授的《现代性与人的命运——马克思生存论的当代阐释》、欧阳康教授的《在思想激荡与现实革命之间——马克思实践论的当代阐释》、俞吾金教授的《权利诠释学——马克思解释理论的当代阐释》、贺来教授的《辩证法生存论基础——马克思辩证法的当代阐释》、丰子义教授的《发展的反思与探索——马克思主义社会发展理论的当代阐释》、陈学明教授的《坚定的出场——西方学者视野中的马克思主义当代功能》、衣俊卿教授的《人道主义批判理论——东欧新马克思主义述评》。

从这些著作的作者来看,他们分别来自北京大学、北京师范大学、南开大学、吉林大学、黑龙江大学、复旦大学、南京大学、华中科技大学。这是一个特殊的学术群体:他们基本上出生在 20 世纪 50 年代,大都经历了共和国的风风雨雨、"天灾人祸";他们基本上是在 20 世纪 70 年代末那个

"解冻"的年代走进大学校园,之前曾被驱赶到生活的底层,其身受磨难的程度、精神煎熬的强度、自我反省的深度、理想轰毁和重建的广度,是任何一代大学生都未曾经受过的;他们基本上都取得了博士学位,大都被破格评为教授、博士生导师,其学术生涯大都是同当代中国改革开放和现代化建设的历程联系在一起,几乎是同步进行的。正是这段特殊的经历,使这些作者对社会、人生以及马克思哲学有了独特而深刻的体认。实际上,经历本身就是一笔财富。

从这些著作的内容来看,他们分别涉及马克思哲学的本体论、辩证法、生存论、实践论、历史观、认识论,以及历史与理论的交织、过去与现在的对比,即使是一些"常识"观点也被赋予了深刻的当代含义,如此等等,显示出不同的理论视角,犹如一曲由不同和弦构成的交响乐。这些著作是作者们20年来上下求索、深刻反思的结果,是他们哲学研究的心灵写照和诚实记录,有着足够的理论深度和惊人的思想容量。这里,作者们"放言无惮,为前人所不敢言"(鲁迅),并展示出一种广博的科学知识和高超的哲学智慧,体现出一种令人震撼的理论深度和思想容量。

我并不认为这些著作完全恢复了马克思哲学的"本来面目",这些解释完全符合马克思哲学的"文本",因为我深知解释学的合理性,深知这些著作受到作者本人的人生经历、知识结构、哲学修养以及价值观念的制约。中国有句古诗:"春潮带雨晚来急,野渡无人舟自横",表面上说的是"无人",实际上是"有人",至少春潮、急雨、野渡、孤舟的画面体现了人对物、主体对客体的感受。因此,"当代马克思主义哲学研究文库"既反映了作者对马克思哲学"文本"的忠实,又体现出作者研究马克思哲学的不同视域和不同方法,并凝聚着作者的特定感受和思维个性。这是一场思想的盛宴,并展示出耀眼的"中国元素"。

我当然注意到,"当代马克思主义哲学研究文库"中的观点并不一致,甚至存在着成见或错误。在今后的学术研究中,我们将不断追求完善,但我们永远达不到完善。在我看来,追求完善,是学者的品格;要求完善,则是对学者的刻薄。实际上,这是一种非分的要求。"一切发展中的事物都是不完善的,而发展只有在死亡时才结束。"(马克思)因此,向学者以至任何人要求完善,实际上是向他索取生命。

"令人震撼的空间感"：《当代中国马克思主义哲学研究丛书》的出版旨趣

　　一个伟大的哲学家、思想家逝世之后，对他的观点、思想和学说进行持续性研究在人类思想史不乏先例。但是，像马克思这样在世界范围内引起如此广泛、深入而持久的研究却是罕见的。20世纪的历史运动以及当代哲学的发展困境，使马克思主义哲学的本真精神、内在价值和当代意义透显出来了。每当出现重大历史事件，每当历史处于转折关头，人们都不由自主地把目光转向马克思，并对马克思主义哲学进行新的研究。可以说，在伦敦海格特公墓安息的马克思，比在伦敦大英博物馆埋头著述的马克思更加吸引世界的目光。

　　我不能同意这样一种观点，即在当代中国，随着市场经济体制的确立，马克思主义哲学研究趋于"冷寂"乃至衰落。这是一种只见现象、不看本质的观点。在我看来，当前马克思主义哲学研究的"冷寂"不是意味着马克思主义哲学研究的衰落，而是标志着马克思主义哲学研究的成熟。马克思主义哲学就是在市场经济的背景中产生的,是在批判资本主义和阐述社会主义的过程中产生的。在当代中国,随着社会主义市场经济实践的不断深化和拓展,马克思正在向我们走来,离我们不是越来越远,而是越来越近了。正因为如此,人们对马克思主义哲学研究的范围愈来愈广,层次愈来愈深,其探讨的问题宏广邃微,概念范畴之洗练繁多,理论内容之博大精深,思潮迭起之波澜壮阔,实为任何一种哲学研究无法比拟,呈现出璀璨的理论星空,让人驻足,引人思考。正因为如此,我们向读者呈上这套《当代中国马克思主义哲学研究》丛书。

《当代中国马克思主义哲学研究》丛书包括:陈先达教授的《走向历史的深处:马克思历史观研究》、孙伯鍨教授的《探索者道路的探索:青年马克思恩格斯哲学思想研究》、高清海教授的《哲学与主体自我意识》、陈晏清教授的《现代唯物主义导论》、陈志良教授的《思维的建构和反思:重新理解马克思主义认识论》、孙正聿教授的《理论思维的前提批判:论辩证法的批判本性》、俞吾金教授的《从康德到马克思:千年之交的哲学沉思》、王东教授的《哲学创新的源头活水:〈哲学笔记〉中的列宁构想》、欧阳康教授的《社会认识论导论:探索人类社会的自我认识之谜》、王南湜教授的《人类活动论》、丰子义教授的《现代化的理论基础:马克思现代社会发展理论研究》、张一兵教授的《马克思历史辩证法的主体向度》、任平教授的《走向交往实践的唯物主义:马克思交往实践观的历史视域与当代意义》、张曙光教授的《人的世界与世界的人:马克思的思想历程追踪》、杨耕教授的《重建中的反思:重新理解历史唯物主义》、吴晓明教授的《形而上学的没落:马克思与费尔巴哈关系的当代解读》、韩庆祥教授的《现实逻辑中的人:马克思的人学理论研究》、汪信砚教授的《马克思主义哲学中国化:传统与创新》。作者们的这些代表作从不同的理论视角呈现出马克思主义哲学不同的理论内容,体现出作者对马克思主义哲学独特而深刻的体认,展示出一幅当代中国马克思主义哲学研究的总体画面。你可以不欣赏这幅画面,但它的斑斓五彩不能不在这一点或那一方面燃起你研究马克思主义哲学的激情。

这些著作又是作者们重新解读马克思主义哲学的成果。从根本上说,理论上的任何一种重新解读、重新研究乃至重新建构都是由现实的实践所激发的。正是当代中国的改革开放和现代化建设,尤其是社会主义市场经济的实践促使我们重新解读、重新理解乃至重新建构马克思主义哲学。正是在社会主义市场经济的实践中,我们真正理解了物质生活的生产方式制约着整个社会生活、政治生活和精神生活的过程,真正理解了历史规律的决定性与人的活动的选择性的关系,真正理解了市场经济是以物的依赖性为基础的人的独立性的时代,真正理解了人与人的关系何以转换为物与物的关系,真正理解了"重建个人所有制"和"确立有个性的个人"的含义,真正理解了促进人的全面发展的重要性……一句话,马克思主义哲学仍然具有"令人震撼的空间感",仍然以强劲的姿态参与并推进着人类历史进程。在编辑《当代中国马克思主义哲学研究》的过程中,我深深地体会到什么是"死而不亡"。马克思"死而不亡",马克思主义哲学仍然是我们时代的真理和良心。

基础材料与理论参照:《国外马克思
学译丛》的出版旨趣

在当代,马克思主义哲学无疑已经成为一种"世界的哲学",翻译的文本愈来愈多,研究的范围愈来愈广,其探讨的问题之宏广邃微,概念范畴之洗练繁多,理论内容之博大精深,思潮迭起之波澜壮阔,学派形成之层出不穷,实为任何一种哲学研究无法比拟。其中,国外"马克思学"以马克思生平事业和著作版本为主要研究取向,立足文献考证,从事文本解读,强调要用严格的客观态度研究马克思的文献和思想,从而在学派纷立的国外马克思主义哲学研究中占有独特的地位。

从时间上看,"马克思学"作为专业术语出现在 20 世纪初,但对马克思的生平事业、著作版本的研究,则可以追溯至更早。从类型来看,这种研究可以划分为考据性研究和文本解读研究两种取向;就流派而言,这种研究可以分为正统马克思主义的马克思学和非正统马克思主义的马克思学两大派别;从研究主体和理论传统分属的地区来说,可以划分为苏联马克思学和西方马克思学两大分支。苏联马克思学的代表为梁赞诺夫,西方马克思学的代表为法国的吕贝尔、德国的费彻尔、英国的麦克莱伦和卡弗、美国的胡克和莱文等。

国外马克思学以其独特的视角对马克思的学说做了新的探索,为我们提供了一个多维视野中的马克思。譬如,胡克的《从黑格尔到马克思:马克思思想发展研究》、奈格里的《〈大纲〉:马克思的自我超越》,侧重于文本解读,探讨了马克思哲学产生的理论渊源及其演变;古尔德的《马克思的社会本体论》、塔克的《卡尔·马克思的哲学与神话》、伍德的《卡尔·马克思:从哲学家的视角看》、费彻尔的《马克思与马克思主义》,围绕马克思的理论观点,论述了马克思哲学在西方哲学史上的地位及其影响;汤普森的《理论的贫困》、安德森的《英国马克思主义内部的争论》、格比的《马克思主义与历史学》、伍德的《资本主义的起源》,则对马克思主义史学尤其是唯物主义历史观进行了新的阐释。

由于种种历史原因,马克思的学说中存在着许多长期以来被搁置、抑制乃至被遗忘的成分,这些成分长期以来游离于"传统"的马克思主义谱系之外。正如福柯所说,"对剩余价值理论的浩如烟海的评论,使得马克思有很多非常重要的材料几乎被人们完全忽视了"。更重要的是,这些被搁置、抑制乃至被遗忘的思想或"异质成分",往往又契合着当代重大的现实问题,展示出马克思主义的巨大的超前性和"令人震惊的空间感"。西方马克思学关注的恰恰是这些被搁置、抑制乃至被遗忘的思想或"异质成分",并使这些被搁置、抑制乃至被遗忘的思想凸显出来,获得充分的展开,从而使马克思主义研究呈现出多元化格局,不仅为马克思学说研究提供了更多的可能途径,而且为解读马克思的文本提供了更多的方法。

毋庸讳言,20 世纪 80 年代以来,国内学界关于马克思和恩格斯关系的研究,关于青年马克思和成熟马克思关系的研究,关于马克思主义研究方法的探讨等,从争论的议题到基本的依据,都既有中国现实的基础,又在一定程度上受到国外马克思学的激发。20 世纪 90 年代以后,中国学者

"重读马克思""回到马克思""走近马克思""走进马克思"一类的研究进路,都直接或间接地受到国外马克思学的影响。对于国外马克思学,我们不能采取简单拒斥的态度,而应对它们提出的重要问题和具有启发性的观点进行反思,以扩大我们的理论视野。无论在哪个时代,马克思主义如果忽视对同时代理论成果的批判考察和借鉴,把自己同整个时代的文化背景和社会思潮隔离开来,就会由孤立走向枯萎。

在充分肯定国外马克思学的意义及其对中国马克思主义研究具有启示性的同时,对它的局限及其对中国马克思主义研究的负面影响也应有清醒的认识。无论是考据性研究,还是文本解读研究,无论是正统马克思主义的马克思学,还是非正统马克思主义的马克思学,无论是苏联马克思学,还是西方马克思学,都没有也不可能达到马克思学说研究的"终极真理"状态。国外马克思学的确看到了某些合理的事实,但往往又把这些合理的事实溶解于不合理的理解之中。即使是创制了"马克思学"这一概念和主编《马克思学研究》的吕贝尔,虽然一再强调价值中立和学术研究的客观性,强调超越意识形态的偏见,试图通过史料的系统清理和理论阐释,澄清马克思学说研究中一些有悖于历史实际的说法,以及由此造成的对马克思的种种误读,但由于其研究视野仅仅局限于马克思的生平传记和著作目录,与社会实践无缘,因而在相当程度上成为书斋里的哲学。在一定意义上,作为具有实践本性的马克思主义在总体上被吕贝尔误读了。

国外马克思学对我们摆脱对马克思主义教条化的理解,具有一定的启示意义,但过高评价它们,则会妨碍我们进一步的思考;笼统地谈论国外马克思学研究的高度,无助于我们的研究工作,相反,倒有可能混淆它们内部的冲突。国外马克思学不乏深刻之处,同时也有许多误读、误解乃至歪曲马克思的学说的观点。质言之,国外马克思学为我们重新理解马克思的学说开启了种种可能的思路,具有积极的意义,但如果把它当作马克思主义研究的"最高境界""最佳视角""终极真理"来仰视,就会使我们的马克思主义研究走向迷途。

《国外马克思学译丛》所选论著的观点或结论不很一致甚至很不一致，然而，"对某种学说进行激烈的论战，乃是争论中的学说在作者的环境中形象高大，甚至对他本人具有强大的吸引力的一种确实的无误的标志"（柯林伍德）。出版《国外马克思学译丛》的旨趣就在于，通过对国外马克思学的代表人物、代表论著的梳理和译介，揭示国外马克思学在当代的新发展及其不同的新特点，以期在基本观点、研究方法等层面，为中国马克思主义研究提供基础性资料和理论参照，为创建和发展中国的马克思学提供新的研究视野和理论空间。你可以不选择《国外马克思学译丛》，但你没有理由不欣赏《国外马克思学译丛》。

"文学革命"的深邃道理与时代特征：
《钱玄同文集》的出版旨趣

钱玄同的思想"激烈"，文章"率真"。对于这样一位功底深厚、创见卓越的学问大家，我们是不应忘记的。问题在于，对于当代中国人来说，钱玄同这个名字并不熟悉，甚至陌生。钱玄同生前是一位"述而少作"的学者，没有出版过一本文集。同时，他又生活在一个思想活跃的时代，同辈中有的是著书立说、作品等身的名人。如果仅凭著述来数出 20 世纪中国的 20 位思想家，恐怕不会有谁能想到钱玄同。但是，钱玄同的贡献和价值，却不能被忽视。在五四文学革命的先驱者中，钱玄同可谓是一员骁将，一位冲锋陷阵的战士。

钱玄同从旧学起家，思想却相当超前。五四时期，他与陈独秀、胡适、刘半农一道，并称为《新青年》杂志的四大台柱。当时，言《新青年》必言钱玄同；言文学革命，必言钱玄同。他冲锋在前，写出了许多扫荡禁区的开风气的文章。更为重要的是，钱玄同将"桐城谬种"和"选学妖孽"确定为文学革命的对象，击中了当时模仿桐城派古文或《文选》所选骈文的旧派文人的要害。鲁迅对此评价道："桐城谬种"和"选学妖孽"，这八个字"珙容惬当，所以这名目的流传也较为永久"。可以说，在文学革命运动的七个代表人物，即陈独秀、李大钊、胡适、鲁迅、周作人、刘半农、钱玄同中，钱玄同是态度最鲜明、言辞最激烈、精神最顽强，同时又最具闯劲的一位。

五四以后，钱玄同退回书斋，思想依然驾驭在学术前沿，在历史学、音韵学、语言学、经济诸领域都有过卓越的建树。他开了古史辨运动的先声，是得章太炎手传的经学和小学名家，是中国现代音韵学的奠基者之一，是音韵学界"古今中外派"的集大成者；他是白话语体的积极倡导者，是第一批简体汉字的起草者，是汉语罗马字拼音方案的拟定人，是汉字横排和自左至右书写形式的发起人之一，是最早的白话国语教科书的创编者，并极力推行过世界语和汉字字母化的理论；他还是承袭清代道咸年间今文家极盛余绪，而又启发用现代科学方法扩大辨伪的第一人。这些在当时看来近乎"空想"甚至"疯癫"的理论、学说和设计，现在很大程度上，已经成为人们不可须臾或缺的语言工具和手段了。了解了这些历史事实，我们就了解了钱玄同本人，同时，也就理解《钱玄同文集》的出版旨趣了。

钱玄同早期的作品，多数是在"文学革命"的背景下创作的，因而充满了"非圣"和"逆论"的战斗精神。对于文学革命，不应拘于字义和概念上的认识，实际上，它是一场惊天动地的社会运动，其向旧观念和传统禁区的挑战覆盖到政治、思想、文化等意识形态的几乎所有方面。钱玄同利用当时流行的"书信体"和"随感录体"大做文章。透过这些文章，我们不难看出，比起胡适、陈独秀等人的"离经叛道"，钱玄同其实走得更远。被历朝文人颂为经典甚至极品的东西，从唐代小说到元人杂曲，从桐城学派到传统戏剧，从《论衡》《三国演义》到《聊斋志异》，从韩愈、苏轼到袁枚等人的作品，在钱玄同的笔下，都成了"非骂不可"的垃圾。

这似乎矫枉过正了。但是，我们不能不看到当时的历史背景。"每个原理都有其出现的世纪"（恩格斯），每种思潮都有其特定的历史背景。法国启蒙哲学明快泼辣的"个性",德国古典哲学艰涩隐晦的特征,离开了它们各自的历史背景都是无法理解的。钱玄同这些今天看来似嫌过激的言论,就当时亟待完成打开思想解放的局面这一历史任务而言,不能不说是一种历史的必要,何况钱玄同本人又是深知旧学的大师,有评论传统文化的资格。

钱玄同的中后期作品,代表了他的学术成就,这些成就不仅是学术性的,而且是应用性的,今天已经规范化的现代汉语、简体汉字、汉语拼音乃至汉字书写形式,都源自钱玄同等人的研究和创造。在我看来,这些成就具有不逊于科学史重要发明的意义。获益者和利用者不仅是学术界,不仅是文化界,而是整个社会,波及你与我。

"破"与"立"是一种对立统一关系,不破则无法立,破旧则必然立新。五四前后的中国,正是一个文化上的除旧布新的时代。《钱玄同文集》的绝大部分作品就产生于这个时代,作品涉及的内容,宏观到思潮上的摇旗呐喊,微观到书写形式,都体现了"文学革命"的深邃道理及其时代的特征。离开历史背景去解读《钱玄同文集》,只能是误读;离开时代特征去评价《钱玄同文集》,没有意义。尽管这个时代早已过去,但里程碑是不朽的,《钱玄同文集》所体现的精神是不朽的。把握这一点,我们也就理解《钱玄同文集》的出版旨趣了。

俗话说:文如其人。可以按这个思路去勾画《钱玄同文集》和钱玄同:第一、二卷文学革命、随感录,让我们看到一个作为战士和五四文学革命先驱者的钱玄同;第三卷汉学改革和国语运动,让我们看到一个作为科学家的钱玄同;第四、第五卷文字音韵和古史经济、学术四种,让我们看到一个作为思想家的钱玄同;第六卷书信,则让我们看到一个"戏谑""幽默"的鲜活的钱玄同。任何人的学术成就都不可能与其人格、人生无关。"风格如人",通过钱玄同的学术风格,我们透视出他的人格,即"打通后壁说话,竖起脊梁做人"的处世原则,并看到了他从崇拜皇权、笃信经学的儒生转变为激进的启蒙思想家的一生,看到了他在新文化运动以及音韵学诸方面做出了杰出贡献的一生。

诗文同在与书画并存:《启功全集》的出版旨趣

启功的名字在中国可谓家喻户晓、老幼皆知,是真正的文化"名人",是难得的文化"国宝"。从历史上看,启功先生的家族是清朝皇族爱新觉罗的一支,其九世祖是清世宗雍正皇帝胤禛。从启功曾祖父浦良开始,启功家族辞掉了官俸,下科场考官。启功的曾祖父和祖父两代均科举及第,且都点了翰林,并都做过学政(省级教育官员)。启功就是在曾祖父、祖父身边长大成人的。可见,启功的家世出身应该是从清朝贵族转而成为书香门第。

从现代公民教育来看,启功只有不完整的中小学教育经历。但是,我们不能由此来认定他。启功少年失学、自学成才。实际上,启功少年和青年时期的求学过程,是延续旧时代的教育方式,并且是严格而完备的。曾祖父和祖父为启功开蒙,之后请有学问的先生指教,并有在民国高官家私塾"附学"的经历。所以,启功受到过很好的"私塾"教育。启功幼年时期的家境并不富裕,但名望很高,也就是"虽不富而贵"。启功因此也得到许多有名望的学者的指点,如贾羲民、溥心畲、吴镜汀、戴姜福、溥雪斋等。这就是说,启功自幼受的是家庭教育,且起点颇高,是精英式的教育。

启功年轻时学问和才华是为前辈学人看好的。民国大书法家兼实业家冯公度先生、大画家"旧王孙"溥心畲先生都很赏识少年启功,感慨地说:"高皇子孙,总有聪明绝顶人物。"其意是指,如同赵孟頫是赵宋皇家子孙,八大山人朱耷是朱明皇家子孙一样,都是皇家后裔而成为文化巨匠的。启功当时虽然年轻,但立志向学并才华初露,所以引起这样有名望的人物的感慨。启功21岁时,当时的民国教育次长傅增湘举荐启功到辅仁大学谋职,当时的辅仁大学校长陈垣考察启功的结论是:"写、作俱佳。"故三次坚持聘用启功到辅仁大学。

启功出生于1912年,在辅仁大学的20多年间,以极大的努力致力于传统学术,其一生研究涉及文学、历史学、文献学、文物学、民俗学、红学甚至佛学,其间,同时进行着中国传统书法和绘画的创作。启功学问的一个特点,就是不同于大部分同期学人,较少有西学影响。可以说,启功是少数把中国传统学术从20世纪之初带到21世纪之初的学人。

启功的家世、学问决定了《启功全集》的特色,这就是诗与文同在,书与画并举。

启功治学谦虚谨慎,虽然早在30岁时就发表了颇有影响的《〈兰亭帖〉考》《董其昌书画代笔人考》等论文,但直至50多岁才出版第一部专著《古代字体论稿》,此时,时间已经到了20世纪60年代中期。改革开放之后,启功终于能够以传统文人诗、文分刊的习惯,以诗、文追求自己"千年万里"的名山事业,自编了诗集和文集,即《启功韵语》和《启功丛稿》。至此,启功认为自己其他的写、作可以不必算了,他要以少胜多,以质胜量。所以,他在诗中写道:"或劝印全集,答曰殊不妥",也就是不准备出版《启功全集》。

《启功全集》的编辑与出版,是启功逝世以后的事情。受北京师范大学的委托,由北师大出版集团主持了《启功全集》的编辑和出版工作。为了做好《启功全集》的编辑和出版,北师大出版集团聘任了启功研究的主要专家,组成了《启功全集》编委会,研究《启功全集》的结构、体例以及内容鉴定、文字处理等问题。可以说,《启功全集》系统汇集了50多年间出版的启功的著作和文章,全面整理了启功身后留下的旧稿和手记,最大限度地征集了流传在海内外各种组织和个人收藏中的启功的书法和绘画,真实反映了启功学术著作、诗词创作、书画作品的全貌,因而被列入"十一五"国家重点图书出版规划项目。

《启功全集》共20卷,其中,第1—10卷为诗与文,第11—20卷为书与画。

《启功全集》第1—10卷,即诗、文部分,包括了《古代字体论稿》《诗文声律论稿》《汉语现象论丛》《启功韵语》;重辑了《启功丛稿》中的论文、艺论和题跋;编辑了未辑的启功诗词,篇幅几乎达到之前的《启功韵语》的规模,所以,专列一卷为《韵语集外集》;收集了散于多处的启功的论文、艺论和题跋,尤其是晚年应邀撰写的序文、讲演提纲;收录了启功晚年口述的《启功口述历史》,以及书信、日记和讲学记录等内容。

《启功全集》第1—10卷选择了简体横排的出版方式,这与此前出版的启功著作颇不相同。启功的文章平白如话,却保持汉字本意,保持言简意赅的行文特点,古色古香,书卷气质。此前出版的启功著作多用繁体竖排,立意是为了保存启功的行文习惯和所论多是中国古典文学的特点,从而保存启功时常用古字古写的文章信息。此次之所以选择简体横排是为了照顾后辈读者的简化字背景,从而使《启功全集》得以更广泛地流布和被阅读。当然,这是一个智慧的、创造性的劳动。

《启功全集》第11—20卷是书、画部分。《启功全集》的一个鲜明特点,就是著作和作品并重,这是由启功同时是学问大家和书画大家的个人学养决定的。书画部分的内容,启功生前,无论是早期"浮沉里间",还是晚年"贼星发亮",都不曾将书画才能自视太高,作品也是兴之所至,随作随送,没有留存。北师大出版社收集启功书画资料的工作,早自20世纪80年代开始,而成规模、专门性收集则开始于2003年,这一工作得到社会热心人士的无私帮助。截至2010年,收集到的启功书画作品数量庞杂巨大，其中，画作千件不足，书作万件有余。这是《启功全集》第11—20卷整理、编辑的基础。

《启功全集》所选刊的启功绘画，早自1932年，即启功20岁开始。其中，1932—1957年的早期绘画，集中在山水一路，有浓重的宋元气象，是典型的文人画、内行画风格，这是启功早年立志做一个传统文人画家的集中反映；1958—2005年的绘画，属于后期风格，集中在"竹石兰草"一路，更彰显文人画逸笔直抒胸臆的传统。

《启功全集》选刊的启功书法，自1930—2005年，可谓丰富全面。启功的书法不仅是一种"技术"，更重要的是一门"学问"。在启功的书法理论中，可以看到其具体创作实践的例证。《启功全集》分类别、按时序编集了这些书法作品，计有《中堂》《条幅》《对联》《题签》《题跋》《手稿》等。可以说，如果不是这样全面的汇集出版，仅靠"选集"是难以反映启功书法创作的演变和全貌的。

《启功全集》第11—20卷的编辑是传统右开的排式。之所以做出这样的选择，一是为了与启功书画体例协调一致；二是为了兼顾书画内容，从而凸显《启功全集》诗文、书画并存的特色。

《启功全集》的出版，是启功先生著作、作品的一次全面梳理，是目前已出版的启功著作中资料最完备、最权威的出版成果，具有珍贵的史料、研究和鉴赏价值。从《启功全集》的"文品"，我们可以透视出启功的"人品"；从《启功全集》的"文采"，我们可以透视出启功的"风采"。《启功全集》向我们展示的，是集艺术大家与学问大家于一身的启功，是集"为道"与"为学"于一身的启功，是集"为学"与"为人"于一身的启功，是集"学为人师"与"行为世范"于一身的启功，一言以蔽之，是永远的启功。

这，就是《启功全集》的出版旨趣。

音乐：人类的心情与历史的回声

　　以音乐为职业的是少数音乐家,而与音乐有这样或那样联系的是大多数社会成员。在日常生活中,无论是清晨去广场观看升旗仪式,还是傍晚在家中聆听新闻联播;无论是出席国家的盛大庆典,还是参加个人的生日派对;无论是出席生者的婚礼,还是参加逝者的葬礼……音乐总是环绕在我们耳边,激荡在我们胸中。《婚礼进行曲》让我们热爱生活,《葬礼进行曲》让我们珍惜生命;斯美塔那的交响曲《我的祖国》让我们感动,西贝柳斯的交响诗《芬兰颂》让我们震撼;一首《马赛曲》让我们想起了法兰西民族的历史,透视出"自由引导人民"的壮阔历史画卷,一首《义勇军进行曲》使我们想起了中华民族的历史,透视出中国人民从东南西北悲壮奋起的宏大历史场面,一部钢琴协奏曲《黄河》使我们听到了我们这个民族粗犷的呼吸,看到了"黄河之水天上来"的宏大气势和"黄河远上白云间"的辉煌远景……"没有音乐,国家无法生存"(莫里哀);"没有音乐,人生是一个错误"(尼采)。音乐使最深刻的情感和最严谨的思想这两个极端结合在一起,给人以情感的鼓舞和理性的力量,从而"使人类的精神爆发出火花"(贝多芬)。

音乐包括声乐与器乐。一部音乐史,实际上就是声乐与器乐此起彼伏、相互影响以至相互交融的历史。从亨德尔的清唱剧、舒伯特的艺术歌曲,到瓦格纳、威尔第的歌剧;从巴赫的协奏曲、贝多芬的交响曲,到勋伯格的变奏曲;从帕勒斯特里那创造复调合唱、蒙特威尔第创造管弦乐队,到贝多芬创造声乐与器乐高度融合的《第九交响曲》;从柴可夫斯基的芭蕾舞音乐、伯恩斯坦的电影配乐,到施特劳斯根据尼采的哲学著作《查拉图斯特拉如是说》创造的交响诗、戴留斯同样根据尼采的哲学著作《查拉图斯特拉如是说》创造的歌剧……音乐的不断发展体现着音乐家对人的声音与物的器乐如何在空气中振动的不断理解和创造,体现着音乐家对自然、社会和人本身的不断发现和建树。"每个人都在前人的基础上建树,却又人人不同;每个人都是一个星座,各有自己的天地。在音乐中,巴赫发现了永恒,亨德尔发现了光辉,海顿发现了自然,格鲁克发现了英雄,莫扎特发现了天堂,贝多芬发现了悲痛和胜利。"(海涅)

哲学家黑格尔断定:"音乐是心情的艺术","灵魂中一切深浅程度不同的欢乐、喜悦、谐趣、轻浮任性和兴高采烈,一切深浅程度不同的焦躁、烦恼、忧愁、哀伤、痛苦和怅惘等,乃至敬畏崇拜和爱之类情绪都属于音乐表现所特有的领域"。音乐的确是"心情的艺术",与音乐家个人的"内心生活"密切相关。但音乐不仅仅是音乐家个人的"心情",不仅仅是音乐家个人"内心生活"的体现,更不是出自音乐家个人内心的"纯粹声响"。从根本上说,音乐是主观创造性和客观描摹性的统一。音乐家个人"心情"的背后是社会感情,音乐家个人"内心生活"的背后是社会生活。无论是宗教音乐,还是世俗音乐;无论是尼德兰音乐,还是巴洛克音乐;无论是印象派音乐,还是第二维也纳派音乐;无论是古典音乐,还是新古典音乐;无论是浪漫主义音乐,还是后浪漫主义音乐……都是社会生活的一种特殊的反映和升华,体现的是人类的发展、社会的演变和时代的风云变幻。

透过"格里高利圣咏"、帕勒斯特里那的《教皇玛切尔弥撒曲》、蒙特威尔第的《奥菲欧》，我们可以体会到宗教的威严及其强大的渗透力，可以看到中世纪发展的脉络；透过贝多芬的《英雄交响曲》，我们可以领悟出一种鲜明的英雄气概和深沉的宗教情怀，可以看到惊心动魄的法国资产阶级革命——摧枯拉朽、无所畏惧；透过吕其明的《红旗颂》，我们可以领悟出人民的英雄主义气概和民族的自强不息精神，可以看到波澜壮阔的中国新民主主义革命——前仆后继、视死如归；在柴可夫斯基的《悲怆交响曲》中，我们不仅能体会出他个人痛苦的心情，而且能领悟出他生活其中的那个时代痛苦的呻吟，领悟出俄罗斯最黑暗年代一代知识分子的精神苦闷和内心挣扎；在肖斯塔科维奇《第七交响曲》中，我们可以透视出苏联卫国战争的惨烈、悲壮、崇高，不仅能看到肖斯塔科维奇本人的"孤魂"，而且能看到战争中"所有的亡魂"，不仅能体会出肖斯塔科维奇本人的悲伤之情，而且能体会出整个苏联人民燃烧的激情……"音乐展示给我们的，是在表面的死亡之下生命的延续，是在世界的废墟之中一种永恒精神的绽放。"（罗曼·罗兰）在我看来，音乐是为历史留下的声音的注解，是人类的心情，是历史的回声。

我的职业、专业和事业都是哲学。哲学的本义就是"爱智慧"，我当然"爱智慧"，但我也"爱乐"。实际上，哲学与音乐具有高度的关联性。哲学"使人作为人能够成为人"（冯友兰），而"只有对音乐倾倒的人才可完全称作人"（歌德）；哲学是使人追求并"配得上最高尚的东西"（黑格尔），而音乐的"目的是使人高尚起来"（亨德尔）。如果说哲学给了我智慧和勇气，那么，音乐则给了我意志和信心。"谁能理解我的音乐的意义，谁就能超脱寻常人无以根拔的苦难"（贝多芬）。尽管在人的感性世界中存在着"天生"般的矛盾，在人的感情世界中充满着"天问"般的苦楚，但在我的生活世界中已无惊心动魄的震荡，我已是"波澜不惊""荣辱不惊"了。哲学和音乐已经融入我的生命活动之中，离开哲学和音乐，我既不知如何生存，也不知如何生活。哲学和音乐是我安身立命之根和安心立命之本。

无论是"爱智慧"，还是"爱乐"，"爱"都需要培养。"只有音乐才能激起人的音乐感；对于没有音乐感的耳朵来说，最美的音乐也毫无意义。"

（马克思）因此，我们向读者献上这套"京师爱乐丛书"。

从这些著作的作者看，他们都是历经数十年"爱乐"岁月积淀的行家里手，是至今仍活跃于报刊媒体和出版界的赏乐高手。这里，既有西方主流乐评界的资深主笔，也有见证香港古典音乐近半个世纪历史的活化石；既有资深的音乐媒体人、卓有成就的海外艺术大师，也有爱乐爱到深处的经济学者、企业经理人、剧院管理者、国家公务员……这是一个具有深厚的音乐造诣、值得信任的作者群。

从这些著作的内容看，这是中国的音乐学者、爱乐者对西方音乐的深度思考，或侧重于乐史钩沉，经典解读；或沿着音乐发展的轨迹周游列国，寄情音乐的故园山水；或驻足沉思，书斋神游，与大师对话，向经典致敬……从而以不同的行文风格、迥异的音乐趣味、独一无二的赏乐感受，为我们全方位并立体化地呈现音乐的宽幅画卷及其无穷魅力。其意义不仅在于梳理和解读音乐经典，更重要的是，能够将作者的情真意切、锲而不舍的"爱乐"情感、经验、知识传递出去，播撒开来，使越来越多的人走向爱乐者的行列。

读着这些著作，我们会不由自主地想起巴赫、海顿、莫扎特……会不由自主地想起《勃兰登堡协奏曲》《哈利路亚大合唱》《费加罗的婚礼》《朱庇特交响曲》……这是一个斑斓五彩的画面，你可以不欣赏这个画面，但它的斑斓五彩却不能不在这一方面或那一领域激发起你"爱乐"的激情。当你具有这种"理性的激情"时，你就会感到音乐为你而奏响！

粉本大千世界

对于中国的美术界、艺术界乃至知识界来说,张大千的名字并不陌生。徐悲鸿曾盛赞张大千是"五百年来第一人"。从中国传统文人画入手,张大千早年广泛临习唐、宋、元、明、清传统绘画,尤得石涛、八大山人等大师精髓,其绘画题材涉及山水、花鸟、人物,绘画风格兼通工笔、写意。在中国传统绘画的内容方面,张大千俱能精擅;在中国传统绘画的形式方面,张大千卓有建树,可谓中国传统绘画的集大成者。

20世纪40年代,张大千潜心敦煌,三年发奋,遍临十六国、北魏、北周、隋、唐、五代、宋、西夏、元各朝的壁画,成绩斐然。正是由于从敦煌艺术中吸收了中国美术精华,遍学历代画技,张大千更加丰富了自己的绘画,并由此画风一变,成就了复笔重彩、古雅华丽的画风,从而在画坛名声大噪。于是,有了张大千与北方大画家溥儒(溥心畬)并称的"南张北溥"的说法。

从1948年起,张大千开始游历世界,博采各家之长,创造出以唐代王洽的泼墨技法为基础,糅入西方绘画意识的泼彩画法,创作了大批泼墨泼彩作品。一个画家的历史地位如何,关键是看他能否为自己及其时代创造出一个独特而不同于以往的绘画风格。张大千的泼墨泼彩山水既保持了中国画的传统,又结合半抽象的彩墨造型,创造出一种中国山水画的新风格,从而为中国山水画的发展开辟了新的天和地。张大千也因此在中国绘画史流芳百世。同时,作为一位具有广泛世界美术眼光的中国绘画大家,张大千的艺术努力使西方艺术界接受了中国山水画的审美境界,苍茫深邃,雄奇瑰丽。于是,又有了张大千与西方绘画大师毕加索并称的"东张西毕"的说法。

在长达60余年的创作生涯中,张大千留下了大量的粉本遗产。这些粉本,时间由早期的敦煌临摹底本到后期的创作线稿;题材涉及人物、花鸟、山水以及敦煌佛像等。此外,还有许多课徒示范粉本,总结对比各种线条或皴法,附带技法提要的题跋。这些珍贵的资料一直由跟随张大千47年的弟子孙云生保存。孙云生1936年师从张大千学习书画。20世纪50年代,张大千在巴西建中式庭院"八德园"侨居,召孙云生随侍。孙云生长期伴随张大千,终生不离,一边学习书画、深造画艺,一边帮助张大千整理旧稿、照顾生活,可谓亦步亦趋。

所以,张大千视孙云生为衣钵传人。为使孙云生艺术更臻至境,张大千将一生积聚全部粉本逾千件悉数留赠,以纪念半生的师徒情缘。观摩这些粉本,我们可以看到许多张大千传世名作的草创阶段、创作提示以及取舍过程。有了这些粉本,我们就得到了研究张大千创作的各个时期及其作品的第一手的资料。

这些一直由孙云生精心保存的粉本,是研究张大千艺术的珍贵资料,也是一份宝贵的文化遗产。在张大千与孙云生身后,这部分粉本遗产由孙云生儿子孙凯继承。孙凯先生是成功工商人士,商务繁忙,但他对先辈艺术家与中国文化充满情感,为这批粉本的保存整理并公诸于世做出了不懈努力。

文化价值珍贵如此,所以,我们精心编辑、印制,隆重推出了"大风堂丛书"中的《绝美的生命交集——孙云生与张大千》和《美丽的粉本遗产——张大千仕女册》。

作为"大风堂丛书"的序册,《绝美的生命交集——孙云生与张大千》由孙云生口述了张大千的生平事业,分析了张大千的创作过程、代表作品,以及多年随侍老师的亲眼见闻,并记录了一些张大千的书札与诗词,以至张大千的生活情趣、饮食嗜好,从而向我们讲述了一个在生活、创作中的张大千,使我们看到了一个"鲜活"的张大千,透视出张大千之所以能够成为一位绘画大师的秘密所在。

在给孙云生的信中,张大千说道:"这些粉本和勾本,对一般的人来说,可能一点用处没有,有些人还嫌它太浪费空间,一股脑儿地想将它丢弃呢。其实要真正研究我的学画进程,真正透彻大风堂的美术领域,只有从粉本中去了解最为完整。我一直视你为大风堂唯一完整传承的弟子,对于一些画作的价值,并不在画本身,而在创作本身,我所教给你的绘画观念才是最有价值的东西。如果要说有形的对象的话,那些古字画、我本身的画作只能说是有价的,而这些我从开始学画至今的粉本,才是无价的。我把这些留给你,你定能体会到它的意义。"

在晚年遗嘱中,张大千再次对孙云生说道:"我所留给你最重要的东西,要你能好好的作画,将来继承大风堂绘画基业,平日给你保管的那许多粉本、勾本,是我最重要的绘画资产,也只有你才有资格得到这些东西。这次从美国搬回来,我又整理了一些粉本起来,我会一一地整理出来交给你保管,我相信这一批粉本是送给你最好的遗产了。"

由此,我们可以领悟到张大千粉本遗产的意义了。

张大千一生创作内容最丰富、变化最多元的,是他的人物画,上溯元魏,下至民国,包罗万象,既有帝王将相,也有平民百姓;既有英雄豪杰,也有布袋和尚……其中,仕女画引人瞩目。《美丽的粉本遗产——张大千仕女册》介绍了张大千仕女题材粉本的艺术特点,并对张大千仕女名作与粉本进行了对比与分析。从中,我们可以看出,无论是 20 世纪 20 至 40 年代的传统清秀仕女,还是临摹敦煌之后的盛唐风华仕女,抑或 50 年代以后俊逸自如的仕女,张大千画中的仕女都超越中国传统绘画中仕女保守、含蓄、羞涩的樊笼,个个艳丽不羁。

张大千的仕女画有四大题材:中国文人眼里的娇娃,如红拂、薛涛;民间传说中的女神仙姑,如嫦娥、女娲;佛家题材的菩萨天女,如散花天女、杨柳观音;更有时尚生活中的摩登仕女,如现代女士、印度美女,表现的技巧有白描、青绿、重彩、泼墨、浅绛、没骨,无所不包,尤其显示出自然、人文与唯美的特质。

由此,我们可以了解张大千仕女画的风格,确信一代大师的成就绝非偶然天成。

按照出版计划,我们将陆续出版张大千粉本遗产的《人物册》《敦煌册》《花鸟册》《山水册》等,分题材介绍张大千的全部粉本,并以世人尽知的张大千斋号为名,将这些图书命名为"大风堂丛书"。

后

记

呈现在读者面前的这本著作,即《静水深流:哲学断想与读书札记》,是我的第一本学术随笔《静水深流》的第四版,列为《杨耕文集》第 9 卷。这本著作的内容包括哲学断想、书的序言或后记、读书笔记。为了读者阅读方便,我把这本学术随笔分为四编:第一编是关于哲学以及马克思主义哲学基本特征的断想,第二编是对哲学以及马克思主义哲学一些基本观点的断想,第三编是我的一些著作的序言或后记,第四编是读书札记。实际上,这种区分只具有相对意义,因为书的序言、后记都是在哲学断想的基础上加工而成的,而读书札记本身就是哲学断想。

1816 年 10 月 28 日,黑格尔在海德堡大学发表了著名的"哲学史开讲辞"。在这个开讲辞中,黑格尔指出:"时代的艰苦使人对于日常生活中平凡的琐屑兴趣予以太大的重视,现实上很高的利益和为了这些利益而作的斗争,曾经大大地占据了精神上一切的能力和力量以及外在的手段,因而使得人们没有自由的心情去理会那较高的内心生活和较纯洁的精神活动。""人既然是精神,则他必须而且应该自视为配得上最高尚的东西,切不可低估或小视他本身精神的伟大和力量",而哲学就是"对于精神力量的信仰"。因此,应当重新关注哲学,倾听哲学的声音。

按照黑格尔的观点,"哲学乃是一种特殊的思维方式"。哲学之所以是一种特殊的思维方式,就在于它"以思想的本身为内容,力求思想自觉其为思想"。这就是说,哲学的本质特征就是反思,即"对思想的思想",就是思想以自身为对象反过来而思之;而哲学的反思就是要使人们从"日常急迫的兴趣"中超脱出来,从"空洞的词句、虚骄的气焰"中摆脱出来,从"空疏浅薄的意见"中解放出来,从而转向"较高的内心生活和较纯洁的精神活动"。为此,哲学需要"精神上情绪上深刻的认真态度"。

我的职业、专业、事业都是哲学。40 多年来,我始终坚持这种"精神上情绪上深刻的认真态度",一直在哲学这个荆棘丛生的领域里艰辛跋涉,哲学已经融入我的生命活动之中,哲学反思已经成为我的思维方式。不管是整体持续反思,还是断断续续反思,我总是处于反思之中:上班与下班途中,出差与讲学途中,机场与车站等候时,电视机前与散步路上,书房与病房,茶余与饭后……这本学术随笔就是在这些断想的基础上加工而成的。所以,这本学术随笔的副书名就是"哲学断想与读书札记"。如前所述,读书札记实际上就是哲学断想。

哲学反思不同于常识思维。当代著名哲学家瓦托夫斯基指出:"在共同语言和共同经验的熔炉中形成的这些规范则构成了我们叫作常识的一大部分——最低限度的一套指令性概念,一个共同体用这套概念调节它的实践活动和日常活动。"常识就是由人们的共同经验构成的,常识思维是一种经验性思维,它适合于日常生活、日常活动,但它也仅仅适合于日常生活、日常活动。正如恩格斯所说,"常识在它自己的日常活动范围内虽然是极可尊敬的东西,但它一跨入广阔的研究领域,就会遇到最惊人的变故"(恩格斯)。犹如雷达有自己的盲区一样,人的思维也有自己的盲区,这个盲区就是常识,它往往使人"不识庐山真面目"(苏轼)。常识"是一个时代的思想方式,其中包含着这个时代的一切偏见"(黑格尔)。科学史告诉我们,科学就是对常识的不断突破和超越;哲学史告诉我们,哲学就是对常识的不断反思和批判,更重要的,这是一种对常识的前提批判。

当常识逐渐占据人们的心灵,内化为人们心中不可动摇的精神权威之后,它往往就获得了不受思维审视的豁免权,并成为人们思考问题的支点,成为人们的精神保姆。而"哲学的特点,就在于研究一般人平时所自以为很熟悉的东西。一般人在日常生活中,不知不觉间曾经运用并应用来帮助他生活的东西,恰好就是他所不真知的,如果他没有哲学的修养的话"(黑格尔)。哲学反思就是要通过对常识的前提批判,从思想上摧毁常识设置的障碍,透过现象看本质,透过同一看对立,透过肯定看否定,从个别中看到一般,从有限中看到无限,从偶然中看到必然,从平静的水面透视出湍急的水流……正因为如此,北京师范大学出版集团总编辑李艳辉编审建议将这本学术随笔取名为"静水深流"。李艳辉编审一向言简意赅、一语中的,我欣然接受她的建议,将这本学术随笔集定名为《静水深流》。

哲学与水的确有不解之缘。被誉为西方哲学第一人的泰勒斯提出的第一个哲学命题就是,"水是万物本原"。中国古代哲学"毫不示弱",同样明确提出"水是万物本原":"水者,何也?万物之本原也。"(《管子·水地》)"子在川上曰:逝者如斯夫,不舍昼夜。"(《论语》)水,的确蕴含着丰富的"辩证法":滴水穿石,显示出水的"硬"性与"韧"性;柔情似水,显示出水的"软"性与"柔"性;滴水如珠,显示出水的"美丽";水性杨花,显示出水的"丑陋";"水利万物而不争"显示出水的"高尚"——"上善若水"……

也许正因为如此,孔夫子经常"观于东流之水",并用水来比喻儒家重要的道德范畴,认为水"似德""似义""似道""似勇""似法""似正""似察""似善化""似志"。所以,"君子见大水必观焉"。实际上,远古的神话就包含着对水的思考,正如亚里士多德所说,那些最初对神圣事物进行思考的人,就把海神夫妇当作创造万物的祖先,神灵们对着见证起誓的也是水,而人们对着起誓的东西是最受崇敬的东西。由此,我们也就不难理解,为什么"君子见大水必观焉"。"只有水,才能总是让我们情不自禁地低头;当我们低下头来,便有一种清纯而丰沛的感觉,悄悄注入心中。"(汪国真)哲学反思确如静水深流。

学术随笔不同于学术专著。专著追求的是理论的深度,随笔展示的是思考的痕迹;专著关注的是逻辑的严谨,随笔显示的是思想的火花。如果说学术著作是"美国大片",那么,学术随笔就是"中国小品";如果说学术著作是"法式大餐",那么,学术随笔就是"中式小吃"。"大片""大餐"值得回忆,"小品""小吃"值得回味。在我看来,真正的学术随笔并不是随心所欲,而是直觉顿悟;并不是杂乱无章,而是"杂"而不乱,在看得见的文字中渗透着看不见的智慧。

对于我们每个人来说,自己带不走、别人能拿走的是金钱;自己带不走、别人能学到的是知识;自己能带走、别人既拿不走又学不到的是智慧。

所以,哲学的本义就是"爱智慧"。实际上,哲学不仅"爱智慧",而且它本身就是一种智慧,一种特殊的智慧,正是这种特殊的智慧使人走向高尚和崇高。正因为如此,"哲学史的过程并不昭示给我们外在于我们的事物的生成,而乃是昭示我们自身的生成和我们的知识或科学的生成。""哲学史所昭示给我们的,是一系列的高尚的心灵,是许多理性思维的英雄们的展览"(黑格尔)。

同《静水深流》第三版相比,第四版有了较大的变化:一是删除了"代序",删除了"思想对话""学术演讲"的全部内容,删除了"哲学遐思""文化断想""读书札记"中的《哲学的显著特点》《哲学的作用是什么》《展示独特的话语空间》《历史规律与人生规律》等13篇"断想";二是增加了《社会科学的特殊性》《理论思维、哲学思维与辩证思维》《在"向死而生"中寻找生命的价值和意义》《激活马克思辩证法的"思想实验"》等40篇"断想";三是把全书的结构调整为四编,删除了"哲学遐思""文化断想""读书札记""思想对话""学术演讲"。之所以做出这么大的调整,是为了进一步突出这本著作的"断想"和"随笔"性质。

承蒙华东师范大学出版社社长王焰编审的厚爱,将《杨耕文集》列入出版计划;项目部主任朱华华副编审精心组织《杨耕文集》的编辑、出版工作,并担任《静水深流》第四版的责任编辑,高质量地完成了这部著作的编辑工作;北京师范大学出版集团杜丽娟编辑不辞辛劳,打印了《静水深流》第四版的全部书稿,并核对了全部引文。没有他们的厚爱、劳作、辛苦,这些"连蹦带跳"来到我的脑海中的断想,不可能从我的主观思想转化为客观文字,从我的个人意识转化为社会意识。在此,一并表达我对王焰社长、朱华华主任、杜丽娟编辑的深深谢意。

从2012年出版《静水深流》第一版,到这次再修订,出版第四版,时间过去了整整10年。此时,我即将进入老年的人生阶段了。尽管西塞罗《论老年》"论"得很精彩,但老,总是很容易让人感伤甚至沮丧。凡人是这样,伟人也是如此。英雄老去,美人迟暮,更让人叹息。李商隐借景抒情发出感叹:"夕阳无限好,只是近黄昏。"海涅则缘情写景发出感叹:"太阳

纵然还是无限美丽,最后它总要西沉。"当然,我更喜欢中国现代诗人汪国真的诗句:

只要明天还在,

我就不会悲哀。

杨　耕

2022 年 5 月于北京世纪城